옥한흠 전집 주제 03

소명자는 낙심하지 않는다
전도자

KB217536

| 일러두기 |

본문의 성경은 《성경전서 개역개정판》을 주로 사용하였습니다.
이 책은 1996–2003년에 교회 갱신을 위한 목회자협의회 영성수련회에서
옥한흠 목사가 설교한 내용을 책으로 구성한 것입니다.

소명자는 낙심하지 않는다

옥한흠 지음

국제제자훈련원

차례

I

약한데서
심히큰능력

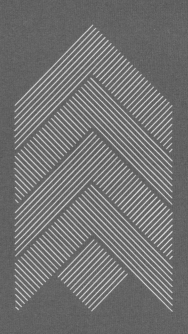

주님이 일하실 때면, 지금까지 변함없이 선택하시는 전략이 있습니다.
그것은 한결같이 약한 자, 작은 자를 사용하신다는 것입니다.
우리는 약한 자, 작은 자가 되어야 합니다.
그래야 하나님이 우리를 사용하십니다.

고린도후서 12:7-10

7 여러 계시를 받은 것이 지극히 크므로 너무 자만하지 않게 하시려고 내 육체에 가시 곧 사탄의 사자를 주셨으니 이는 나를 쳐서 너무 자만하지 않게 하려 하심이라 8 이것이 내게서 떠나가게 하기 위하여 내가 세 번 주께 간구하였더니 9 나에게 이르시기를 내 은혜가 네게 족하도다 이는 내 능력이 약한 데서 온전하여짐이라 하신지라 그러므로 도리어 크게 기뻐함으로 나의 여러 약한 것들에 대하여 자랑하리니 이는 그리스도의 능력이 내게 머물게 하려 함이라 10 그러므로 내가 그리스도를 위하여 약한 것들과 능욕과 궁핍과 박해와 곤고를 기뻐하노니 이는 내가 약한 그때에 강함이라

약한 데서
심히 큰 능력

          교회 갱신을 하자는 소리가 여기저기서 많이 나오는 시대는 불행한 시대입니다. 교회 안에는 그런 말이 없어야 합니다. 그래야 건강하다고 할 수 있습니다. 그런데 그렇지 못한 현실이어서 참으로 안타깝게 생각합니다. 완전하지 못한 제가 남을 향해 "고치자, 새로워지자"라고 해야 하는 것이 얼마나 부담스럽고 불행한 일인지 모르겠습니다. 그런 면에서 제 마음에 아픔이 있습니다.

    사실 우리는 굉장히 어려운 시대에 살고 있습니다. 그런데 제가 좀 "어렵다, 힘들다, 위기다"라고 하면 자꾸 사람들이 "너의 생각이 부정적이지 않느냐, 좀 긍정적으로 생각하라"고 합니다. 저도 그런 말을 하도 많이 듣다 보니 이제는 나름대로 분석도 해 보고, 점검도 해 봅니다. 하지만 분명히 말씀드리지만 저는 부정적인 사람이 아닙니다. 지금까지 목회를 해 오면서 제 자신이 추구했던 철학이나, 성도들 하나하나를 보면서 갖는 기대감이나, 이 시대를 향해서 하나님의 뜻을 분별하려고 노력하는 저의 입장에서 볼 때 저의 사고는 절대로 부정적이지 않습니다. 그렇다고 소극적이지도 않습니다.

'성령의 사람은 환상이 있고, 예언이 있고 꿈이 있다'고 했습니다. 제가 성령의 사람이라면 왜 부정적으로만 생각하겠습니까? 그럼에도 불구하고 '이 시대는 어려운 시대다, 위기이다, 큰일 났다'라는 생각을 갖게 되고, 그런 말을 하게 된다면 그것은 저의 부정적인 사고 때문이 아니라 현실이 그렇다는 것을 증명하는 것입니다.

어느 시대나, 특히 선지자 시대를 보면 상황이 위기에 치달을수록 거짓 종들은 평화를 외쳤습니다. 평화가 무엇입니까? 긍정적인 사고 방식입니다. 모든 것을 좋게 해석하는 것입니다. 그렇게 함으로써 많은 사람들로부터 인기를 누립니다. 그리고 분명히 보아야 할 문제점을 보지 못하도록 눈을 가리고 좋은 것만 자꾸 부각시켜서 확대합니다. 그러다 보니 사람들이 그걸 쳐다보고 자기는 아무 문제가 없다고 생각하게 되는 것입니다. 그러니 하나님의 심판이 눈앞에 와도 그것이 심판인지를 알아차리지 못하고 다 같이 망하는 것입니다. 병든 낙관주의는 시대가 위기에 빠질수록 더 기승을 부립니다. 오늘날 우리 주변에는 그와 같은 병든 낙관론을 가지고 가급적이면 현실을 오도하려고 하는 사람들이 많습니다. "교회가 아직도 부흥하고 있는데", "하나님이 그동안 이만큼 축복하시지 않았느냐", "선교사가 몇 명이 파송되고 있는데." 이런 소리를 하면서 문제가 없다는 식으로 말합니다.

우리가 부정적인 사람이기 때문에 이 시대를 염려하는 것입니까? 하나님이 염려하신다고 믿기 때문에 염려하는 것입니다. 우리가 한가해서 한국 교회를 걱정합니까? 솔직히 저 혼자 걱정한다고 한국 교회가 달라집니까? 저 혼자 발로 뛴다고 교단이 달라집니까? 골치 아프게 뭐 하러 그럽니까? 그럼에도 시대를 염려할 수밖에 없는 이유가 있습니다. 성령님의 탄식이 우리에게 전달되기 때문입니다. 조금만 주의를 기울이고 보면 이 시대는 굉장히 어려운 시대입니다. '성령님이 떠나시지 않을까' 하는 우려마저 생길 만큼 어려운 시대입니다.

솔직히 목사들끼리 하는 이야기를 평신도들이 들을까 봐 안절부절 못하는 게 목사들의 현실입니다. 평신도들이 있는 자리에서는 차마 말 못하는 게 너무 많습니다. 그러면서도 이대로는 안 된다는 위기의식이 없습니다. 어느 때나 이 정도의 문제는 있었다는 나름대로의 결론을 가지고 가급적이면 태연하려고 합니다. 그러한 안일함이 지나쳐 이제는 상당히 어려운 고비에 접어들고 말았습니다.

제가 구체적으로 이야기할 필요도 없습니다. 우리 자신이 너무나 잘 알고 있기 때문입니다. 솔직히 말해서 저는 교단 안에서 아웃사이더였습니다. 솔직히 관심이 없었습니다. 교단이다, 조직이다, 운영이다 하는 것은 필요악이라고 생각했습니다. 교회는 유기체입니다. 조직체가 아닙니다. 사람들이 모이는 집단이기 때문에 할 수 없이 '조직'이라는 게 필요하게 되었지만, 그 조직이 조금이라도 부작용을 일으키게 되면 그때부터는 필요악으로 전락하고 맙니다. 제가 늘 그런 시각을 가지고 있기 때문에 한동안은 교단을 뛰쳐나가서 밖으로 돌기도 했습니다. 나중에 다시 교단으로 들어왔을 때 제 이름을 빼지 않고 5년 동안 기다렸던 모 노회에 가서 인사를 하면서 인격적으로 약간의 모욕적인 질문을 받았습니다. 그 사람들이 볼 때 자기들은 분명 교단의 정통성을 가진 사람들이고, 저는 밖으로 돌다가 갈 곳 없어 다시 돌아온 사람인 것입니다. 그렇기 때문에 그들의 비아냥거리는 항의에도 저는 "잘못했습니다" 하고 교단으로 다시 들어올 수밖에 없었습니다.

왜 나갔다가 다시 들어왔겠습니까? 그것은 한마디로 사람들이 모이는 곳은 별수 없었기 때문입니다. 위대한 성자들이 모여도 별수 없다는 것을 깨달았기 때문입니다. 한 가지가 좋으면 다른 한 가지가 어긋났습니다. 교단이 크면 아무래도 좋은 점이 많습니다. 그러나 작은 교단에서는 바로잡고 싶은 것이 있어도 의외로 할 수 있는 일들이 너무 적었습니다. 너무 좁아서 숨이 막힐 것 같았습니다. 그래서 제 친구들과 의논하고 다시 대한예수교장로회 합동(이하 예장합동)으로 돌아왔습니다. '예장합동은 그래도 한국 교회를 이끌어 가는 교단이니까 약간 냄새가 나도 이 정도면 괜찮다'라는 마음으로 돌아왔습니다.

저는 노회에 가입을 하고도 한동안 노회에 참석하지 않았습니다. 노회에 출석을 안 했는데도 노회에 있는 친구들이 저를 잘 이해해 주었습니다. "큰 교회를 담임하는 목사이고 초교파적으로 사역하는 목사이니까 우리가 보호해 줘야 한다"라고 하면서 이해해 주었습니다. 그리고 저는 그들이 필요로 하는 것이 있으면 적극적으로 도우면서 지내 왔는데, 3년 전부터 제 생각이 좀 달라지기 시작했습니다. 그 이유는 제가 몸담고 있는 집안도 깨끗하게 하지 못하면서 타 교단을 향해 갱신을 요구하는 것에는 문제가 있다고 생각하게 되었기 때문입니다.

교단에 들어와서 여러 가지를 접하면서 억장이 무너지는 듯한 아픔을 느낍니다. 이상하게 교단의 문제를 확대시켜서 보면 볼수록 제 자신의 허물 또한 확대됩니다. 차라리 교단이 좀 깨끗하면 저도 좀 깨끗하게 보일 텐데, 제가 몸담고 있는 교단이 너무 내면적으로 충격을 주니까 그 충격이 저의 충격이 되고, 저도 똑같은 사람일 수밖에 없다는 것을 발견하게 되었습니다. 그러면 같이 망해야 합니까? 그럴 순 없습니다. 죽어도 몸부림을 치다가 죽어야지, 몸부림도 치지 않고 '나 죽여 주쇼!' 하는 것은 문제가 있다고 생각합니다. 그리고 더욱 제가 가슴 아프게 생각하는 것이 있습니다. 그것은 우리 교단에서 사랑의교회가 제일 큰 교회에 속한다는 사실이 주는 책임입니다.

3, 40대 후배 목사들 중에는 가슴앓이를 하면서도 말도 못하고, 바로 해야 된다는 정의감과 양심을 가지고 있으면서도 어찌할 바를 찾지

못해 땅만 치고 있는 이들이 너무 많습니다. 그런데 선배라고 하는 사람이 모른 척하고 있으면 뒤에 따라오는 후배들이 어떻게 힘을 쓰며, 어떻게 앞날에 대해 비전을 가질 수 있겠습니까? 결국 발전을 가로막는 것은 저 같은 존재입니다. 교회가 성장하면서 세간의 관심이 집중되었고, 사람들은 기대감을 가지고 저를 바라보게 되었습니다. 그런 기대를 알면서도 아무것도 하지 않는다면 제게 주어진 책임을 회피하는 것과 다를 바가 없을 것입니다. 그래서 '가만히 있는 것은 비겁한 일이고, 하나님 앞에 죄를 범하는 일인지도 모르겠다'는 생각을 하게 되었습니다. 이와 같은 결론이 저의 생각에 변화를 가져왔습니다.

그런데 한 가지 놀라운 일이 있습니다. 주변에 너무나 참신한 마음을 가지고 똑같은 걱정을 하는 사람들이 의외로 많다는 사실입니다. 제가 그것 때문에 또 한 번 충격을 받았습니다. 그래서 사실, 아무 준비도 없이 시작한 것이 '교회 갱신을 위한 목회자협의회'(이하 교갱협)입니다. 하나님께서 코너에 몰아붙이는 것 같은 큰 손길을 느꼈기 때문에 서로 마음을 나누다 보니 함께 모이게 되었고, 함께 모이다 보니 어려운 길인 줄 알면서도 '함께 가자!'고 한 것입니다.

우리가 이렇게까지 할 수밖에 없게 된 이 시대는 참으로 불행한 시대입니다. 참으로 가슴 아픈 일입니다. 그렇다고 저는 누구를 정죄할 생각은 없습니다. 입장을 바꾸어, 저라도 30년 동안 노회에 몸담고, 노회에서 서기가 되겠다고 애쓰고, 노회장하겠다고 사람들을 끌어모으고, 서로의 이해관계를 가지고 법전을 들고 싸우는 풍토에 익숙해졌더라면 지금 그런 사람들과 뭐가 다르겠습니까? 그래서 지금 우리를 가슴 아프게 하는 그런 사람들이 말하고 행동하고 교단에 영향을 주는 모든 것을 놓고 정리하고 싶은 생각은 없습니다. 분명한 것은 그들은 잘못된 줄 알면서도 그렇게 행동한다는 것입니다. 그러나 그런 행동을 하는 그들의 마음에는 '이래서는 안 된다'는 자각 증세가 있다는 것을 분명히 압니다. 그런 마음이 있다는 것을 제가 알고 있기 때문에 아직도 하나님은 우리 교단에 소망을 가지고 기대하고 계신다고 확신합니다. 만약 그런 자각 증세 마저 아예 느끼지 못하는 교회 지도자들이 이 교단을 좌지우지한다면 저는 솔직히 말해서 이 교단을 떠납니다. 하나님이 떠나면 저도 떠나는 겁니다. 그러나 아직도 이 교단에 대해 애착을 갖는 이유는, 위에 있는 사람부터 밑에 있는 사람에 이르기까지 '이대로는 안 된다'라는 탄식을 하고 있다는 사실을 알고 있기 때문입니다. 그러므로 희망이 있습니다. 저는 하나님께서 아직도 희망을 갖고 계신다고 믿습니다.

교회는 주님께서 피로 값 주고 사신 주님의 것입니다. 그러므로 교회는 주님이 가장 아끼시는 신부입니다. 생명처럼 아끼십니다. 그리고 모든 능력과 지혜를 다 동원해서 지키십니다. 또한 교회가 잘못되었을 때는 절대로 방치해 두지 않으십니다. 사랑하는 신부이기 때문에 주님은 절대로 방치하고 내버려 두시지 않습니다. 이것이 바로 성경이 우리에게 가르치는 진리요, 기독교 2천 년 역사가 우리에게 보여 주는 교훈입니다. 예장합동도 주님의 신부입니다. 주님의 교회입니다. 주님이 피로 값 주고 사셨습니다. 그러므로 주님은 끝까지 지킬 것이며 포기하지 않으실 것입니다. 우리는 그것을 분명히 믿습니다. 위기가 옵니까? 주님은 반드시 역사하십니다. 그분은 자리에서 일어서십니다. 손을 쓰십니다. 오래 참으실 때는 있어도 교회를 포기하는 법은 없습니다. 사람이 잘못되면 잘못되었지 교회가 잘못되는 법은 없습니다. 주님의 교회는 흠과 티가 없는 그리스도의 신부입니다. 교회를 지도하는 지도자가 잘못되면 잘못되었지 그리스도의 몸이 잘못될 수는 없습니다. 복음을 전하는 자가 잘못되면 잘못되었지 예수 그리스도의 복음이 부패할 수는 없는 것입니다. 그러므로 교회가 잘못되었다고 말하면 안 됩니다. 주님은 교회를 지키십니다. 그러나 그 교회를 책임지고 있는 인간들이 잘못해서 교회에 위기가 오고, 예수님의 몸에 문제가 생긴다고 생각하면 주님은 자리에서 일어나서 일을 하시기 시작합니다. 저는 그것을 분명히 믿습니다.

주님이 일하실 때면, 지금까지 변함없이 선택하시는 전략이 있습니다. 그것은 약한 자, 작은 자를 사용하신다는 것입니다. 자기의 몸 된 교회가 어려움을 당할 때 그 교회를 원상회복시키기 위해서, 그리고 그 시대를 감당할 수 있는 교회로 다시 재충전시키고 새롭게 하기 위해서 주님이 사용하시는 자들은 한결같이 작은 자요, 약한 자였습니다. 이것이 주님의 전략입니다. 이것은 교회를 잘못된 곳으로 끌고 가는 많은 지도자들이 보지 못하는 허를 찌르는 작전입니다.

예를 들어, 루터(Martin Luther, 1483–1546)를 보십시오. 그 당시 신성로마제국의 제도로 보면, 교회는 국가의 행정기관이나 다름없었습니다. 교황이 대통령이었습니다. 대통령의 입장에서 볼 때 루터는 아무에게도 주목받지 못하는 시골 이장 정도의 위치밖에 안되는 사람이었습니다. 그러니 막강한 정치 세력을 손에 쥐고 있는 자가 볼 때 루터는 크게 소리만 한 번 질러도 끝날 존재로 보였습니다. 각종 부패와 사회악으로 교회가 완전히 그 기능을 상실했던 웨슬리(John Wesley, 1703–1791) 시대에 성(聖) 클럽을 만들어서 기도하고 금식했던 그 새파란 대학생들은 당시 영국의 실권을 쥐고 있는 사람들의 눈에는 주일학교 학생들에 지나지 않았습니다. 아무런 힘이 없는 자들이었습니다. 그러나 하나님은 그런 자들을 사용하셨습니다. 이것은 마귀의 허를 찌르는 작전입니다. 마귀가 미처 대비하지 못하고 있는 곳을 찌르는 것입니다.

대부분 작은 자와 약한 자는 실권을 쥐고 힘을 쓰는 사람들에게 있어서 방심의 대상입니다. 전략적으로 말하면 프랑스의 마지노선 요새와 같습니다. 프랑스 사람들은 마지노선 요새를 어떻게 보았습니까? 너무 튼튼하게 지었기 때문에 난공불락이라고 생각했습니다. 그래서 이 요새선만 있으면 독일군을 막을 수 있다고 자신했습니다. 하지만 이 여기에는 약점이 하나 있었는데, 막강한 폭발력을 동반한 공중 공격에는 취약하다는 것이었습니다. 그런데 '설마' 하며 방심하는 사이에 결국 독일이 프랑스의 허를 찔렀습니다. 우리가 흔히 최후의 선을 일컬어 '마지노선'이라는 말을 많이 쓰는 이유가 여기에 있습니다.

마귀는 아주 약하고 무력한 자는 주목하지 않습니다. 신경도 안 쓰고 방치해 둡니다. 그렇게 방치하고 방어하지 않으니까 하나님이 약한 자를 사용하실 때 마귀가 당하는 것입니다. 주님이 약한 자, 작은 자를 쓰시는 이유가 바로 마귀의 허를 찌르기 위함이며, 마지노선 요새를 공격하는 작전과 비슷하다고 생각합니다. 참 놀라운 하나님의 지혜입니다.

하나님의 작전은 겨자씨 작전입니다. 겨자씨가 얼마나 작습니까. 이사야는 하나님 나라의 기적을 일컬어서 "그 작은 자가 천 명을 이루겠고 그 약한 자가 강국을 이룰 것이라"고 예언했습니다(사 60:22). 예수 그리스도를 놓고도 "마른 땅에서 나온 뿌리 같다"고 했습니다(사 53:2). 그분은 아무도 주목하지 않는 허약한 분이셨습니다. 하나님은 그 줄기를 사용하셨습니다.

바울도 마찬가지입니다. 우리는 성경을 통해 바울이 육신적으로 몹시 약한 사람이었다는 것을 알 수 있습니다. 남이 보기에도 '저래서 무슨 일을 할까?'라는 염려가 될 만큼 몸에 가시를 지니고 있었던 사람입니다. 하지만 하나님은 그를 사용하셨습니다. 이것이 하나님의 원리입니다. 어쩌면 주님은 바울에게서 너무 인간의 힘이 강하다고 느꼈을지 모릅니다. 아무리 그가 거듭나고, 하나님의 특별한 소명을 받은 사람이라 할지라도, 바울도 인간이기 때문에 분명 그 마음에 자존심이 있었을 것입니다. 얼마나 많이 배운 지성인입니까? 얼마나 자존심이 강했습니까? 그게 쉽게 하루아침에 무너질 리가 없습니다. 그러기에 바울도 나름대로 '내 힘으로 할 수 있다'고 하는 내면의 버팀목이 있었을 것입니다. 주님께서는 그 버팀목마저 꺾으셨습니다. 몸에 가시를 주어서 힘이 완전히 빠지도록 만드신 것입니다. 자신의 힘이 빠져야 비로소 주님이 주목하시는 작은 자, 약한 자가 될 수 있기 때문입니다. 이것이 큰일을 하기 위한 주님의 전략입니다. 이것이 자기의 몸 된 교회가 위기를 만났을 때, 그 위기를 극복하게 하기 위해서 주님이 선택하고 사용하시는 방법입니다.

저는 교갱협에 뜻을 같이하기 위해서 모이는 사람들, 특히 지금까지 저와 마음을 열고 머리를 맞대어 왔던 우리 형제들을 가만히 보면 참 작은 자들이라는 생각이 듭니다. 저를 비롯하여 우리는 모두 힘이 없습니다. 우리 교단의 정치 흐름을 좌지우지했던 사람들이 볼 때, 우리는 참으로 보잘것없는 존재들입니다. 교회는 조금 크고 목회는 잘하는지 모르지만, 정치적인 힘을 가지고 교단을 주무르는 사람의 입장에서 볼 때는 형편없는 사람이라고 생각할지도 모릅니다. 더군다나 이상하게도 "교갱협을 좀 해 보자"라고 제안했을 때 주저하지 않고 동조한 사람들이 다 정치적으로 힘이 없는 사람들이었습니다. 솔직히 말하면 '별 볼일 없는 사람들이 모였다'는 것입니다.

일부에서는 이런 말도 합니다. "한때 교단에서 한자리 잡아 보려고 하다가 힘없이 밀려나 설 자리가 없는 사람들이, 교갱협을 한다니까 전부 거기에 매달려서 야단법석이다." 사실인지도 모릅니다. 그처럼 사람들의 눈에 작은 자, 무력한 자들이 교회 갱신을 해 보자며 모였다는 점에서, 교갱협에 관심을 가지고 함께한 이들 중에는 큰 자가 하나도 없습니다. 모든 면에서 작은 자입니다.

우리가 작아지고 사람의 힘이 빠져야 하나님의 능력이 들어옵니다. 나의 힘이 어떤 일을 하지 못할 만큼 작아졌을 때, 비로소 하나님이 역사하십니다. 그래서 하나님은 작은 자를 찾으시는 것 같습니다. 우리의 경험으로 볼 때 사람의 힘이 강하면 하나님의 능력이 이상하게도 상대적으로 약화되는 것을 많이 봅니다.

저도 건강 문제로 지난 7년 동안 많은 시련을 겪었습니다. 그때에 비해 건강이 크게 좋아지지는 않았지만, 저는 지난 7년을 돌이켜 보면서 큰 진리 하나를 발견했습니다. 이전의 저는 사람의 힘이 굉장히 강했던 것 같습니다. 저는 쓰러지기 전까지 건강했습니다. 몸이 건강해서 마음대로 뛸 수 있으니까 하나님이 역사하실 공간이 그만큼 작아졌던 것입니다. 내 힘과 내 힘이 주는 압력이 너무 강하니까 하나님의 능력이 제 안에서 자리를 잡을 수 없을 만큼 위축되는 것을 보았습니다. 당연히 그렇습니다. 건강하고, 자신만만하고, 젊고, 교회는 자꾸 부흥해서 사방에서 저를 찾으니 제 힘이 얼마나 강했겠습니까? 그러니까 기도도 덜 하고, 하나님과의 관계도 적당히 줄이고, 더 많이 뛰고, 더 많이 만나고, 더 많이 말하는 쪽으로 치중했던 것입니다. 그러니까 사람의 힘이 무지무지 강해지는 것을 보았습니다. 그런데 놀랍게도 제가 너무 강하니까 하나님의 능력이 그만큼 약해졌습니다. 그러니 하나님이 사용하지 못하는 것입니다. 결국은 누가 저를 사로잡았겠습니까? 마귀가 저를 사로잡았습니다. 지금 돌이켜 보면 몸이 약해서 쓰러진 것이 아니라 완전히 시험에 빠졌던 것입니다. 저는 그것을 정확하게 알고 있습니다. 그래서 '사람의 힘이 강하면 하나님의 힘이 약해진다'라는 공식이 마음에 자리 잡기 시작했습니다.

하나님께서 바울에게 왜 가시를 주어서 그렇게 약하게 만들어 버리셨을까요? 바울에게도 뭔가가 있었던 것 같습니다. 저는 바울이 완전한 사람이라고 보지 않습니다. 불완전한 바울을 그대로 두었다가는 하나님의 능력이 그만큼 제한받게 될 위험이 있었기 때문에 하나님께서 그에게 가시를 주셨다고 생각합니다.

모세도 그 힘이 대단했을 때는 하나님이 그를 사용하실 수 없었습니다. 나중에 하나님이 그를 사용하시려고 할 때에 모세에게 힘이라고는 하나도 남아 있지 않았습니다. 그제서야 비로소 하나님이 그의 손을 쥐기 시작하셨습니다. 마치 구조대원이 물에 빠진 사람을 건지려고 할 때, 그 사람이 완전히 기진맥진할 때까지 기다리는 것처럼, 하나님은 모세가 기진맥진할 때까지 기다리신 것입니다.

하나님께서 자신의 몸 된 교회를 위해서 사용하는 사람들, 특히 교회가 부패했을 때나 교회가 잘못된 길로 가고 있을 때, 하나님의 생명과 같은 교회를 바로잡기 위해서 사용하시는 자들을 물색하실 때, 하나님은 100% 당신의 힘으로 하길 원하십니다. 사람의 힘을 이용하기를 원치 않으십니다. 사람의 힘은 효력이 없습니다. 그러기 때문에 사람의 힘이 남아 있지 않은 가장 약한 자, 가장 작은 자를 찾으시는 것입니다. 그래서 모세가 쓰임 받지 않았습니까? 목회자들이 이 진리를 왜 자꾸 잊어버리는지 모르겠습니다. 7년 전의 저처럼 너무나 자신만만합니다. 우리에게 남아 있는 힘을 가지고 교회를 갱신하려고 하면 우리는 모두 망합니다. 교회도 망하고 아무것도 하지 못합니다. 사람의 힘을 가지고 하면 안 됩니다. 잘못된 것을 치료하거나 고치려 한다면 힘보다 효력이 필요합니다. 힘으로 고치는 것이 아니라 효력으로 고치는 것입니다. 강한 힘이 있다고 해서 병을 고칠 수는 없습니다.

홍콩 주재원으로 가서 몸에 좋다고 하니까 그 흔해 빠진 녹용을 날마다 아침저녁으로 달여 먹고 완전히 몸을 버린 청년이 있습니다. 녹용이 아무리 좋다고 해도 그게 만병통치약은 아닙니다.

사랑의교회의 한 부목사가 지금 3개월째 병원에 누워 있습니다. 조그마한 종기가 나서 거치적거리고 불편하니까 비뇨기과에 가서 종기를 제거해 달라고 했답니다. 개인병원이었는데, 그래도 서울에서 개업할 정도면 어느 정도는 바탕이 있는 사람이라고 생각하고 의심 없이 수술을 맡겼다고 합니다. 수술 후 2, 3주만 지나면 완쾌된다기에 기분이 좋아서 주일에 교회에 와서 사역을 했습니다. 그러다가 좀 이상하다는 것을 느끼고 큰 병원으로 달려가 검사를 했더니 거의 죽게 되었다는 것입니다. 애초에 수술을 했던 의사가 종기에 손을 잘못 댄 것입니다. 칼로 베어서는 안 되는 자리를 도려낸 것입니다. 그래서 패혈증에 걸렸다고 합니다. 피에 균이 들어가 피의 기능을 계속 저하시킨다는 것입니다. 보통 이 병에 걸리고 여덟 시간 정도 지나면 열 명 중에 여덟 명은 죽는다고 합니다. 피가 제 기능을 못하니까 나중에는 신체에 있는 모든 부위에 이상이 생기는 것입니다. 일이 크게 벌어진 것입니다. 중환자실에 입원시키고 사람은 살려야 하는데, 그 병이 얼마나 무서운지 신장 기능이 전부 멈춰 버렸습니다. 투석을 시작했지만 이번에는 간에 문제가 생겼습니다. 얼굴은 완전히 황색이 되고, 눈이 노랗게 변했습니다. 모든 신체 기관의 기능이 자꾸 떨어지면서 더 이상 손을 쓸 수 없게 되었습니다. 내과 의사는 환자의 생사 여부에 장담을 하지 못하고 오늘 저녁을 넘겨 봐야 알 수 있다는 말뿐이었습니다. 다음날도 "모르겠다"는 말뿐이었습니다. 결국에는 의식이 없어졌습니다. 숨도 쉬지 못했습니다. 거의 모든 신체 기관이 제 기능을 하지 못하는 상황에 이른 것입니다.

저는 그 과정을 지켜보면서 '강한 것이 전부가 아니구나!' 하고 생각했습니다. 칼과 수술은 강한 것입니다. 그러나 강한 힘을 쓴다고 해서 잘못된 것이 고쳐지고 되살아나는 것은 아닙니다. 효능이 중요합니다.

현재 그분은 위기에서 벗어났지만 패혈증 때문에 피가 제 기능을 못해 수술했던 자리가 몽땅 썩어 버렸습니다. 썩은 것은 회복을 하지 못한다고 합니다. 그런데 놀랍게도 얼마 전부터 새살이 돋아나고 있습니다. 그걸 보고 의사들이 '의학계에 발표해야 할 희귀한 현상'이라고 했습니다. 교회에서 기도를 많이 하니까 하나님이 불쌍히 여기셨나 봅니다. 이처럼 힘이 문제를 해결하는 것이 아닙니다. 효능이 중요하고 효력이 중요합니다.

사람에게 있는 힘은 강할 수 있습니다. 그러나 영적으로 잘못된 것을 고칠 수 있는 효력 면에서는 그 어떤 능력도 가지고 있지 못합니다. 성령의 역사만이 효능을 발휘합니다. 우리는 갱신해야 합니다. 개혁해야 합니다. 많은 문제가 잘못되어 가고 있습니다. 예, 좋습니다. 한번 힘을 써 볼까요? 숫자를 많이 늘리고, 동지들을 규합하고, 조직을 철저히 정비하고, 막대한 돈을 써서 정치적으로 대결하고 힘과 힘이 부딪히는 싸움을 한번 해 볼까요? 싸움은 되겠지요. 그러나 근본적인 문제를 치유하는 데, 인간의 힘은 효력을 발휘하지 못합니다. 진정한 효력은 성령의 손과 하나님 말씀의 능력에서 나옵니다. 그러므로 이 효력을 발휘할 수 있는 진정한 힘이 역사하려면 나에게 있는 힘을 뽑아 버려야 합니다. 그래서 우리는 약한 자, 작은 자가 되어야 합니다. 그래야 하나님이 우리를 사용하십니다. 주님께서 우리 모두에게 이와 같은 은혜를 주시기 바랍니다.

스스로에게 이렇게 질문합시다. '하나님께서 보시기에 나는 하나님께서 찾고 계시는 작은 자인가?' 이것을 조용히 자문하는 은혜가 있기를 바랍니다. 하나님이 작은 자라고 보신다면 우리는 잘 모였습니다. 그러나 하나님이 보실 때 큰 자라고 생각하신다면 우리는 잘못 모인 것입니다.

또 하나 물어봅시다. 과연 우리는 작은 자에게 주목합니까? 또한 우리 동료들 중에서 작은 자를 주목합니까? 하나님은 그런 자에게 주목하고 찾고 계시는데, 우리는 작은 자를 도외시하는 버릇이 있습니다.

저는 지나가다가 작은 개척 교회가 상가에 조그마한 십자가를 세워 놓고 있으면 늘 기도합니다. 저는 그 교회가 사람의 눈에는 굉장히 초라하고 작아 보이지만 하나님께서 한 번 눈여겨보시면 굉장한 일을 할 수 있다고 믿습니다. 저는 늘 그렇게 생각하고 기도합니다. 지나가다가 그런 교회를 보면 저도 모르게 기도가 나옵니다. 하나님은 그런 데서 일을 하십니다. 사람들이 멸시하고, 무시하고, 안중에 두지 않던 그런 곳에서 하나님의 큰 역사가 일어납니다. 그것이 지금까지 성경 안에서 일어나는 역사요, 기독교 역사에서 증명할 수 있는 일이기 때문입니다. 우리 모두 작은 자를 주목해야 합니다.

교회 갱신을 하고 싶습니까? 작은 자를 주목하는 하나님의 눈을 가져야 합니다. 이것이 중요합니다. 먼저 내가 하나님이 주목하시는 작은 자인가를 묻고, 그다음에 과연 하나님의 눈을 가지고 작은 자에게 주목하고 있는가를 다시 한번 물어보십시오. 이것만 된다면 우리는 하나님께서 사용하시는 도구가 될 수 있다고 확신합니다. 하나님의 능력, 치유하시는 능력, 개혁하시는 주의 능력이 우리를 통해서도 얼마든지 나타날 수 있다고 확신합니다. 주님께서 우리를 통해서 영광 받으시고, 주의 신부 되신 교회가 이 세상에서 다시 한번 그 놀라운 영광을 드러내는 그날이 오기를 간절히 바랍니다.

2

교회 갱신은 새로운 팀 리더십을 기다린다

한국 교회는 새로운 리더십을 시급하게 필요로 하고 있습니다.
새로운 리더십은 동일한 문제의식과 비전을 가진 사람들의 팀 리더십입니다.
한국 교회의 지도자인 우리는 하나님의 새로운 역사가
한국 교회에 일어날 수 있도록 밑거름이 되어야 합니다.

느헤미야 2:17-18

17 후에 그들에게 이르기를 우리가 당한 곤경은 너희도 보고 있는 바라 예루살렘이 황폐하고 성문이 불탔으니 자, 예루살렘 성을 건축하여 다시 수치를 당하지 말자 하고 18 또 그들에게 하나님의 선한 손이 나를 도우신 일과 왕이 내게 이른 말씀을 전하였더니 그들의 말이 일어나 건축하자 하고 모두 힘을 내어 이 선한 일을 하려 하매

교회 갱신은 새로운 팀 리더십을 기다린다

교갱협이 탄생하게 된 동기는 너무나 단순합니다. '이래서는 안 되겠다'는 각성이 그 동기입니다. 다른 동기는 아무것도 없었습니다. '주님 앞에 설 때 우리가 부끄럽지 않고 책망 듣지 않으려면 가만히 있어서는 안 되겠다'라는 생각이 이 사람, 저 사람의 마음속에 공유되면서 이심전심으로 서로 연결되어 자연스럽게 모임이 발족되었습니다. 할 수만 있었다면 처음부터 전국에 흩어져 있는 뜻있는 동역자들에게 연락해서 "우리 한자리에 모여 봅시다. 함께 눈물 흘리며 기도하면서 씨름해 봅시다. 어떻게 하면 좋겠습니까? 주님의 명령을 한번 기다려 봅시다" 하고 함께 시작했더라면 참 좋았을 것 같습니다. 그러나 여러분도 아시다시피 사람이 하는 일이라 아무래도 한계가 있기 마련입니다. 이에 자연스레 소수의 사람들이 부득불 시작하게 된 것입니다. 그 소수의 사람들은 여러분들이 마음껏 들어와서 하나님 손에 쓰임 받을 수 있도록 장을 열어 주는 데 시녀 역할을 한 것뿐입니다. 이제부터 여러분이 일을 하셔야 하고, 한국 교회의 뜻있는 모든 종들이 한마음이 되어 시대적인 하나님의 요구를 듣고 만족시켜 드려야 합니다.

다들 아시다시피 한국 교회는 겉으로는 평화롭고 안정되며 부흥하고 있는 것처럼 보입니다. 그러나 양파 껍질처럼 얇은 껍질을 한 겹만 벗겨 보면 그 속에는 내분이 있고, 혼란이 숨어 있습니다. 정통과 개혁이 은근히 대립하고 있고, 구세대와 신세대 간에 긴장이 도사리고 있으며 안정 추구파와 변화 추구파 사이의 알력이 서서히 머리를 들고 있습니다.

빌 헐(Bill Hull) 목사님의 《모든 신자를 제자로 삼는 교회》, 《목회자가 제자 삼아야 교회가 산다》라는 책을 읽어 보셨습니까? 제자훈련을 다루고 있는 책들인데, 저는 상당히 감명 깊게 읽었습니다. 그분이 이런 말을 했습니다.

"오늘날의 교회는 팔다리가 아픈 것이 아니라 심장병을 앓고 있다."

팔다리가 아프면 고치면 되지만 심장병을 앓는다는 것은 생명과 직결되기 때문에 상당히 심각하다는 이야기입니다. 오늘날의 교회는 손가락이 아픈 것도 아니고, 팔이 부러진 것도 아닙니다. 오늘날의 교회는 심장병을 앓고 있습니다. 미국만 그런 것이 아닙니다. 우리도 다 알고 있지 않습니까? 털어놓기 싫고, 말하기 싫어서 그렇지 다 알지 않습니까? 우리들의 교회는 심장병을 앓고 있습니다. 이에 교갱협은 하나님의 은혜 속에서 교회의 '체질 개선'을 통해 이 병을 고쳐 보고 싶은 것입니다. 죽을 수는 없지 않습니까? 설령 죽는 한이 있더라도 죽는 순간까지는 몸부림쳐야 하지 않습니까?

우리는 '체질 개선'이란 말을 상당히 의미 있게 받아들여야 합니다. 이것은 사람을 가르친다는 말이 아닙니다. 조직을 한꺼번에 뒤집어엎는다는 말도 아닙니다. 운영을 새롭게 해 보자는 그런 이야기도 아닙니다. 기본적인 것을 개선한다는 것입니다. 바로 지도자들의 의식을 바꾸는 것입니다. 지도자들의 의식이 바뀌면 현세대를 보는 패러다임에 변화가 일어날 수 있습니다. 체질 개선은 절대로 쉬운 것이 아닙니다. 그러나 해야 합니다. 서서히 체질 개선이 되면 세대 교체도 자연스럽게 되리라고 봅니다.

저는 지금 예순 살을 바라보고 있습니다. 그런데 솔직히 말씀드려서 50대 중반 이후는 소망이 없습니다. 우리는 너무 오랫동안 잘못된 체제 속에서 굳어져 왔습니다. 적극적으로 동참했든지, 아니면 슬금슬금 저처럼 도망 다녔든지, 우리는 벌써 자신도 모르게 체질이 굳어져 버렸습니다. 너무 산성화되어 버렸습니다. 새로운 시대를 위해서 우리를 알칼리성으로 만드는 것은 이제 거의 불가능한 것 같습니다. 그러므로 한국 교회가 21세기에 자기 몫을 감당하려면, 좀 심한 말로 생존할 수 있기를 바란다면, 새로운 의식과 패러다임을 가진 하나님이 세우시는 새로운 세대가 한국 교회를 책임져야 합니다. 이 일을 위해서 교갱협이 문을 연 것입니다.

21세기를 흔히 세계화 시대라고 합니다. 그러므로 한국 교회도 세계 속의 교회가 되어야 합니다. 우리끼리만 똘똘 뭉쳐서 살 수는 없습니다. 개방해야 합니다. 세계를 가슴에 품고 함께 씨름해야 합니다. 그러므로 일각에서 교갱협을 일종의 새로운 정치 세력으로 보는 시각에 우리 스스로가 말려들지 않기를 바랍니다. 이런 상황에서 우리 교단이나 한국 교회는 새로운 리더십을 매우 시급하게 필요로 하고 있습니다. 새로운 리더십이 무엇입니까? 이것은 어떤 영웅을 중심으로 해서 형성되는 것이 아니라 동일한 문제의식과 비전을 가진 사람들의 팀 리더십입니다. 저는 이 시대가 하나님의 종들이 한마음으로 뭉쳐 한국 교회와 세계 교회를 책임질 수 있는 팀 리더십을 요구하고 있다고 믿습니다.

리더십은 지도력입니다. 이 '지도력'이란 단어는 '영향력'이라는 말로 바꿀 수 있습니다. 이에 영향력을 끼칠 수 있으면 그 사람에게 리더십이 있다고 말할 수 있습니다. 그러므로 두 사람에게 영향을 끼쳤든, 오십 명 모이는 교회에 영향을 끼쳤든, 크든 작든 간에 다른 사람들에게 영향력을 끼쳤다면 그 영향력을 리더십이라고 말합니다. 그리고 영향력을 끼치는 사람을 일컬어서 '지도자'라고 합니다.

헤리 트루먼(Harry Truman, 1884~1972) 대통령은 다음과 같은 멋진 말을 했습니다.

"지도자란 어떤 사람인가? 사람들이 하고 싶어 하지 않는 일을 하게 하고, 나중에는 그 일로 인해서 좋아하고, 행복을 느끼게 만드는 능력을 가진 사람이다."

굉장히 멋진 말입니다. 리더십이란 먼 안목을 가지고 일반 회중이 하기 싫어하고 기피하는 일을 할 수 있도록 그들을 끌어들이는 것입니다. 그런 다음 그들이 하기 싫어하던 그 일을 통해 행복과 기쁨을 맛보도록 해 주는 것입니다. 따라서 지도력을 행사하는 사람들의 특징은 다른 사람들보다 앞서간다는 것입니다.

사실 우리 교단만 하더라도 변화를 추구하는 사람보다 변화하지 않기를 바라는 사람이 얼마나 많습니까? 체질 개선이든 의식 전환이든 무슨 용어를 쓰든 간에 변화를 시도해 보겠다고 하면 굉장히 싫어합니다. 그러나 오늘 이 시대에 필요한 지도력이 무엇입니까? 변화를 싫어하는 사람을 변화하게 하고, 그 변화로 인해서 나타나는 결과에 감사하고 즐거워하며 행복해할 수 있도록 만드는 것입니다. 이것이 바로 주님께서 우리 모두에게 요구하시는 지도력입니다.

교갱협이 만들어진 근본적인 이유가 이것입니다. 즉 교회 갱신의 소명, 다시 말해 새로운 리더십을 가진 지도자들의 마음을 한마음으로 묶는 데 있습니다. 그러나 다들 아시다시피 건강하고 능력 있는 리더십은 하루아침에 만들어지는 것이 아닙니다. 리더십에 대한 요구가 크면 클수록, 상황이 위급하면 위급할수록 거기에 상응하는 대가가 엄청나게 크다는 것을 알아야 합니다.

한 자서전 작가는 링컨(Abraham Lincoln, 1809–1865)에 대해 "링컨은 온 세상과 맞서 있는 사람이요, 산과 바다를 상대하는 사람이었다"라고 하였습니다. 우리는 링컨의 생애를 통해, 그가 일반 대중보다 한 발 앞서 생각하고, 한 발 앞서 행동하려 했기 때문에 얼마나 비싼 대가를 치렀는지 잘 알고 있습니다.

리더십을 연구할 때 성경의 인물 중에서 항상 거론되는 인물이 느헤미야입니다. 느헤미야를 일컬어서 흔히 '행동의 사람'이라고 합니다. 또 어떤 성경학자는 그를 일컬어 "리더십에 기념비적인 유산을 남긴 사람"이라고 극찬했습니다. 그 정도로 사람들은 리더십 하면 느헤미야를 많이 생각합니다. 그러면 이제 느헤미야를 중심으로 하나님이 원하시는 리더십에 대해 살펴보도록 하겠습니다.

느헤미야는 문제를 정확하게 인식하고 책임을 통감할 줄 아는 사람이었습니다. 이것은 리더십을 행사하는 사람들에게 절대적으로 필요한 덕목입니다. 우리가 잘 알고 있듯이, 느헤미야는 바벨론에 포로로 잡혀간 사람이요, 아닥사스다 왕의 술관원이었습니다. 당시 술관원은 왕비 다음으로 왕의 마음을 움직일 수 있는 사람이었습니다. 엄청나고 대단한 권력을 가진 실세였습니다. 왕이 먹을 음식을 먼저 먹어 보고 왕이 독살될 수 있는 위험을 사전에 막아야 하는 책임을 가진 사람이므로 자연히 왕과 가장 절친한 사이가 될 수밖에 없었습니다. 또 왕의 입장에서도 가장 신임할 수 있는 사람에게 그 일을 맡겼기 때문에 왕에게 영향력을 끼칠 수 있었습니다. 느헤미야는 이처럼 대단한 자리에 있었던 사람입니다. 그처럼 최고의 부귀를 누리고 있었다면 누구든 자신의 생활에 만족할 수 있었을 것입니다. 그러나 그는 예루살렘에서 온 한 여행자로부터 예루살렘에 남아 있는 백성들과 예루살렘의 형편에 대해 전해 듣고서는 견딜 수 없는 마음의 고통을 느끼게 되었습니다. 사실 화려한 왕궁에 있던 사람이 예루살렘에서 무슨 일이 일어난들 구태여 마음 끓이면서 고민할 이유가 어디 있겠습니까? 얼마든지 남의 일처럼 생각할 수도 있었습니다. 예루살렘이 폐허가 되었든, 성벽이 무너졌든 그 일로 인해 그렇게까지 고통스럽고 괴로워할 이유가 없습니다. 아마도 포로로 잡혀 올 때는 신세가 끝장났다고 생각했을 겁니다. 그러나 하나님의 은혜로 수산궁에서 황제와 함께 지내는 신분이 되었습니다. 이 사실만으로도 얼마든지 복을 받고 인생의 꿈을 이루었다고 생각할 수 있습니다. 그런데 느헤미야는 예루살렘의 형편을 듣자마자 괴로움을 견디지 못하고 하나님 앞에 엎드려 금식하기 시작했습니다.

느헤미야 1장 4절 말씀을 보면, "내가 이 말을 듣고 앉아서 울고 수일 동안 슬퍼하며 하늘의 하나님 앞에 금식하며 기도하여"라고 기록되어 있습니다. 느헤미야는 이처럼 금식하며 기도하는 중, 마침내 비장한 결심을 하기에 이릅니다. 즉 자신의 안일과 영화를 포기하기로 결심한 것입니다. 그 시대에 필요한 리더십을 행사하기 위해 제아무리 값비싼 대가라도 치르기로 결심한 것입니다.

값을 치르기 싫어서 문제 직시하기를 두려워하거나 기피하는 사람은 영향력을 끼치지 못합니다. 오늘날 많은 사람들이 이 어려움에 처해 있습니다. 요즘은 '지도자가 없는 시대'라고 말하지 않습니다. '영웅이 없는 시대'라고 말합니다. 영웅이 없는 시대가 된 것은 너무나 당연합니다. 왜냐하면 모두 대가를 치르기 두려워하기 때문입니다. 그러니까 피하는 것입니다. 자기 보신에 급급한 것입니다. 그러다 보니 지도자가 나오지 않는 것입니다. 이기적이고, 자기밖에 모르는 시대에 무슨 지도자가 나오겠습니까?

미국에서 오랫동안 베스트셀러였던 책이 있습니다. 우리나라에서는 《아직도 가야 할 길》(The Road Less Traveled)이라는 제목으로 번역되었습니다. 책의 저자는 그리스도인은 아니지만 다음과 같이 참으로 중요한 사실을 지적합니다.

"오늘날 많은 사람들에게 있어서 삶을 점점 어렵게 만드는 이유가 어디에 있습니까? 자기의 삶을 점점 뒤틀리게 만드는 이유가 어디에 있습니까? 그 이유는 간단합니다. 자신의 문제를 직시하는 것이 고통스러워 그 문제를 외면하기 때문입니다."

자신의 문제를 직시하면 고통이 따릅니다. 그러니까 그 고통을 가급적 외면하기 때문에 모든 삶이 뒤틀려 버리고 마는 것입니다. 문제를 제대로 보고 그 문제를 해결하기 위해서 따르는 고통을 두려워해서는 안 됩니다. 대가를 치르지 않고, 눈물과 고통을 감수하지 않는데 무슨 문제가 해결됩니까? 지불해야 하는 대가가 두려워서 도망가니까 문제를 보지 못하게 되고, 설령 문제를 보았다 할지라도 그 문제를 해결할 길이 없는 것입니다. 그러니 문제가 계속 꼬이고 나중에는 절망에 빠지는 것입니다. 이것이 현대인의 현실입니다. 저는 이것을 백 퍼센트 공감합니다. 정신적으로나 영적으로 훈련이 되지 못한 사람들은 고통스러운 것이 있으면 무조건 피하려고만 합니다. 그리고 문제를 해결하려고 할 때 뒤따르는 고통을 두려워한 나머지 문제 자체를 아예 외면해 버립니다. 그것의 극단이 정신 질환입니다.

심리학자 칼 융(Carl Gustav Jung, 1875-1961)은 "모든 신경 질환은 정당한 고통을 회피한 대가이다"라고 말했습니다. 이것이 신경 질환에만 해당하겠습니까? 오늘날 한국 교회의 문제에도 그대로 적용할 수 있다고 생각합니다.

하나님께서 성경을 통해서 우리에게 교훈하시는 참으로 중요한 진리 가운데 하나는, '모든 문제는 고통을 통해서 해결될 수 있다는 것'입니다. 하나님께서는 당신이 사용하시는 종들에게 고통을 통해서 문제를 해결하는 능력을 키워 주셨습니다. 이것은 성경이 우리에게 주는 굉장히 중요한 교훈입니다.

벤자민 플랭클린(Benjamin Franklin, 1706-1790)은 "고통을 주는 것은 곧 교훈을 주는 것이다"라고 진리를 꿰뚫어 보는 말을 했습니다. 리더십을 발휘할 수 있는 사람은 문제를 두려워하지 않고 문제를 직시합니다. 그리고 그에 따르는 고통을 감수할 각오를 합니다. 느헤미야의 위대함은 바로 여기에 있습니다.

솔직히 이야기해 봅시다. 지금 여기에 360명의 공산주의자들이 모였다면, 혹은 360명의 주사파들이 모였다면 뭐라도 큰일을 저지를 것입니다. 그런데 목사는 3백 명이 아니라 3천 명이 모여도 할 일을 하지 못합니다. 그 이유는 무엇입니까? 왕궁에만 있으려고 하기 때문입니다.

지금까지 제가 그런 사람이었습니다. 귀찮고, 욕먹기 싫고, 싸우기 싫어서 가급적이면 교단의 문제든, 한국 교회의 문제든 슬슬 피해 다녔습니다. '내가 내 교회 사역하기에도 힘에 부쳐 씩씩거리고 있는 판국인데 무슨 교단을 생각하고, 한국 교회를 걱정하느냐? 사치스럽게 그럴 필요 없고, 그 일은 할 사람이 따로 있을 테니까 그 사람한테 맡기자. 나는 작은 그릇이니까 내 교회 하나라도 제대로 해 보자'라고 생각하면서 피했습니다. 이유는 그럴듯했는데, 사실은 문제 직시하기를 겁냈던 것입니다. 대가 치르기를 두려워했던 것입니다.

사실 저는 이와 같은 태도로 오늘까지 목사로서 생활해 왔습니다. 솔직히 말씀드리면 저는 교갱협이 싫습니다. 다 그만두고 싶습니다. 저에게는 투사의 기질이 없습니다. 생긴 꼴을 보십시오. 투사로 일을 하겠습니까? 그러니까 괜히 분수에 지나친 행동을 하지 말고 내 일이나 하고 끝내자는 심정이 99%입니다.

꼭 필요하다고 해서 교갱협을 시작했지만, 저는 산파 역할을 해 주고 모든 실무는 다른 사람들에게 맡기려고 작심하고 있었습니다. 그런데 협박하듯이 강권하는 사람들이 있어서 제가 회장직을 맡게 되었습니다. 심지어 어떤 목사님은 제가 회장을 안 하겠다고 하니까 뒤집어엎어 버리겠다고 하셨습니다. 이에 겁이 나서 할 수 없이 회장을 맡은 것도 있습니다. 그런데 제 마음속에는 이런 마음이 있습니다.

'수양회를 하든 뭘 하든 일단 해 보되, 목사님들이 공감하지 않고 해 봐야 싹수가 노랗다 싶으면 언제든지 손을 떼야지.'

이 얼마나 소극적인 사람입니까? 이런 제가 느헤미야를 염두에 두고 설교를 준비하면서 참 못난 인간이라는 것을 깨달았습니다. 어찌보면 한 교회에서도 제대로 목회할 자격이 없고, 한 교회도 감당할 그릇이 못 되는 존재라는 것을 발견했습니다. 그런데 슬프게도 저 같은 사람이 우리 교단 안에 너무 많습니다. 전부 왕궁에만 있기를 바랍니다. 그러니까 제가 이야기하는 팀 리더십이 나오지 않는 것입니다. 건전한 팀 리더십이 이루어지지 않으니까 절대로 발을 들여놓아서는 안 되는 사람들이 발을 들여놓고, 절대로 그 일을 해서는 안 되는 사람들이 그 일을 하고 있는 것입니다.

제가 교단 밖에 있으면 누가 저에게 욕을 하겠습니까? 그러나 교단 안에 있고, 교단에서 큰 교회를 담임하고 있으면서, 왕궁에 앉아서 '나 혼자만 잘하면 된다'라는 식의 생각을 가지고 남은 인생을 보내다가 주님 앞에 서면 과연 잘했다고 칭찬받을까요? 저에게 이 문제가 걸렸습니다.

우리 교단은 인물을 키우지 않는 것으로 자타가 공인하는 교단입니다. 그럼에도 불구하고 3, 40대 목사 중에는 우수한 인재들이 아주 많이 있습니다. 그러나 그들에게는 한 가지 공통분모가 있습니다. 우수하기는 하나 대부분이 문제를 인식하고 느헤미야처럼 책임을 지려고 하기보다는 회피하기를 좋아한다는 것입니다. 이것이 오늘의 한심한 현실을 양산하게 된 원인이 되지 않았나 생각합니다. 이런 의미에서 우리는 느헤미야로부터 책망을 들어야 하고, 느헤미야를 통해서 우리 자신이 고침을 받아야 한다고 생각합니다.

저는 솔직히 교단은 교회가 아니라고 봅니다. 성경이 말하는 교회는 두 가지밖에 없습니다. 하나는 지역 교회이고 하나는 마지막에 완성될 하나님 나라입니다. 교파의 교회도 없고, 교단의 교회도 없습니다. 어떤 나라의 교회도 없습니다. 성경 안에는 그런 교회의 개념이 없습니다. 어디까지나 지역 교회입니다. 그러므로 우리가 지역 교회에 충실하고 지역 교회를 위해 생명을 바친다면 그것은 주님의 일을 위해 헌신하는 것입니다. 이건 분명합니다. 그리스도 안에서, 성령 안에서 연합한다는 것은 대단히 중요한 것입니다. 연합이 무엇입니까? 이 연합이 결국은 교단으로 발전하고, 교파로 발전하는 것입니다. 연합, 그 자체가 교회는 아닙니다. 그러나 교회를 섬기는 지도자들이 모이고, 지역 교회 전체의 연합을 도모하는 조직으로의 역할을 감당하기에 조직원의 역할을 하는 우리는 이 공동체를 남의 일 대하듯 생각해서는 안 됩니다.

느헤미야의 관심은 성벽을 다시 쌓는 것이었습니다. 첫 포로 귀환이 에스라와 함께 이루어진 이후에 백여 년의 세월이 흘렀습니다. 그

동안 하나님의 성전은 재건되었지만 성벽은 무너진 채 백여 년 동안 방치되어 있었습니다. 아무도 그 성벽을 쌓으려고 하지 않았습니다. 성벽이 없으니까 재건된 성전은 완전 무방비 상태였고, 이스라엘 백성들은 이 마을 저 마을의 이방인들과 섞여서 세상 사람들과 똑같이 사는 그런 꼴이 되었습니다. 성전을 재건하는 일에 비하면 성벽을 쌓는 일은 사소한 일로 생각하기 쉽습니다. 저도 한때는 느헤미야를 읽으면서 '성전만 재건하면 됐지 성벽 쌓는 게 뭐가 그리 대단해서 느헤미야서를 성경에 끼워 넣었는가?' 하고 생각한 적이 있었습니다. 그러나 느헤미야가 지도자로서 탁월한 이유가 바로 여기에 있습니다. 그는 다른 사람이 놓치고 넘어가기 쉬운 문제의 핵심을 정확하게 짚는 눈을 가지고 있었습니다.

첫째로, 느헤미야는 성벽을 다시 쌓는 것이 성전을 재건하는 것만큼 중요하다는 것을 꿰뚫어 보았습니다. 성전이 없다면 성벽 쌓는 일은 별 의미가 없습니다. 그러나 성전이 재건된 마당에 성벽을 쌓는 것은 너무나 중요한 의미를 갖습니다. 성벽이 없으면 성전이 보호받을 수가 없기 때문입니다. 밤낮없이 위험과 공격에 그대로 노출되어 있는 셈입니다. 결국 성벽이 없기 때문에 이스라엘 백성들은 이 마을 저 마을에 흩어져 이방 부족들과 동화되는 생활을 했고, 그들의 잡된 종교와 문화에 자기도 모르게 서서히 젖어 드는 생활을 했습니다. 통혼이 자연스럽게 받아들여졌고 언어가 혼합되었으며 신앙적인 면에서 혼탁해질 대로 혼탁해졌습니다. 즉 선민으로서의 주체성을 지키지 못할 어려움에 빠져 버렸던 것입니다. 그러므로 성벽은 꼭 있어야 했습니다. 성벽은 적으로부터 성전을 보호할 뿐만 아니라 이방인으로부터의 영향을 차단하는 상징적이면서도 실제적인 이스라엘 민족의 보호막 역할을 할 수 있었습니다. 이것이 성벽의 의미입니다. 이스라엘 민족의 세속화, 이방화를 내버려 둔다면 성전을 백 번 재건해도 아무 소용없습니다. 그들은 또다시 하나님의 심판을 받아 흩어질 위험 앞에 놓이게 될 것이기 때문입니다. 그러므로 느헤미야는 성벽을 쌓아서 상징적으로 이스라엘 백성을 이방인과 구별하는 것이 중요하고, 하나님의 성전을 지키는 것이 중요하며, 예배와 하나님의 말씀이 혼탁한 세상 물에 더럽혀지지 않도록 보호하는 것이 중요하다는 것을 정확하게 꿰뚫어 본 것입니다.

저는 '갱신'과 '개혁'이라는 말을 구별해서 썼으면 합니다. 기독교에서 말하는 개혁은 교리와 신앙의 문제를 바로잡는 것이고, 갱신은 교리적인 문제보다 교회의 질적인 문제를 바로잡는 것입니다. 교회의 질적인 문제란 교회의 세속화입니다. 교회 갱신은 이러한 도덕적 위기를 경고하는 일이고, 무력해지는 교회를 바로 세우는 것입니다. 이런 의미에서 성전 재건이 개혁에 해당한다면, 성벽 재건은 갱신에 해당한다고 볼 수 있습니다. 성전 재건은 하나님을 예배하는 것과 하나님 말씀의 권위를 지키는 데 절대적인 역할을 하는 것이지만, 성벽을 재건하는 것은 세상으로부터 오는 유혹과 공격에서 성경과 하나님 백성의 순수성을 지키는 것이 목적입니다. 따라서 갱신은 교회를 세상으로부터 보호하는 것, 교회와 세상의 차별성을 드러내는 것, 그래서 교회의 영적인 생명과 능력을 잃지 않도록 하는 문제를 다루는 것입니다.

오늘날 한국 교회가 안고 있는 심각한 문제는 교리나 신학적인 문제가 아닙니다. 교회의 질이 문제입니다. 성직자와 평신도를 세상과 비교했을 때, 이 둘 사이에 얼마나 차별성이 존재하는가를 문제 삼는 것입니다. 다시 말해, 정체성이 어느 정도 분명한가 하는 문제를 가지고 고심하는 것입니다.

오늘날 한국 교회는 처절할 정도로 세상에 오염되어 있습니다. 일부 목사나 장로들은 그리스도를 믿지 않는 사람보다 더 양심이 바르지 못해 지탄을 받고 있는 것이 오늘의 현실입니다. 교단 내의 조직마다 코를 찌르는 악취가 풍깁니다. 그 이유가 무엇이겠습니까? 세속화된 것입니다. 교회의 질이 떨어진 것입니다. 누구를 비판하거나 정죄하기 위해서 이런 말을 하는 것이 아닙니다. 너무나 가슴 아프기에 탄식하는 것입니다.

목사는 강단에서 하나님 나라를 외치는 사람이고, 천당의 화려함과 아름다움, 그 영광을 이야기하면서 세상에서의 고통과 아픔을 위로하는 사역자들입니다. 그럼에도 불구하고 제일 천당에 가기 싫어하는 사람이 목사입니다. 어떻게든 하루라도 더 오래 살고자 발버둥 치는 게 목사입니다. 이상하지 않습니까? 그래서인지 흔히 본능하고 신앙은 다르다고 합니다. 목사도 본능이 있지 않느냐는 것입니다. 옳은 말입니다. 그러나 교인들은 가끔 빈정거립니다. "우리 목사님, 천국이 그렇게 좋다는데 자기가 먼저 들어가지 왜 그렇게 안 들어가려고 발버둥 치는지 모르겠다"라고 말합니다. 이 말은 목회자들이 이상한 모순을 안고 살고 있다는 것을 의미합니다.

우리가 설교할 때 자주 하는 말이 있습니다. "욕심을 버려라. 하나님의 종들은 물욕을 초월한 사람이요, 명예라는 것은 저 굴러다니는 돌처럼 생각하는 사람들이다. 오직 예수 그리스도 한 분만으로 만족하고 기뻐하는 사람이다. 할렐루야!" 이렇게 설교하는 게 목사 아닙니까? 그러면 강단을 내려가서 백 퍼센트 그 말대로 살지는 못할지라도 흉내라도 내야 할 것 아닙니까? 흉내를 내려면 돈에 대해 욕심을 내지 말아야 하고, 권력에 대해서, 명예에 대해서 초연할 수 있는 여유를 가져야 하지 않습니까? 그런데 단상에서 설교한 것에 비해 단하의 태도는 너무너무 추합니다. 우리 목사들은 마음을 비워야 합니다. 명예에 대해서도, 돈에 대해서도 말입니다.

저는 5년 동안 대학생들을 지도하면서 은혜받은 학생들이 어떻게 행동하는지 지켜봤습니다. 1년에 한 번씩 총회를 하는데 회장을 서로 하라고 아우성을 치는 통에 교통 정리하기가 무척 힘들었습니다. 그래서 결국 회장이 되는 사람은 고집이 세지 못한 사람이었습니다. 이런 풍토가 노회장을 뽑을 때나 총회장을 선출할 때 나타나면 얼마나 좋겠습니까? 그런데 상황이 거꾸로 가고 세상에서도 볼 수 없는 추태가 교단 안에서 벌어집니다. 이것이 의미하는 것은 무엇일까요?

오늘날 한국 교회가 질적으로 얼마나 떨어져 있습니까? 아무도 그 밑바닥을 읽을 수가 없습니다. 보통 심각한 게 아닙니다. 그러므로 우리의 관심은 무너진 성벽을 다시 쌓는 것에 있어야 합니다. 온갖 잡된 이방 문화가 막 쏟아져 들어오도록 내버려 두어서는 안 됩니다. 성벽을 쌓아서 차단해야 합니다. 주님의 성전을 보호해야 합니다. 경계선을 그어야 합니다. 두 세계를 분명히 구별시켜야 합니다. 이것이 갱신입니다.

둘째로, 느헤미야는 사람들에게 옳은 일을 할 수 있도록 동기를 부여하는 능력과 열정을 가지고 있었습니다. 느헤미야는 혼자서 모든 일을 하려고 하지 않았습니다. 그리고 자신이 권력을 가진 사람이라고 해서 자신의 명령만 따르라고 강요하지도 않았습니다. 그는 치밀한 계획과 사전 준비를 마친 후, 백성들의 마음에 불을 지르기 시작했습니다. 느헤미야 2장 17절 말씀을 봅시다.

"…우리가 당한 곤경은 너희도 보고 있는 바라 예루살렘이 황폐하고 성문이 불탔으니 자, 예루살렘 성을 건축하여 다시 수치를 당하지 말자 하고."

이어서 18절에는 느헤미야의 이 말을 듣고 모든 사람들이 마음에 감동을 받아 "일어나 건축하자 하고 모두 힘을 내어 이 선한 일을 하였다"고 기록되어 있습니다. 모든 사람들에게 함께 일할 수 있는 동기부여를 하는 것, 이것이 진정한 리더십입니다.

저는 '평신도를 깨운다'는 철학을 가지고 목회하는 사람이기 때문에 누구보다도 이 면에 있어서 상당히 강한 신념을 가지고 있습니다. 목회도 혼자 하면 안 됩니다. 교역자 혼자 뛰는 교회는 별로 소망이 없습니다. 모든 평신도 가운데 훈련받은 자들이 사역자로 세워져서 함께 뛰어야 합니다. 이게 건강한 목회입니다. 목회자는 리더십을 책임지고, 사역은 평신도가 책임지는 것입니다. 목회자가 리더십과 사역을 전부 독차지하고 혼자 뛰겠다고 하는 것은 전부 죽자는 것입니다. 목사는 평신도의 가슴에 주님의 선한 일을 할 수 있도록 동기를 부여하고, 그들을 그리스도의 제자로 세워서 함께 일할 수 있는 사역자로 발굴해야 합니다. 이것이 리더십이고, 목사가 해야 할 일입니다.

마찬가지로 교단의 일이든, 한국 교회의 일이든 독불장군처럼 혼자 하겠다고 하는 사람은 성경이 말하는 건전한 리더십에 대해 기초도 모르는 사람입니다. 교갱협이 참으로 하나님의 손에 쓰임 받기를 원한다면 우리 모두 혼자 뛰겠다는 마음을 버려야 합니다. 우리는 우리 교단과 한국 교회에 있는 많은 건전한 동역자들의 가슴에 함께 뛸 수 있도록 동기를 부여하는 데 힘을 합해야 합니다. 이것이 건전한 리더십입니다. 그래서 '우리가 하자!'가 되어야 합니다. '내가 하자'나 '여러분이 하십시오'는 안 됩니다. 오직 '우리가 하자!'입니다. '우리가 일어나서 성을 쌓자!'가 되어야 합니다. 이와 같은 분위기와 이와 같은 열정이 모든 교회 성도들, 특히 지도자들의 마음을 사로잡을 때, 한국 교회가 아무리 어려운 상황에 있다 할지라도 성벽은 반드시 올라갈 것입니다.

셋째로, 느헤미야는 반대자들을 다루는 방법을 알고 있었습니다. 느헤미야서를 보면 굉장한 전투가 벌어지는 것을 볼 수 있습니다. 무슨 일이든 선한 일에는 반드시 반대가 따릅니다. 곡식을 심은 논에 가라지가 자라듯 호사다마(好事多魔)의 원리가 항상 따르기 마련입니다.

변화를 거부하는 자들은 변화를 비판합니다. 그들은 변화를 위협으로 간주합니다. 이런 사람들은 대개 그 마음이 완고한 사람들입니다. 본능적으로 발전과 성장을 거부합니다. 빌 헐은 전통과 전통주의를 이렇게 구별했습니다.

"전통은 이 세대에서 다음 세대로 전달되는 거룩한 선조들의 믿음이고, 전통주의는 교권을 유지하려고 하는 지도자들의 죽은 믿음이다."

이처럼 전통주의에 집착하는 사람들이 있으면, 그들은 결국 느헤미야를 반대해서 일어났던 산발랏과 도비야의 역할을 하게 됩니다. 그들은 성벽을 쌓지 못하게 하기 위해 수단과 방법을 가리지 않았습니다. 비웃고, 악성 루머를 퍼트리고, 위협하고, 정치적인 모략을 하고, 나중에는 선지자들에게 돈까지 주고 거짓 예언을 하게 합니다.

그러면 이처럼 온갖 수단과 방법을 동원해 성벽을 쌓지 못하도록 방해하는 산발랏과 도비야는 어떤 사람들입니까? 그들은 그 지역에서 오랫동안 기득권을 누려 온 정치적, 경제적 실력자들이었습니다. 그들은 성벽이 없음으로 인해 이스라엘 백성들을 마음대로 상대하고, 마음대로 회유하고, 마음대로 유린할 수 있었습니다. 그런데 성벽을 쌓게 되면 이스라엘 백성들과의 밀착 관계에 문제가 생길 게 뻔한 것입니다. 이제 이스라엘 백성들은 성문을 닫아걸고 안식일을 지키고 하나님을 예배하면서 이방인들과의 차별성을 드러낼 것입니다. 그렇게 되면 옛날에 적당히 거짓말을 하면서 주고받던 모든 이해관계가

다 무너져 버립니다. 산발랏의 입장에서 볼 때 장사를 하지 못하게 될 판국이 된 것입니다. 이스라엘 백성들이 영적으로 병이 들면 들수록, 주체성이 희미하면 할수록 산발랏이 유리한 것입니다. 모든 것을 제 마음대로 할 수 있기 때문입니다. 그러나 성벽이 쌓여 이스라엘 백성들의 신앙이 다시 불붙기 시작하면 피해를 보게 됩니다. 이것이 바로 성벽 쌓기를 막는 이유입니다.

느헤미야는 이런 어려운 상대를 놓고 실제적인 싸움을 벌였습니다. 이때 느헤미야는 반대자들을 아주 지혜롭게 상대했습니다.

첫째, 느헤미야는 하나님께 기도함으로써 반대자들을 상대했습니다. 느헤미야서를 읽다 보면 느헤미야가 어려운 일을 만나거나 억울한 누명을 뒤집어쓸 때마다 간단하게 기도문을 쓰고 넘어가는 것을 볼 수 있습니다. 그는 기도를 통해서 지혜를 얻었습니다. 반대자들의 의중을 미리 읽을 수 있었고, 무엇보다도 반대자들을 두려워하지 않는 용기를 얻을 수 있었습니다. 그리고 그들을 잠잠하게 할 수 있는 하나님의 놀라운 지혜와 해답을 얻었습니다.

교갱협을 좋지 않은 눈으로 보는 자들이 있을 것입니다. 조금도 이상한 일이 아닙니다. 반대가 있다는 것은 우리가 바른 일을 하고 있다는 것을 증명하는 것입니다. 우리에게 중요한 것은 우리가 하는 일을 잘 이해하지 못해서 우리와 하나 되기를 거부하는 사람들을 성경적으로 어떻게 설득할 수 있을까 하는 것입니다. 저는 교갱협에 대해서 동의하지 않는 사람들을 모두 산발랏이나 도비야로 칭하고 싶지 않습니다. 그것은 하나님의 말씀이 아닙니다. 그러나 우리가 갱신을 하자고 할 때 그 갱신의 의도를 잘못 읽고 반대나 비판을 하거나 노골적으로 대적할 때는 일단 영적 싸움이 벌어진 것이라고 생각합니다. 그렇기 때문에 그들을 상대할 때 성경이 가르쳐 주는 방법대로 해야 합니다.

그 방법이 바로 기도하는 것입니다. 그들을 위해서 기도하고 또 지혜를 달라고 기도하는 것입니다.

느헤미야는 우리에게 무릎 꿇고 싸우라고 권면합니다. 무릎 꿇고 싸우면 힘이 없어 보입니다. 그러나 반드시 그 싸움에서 이깁니다. 느헤미야가 이것을 우리에게 가르쳐 줍니다. 기도하는 사람은 침묵해야 할 때를 알고 소리 내어야 할 때를 압니다. 기도하는 사람은 피해야 할 때를 알고 맞서야 할 때를 분별합니다.

둘째, 느헤미야는 반대자들과 맞서야 할 때 당당하게 맞섰습니다. 하나님이 시켜서 성벽을 쌓는데 왜 겁을 내야 합니까? 우리가 두려워해야 할 대상은 하나님뿐입니다. 그리고 우리가 두려워할 필요가 없는 사람은 하나님을 알면서도 하나님을 두려워하지 않는 사람입니다. 이것이 원칙입니다. 느헤미야에게는 이런 소신이 있었습니다. 그러므로 당당하게 맞설 수 있었습니다.

셋째, 느헤미야는 반대자들을 상대로 절대 포기하지 않았습니다. 비판을 받을 때 우리가 가장 쉽게 빠질 수 있는 유혹은 포기하는 것입니다. 미리 겁을 먹고 손을 터는 것입니다. 다시 한번 말씀드리지만, 한국 교회가 영적으로 무너지면 개교회가 아무리 잘되도 소용이 없습니다.

기독교가 천주교에 비해 이미지가 좋지 않다는 것은 다 알고 있을 것입니다. 신부들은 유니폼 속에 가려져 있기 때문에 그들 개개인은 노출이 안 됩니다. 그러므로 세상 사람들에게는 신부의 이미지가 얼마든지 좋은 방향으로 인식될 수 있습니다. 그러나 우리는 자기 맘대로 옷을 입고 자기 맘대로 행동하지 않습니까? 눈 뜨고 볼 수가 없습니다. 그러니 일반인들이 볼 때는 오죽하겠습니까? 지금도 천주교 신자는 계속 늘어나고 있습니다.

얼마 전, 목사 20여 명이 공동 비자를 받아 미국에 가서는 모두 증발해 버렸다고 합니다. 이 일로 인하여 미국 대사관에 아무리 서류를 완벽하게 구비해 가도 비자가 나오지 않습니다. 우리 교회 부목사들을 단기 썸머 스쿨에 보내려고 서류를 준비해서 비자를 신청했더니 서류도 보지 않고 웃기만 했다고 합니다. 이런 망신이 어디 있습니까?

하루는 어느 교회의 한 장로님이 저를 찾아와서 상담을 했습니다. 그 교회 장로들의 주된 관심사는 교회 안에서 실권 있는 보직을 갖는 것이랍니다. 선교부나 교육부처럼 도장을 가지고 목에 힘 줄 수 있는 그런 자리를 원한다는 것입니다. 그래서 서로 그 자리를 차지하려고 싸우는데, 한정되어 있는 그 자리를 어쩔 수 없이 한 사람에게 주고 나면, 그 자리를 차지하지 못한 장로는 그때부터 야당이 되어 사사건건 물고 늘어진다고 합니다. 저에게 상담한 장로님은 은퇴하신 분이었습니다. 그분이 어떻게 하면 이 문제를 해결할 수 있느냐고 묻기에 "저도 모르겠습니다"라고 대답했습니다.

세상에서도 볼 수 없는 추태가 교회 안에서 벌어지고 있는데 어떻게 하겠습니까? 차라리 세상 같으면 어떤 방법이라도 동원하여 기라도 꺾어 놓겠지만 예수님을 믿는 사람들, 더욱이 장로들이 그런 일을 하는데 어떻게 치료합니까? 교회마다 이런 모습을 볼 수 있습니다.

제가 존경하던 한 선배 목사님은 49세에 암으로 소천하셨습니다. 그분이 그 교회에 가서 한 5, 6년 동안 목회하다가 소천하셨는데, 얼마나 신령한 분인지 모릅니다. 영적으로나 지적으로 모두 갖춘 지도자였습니다. 하루는 그분이 저더러 "나 시집 잘못 왔어" 하고 말하기에 무슨 소리인가 했더니, 그 교회의 당회에서 일어나는 일들을 보고 하는 소리였습니다. 그러나 이미 늦었는데 어떡합니까? 당회에 들어가면 두세 시간씩 장로들이 싸우는 모습을 봐야 하니 얼마나 기가 막혔겠습니까?

그 싸움 중에 유명한 싸움은 저를 부목사로 올리는 것을 놓고 싸운 것이었습니다. 그 교회는 이북에서 내려온 사람들이 세운 교회였습니다. 그러나 저는 이남 사람입니다. 교육목사나 교육전도사 때는 괜찮았는데, 정식으로 부목사로 임명하려고 할 때 문제가 된 것입니다. 그 목사님은 "이런 문제를 지역감정 가지고 싸우면 안 된다"라고 권면했지만, 대부분의 장로님들이 반대했습니다. 눈을 뜨고 볼 수 없을 정도로 싸움을 했습니다. 하지만 그 목사님은 "다른 것은 몰라도 이것만은 절대 양보하지 못한다"라고 하시면서 마침내 당신의 뜻을 관철시켰습니다. 그래서 제가 정식으로 부목사가 되어서 2년 반을 섬기다가 결국 나왔습니다.

여러분, 이런 곳이 교회라고 상상을 할 수 있겠습니까? 하지만 이런 일은 오늘날 한국 교회 안에 비일비재합니다. 그런데 이런 풍토를 보고도 나 몰라라 팔짱을 끼고 있어야겠습니까? 하나님이 우리에게 성벽을 쌓으라고 하시는데 욕먹기 싫고, 싸우기 싫고, 고통을 감수하기 싫어서 나 몰라라 합니까? 참으로 진지하게 생각해야 할 때입니다. 끝까지 포기하지 말아야 합니다.

마지막으로, 느헤미야는 하나님 앞에서 목표가 뚜렷한 지도자였습니다. 느헤미야는 성벽 재건의 최종 목적을 말씀의 부흥에 두었습니다. 이에 성벽을 다 쌓고, 백성들을 모아 인구 조사를 했습니다. 과연 하나님의 거룩한 백성들이 누구인가를 확인한 것입니다. 느헤미야는 성벽을 쌓는 것을 어디까지나 하나의 수단이며 길이라고 생각했습니다. 궁극적인 목적은 백여 년 동안 이방인들과 섞여 살면서 영적으로 말할 수 없이 피폐해진 백성에게 말씀 부흥의 불길이 일어나도록 하는 데 있었습니다.

느헤미야서 8-9장을 보면, 성벽을 다 쌓은 다음 느헤미야가 이스라엘 백성이 모인 자리에 에스라를 초청해 놓고 말씀을 듣고 읽게 하는 장면이 나옵니다. 그런데 그 자리에서 놀라운 부흥이 일어났습니다. 말씀을 들은 백성들이 통곡하기도 하고, 기뻐서 춤을 추기도 하면서 하나님의 임재를 느끼고, 성령의 감동을 가슴으로 체험하면서 회개하는 역사가 일어났습니다. 그동안 물들어 있던 세상의 모든 더러운 찌꺼기들을 전부 씻어내고, 냄새나는 부분들을 모두 성령의 기름으로 닦아내는 역사가 일어났습니다. 이것이 바로 느헤미야의 목적이었습니다.

교회 갱신이 목적입니까? 교회 갱신이 목적이라면 희망이 없습니다. 교회 갱신은 수단입니다. 교회 갱신이 어느 정도 되고 성벽이 쌓아지면, 하나님께서 말씀의 은혜, 성령의 역사를 교회에 부어 주실 것을 믿어야 합니다.

말씀대로 사는 것과 정치하는 것은 다르다고 생각하는 사람들이 많습니다. '성경적으로 하자'고 하면 순진한 사람으로 취급하거나 항상 이중적인 생각으로 머리 굴리며 사는 사람들이 있습니다. 우리가 이런 사람들 하고 어떻게 하나님의 일을 하겠습니까? 또 어떻게 그런 풍토에 짓밟혀서 우리의 삶을 보냅니까? 그러므로 말씀의 부흥이 일어나야 합니다. 말씀을 통해서 성령의 바람이 불어야 합니다. 우리 모두 다시 새로워져야 합니다. 남 욕할 것 없습니다. 우리도 다 침묵하면서 동조한 사람들이니까 똑같이 냄새나는 사람들입니다. 성벽을 쌓고 말씀의 부흥을 다시 불러오는 것이 일만 교회 운동보다도 우선되어야 합니다. 이것이 세계 선교보다도 앞선다는 사실을 잊지 마시기 바랍니다.

역사를 보십시오. 병든 교회가 그 세대를 책임진 예가 있습니까?

교회 수가 많다고 해서 그 세대를 책임진 예가 있습니까? 일만 교회 운동보다도 더 우선되는 것은 성벽 쌓고 말씀의 부흥을 이루는 것입니다. 세계 선교를 부르짖는 것보다 우리에게 우선되어야 하는 것은 우리 자신이 세상과 구별되고, 하나님 말씀의 은혜 앞에서 새로 태어나는 것입니다. 그것만 되면 일만 교회 운동은 소리 지르지 않아도 됩니다. 그것만 되면 세계 선교도 그렇게 요란하게 신경 쓰지 않아도 다 됩니다. 반드시 말씀의 부흥이 옵니다.

저는 다니면서 놀라운 일을 많이 봅니다. 1996년 선교한국 집회 때 제가 설교를 했습니다. 그때 5,500명의 젊은 대학생들이 34℃가 넘는 더위에도 불구하고 월요일부터 토요일까지 밤낮없이 은혜받고자 사모하는 모습을 보면서 너무나도 큰 충격을 받았습니다. 이게 무슨 이변입니까? 오늘날 교회 지도자들이 얼마나 잘못되었는가를 놓고 탄식하고 괴로워하는 마당에 한쪽에서 일어나는 이 사건을 보십시오. 거기에 모인 젊은이들은 선교에 헌신하기 위해 모인 사람들입니다. 그들이 복음을 위해 하나님이 가라고 하는 곳이면 여리고와 같은 난공불락의 도성에도 생명 걸고 찾아가겠다고 합니다. 그런 선교 마인드를 가진 젊은이들이 모여서 그렇게 뜨거운 집회를 하고 있는 곳이 한국 교회입니다.

똑똑히 보십시오. 우리는 하나님이 무엇을 하고 계시는가를 보아야 합니다. 코스타 집회를 아십니까? 미국, 일본, 중국, 러시아, 호주, 뉴질랜드 등 각 나라마다 유학생들이 가 있는데, 그 유학생들을 위해서 1년에 한 번씩 특별 집회를 여는 것입니다. 많은 목사님들과 강사들이 무보수로, 자비량으로 집회를 인도합니다. 지난번에는 일본에서 집회가 있었습니다. 950명이 모여 얼마나 뜨겁게 기도하는지 큰 충격을 받았습니다.

어떻게 이런 일이 일어날 수 있습니까? 교회가 오늘날 이만큼 세속화되고, 힘을 잃어버리고, 지도자들이 동서남북을 가리지 못하고 우왕좌왕하는 이런 형편에 도무지 이해할 수 없는 이변이 일어나고 있는 이유가 무엇입니까? 이것은 하나님이 한국 교회에 대해서 소망을 잃지 않고 계시다는 증거입니다. 하나님은 한국 교회에 꿈을 갖고 계십니다. 저는 하나님께서 온 세계를 복음화시키기 위한 큰 계획 속에 한국 교회를 두고 계신다는 것을 느낍니다. 그런 계획이 없다면 이런 이변이 일어날 수가 없습니다. 이처럼 하나님은 꿈을 가지고 오늘도 젊은이들의 가슴에 불을 지피고 계십니다. 그런데 교회 지도자들이라는 사람들이 안일한 생각을 가지고 이 시대를 그냥 흘려보낸다면 다음 세대 앞에 얼굴을 들 수 없는 죄를 범하는 것이라고 생각합니다.

큰 교회에서 목회를 하든, 작은 교회에서 목회를 하든 우리는 한국 교회의 지도자들입니다. 그러므로 느헤미야를 통해서 진정한 리더십을 분명히 배워야 합니다. 배우고 하나가 되어야 합니다. 그래서 우리 앞에 놓여 있는 반대와 방해를 무릅쓰고 성벽을 쌓아 하나님 백성들의 거룩함을 다시 회복시켜야 합니다. 우리는 하나님의 새로운 역사가 한국 교회에 일어날 수 있도록 밑거름이 되어야 합니다. 하나님이 우리에게 이와 같은 은혜를 주시기를 간절히 바랍니다.

3

성령을
주시지 않겠느냐

하나님께서 당신의 자녀들에게 가장 주고 싶어 하시는 선물은 '성령'입니다.
다른 것 다 제쳐 놓고 성령을 구합시다!
그리하여 사람의 힘으로 할 수 없었던 일을 성령께서
해치우시는 역사가 한국 교회에 일어나야 합니다.

누가복음 11:1-13

1 예수께서 한 곳에서 기도하시고 마치시매 제자 중 하나가 여짜오되 주여 요한이 자기 제자들에게 기도를 가르친 것과 같이 우리에게도 가르쳐 주옵소서 2 예수께서 이르시되 너희는 기도할 때에 이렇게 하라 아버지여 이름이 거룩히 여김을 받으시오며 나라가 임하시오며 3 우리에게 날마다 일용할 양식을 주시옵고 4 우리가 우리에게 죄 지은 모든 사람을 용서하오니 우리 죄도 사하여 주시옵고 우리를 시험에 들게 하지 마시옵소서 하라 5 또 이르시되 너희 중에 누가 벗이 있는데 밤중에 그에게 가서 말하기를 벗이여 떡 세 덩이를 내게 꾸어 달라 6 내 벗이 여행 중에 내게 왔으나 내가 먹일 것이 없노라 하면 7 그가 안에서 대답하여 이르되 나를 괴롭게 하지 말라 문이 이미 닫혔고 아이들이 나와 함께 침실에 누웠으니 일어나 네게 줄 수가 없노라 하겠느냐 8 내가 너희에게 말하노니 비록 벗 됨으로 인하여서는 일어나서 주지 아니할지라도 그 간청함을 인하여 일어나 그 요구대로 주리라 9 내가 또 너희에게 이르노니 구하라 그러면 너희에게 주실 것이요 찾으라 그러면 찾아낼 것이요 문을 두드리라 그러면 너희에게 열릴 것이니 10 구하는 이마다 받을 것이요 찾는 이는 찾아낼 것이요 두드리는 이에게는 열릴 것이니라 11 너희 중에 아버지 된 자로서 누가 아들이 생선을 달라 하는데 생선 대신에 뱀을 주며 12 알을 달라 하는데 전갈을 주겠느냐 13 너희가 악할지라도 좋은 것을 자식에게 줄 줄 알거든 하물며 너희 하늘 아버지께서 구하는 자에게 성령을 주시지 않겠느냐 하시니라

성령을
주시지 않겠느냐

성령님에 대해 다 아는 사람은 아무도 없습니다. 우리가 성령에 대한 몇 권의 책을 읽었다고 해서 성령님에 대해 다 아는 것처럼 여긴다면 그것은 큰 오산입니다. 사람들끼리 10년을 사귀어도 그 사람에 대해서 잘 모릅니다. 제가 부부 생활을 30년 동안 해 왔지만 아직도 집사람에 대해 모르는 부분이 많습니다. 이처럼 모든 것을 다 안다고 생각되는 사람에 대해서도 모르는 것이 많습니다. 하물며 하나님이고 영이시며 완전한 인격이신 성령을 우리가 다 알고 있다고 생각하는 것은 크나큰 교만입니다.

만약, 하나님께서 종이와 펜을 주시면서 "속히 응답받았으면 하는 기도 제목이 있으면 한 가지만 적으라"고 하신다면 무엇을 쓰시렵니까? 사람마다 소원하는 내용이 다를 수 있습니다. 이러하기도 하고 저러하기도 할 것입니다. 그러나 한 가지 공통점이 있을 것입니다. 그것은 가장 절실한 것, 가장 시급한 것, 밤낮 사모하는 것을 쓸 것이라는 점입니다.

여리고 성의 시각 장애인 바디매오는 자나 깨나 생각하고 바라는 것이 있었습니다. 그것은 '보는 것'이었습니다. 그러므로 주께서 "네게 무엇을 하여 주기를 원하느냐?"라고 하셨을 때, 대뜸 "오, 주여! 보기를 원하나이다" 하고 말했습니다(눅 18:41). 만약 하나님이 저에게 물으신다면, 저는 두말하지 않고 "오, 주여! 성령을 주옵소서! 성령으로 충만하게 해 주옵소서!" 하고 말할 것입니다.

저는 우리 동역자 여러분들이 다 이와 같은 기도 제목을 하나님께 내놓아야 한다고 생각합니다. 영적으로 진단할 때 한국 교회, 특히 우리 사역자들한테 성령 충만만큼 절실한 기도 제목은 없습니다. 저는 매일매일 그것을 느낍니다. 겉으로 보면 성령 충만한 사람입니다. 겉으로 보면 경건합니다. 겉으로 보면 어떤 문제가 조금도 없는 것같이 보입니다. 그러나 조금만 헤집고 들어가 보면 너무나 많은 영적인 문제와 질병을 안고 시름에 젖는 사역자들이 많은 것을 봅니다. 힘을 잃어버린 것입니다.

제가 특별히 성령 충만하게 해 달라고 하나님께 부르짖고, 매달려야겠다고 생각하게 된 동기가 있습니다. 누구나 다 사역을 하다 보면 영적 침체기가 찾아옵니다. 저는 1989년부터 1993년까지 영적 침체기에 깊이 빠졌다가 하나님께 호되게 매를 맞았습니다. 얼마나 호되게 매를 맞았는지 그 내용을 다 이야기하려면 아마 시간이 모자랄 것입니다.

저는 자식이 아버지한테 매를 맞을 때 "아버지, 용서해 주세요" 하고 벌벌 떨면서 빌듯이 그렇게 하나님께 빌었지만 하나님의 채찍은 멈추지 않았습니다. 그러면서 저의 사역을 깊이 들여다보고 울기도 하고 탄식도 했습니다. 그러다가 미국 모 신학교의 저명한 교수이자 목회자였던 어느 목사님의 글을 읽으면서 제 심장이 찢어지는 듯한 고통을 느끼기 시작했습니다. 위기감을 느꼈습니다. 눈물을 억제할 수가 없어서 그냥 막 울었습니다. 그분은 저처럼 성경을 열심히 가르치는 목사였습니다. 성도를 말씀의 진리 위에 굳건히 세우는 데 정성을 쏟았습니다. 상당히 좋은 성과를 거둔 성공적인 지도자였다고 말할 수 있습니다. 그러나 그는 자기의 목회와 교회를 놓고 이렇게 진단을 내리고 있었습니다.

"해를 거듭할수록 나는 나의 설교를 충실히 듣고 성경공부를 열심히 하고 있는 교인들의 삶에 뚜렷한 변화가 없는 것을 볼 수 있었다. 영적으로 침체된 사람들은 거기서 헤어나지 못하고 있었다. 집을 비우고 돌아다니는 사람들은 계속 세상적인 것에 정신이 팔려 있었고, 환자들은 약을 쓰지 않으면 낫지 않았다. 다른 사람을 전도하기가 너무 힘들었고, 신경 질환을 앓고 있는 사람들은 상담자에게 장기 치료를 받는 것 말고는 회복의 기미가 보이지 않았다. 살아 계신 하나님의 자녀들이 이렇게 김빠지고 능력 없는 삶을 살아야 한다는 것은 용납할 수가 없는 일이었다. 왜 우리가 이토록 적은 능력만 가지고 있어야 하는가?"

저는 이 글을 읽으면서 우리 교회의 영적 상태를 적나라하게 보는 것 같았고, 치부를 드러내는 것 같은 고통을 맛보았습니다.

'왜 사역자들은 자주 영적으로 갈증을 느끼는 걸까? 왜 평신도 지도자들은 뜨겁게 일하다가도 금방 시들해져 버리는가? 왜 환자들은 늘어만 갈까? 또 교회 바로 앞의 유흥가는 왜 갈수록 더 번창하고, 사랑의교회가 여기 있음으로 해서 유흥가가 달라졌다는 기미는 10년이 지나도 왜 보이지 않는 걸까? 왜 나는 하나님이 엄청나게 부어 주시는 축복을 받았음에도 불구하고, 영적으로 이렇게 침체되어 결국에는 매까지 맞고, 헤어나지 못하는 고통 속에서 수년을 시름해야 하는가? 이것이 하나님의 능력이요, 이것이 오늘날 하나님께서 교회를 통해서

바라시는 것인가?'

저는 이런 생각을 하면서 많이 괴로워했습니다. 너무너무 괴로웠습니다. 그래서 저는 성령운동으로 유명한 한 목사님을 찾았습니다. 전화를 걸어서 만남을 제안했습니다. 그러자 그 바쁜 양반이 토요일에 특별히 시간을 내서 저를 만났습니다. 한 서너 시간을 같이 이야기했는데, 저는 제 사역의 허와 실, 장로교 목사의 허와 실, 이런 것들을 솔직히 털어놓았습니다. 허점이고, 허상이라고 할 수 있는 부분을 솔직히 고백했습니다.

"목사님, 목사님은 성령에 대해서 특히 많은 은혜를 받으시지 않았습니까? 어째서 제 영혼이 이렇게 자주 침체되는 걸까요? 왜 우리 교회 평신도 지도자들은 뜨겁게 일하다가도 자주 슬럼프에 빠지는 걸까요? 비유를 들자면, 저는 평신도 지도자들이 영적으로 어려움을 당하면, 그들 가슴속에 성령의 불길을 새롭게 지피기 위해 아궁이 앞에서 엉덩이를 하늘로 치켜들고 '후후' 불어대는 농부와 같습니다. 그래서 그 꺼져 가는 불꽃을 꺼트리지 않으려고 몸부림치는 사람처럼 느껴질 때가 있습니다. 목사님은 목회하면서 이런 것을 느끼신 적이 없습니까?"

저는 제가 이렇게 저의 허물을 드러내 놓고 이야기하면 그분도 같은 자세로 나오리라고 생각했습니다. 왜냐하면 성령운동 하시는 분들의 허와 실을 제가 너무도 잘 알고 있기 때문입니다. 그런데 그분은 이렇게 대답하셨습니다. "아니, 옥 목사님, 그러세요? 저는 정반대예요. 우리 교회 평신도 지도자들은 어찌나 뜨거운지, 제가 할 일은 날마다 물통에 물을 잔뜩 담아서 가지고 다니면서 끼얹는 거예요. 너무 뜨거워지지 말라고요."

그러니 게임이 안 되는 것입니다. 저는 지금 불이 꺼질까 싶어서 엉덩이를 하늘로 치켜들고 후후 불어대는 목사라는데, 자기는 불이 너무 뜨겁게 붙어서 날마다 물통을 들고 다니며 물을 끼얹는 사람이라니, 무슨 대화가 되겠습니까? 공통점이 아예 없지 않습니까? 속에서 뭐가 푹푹 일어났지만 '하나님께서 저에게 뭔가 깊이 깨달으라고 이런 말씀을 하게 하시는구나'라고 생각했습니다. 그래서 그분이 대답해 주신 말씀은 접어두고 사적으로 여러 가지 이야기들을 나누었습니다. 그리고 둘이 함께 손을 잡고 기도했습니다.

여러분은 어떠십니까? 이와 같은 영적인 갈등이 없습니까? 혹은 성령님에 대한 간절한 사모함이 없습니까? "이래서는 안 됩니다. 주님, 제발 살려 주옵소서!" 하는 절규가 여러분의 가슴속에는 없으십니까? 장로교 목사는 이런 것이 없어도 됩니까? 우리가 성령의 은혜를 다시 한번 알고, 그 은혜 속에 흠뻑 젖어야 하는 이유는 목회상의 문제 때문만이 아닙니다. 개인적으로 우리 자신을 돌아보아도 그렇습니다. 혹 죄인 줄 알면서도 어떤 죄를 계속 범하고 있지는 않습니까? 그러면 당신은 성령을 받아야 합니다. 마음은 원이로되 육신이 약하여 순종할 수 없는 것이 있습니까? 그러면 당신은 성령을 받아야 합니다. 예배가 지겹습니까? 찬양하고 감사하는 기쁨이 없습니까? 그러면 당신은 성령을 받아야 합니다. 말씀 듣기가 힘듭니까? 강단에 서서 전하기는 쉬워도 앉아서 듣기가 지겹습니까? 입이 무거워서 기도가 잘 안 됩니까? 그러면 당신은 성령을 받아야 됩니다. 열심히 봉사하지만 심령이 답답하고 갈급합니까? 그러면 당신은 성령을 받아야 합니다. 아무리 가르치고 아무리 애를 써도 열매가 별로 안 보입니까? 그러면 성령을 받아야 합니다. 전도가 힘듭니까? 죽어 가는 영혼들을 향해서 안타까운 심령이 타오르지 않습니까? 그러면 성령을 받아야 합니다. 여러분의 목회가 건강하지 못합니까? 10년, 20년 동안 씨름해도 교회가 병들어 있습니까? 성령을 받아야 합니다. 이유 여하를 막론하고 성령을 받아야 합니다. 성령은 우리의 힘과 노력으로 안 되는 일을 해내는 하나님의 신비한 능력입니다.

성령님은 에스겔 골짜기에 흩어져 있는 마른 뼈들을 일으켜 세우셨습니다. 성령은 세 번이나 예수님을 부인했던 베드로를 세상이 감당할 수 없는 부활의 증인으로 일으켜 세우셨습니다. 그러므로 우리는 성령을 받아야 합니다.

누가복음 11장 1절부터 13절까지는 우리가 너무나 잘 아는 말씀입니다. 저는 오랫동안 이 말씀에 대한 실제적인 의미를 곡해하고 있었습니다. 저는 한동안 '믿는 자는 이미 성령을 받았는데 뭘 또 받아야 한다고 하는가?'라고 생각했던 사람입니다. 제가 몸담고 있고, 여러분이 몸담고 있는 장로교의 신학이 그렇습니다. 사실 성령을 구하는 기도를 하면 신학적으로 좀 유치한 것처럼 보는 풍토가 우리 내면에 깔려 있었습니다.

> 너희가 악할지라도 좋은 것을 자식에게 줄 줄 알거든 하물며 너희 하늘 아버지께서 구하는 자에게 성령을 주시지 않겠느냐_눅 11:13

저는 이 본문 말씀을 놓고 여러 주석을 찾아보았습니다(13절). 우리가 참고하는 주석은 대부분 개혁신학을 배경으로 한 학자들이 쓴 주석입니다. 그런데 그런 주석들을 살펴보면서 한 가지 공통점을 발견할 수 있었습니다. 누가복음 11장 1절부터 13절까지에 대한 주석의 내용 대부분이 구하고, 찾고, 두드리는 것에 대해서만 설명하고 있을 뿐이라는 것을 말이죠. 하나님께서 성령 주시기를 무엇보다 원한다는 것에 대해서는 설명하고 있지 않음을 볼 수 있었습니다. 심지어 개혁신학의 원조라고 할 수 있는 칼뱅도 13절 말씀을 해석하면서 성령에 대해서는 거의 언급하지 않고 넘어갔습니다. 그래서 우리도 이 말씀을 적당히 넘겨 왔습니다. 그러나 이 구절을 좀 냉정하게 살펴보면, 이 말씀은 오순절 성령 강림을 두고 하신 말씀이 아닙니다. 오순절 성령 강림은 간청해서 얻은 응답이 아닙니다. 120 문도가 간절히 부르짖고 구했기 때문에 그 공로로 얻은 것이 아닙니다. 오순절의 성령은 선하신 우리 주님의 약속에 의해서 임하신 것입니다. 오직 제자들은 기도하는 마음으로 기다렸을 뿐입니다.

예수님은 "내가 전에 일러 준 아버지의 약속을 기다리라"고 말씀하셨습니다(행 1:4 참조). 그러므로 그 약속으로 임하신 성령이지 간구하고 간청하고 두드려서 얻은 성령이 아닌 것입니다. 만일 "구하는 자에게 성령을 주시지 않겠느냐"(13절)라는 말씀을 오순절 성령 강림에 포커스를 맞추어 해석한다면, 이 말씀은 이미 시효가 끝난 말씀입니다. 왜냐하면 이미 오순절에 성령이 임하셨기 때문입니다. 그리고 이 말씀이 시효가 끝났다면 본문 말씀 전체 역시 시효가 끝난 것입니다. 우리는 신학적으로 그 사실은 분명히 믿습니다. 오순절 사건은 반복되지 않습니다. 그것은 일회성의 사건입니다. 예수님께서 성육신을 두세 번 반복할 필요가 없는 것처럼, 성령님께서 세상에 임하시는 것 또한 반복하실 필요가 없습니다. 우리는 그것을 믿습니다. 그것은 하나님의 특별한 계획입니다. 그러므로 성령님은 교회 안에 거하십니다. 우리 마음에 거하십니다. 우리는 성령님을 모시고 사는 성령의 전입니다. 이 성령님은 세상 끝 날까지 떠나지 않으실 것입니다. 이것은 하나님의 진리입니다. 그리고 우리의 신앙고백입니다. 그렇다고 해서 "너희 하늘 아버지께서 구하는 자에게 성령을 주시지 않겠느냐"(13절)라는 이 하나님의 약속을 바라볼 필요가 없다고 한다면 아마 엄청나게 손해를 볼 것입니다. 불행하게도 장로교가 그렇습니다. 이 말씀을 어딘가 모르게 오해한 것 때문에 지금까지 많은 손해를 봤다고 생각합니다.

성령님은 임하셨지만 "성령을 주시옵소서"라는 기도는 끝나지 않았습니다. 그렇기 때문에 하나님께서 이 말씀을 주신 것입니다. 힘으로도 안 되고, 능력으로도 안 됩니다. 우리는 목회를 하면서 이 사실을 잘 알고 있습니다. 제자훈련을 하면서 2년 동안 소그룹에 앉혀 놓고 씨름을 해도 안 되는 부분이 반드시 있습니다. 방법론을 동원해도 안 되고, 원리와 이론을 아무리 귀 아프도록 전해도 안 됩니다. 안 되는 영역이 목회에 너무나 많습니다. 그야말로 목사가 지쳐서 쓰러질 정도로 일을 해도 사람의 힘으로 안 되는 것은 안 됩니다.

이와 같이 사람의 힘이나 능력으로 안 되는 것을 해결해 주시는 분이 성령님이라고 한다면, 어떻게 성령을 구하는 기도를 하지 않겠습니까. 만약 목회에 자신이 있다면 이 기도는 필요 없을 것입니다. 그러나 저와 같이 목회에 자신이 없는 사람이라면 하나님께서 "너, 무얼 원하느냐?"라고 물으실 때 두말하지 않고 "성령 주옵소서!"라고 대답할 것입니다.

추운 겨울밤에 갑자기 난방이 꺼졌다고 합시다. 그날 밤에 가장 시급한 것이 무엇일까요? 다시 난방이 들어오는 것입니다. 그 추운 밤에 오들오들 떨고 앉아 있는 식구들에게는 난방이 들어오는 것 이상으로 중요한 것이 없습니다. 마찬가지로 오늘날 목회의 현실을 보면 성령을 받는 것 이상으로 우리에게 절실한 문제는 없다고 생각합니다.

본문 말씀을 좀 더 살펴봅시다. 우리는 본문 말씀에서 몇 가지 중요한 사실을 발견할 수 있습니다.

첫째로, 하나님께서 당신의 자녀들에게 가장 주고 싶어 하시는 선물이 성령이라는 것입니다. 하나님은 우리에게 무엇보다도 성령을 주시기 원하십니다. 저는 목회를 하면서 이것을 자주 체험합니다. 하나님이 가장 좋아하시는 기도도 성령 충만을 구하는 기도입니다. 저는 이 사실을 경험으로 믿습니다.

둘째로, 성령님 안에 좋은 것이 다 들어 있다는 것입니다. 마태복음 7장 11절과 본문 말씀을 비교해 보면, 본문에서는 "성령을 주시지 않겠느냐"고 말씀하셨는데, 마태복음 7장 11절에는 "하늘에 계신 너희 아버지께서 구하는 자에게 좋은 것으로 주시지 않겠느냐"라고 말씀하시는 것을 볼 수 있습니다. 이것은 다시 말해, 성령 안에 좋은 것이 다 들어 있다는 뜻입니다. 성령 충만하면 평소에 구하던 것들을 달라고 할 필요가 없어지는 경우가 참 많습니다.

평소에 "주님, 답답해 죽겠습니다. 제 마음에 기쁨을 주옵소서! 왜 마음이 시원하지 않습니까?" 하고 기도하던 사람이 성령의 은혜만 받으면 그 기도가 사라집니다. 성령이 오셔서 그 마음에 기쁨을 주시기 때문입니다. 그 마음에 막혔던 것을 뻥 뚫어 주시니까 그 기도가 달라지는 것입니다. 그러니 성령 안에 좋은 것이 다 들어 있는 것입니다.

또 평소에 "주님! 제 남편이 왜 저렇습니까? 왜 그렇게 저를 괴롭힙니까? 주님, 제 남편 고쳐 주옵소서!"라고 기도하던 부인이 성령 충만을 받으면 남편을 보는 눈이 확 달라집니다. 오히려 자신의 잘못을 깨닫고 성령 충만한 부인이 되어 남편을 참 그리스도의 사랑으로 받들어 주고, 남편이 좀 기분 나쁘게 해도 마음 상하지 않습니다. 그리고 남편을 고쳐 달라는 기도도 하지 않게 됩니다.

성령 안에 기도의 응답이 다 들어 있습니다. 성령 충만하면 우리의 기도가 참 단순해집니다. 복잡하던 기도가 단순해집니다. 왜냐하면 복잡하다고 생각하던 것들이 다 해결되어 버리기 때문입니다.

목사들도 마찬가지입니다. "주여, 우리 당회가 왜 이렇습니까? 장로들을 고쳐 주옵소서!"라고 하던 기도가 성령 충만하면 사라져 버립니다. 성령을 통해서 주의 은혜가 흘러넘치면 당회원들에게도 그 은혜가 감염됩니다. 그러면 인간관계가 달라지고, 보는 눈이 달라지기 때문에 과거의 문제가 다시는 문제로 남아 있지 않게 됩니다. 얼마나 좋습니까? 그러니 어떻게 성령을 구하는 기도를 하지 않겠습니까. 여기에 무슨 신학이 있고 여기에 무슨 교회 전통이 있습니까? 하나님이 주신다고 약속하셨습니다. 구하기만 하면 주신다고 하셨는데 왜 안 주시겠냐는 말입니다.

셋째로, 성령은 아무에게나 주시는 것이 아니라 구하는 자에게 주신다는 사실을 알 수 있습니다. 특별히 여기서 구한다는 말은 '강청한다'라는 뜻입니다. '강청한다'는 말은 귀찮을 정도로 못살게 구는 것을 뜻합니다. 특별히 예수님께서는 비유까지 들어서 우리가 알아듣도록 설명하셨습니다. 불행하게도 우리는 기도를 하지만 강청하는 기도를 하지 못해서 많은 손해를 봅니다.

목회를 하다 보면 결혼식 주례 요청을 많이 받게 됩니다. 그런데 담임목사가 결혼식 주례를 다 할 수 있습니까? 불가능합니다. 주례를 해 주면 선물도 가지고 오고 때로는 봉투도 가져다줍니다. 이렇게 수입에 좋은 영향을 미치지만 할 수가 없습니다. 그래서 저는 부교역자들에게 80% 이상을 맡깁니다. "네가 좋아하는 부교역자, 네가 존경하는 부교역자에게 해 달라고 그래라"라고 말하면 대부분이 수긍합니다. 그런데 가끔 목숨 걸고 매달리는 사람이 있습니다. "목사님, 저는 목사님을 사랑합니다. 저는 목사님이 제 결혼을 축복해 주시지 않으면 결혼 안 할래요"라고 합니다. 그래서 한 번 거절하면, 일주일 후에 또 달려옵니다. "목사님, 저희 집안은 예수님을 안 믿습니다. 그날 저희 부모님이 오십니다. 목사님이 주례해 주시면 저희 부모님도 감동받으실 거예요. 그러면 제가 전도하기가 쉽습니다. 목사님, 꼭 해 주세요. 목사님이 혹 바쁘시면 겨울이든 여름이든 좋으니까 목사님 시간 있으신 때에 맞춰 결혼하도록 하겠습니다." 이렇게 매달리는 사람은 감당할 수가 없습니다. 해 줘야지요. 별 도리가 없습니다. 그래서 할 수 없이 강청하고 귀찮게 하는 것 때문에 감동을 받아 주례해 준 것이 아마 열 건은 될 것입니다. 저는 이런 일을 겪으면서 '아, 하나님이 이것을 놓고 말씀하시는구나!' 하고 깨닫습니다.

예를 들어 결혼식 주례를 청하러 온 자매에게 제가 스케줄을 보여주며 "자매님, 아무래도 안 되겠습니다. 스케줄 좀 보세요. 제가 해 드리기 싫어서가 아니라, 제 형편이 이러니까 자매님이 양해하시고 부교역자에게 부탁해 보세요"라고 했을 때, "제가 목사님을 위하지 않으면 누가 위하겠습니까? 목사님, 알겠습니다"라며 돌아간다고 합시다. 얼마나 고마운 사람입니까. 그렇지만 기도를 이렇게 하면 안 됩니다. 기도를 이런 식으로 한다면 늘 똑같은 결과만 있을 것이기 때문입니다. "하나님을 너무 귀찮게 하면 하나님도 불편하실 테니까 딱 한 번만 구하고 대답이 없으시면 하나님이 안 주시는 걸로 알겠습니다"라는 기도를 한 후, 응답이 없었다고 합시다. 이때 응답이 없음으로 인해 다시는 그 기도를 하지 않는다면 하나님께서 기뻐하시겠습니까? 본문 말씀을 보면 아닙니다. 하나님은 우리에게 "귀찮도록 달라고 해라. 특별히 성령에 대해서는 그렇게 해라"라고 말씀하십니다. 그런데 우리는 왜 자꾸 얌전한 체합니까? 하나님을 위해서 그러는 것입니까? 하나님을 사랑하기 때문에 하나님을 봐주는 것입니까?

하나님께서는 "너희가 악할지라도 좋은 것을 자식에게 줄 줄 알거든 하물며 너희 하늘 아버지께서 구하는 자에게 성령을 주시지 않겠느냐"(13절)라고 말씀하시는데 왜 그렇게 얌전을 떱니까? 구해야 합니다.

"전 세계적으로 보면, 약 8억 명이 넘는 그리스도인들은 하나님이 귀찮아하실 정도로 집요하게 성령을 달라고 소리소리 질러서, 그래도 성령 충만이 무엇인지 아는데, 나머지 10억 명은 너무 점잖아서 성령을 달라고 매달리지 않은 까닭에 그 심령이 식어 있고 그 삶에 힘이 없다"라고 말한 사람이 있습니다. 아마 그 10억 명 중에 한국 장로교도 포함되어 있는지 모르겠습니다.

〈크리스채너티 투데이〉(Christianity Today)라는 잡지에 미국 주류 교단의 쇠퇴와 부흥이 수치화되어 실린 적이 있습니다. 그 자료에 따르면 1978년부터 1993년까지 약 15년 동안 장로교는 17.9%가 감소되었습니다. 25%나 감소된 교단도 있었습니다. 그런데 놀라운 것은 오순절 계통의 교회는 530%가 성장했다는 것입니다.

오순절 계통 사람들의 특징이 무엇입니까? 성령을 달라고 기도하는 데 둘째가라면 서러워할 사람들이라는 것입니다. 우리는 한동안 그 사람들을 조소하면서 '무식해서 저런다'라고 했습니다. 그러나 한 3, 40년의 세월이 흐르고 보니 우리는 그들로부터 성령에 대해 배워야 할 처지가 되어 버렸습니다. 우리는 '집요하게 구하면, 하나님께서 주시는 은혜가 바로 성령이구나' 하는 사실을 배워야 합니다.

지금까지 우리는 합리주의의 영향을 받아 왔습니다. 이에 21세기도 합리주의의 세상이 될 것이라고 예상합니다만, 그렇지 않습니다. 벌써부터 교회 안에 다음 세대를 통해서 무서운 힘으로 밀고 들어오는 것이 있습니다. 바로 영성과 감정과 체험이라는 것입니다. 성경의 진리를 납득하고 그것을 깨달을 정도로 설명하는 것으로는 이제 역부족합니다. 한참 동안 하나님은 살아 계시고, 하나님은 유일하신 신이라는 것을 성경적으로 설명하면 그다음에 무슨 질문이 이어지는 줄 아십니까? "그래서 어쨌다는 것입니까?"입니다. 자기에게 어떤 감동이 없으면 소용이 없습니다. 그것이 옳으냐, 그르냐에는 별 흥미가 없습니다. 자신에게 강한 무엇인가가 와닿을 때에야 비로소 '아!' 하고 반응하는 것이 지금의 신세대요, 앞으로 여러분의 목회 현장에서 일어나게 될 많은 현상입니다. "IQ가 EQ로 바뀌고 있다"라는 말이 어느 학자가 실없이 던진 소리인 줄 아십니까? 잘못하면 장로교는 점점 침체하는 위기에 처하게 될 수 있습니다. 장로교는 지성이 앞서는 교단입니다. 합리주의적인 사고에 바탕을 둔 교단입니다. 성경을 합리적으로 잘 설명해서 '아, 그렇구나!'라고 하면 그것이 은혜인 줄 압니다. 그렇게 깨달은 것이 바로 성령의 감동인 줄 알고 그다음에는 아무 상관을 하지 않습니다. 그것이 그 사람의 감정에 어떤 불을 질렀느냐, 그 사람의 삶에 어떤 역사를 일으켰느냐 하는 것에는 별로 신경을 쓰지 않는 것이 장로교를 지배했던 합리주의의 성향이었습니다. 그러나 우리 앞에 오는 세대가 영성과 감정과 체험을 앞세우는 세대라고 한다면, 감동과 체험과 새로워짐이 계속해서 사람들에게 증거되는 성령의 운동은 더 발전할 수밖에 없습니다. 그러므로 우리가 먼저 정신 차려야 합니다. 하나님은 악한 친구보다 못한 분이 아니십니다. 문을 두드리는 친구에게 귀찮아서 떡을 내어 주는 그 정도의 하나님이 아니십니다. 하나님은 귀찮아서 자녀에게 할 수 없이 주는 그런 악한 아비와 같은 분이 아니십니다. 하나님은 우리에게 좋은 것을 주기 원하십니다. 부스러기라도 얻겠다고 주님 앞에 무릎 꿇고 소원하던 어느 여인처럼 간절하게 소원하면, 하던 일을 멈추고 돌아서서 "여자여 네 믿음이 크도다"라고 하시며 그냥 쏟아부어 주시는 좋은 분이십니다. 그런 하나님께 성령을 구하는 것은 부끄러운 일도 아니고, 잘못된 신학도 아닙니다. 너무나 당연한 기도인데 왜 구하지 않습니까?

저는 '구하라, 찾으라, 두드리라.' 이것을 세 가지 기도라고 해석하지 않습니다. 본문 전체의 흐름을 보면, 이것은 세 가지 기도를 말하는 것이 아닙니다. 강청하는 기도를 세 번 반복해서 강조하는 것입니다. 즉 강청이 무엇인지를 강조하는 것입니다. 점잖게 구해서 안 되면 막무가내로 찾는 사람처럼 하나님 앞에 매달리라는 말입니다. 그것도 안 되면 꽝꽝 두드리면서 발로 차면서 떼를 쓰는 어린애처럼 그렇게 기도하는 게 강청이라는 것을 우리 주님께서 가르쳐 주시는 것입니다. 성령을 달라고 하는 사람에게는 이와 같은 집요함이 있어야 한다는 이야기입니다.

우리는 이런 면에서 많이 뒤쳐저 있습니다. 제가 아는 오순절 계통의 성도들을 보면 확실히 다릅니다. 장로교 신자들처럼 말만 많은 사람들이 별로 없습니다. 머리만 크고 아는 체하며 거드름 피우는 사람이 없습니다. "성령 주시옵소서!"라며 시시때때로 하나님 앞에 매달립니다. 그러면 하나님께서는 그들에게 그만큼 채워 주십니다. 그러니까 성령 충만한 사람은 다른 것입니다.

제가 명성훈 목사님의 설교를 듣다가 재미있는 개구리 우화를 들었기에 옮겨 봅니다.

개구리 두 마리가 우유 통에 빠졌답니다. 그 개구리들은 이제 사느냐 죽느냐의 기로에 놓였습니다. 그런데 한 개구리는 '어떻게 여기 빠져서 재수 없게 죽게 되었는고'라며 절망하고는 네 다리 쫙 뻗고 죽어 버렸습니다. 그러나 다른 한 개구리는 '아니야, 나는 살아야 돼' 하고는 우유 속을 막 헤집고 돌아다녔답니다. 이 개구리가 바로 성령 충만한 개구리입니다. 그 성령 충만한 개구리는 밤새도록 막 헤집고 다녔습니다. 그러자 그만 밤사이에 우유가 굳어 치즈가 되어서 통 밖으로 펄쩍 뛰어나왔다고 합니다. 그래서 '그 말이 옳다' 하고 생각했습니다.

장로교 신자들은 그런 배짱이 없고 그런 기질이 약합니다. 그런데 성령 충만함을 체험한 사람들은 어떤 상황 속에서도 '내 팔자가 왜 이런가?'라고 생각하고 다리 쭉 뻗고 죽지 않습니다. "주님, 이래서는 안 돼요! 도와주세요. 주님, 믿습니다! 믿습니다!"라며 발악을 하니까 우유가 치즈로 바뀌는 그런 체험을 하는 것입니다.

여러분, 그렇게 하는 과정을 통해서 영적으로 체험하는 것입니다. 그것이 감동이 되는 것입니다. 그러다 보니 생각이 달라지고, "하나님이 내게도 응답하셨다" 하고 큰소리를 치는 사람이 되는 것입니다. 그러면 눈빛이 반짝반짝하고 달라집니다. 우리에게 앞으로 그런 시대가 온다는 것입니다. 그런 것, 즉 영적 체험이나 감동이라도 선사하는 목회가 살아남지, 고상한 설교로 사람들의 머리만 잔뜩 만족시켜 주는 목회로는 앞으로 성공할 수 없습니다. 그러므로 목회를 위해서라도 어찌 주님께 성령을 구하지 않겠느냐는 말입니다. 그러나 성령님은 한 가지 형태로만 역사하시지 않습니다. 다양하게 역사하십니다.

저는 일본 교회 목회가 얼마나 어려운지 잘 알고 있습니다. 지난 십여 년 동안 일본 목사님들과 교제를 나누었기 때문입니다. 그래서 요즘에는 그들에 대한 연민의 정을 많이 느낍니다. 제가 아는 일본인 중에 무카이 세이코라는 사모님이 계십니다. 일본은 부부가 같이 사역을 하는 것이 통례입니다. 그래서 부인이 목사가 된 사람도 많습니다. 무카이 세이코라는 분도 교회를 개척했는데, 이제 6년이 되었습니다. 다행히 교회가 조금씩 성장을 했지만, 너무 지쳐서 저에게 이런 편지를 보내왔습니다.

"괴로움에 지쳐 최근 몇 년 간은 낙담 중에 절망하고 있었습니다. 그러던 중 마음에 드는 세미나가 한국 사랑의교회에서 열린다고 하기에 참석하기로 결심하고, 어려운 중에 돈을 마련하여 세미나에 오면서 '만일 이번에 빛이 보이지 아니하면 목회를 포기하리라' 하고 마음먹었습니다. 그런데 사랑의교회에서 뜨거운 마음이 되어 돌아온 다음 날 아침, 저는 꿈속에서 노래를 부르다가 눈을 떴습니다. '아, 하나님은 사랑이시라.' 하나님은 사랑이기 때문에 내 마음은 뜨거웠고 눈물을 흘리면서 노래를 불렀습니다. '사람들이 들어도 듣지 않아도 하나님은 사랑이시니까 나는 목회를 하는 것이다. 목회를 그만둔다는 것은 있을 수가 없는 일'이라고 생각했습니다.

한국에서 돌아와 첫 주일이 되었습니다. 첫 주일에 드린 예배에서 제가 사회를 보고, 남편이 설교를 했습니다. 목사님, 저는 충만해진 남편, 변해 버린 남편을 보게 되었습니다. 저희는 부부가 같이 세미나에 참석했거든요. 예배가 끝난 다음에 뜨거운 기도가 이어졌고 마음이 굳어졌던 형제들이 마이크 앞에 나와서 눈물을 흘리며 영적인 해방감을 고백하는 감격을 맛보았습니다.

월요일 아침이 되었습니다. 저의 내면에 기쁨이 넘치고 있었고 지금까지 불평하던 것들이 기쁨으로 변하고 있었습니다. 제 속에는 큰 해방감과 자유가 있어서 무엇을 해도 '하나님은 사랑이시니까' 하는 이유를 붙이기만 하면 문제가 문제로 보이지 않게 되었음을 깨달았습니다. 배에서 생수의 강이 넘쳐흐르는 것과도 같았습니다. 마치 사람들에게 해방을 알리는 것과도 같았습니다. 그날따라 창가학회에 빠져 있는 부모의 반대로 교회에 나오지 못하고 있는 초등학교 2학년 여자아이가 생각났습니다. 전 같으면 귀찮아서 꿈도 꾸지 못할 사랑의 편지를 써서 그 부모님한테 문전박대를 받을 각오를 하고 찾아갔습니다. 놀랍게도 그 아이의 부모는 저의 이야기를 들더니 딸아이에게 교회에 나가도 좋다는 허락을 해 주었습니다. 할렐루야!"

이 감격의 편지를 읽으면서 '성령께서 역사하시는 방법은 참으로 다양하다'라는 것을 느꼈습니다. 세미나를 인도하던 저도 전혀 모르는 사이에 그 부인에게 하나님의 영이 그토록 넘치도록 역사하신 것입니다. 가슴에 샘솟는 은혜가 며칠이 지나도 끊어지지 않고 계속 이어질 정도로 강하게 역사하신 그 은혜, 그것이 바로 성령 충만이 아니고 무엇이겠습니까? 우리에게도 이와 같은 은혜가 임할 수 있음을 믿습니다. 이것은 분명히 하나님이 주시는 은혜입니다. 마음을 여십시오. 마음을 비우고, 강청하십시오. 하나님이 반드시 주실 것입니다.

성령의 역사는 이렇게 아무도 모르게 그 사람에게 임하는 경우도 있지만, 세상을 완전히 뒤집어 놓는 역사도 가끔 있습니다. 플로리다의 펜사콜라교회 이야기를 잘 알고 있을 것입니다.

저는 거기에 다녀온 목사님을 통해서 여러 가지 자료를 얻었습니다. 그 교회는 60년 된 교회입니다. 150명 내지 2백 명이 모이는 미국의 전형적인 전통 교회요, 어떤 면에서는 힘이 없는 교회였습니다. 그런데 1995년 6월 18일, 아버지 주일에 한 강사를 초빙해 특별 집회를 했는데 성령이 초자연적인 힘으로 임하셨다고 합니다. 예정 시간은 1시간 30분이었지만 예배는 네 시간이 지나도 그칠 줄 모르고 이어졌습니다. 이것이 계기가 되어 그 강사는 그 교회에서 부목사라는 타이틀로 함께 동역하는 사역자가 되었습니다. 그 후로 그 교회에서는 주중에 화, 수, 목, 금, 나흘 동안 연속 집회가 이어지고 있습니다. 화요 집회는 그 교회 교인들과 예수님을 믿고 돌아온 사람들이 모여, 저녁 7시부터 10시까지 다음 날부터 이어지는 집회를 위해 중보 기도를 한다고 합니다. 그 시간에는 모두 모여 찬송을 부르지도 않고 성경 봉독도 하지 않으며 설교도 전해지지 않고 오직 기도만 한다고 합니다. 각각의 기도 제목이 써 있는 열두 개의 깃발 중, 자신이 기도하고 싶은 깃발 아래에서 기도한다고 합니다. 그렇게 화요일 저녁에 기도로 중보하고, 수요일부터 집회가 시작되는데 저녁 6시부터 새벽 1시까지 집회가 이어진다고 합니다. 저녁 6시에 시작하는 이 집회에 참석하기 위해 사람들은 아침 6시부터 줄을 서서 기다린다고 합니다. 초창기에는 새벽 4시부터 줄을 서서 기다리고 있었다고 합니다.

그 집회의 특징은 회심이라고 합니다. 요란하게 은사 받고 웃고 떠드는 것이 아니라 그야말로 죄인들이 돌아와 통회 자복하고 하나님 앞에 새사람으로 태어나는 회심의 역사, 회개의 역사가 주를 이룬다고 합니다. 매일 저녁마다 4백 명 내지 5백 명이 결신을 하는데, 2년 동안 10만 8천여 명이 회개하고 돌아왔다고 합니다. 경찰이 마약중독자나 범죄자를 잡으면 이렇게 묻는다고 합니다. "너, 감옥 갈래? 펜사콜라 교회 갈래?" 펜사콜라교회에 간다고 대답하면 교회로 보낸다고 합니다. 그러면 틀림없이 그 사람은 회개하고 새사람이 된다는 것입니다.

이런 이야기를 들으면서 약간 오기가 났습니다. 미국에 있는 교회는 새벽 기도도 없지 않습니까? 우리처럼 요란을 떨지 않습니다. 그럼에도 불구하고 하나님께서는 왜 그 교회에는 그와 같은 은혜를 주시는 걸까요. 그와 같은 성령의 역사를 그 교회에는 그토록 부어 주시면서 365일 새벽 기도를 하는 한국 교회는 왜 이렇게 냉랭하게 내버려 두시는 걸까요.

'우리에게 뭔가 잘못이 있지 않을까? 구하는 태도에 뭔가 잘못이 있지 않을까? 받은 은혜를 쏟아부어 버리는 잘못된 부분이 있지 않을까? 뭔가 위선이 있는 것은 아닐까? 한국 교회는 무엇이 문제이기에 하나님은 그 놀라운 성령 충만을 어떤 지역에는 그처럼 풍성하게 주시면서 왜 한국 교회에는 주시지 않는 걸까?' 저는 마음에서 탄식이 흘러나오는 것을 숨길 수가 없습니다.

'우리는 극성스럽게 기도하지만 뭔가 잘못된 기도를 하고 있는 것은 아닐까?' 이런 생각도 해 봅니다. 아무리 기도해도 순종하지 않으면 그 기도는 허공을 치는 기도일 수밖에 없지 않습니까? 한국 교회가 기도하는 것만큼 순종하고 있다면, 하나님께서는 분명히 성령의 놀라운 은혜를 펜사콜라교회뿐만 아니라 가장 문제가 많고 가장 민족적인 서러움과 한이 많은 이 나라, 이 교회에게 부어 주실 것이 틀림없습니다. 새벽마다 요란하게 기도해도, 밤새도록 기도하는 사람이 많아도 하나님은 왜 우리에게 펜사콜라교회 같은 은혜를 부어 주시지 않을까요? 우리는 반성해야 합니다. 우리 지도자들이 반성해야 합니다.

하나님은 부요하신데, 자녀 된 우리가 가난해서는 안 됩니다. 하나님의 능력은 능치 못할 것이 없으신데, 자녀 된 우리가 무능하고 무력해서 세상 사람 발밑에 짓밟혀서도 안 됩니다. 다른 것 다 옆으로 제쳐 놓고 성령을 구합시다! 그리하여 사람의 힘으로 할 수 없었던 일을 성령께서 해치우시는 역사가 우리 한국 교회에 일어나야 합니다. 하나님께서 분명히 성령을 주실 줄 믿습니다. 왜냐하면 성령은 하나님이 가장 주시기 기뻐하시는 선물이기 때문입니다. 우리가 바로 구하고, 열심히 구하고, 힘을 다하여 구하면 우리 주님은 분명히 주실 것입니다.

4

영적 권위의
회복

어떻게 하면 영적 권위를 회복해서
하나님의 거룩한 뜻을 이 땅에 펼칠 수 있을까요?
원칙으로 돌아가는 것입니다.
예언자적인 경고를 할 수 있고, 풍랑 만난 배 안에서 함께 있을 수 있으며
하나님의 나라 비전에 몸을 던지는 소명자적인 원리를 회복합시다.

사도행전 27:9-26

9 여러 날이 걸려 금식하는 절기가 이미 지났으므로 항해하기가 위태한지라 바울이 그들을 권하여 10 말하되 여러분이여 내가 보니 이번 항해가 하물과 배만 아니라 우리 생명에도 타격과 많은 손해를 끼치리라 하되 11 백부장이 선장과 선주의 말을 바울의 말보다 더 믿더라 12 그 항구가 겨울을 지내기에 불편하므로 거기서 떠나 아무쪼록 뵈닉스에 가서 겨울을 지내자 하는 자가 더 많으니 뵈닉스는 그레데 항구라 한쪽은 서남을, 한쪽은 서북을 향하였더라 13 남풍이 순하게 불매 그들이 뜻을 이룬 줄 알고 닻을 감아 그레데 해변을 끼고 항해하더니 14 얼마 안 되어 섬 가운데로부터 유라굴로라는 광풍이 크게 일어나니 15 배가 밀려 바람을 맞추어 갈 수 없어 가는 대로 두고 쫓겨 가다가 16 가우다라는 작은 섬 아래로 지나 간신히 거루를 잡아 17 끌어올리고 줄을 가지고 선체를 둘러 감고 스르디스에 걸릴까 두려워하여 연장을 내리고 그냥 쫓겨 가더니 18 우리가 풍랑으로 심히 애쓰다가 이튿날 사공들이 짐을 바다에 풀어 버리고 19 사흘째 되는 날에 배의 기구를 그들의 손으로 내버리니라 20 여러 날 동안 해도 별도 보이지 아니하고 큰 풍랑이 그대로 있으매 구원의 여망마저 없어졌더라 21 여러 사람이 오래 먹지 못하였으매 바울이 가운데 서서 말하되 여러분이여 내 말을 듣고 그레데에서 떠나지 아니하여 이 타격과 손상을 면하였더라면 좋을 뻔하였느니라 22 내가 너희를 권하노니 이제는 안심하라 너희 중 아무도 생명에는 아무런 손상이 없겠고 오직 배뿐이리라 23 내가 속한 바 곧 내가 섬기는 하나님의 사자가 어젯밤에 내 곁에 서서 말하되 24 바울아 두려워하지 말라 네가 가이사 앞에 서야 하겠고 또 하나님께서 너와 함께 항해하는 자를 다 네게 주셨다 하였으니 25 그러므로 여러분이여 안심하라 나는 내게 말씀하신 그대로 되리라고 하나님을 믿노라 26 그런즉 우리가 반드시 한 섬에 걸리리라 하더라

영적 권위의
회복

언제부터인가 주변에서 '총체적 위기'라는 말을 겁 없이 자주 쓰는 사람들을 많이 봅니다. 총체적 위기라는 말은 위기를 당하지 아니하는 영역이 하나도 없다는 말입니다. 사실 그 말을 함부로 쓴다는 것 자체가 보통 위기가 아닙니다. 그만큼 오늘날 우리의 상황이 심각해졌다는 것을 의미합니다. 이 총체적 위기 가운데서 크게 우려하지 않을 수 없는 것은 '권위의 위기'라고 생각합니다. 제가 말하는 권위는 좋은 의미의 권위입니다. 우리가 흔히 이야기하는 권위주의를 말하는 것이 아닙니다. 또 힘으로 획일적인 복종을 강요하는 그런 권위를 이야기하는 것도 아닙니다.

사회 각 분야에서 권위가 불신을 당하고 있다는 것은 우리 모두 공감하는 사실입니다. 학생이 선생을 스승으로 봅니까? 심지어 자식이 부모의 권위를 인정하면서 존경합니까? 이 나라의 국정을 책임진 수반들이 쇠고랑을 차고 줄줄이 감옥을 드나들면서 최고 통치권자에 대한 권위가 땅에 떨어져 버렸습니다. '이 세상의 권위는 완전히 다 끝이 났구나' 하는 생각이 들 정도로 참으로 어려운 상황이 되었습니다.

그래서 하극상 현상이 여기저기에서 많이 일어나고 있습니다. 겉으로 보이지는 않지만 숨은 내면의 세계에서 권위를 부정하고 권위에 대해서 반란을 일으키고자 하는 심리와 정신적인 작용이 꿈틀거리고 있습니다. 이런 사회를 바라보며 총체적인 위기를 맞았다고 말하는 것은 조금도 잘못되지 않았다고 봅니다. 권위에 대한 존중이나 존경 같은 것이 급격히 허물어지고 있기 때문입니다.

그러면 교회 지도자들의 권위는 어떨까요? 사회적으로 교회 지도자들의 권위는 말이 아닙니다. 한국갤럽의 한 조사 결과에 따르면, 1988년도에 벌써 우리나라 목사의 정직성 순위는 약사 다음이었습니다. 그때만 해도 의약분업 이전이라, 우리는 약국에 가서 증상을 이야기하고 약을 사곤 했습니다. 그럴 때 약사에게 속았다고 느낄 때가 자주 있었습니다. 약사들은 분명히 좋은 약이 아닌데도 마진이 많이 떨어지는 약을 좋은 약이라고 속여 팔기도 했고, 유사 상표를 가지고 손님들을 우롱하기도 했습니다. 이에 이 사회에서 약사의 정직성은 어떤 면에서는 중하위권이라고 봐도 무방했습니다. 그런데 목사를 약사보다 못한 사람으로 평가한 것입니다. 이런 비슷한 예는 얼마든지 있습니다. 그러나 이 한 가지 예만 들어도 가슴이 답답해지니까 더 이상 들지 않겠습니다.

우리는 스스로를 다 목사라고 생각하고, 하나님의 종이라고 자부하면서 교회 앞에서 지도자 역할을 합니다. 하지만 따지고 보면 지도자로서의 우리의 권위는 말이 아닙니다. 기독교의 생명과 능력이 다시 회복되어야 합니다. 기독교의 생명과 힘을 회복하려면 교역자가 영적 권위를 되찾아야 합니다. 그러나 교역자의 영적 권위는 통상적인 종교 행위로는 회복되지 않습니다. 남이 보기에 기도를 많이 하는 것처럼 보이는 것으로 교역자의 권위가 회복된다고 생각하지 않습니다. 사람들의 눈을 현혹시키는 대형 집회를 마련해서 많은 사람들에게 선전을 한다고 해서 오늘날 교역자의 권위가 회복될 수 있다고도 생각하지 않습니다. 지금은 그렇게 해서 될 때가 아니라고 생각합니다. 통상적인 종교 행위로는 우리의 권위를 회복할 수 없습니다.

우리는 성경의 원칙으로 돌아가야 합니다. 여러분은 백선엽 장군을 기억할 것입니다. 한국전쟁 때 우리 국군의 상징이라고 할 수 있을 만큼 대단한 인물로 추앙을 받았던 지휘관입니다. 그분이 모 월간지를 통해 이런 말을 했습니다. 자신이 과거에 무슨 무슨 고지를 탈환하면서 전투한 경력을 되돌아보면서 한 이야기입니다.

"비상사태일수록 원칙으로 돌아가야 한다. 고지를 향해서 진격을 했는데 실패를 했다. 그럴 때 나는 항상 실패의 원인을 따지기 위해서 원칙으로 돌아가곤 했다. 원칙으로 돌아가서 실패한 원인을 살펴보면 분명히 원칙대로 하지 않은 부분들이 드러났다. 그래서 그것을 수정하고 다시 원칙대로 공격을 했더니 그다음에는 성공을 했다. 위기 상황에서의 변칙은 실패할 가능성이 가장 크다. 위기일수록 전술이면 전술 원칙, 전략이면 전략 원칙에 입각해야 한다. 경제도, 통일 문제도 마찬가지다. 잔재주 부리는 조조 스타일은 안 된다. 위기일수록 안 된다."

저는 이 글을 읽으면서 '이게 어떻게 전술에만 해당되는 것이며 전투에만 해당되는 것인가?' 하고 생각했습니다. 오늘날 영적 권위가 말이 아닐 정도로 실추된 이 마당에 우리 교역자들이 하나님이 주신 권위를 다시 한번 회복하려면 잔재주를 부려서는 안 됩니다. 말씀의 원칙으로 돌아가야 합니다.

우리가 가지고 있는 영적 권위는 제도적인 것이 아닙니다. 다시 말하면, 그 권위는 안수를 받았다는 이유로 영원토록 존속되고 인정되는 것이 아닙니다. 우리가 어떤 기관의 대표를 맡았거나 다른 사람이 보기에 화려한 타이틀을 가지고 있다고 해서 인정받는 권위가 아닙니다. 대형 교회에서 목회를 한다고 해서 인정받는 권위가 아닙니다. 우리의 권위는 차원이 다릅니다. 우리의 권위는 제도적인 것이 아닙니다. 그것은 영원한 것이 아닙니다. 우리의 권위는 하나님이 우리를 불러서 그의 피로 값 주고 사신 교회를 맡기신 권위입니다. 우리의 권위는 하나님으로부터 너무나 소중한 책임을 위임받았다는 것에서 그 뿌리를 찾아야 합니다. 그러므로 하나님이 맡기신 그 일에 충성되지 못할 때, 그 권위는 언제든지 빼앗길 수 있고, 실추될 수 있는 것입니다. 목사라는 직분이 우리의 권위를 보장하지 못합니다. 우리가 어느 교단에 소속된 목사라고 해서 그것으로 우리의 권위를 인정받지 못합니다. 하나님이 우리를 불러서 영광스러운 교회를 맡기셨습니까? 그리고 그 교회에 맡기신 사명을 위해서, 또 모든 족속으로 제자를 삼으라고 하는 그 엄청난 명령에 우리는 충성된 종이 되어 있습니까? 그럴 때 우리의 권위가 살아나는 것입니다.

저는 사도행전 27장을 읽다가 끔찍한 조난 사고 내용을 읽어 내려가면서 그 사건이 얼마나 무서운 것이었는가를 생각했습니다. 저는 바닷가에서 살았기 때문에 바다에서 풍랑을 만나 배가 침몰할 위기가 되면 사람이 정말 다급해진다는 사실을 한두 번의 체험으로 알고 있습니다. 그러므로 여러 날 동안 하늘의 별을 볼 수가 없고, 주변에 지나가는 배도 발견할 수 없는 고해에서 당하는 이 무서운 조난 사건을 조용히 읽으면서 하나님이 저에게 주시는 깊은 진리 한 가지를 깨달았습니다. '이 시대를 감당할 수 있는 하나님의 종으로서 역할을 감당하려면 영적 권위를 반드시 회복해야 한다. 그렇지 아니하면 우리는 빠져나갈 문이 없다'라고 생각했습니다. 그래서 이 말씀을 가지고 하나하나 정리를 해 보았습니다. 제 자신을 위해서 정리를 해 본 것입니다. 이 말씀이 우리의 영적 권위를 회복하기 위한 모든 해답은 아닙니다. 그러나 분명히 우리에게 중요한 몇 가지 교훈을 제공합니다.

첫째로, 영적 권위는 제때 경고할 수 있는 영안과 용기를 가질 때 회복할 수 있습니다. 경고할 수 있는 예언자적인 영안과 용기를 가질 때, 우리의 영적 권위가 회복될 수 있다는 말입니다. 바울은 배가 출항하기 전에 백부장과 선주, 선장 앞에서 경고를 하였습니다. "금식하는 절기가 이미 지났는데 항해하는 것은 위험합니다. 좀 불편하지만 여기에서 겨울을 지내고 가도록 합시다" 하고 말입니다. 앞으로 무슨 일이 생길지 모르니 떠나지 말자는 것입니다. 그러나 백부장이나 그 배의 지도자들은 바울의 말을 아예 무시해 버리고 출항했던 사실을 우리는 봅니다. 그 결과, 그들은 끔찍한 재난을 당하게 되었습니다.

여러분, 바울이 특별계시를 받아서 이 경고를 할 수 있었다고 생각하십니까? 그런 것도 좀 있을 것 같습니다. 워낙 영성이 밝은 사람이니까 영적으로 '아, 이번에 출항을 하면 분명히 좋지 못한 일이 일어나겠구나' 하는 무언가를 성령께서 그에게 일러 주셨을지도 모릅니다. 그러나 본문을 보면, 바울은 특별계시보다도 오히려 일반계시에 더 의존해서 경고를 합니다. "금식하는 절기가 지났다"라고 말합니다(9절). 바울은 그동안 열한 차례나 지중해를 항해한 사람입니다. 그리고 그 거리는 줄잡아서 5,600km가 넘을 것이라고 학자들은 추산합니다. 그러니 그렇게 느린 범선을 타고 20년이 넘도록 11번이나 장거리 여행을 했던 바울은 경험상 베테랑이었습니다. 금식일이 지나면 왜 위험한지, 속죄일이 지나면 왜 위험한지 다 알고 있었던 것입니다.

램지(W. M. Ramsay, 1851-1939)라고 하는 학자는, 바울이 로마로 가던 그해를 주후 59년이라고 주장합니다. 그리고 그해의 금식일은 10월

5일이라고 계산했습니다. 이 계산이 정확한 것인지 모르겠지만, 비슷한 기간이 아니었나 생각합니다. 바울은 그동안 지중해를 다니면서 10월 초순부터 11월 초순까지는 항해하기가 아주 좋지 않다는 것을 경험적으로 알고 있었습니다. 대단히 위험하다는 것을 알고 있었습니다. 때문에 그는 말할 처지가 안되는 죄수라는 신분이었지만 대범하게 "떠나지 맙시다, 떠나지 않는 것이 좋겠습니다"라고 경고를 했습니다. 이 경고 때문에 나중에 바울은 조난당한 배 안에서 최고의 권위자로서 군림을 합니다. 만약에 바울이 이 경고를 하지 않았더라면 조난당한 그 배 안에서 바울은 권위의 주도권을 잡지 못했을 것이며 그 사람들의 영을 인도하지도 못했을 것입니다.

경고라는 것은 대단히 중요합니다. 사람들이 위험을 눈치채지 못할 때 눈치를 채게 만드는 것이 경고 아닙니까? 일종의 예언자적인 기능입니다. 예언자적인 기능을 감당하려고 할 때는 무시당할 수도 있고 핍박받을 수도 있으며, 어떨 때는 생명을 빼앗길 각오를 해야 한다는 것을 선지자를 통해서 많이 봅니다. 그동안 우리는 한국 교회에서 제대로 경고하는 지도자였습니까? 한번 조용히 돌이켜 봅시다. 20년 가까이 경제 성장을 추구하면서, 그리고 그 성장의 열매를 나름대로 신나게 따 먹으면서…. 나아가 부흥한 교회를 담임하는 것이 선망의 대상이 되고, 하는 일마다 웬만한 일은 잘되는 이런 형통한 과정을 겪어 오면서 우리는 얼마만큼 경고를 제대로 하는 예언자적 역할을 감당했습니까? 물론 강단에서 설교할 때는 욕심내지 말라고 경고했습니다. 정직하라고 경고했습니다. 가치관이 점점 변질되니까 말씀을 붙들고 살아야 한다고 누누이 외쳤습니다. 그러나 설교를 위한 설교였지 진정한 경고를 했느냐 그 말입니다. 자신도 모르는 사이에 복음을 가지고 사람들을 은근히 유혹하고, 세상과 타협하는 메시지를 얼마나 많이 전했느냐 그 말입니다.

　우리는 사람들이 듣기 싫어하는 말은 가급적이면 하지 않으려고 했습니다. 사람들은 경고하는 것을 싫어합니다. 불이 나지 않았는데 불이 났다고 말하는 사람을 누가 좋아합니까? 아직 비가 오지 않는데 비온다고 하고, 홍수 난다고 하는 사람을 누가 좋아하겠습니까? 아무도 좋아하지 않으니까 경고하는 예언자적인 역할을 행사하지 않고자 하는 유혹에 빠집니다. 그 결과, 걷잡을 수 없는 정신적 타락이 우리 주변을 포위하고, 도무지 주체할 수 없는 도덕적 부패 현상이 우리의 숨통을 조여 오는 이 무서운 환경 속에서도 우리는 그것이 얼마나 무서운 위기인가를 교인들에게 제대로 알려 주지 못하고 있습니다.

　엘리야는 분명히 국가의 멸망을 경고한 사람입니다. 그렇기 때문에 그 사람은 눈물이 마를 날이 없었습니다. 그는 눈물을 가지고 그 경고의 권위를 세웠습니다. 세례 요한은 "도끼가 나무뿌리에 놓여있다"라는 중요한 메시지를 전하는 사람이었기 때문에 약대 털옷을 입고 광야에 살았습니다(마 3:10 참조). 경고를 하면 경고를 하는 사람다움이 무엇인가 보여야 그 경고가 살아나는 것입니다. 그래야 그 경고가 능력을 발휘합니다. 바울은 에베소에서 3년 동안 목회하면서 유익한 말이면 무엇이든 군중 앞에서나 각 집에서나 거리낌 없이 사람들에게 전했습니다. 그리고 경고를 하게 될 때 그의 눈에는 늘 눈물이 있었다고 했습니다. 이것이 경고자의 바른 자세입니다. 그러나 우리는 그동안 너무 긴장을 풀고 살았습니다. 지금 눈앞에 무엇이 오는지에 대해서 누구 하나 제대로 소리를 지르지 않았습니다. 그러다가 우리는 IMF 구제 금융 체제로 들어가게 되었고, 하루아침에 국민 소득 1만 달러가 5천 달러로 곤두박질치는 위기를 만나게 되었습니다. 그런데 이와 같은 상황이 닥치기 전에 우리가 얼마만큼 경고자의 입장에서 교인들을 바로 가르쳤으며, 교회를 통해서 세상을 향해 얼마만큼 다가오는 위기를 이야기했냐는 말입니다. 그렇게 하지 않았기에 우리의 권위가 땅에 떨어질 수밖에 없는 것 아닙니까?

저는 가끔 제 설교 테이프를 하나씩 듣습니다. 본인의 설교를 듣는 것만큼 힘든 일이 없습니다. 그러나 저는 일부러 듣습니다. 내가 무슨 설교를 했나? 지금까지 무슨 말을 한 목사인가? 강단에서 무슨 내용을 가지고 소리를 지른 사람인가? 저 자신을 냉정하게 돌아보기 위해서 테이프를 듣습니다. 들을 때 저도 모르게 마음에 가책이 생깁니다. '이 성경 본문은 이런 식으로 적당히 전할 말이 아니었는데…. 말하기 어려운 부분은 쏙 빼 버리고 사람들에게 듣기 좋은 본문만 뽑아서 설교를 한 것이 아닌가? 사실은 말하지 않은 그 본문이 더 중요한데…' 하고 자책을 하는 것입니다.

왜 적당히 설교합니까? 자신도 모르게 아부하는 것입니다. 되도록 많은 사람들에게 "그 목사님 설교 좋더라", "은혜받았다"라는 소리를 듣고 싶어서 그런 것입니다. 그 소리가 마귀의 소리인 줄 알아야 하는데 그런 소리에 끌려다니다 보니 성도들이 듣기 싫어하는 말은 가급적 하지 않으려고 합니다. 그러다가 청소년이 타락하고, 나라의 정신 풍토가 완전히 병들어 버리는 상황을 보고도 제대로 소리 한 번 지르지 못했습니다. 그렇게 되면 나라와 교회의 앞날이 어떻게 될지 뻔히 알면서도 제대로 말 한마디를 못했습니다. 그러므로 나라가 어려운 위기를 만나도 고개를 들 수가 없고, 교회 성장이 멈추었다고 해도 고개를 들 수가 없는 것입니다.

하나님께서 우리에게 다시 한번 경고하는 예언자적 권위를 회복시켜 주시기를 바랍니다. 우리 모두에게 다시 한번 용기를 주시기를 바랍니다. 앞으로는 지금보다도 더 많은 경고를 해야 할 무서운 시대가

다가오고 있다는 것을 우리는 성경을 통해서 압니다. 지구가 점점 제 기능을 발휘하지 못하는 상황에 빠지고 있습니다. 사람들의 욕심은 이제 아무도 제동을 걸 수가 없습니다. 이제는 브레이크가 고장 난 자동차와 같습니다. 오늘 살다가 죽어도 자기들의 욕망을 절제할 수 없는 것이 요즘 사람들입니다. 이럴 때 우리에게 남아 있는 것은 무엇입니까? 말씀을 가지고 경고하는 것입니다. 그래서 파멸을 막아야 합니다. 과거에는 우리가 제 역할을 하지 못했더라도 지금부터 "주여, 우리에게 앞날을 보는 분명한 영안을 주시고, 사람들이 뭐라고 하든 예레미야처럼 얼굴에 철판을 깔고서라도 꼭 해야 할 말은 주저하지 않고 할 수 있는 권위 있는 메신저가 되게 해 주시옵소서" 하고 기도해야 합니다. 교회 갱신이 무엇입니까? 메시지가 살아나야 합니다. 그렇지 않고서는 교회 갱신이 일어날 수 없습니다.

둘째로, 영적 권위는 풍랑 만난 배 안에 있어야 회복됩니다. 배가 출항하고 얼마 지나지 않아서 유라굴로라고 하는 폭풍이 몰려왔습니다. 라틴어로 '유로스'는 '동풍'이라는 말입니다. 그리고 '아킬로'는 '북풍'이라는 말입니다. 그 말을 합해서 '유라굴로'라고 했으므로 유라굴로는 북동풍입니다. 한참 순한 남풍을 받아 순항하던 배였는데 갑자기 바람이 거꾸로 부니까 정신없는 상황이 되었습니다. 선체를 줄로 감고, 연장을 버리고, 짐을 버리고, 나중에는 배의 기구까지 버렸다고 했습니다. 손을 들어 버린 것입니다. 성경에 "구원의 여망마저 없어졌다"라고 기록되어 있습니다(20절). 그들은 14일 동안 먹지도 못하면서 바람 부는 대로, 물결치는 대로 밀려가면서 죽음의 그림자 앞에서 바들바들 떠는 사람들이 되어 버렸습니다. 이때 바울의 영적 권위가 빛을 발하기 시작했습니다. 거기에는 선장도 필요 없었습니다. 백부장도 소용이 없었습니다. 아무도 소용이 없었습니다. 오직 바울만이 권위자였습니다. 모든 사람이 바울만 쳐다보는 상황이 되었습니다. 왜 그랬겠습니까? 바울이 그 배 안에 있었기 때문입니다. 다시 말해, 그 무서운 풍랑과 싸우며 하루에 몇 번씩 오고 가는 생사의 기로에 바울이 같이 있었다는 것입니다. 이것이 바울로 하여금 권위를 가지고 말할 수 있게 한 조건이 되었습니다.

영적 권위는 조난당한 현장에 있어야 회복할 수 있습니다. 우리는 이것을 동참의 원리, 혹은 성육신의 원리라고도 합니다. 나는 고생하지 않으면서 고생하는 사람들에게 영적인 권위를 행사할 수 있습니까? 나는 싫어서 피하면서 "너희들은 이렇게 해라"라고 말할 때, 그 말에 권위가 있겠습니까? 이것이 아마 목사에게 있어서 가장 어려운 문제라고 생각합니다.

헨리 나우웬(Henri Nouwen, 1932-1996)의 글 가운데 "영적 권위는 긍휼로부터 온다"라는 글귀가 있습니다. 남을 불쌍히 여기는 마음을 가진 사람에게서 권위를 찾아볼 수 있다는 말입니다. 그는 또한 "사람들에 대한 내적인 연대의 의식에서 권위라는 것은 생긴다"라고 했습니다. 다시 말해, '우리는 완전히 똑같은 사람들이다, 기쁨과 고난과 슬픔을 함께 나누고 있다, 우리는 원하는 것을 서로 깊이 이해할 수 있고, 우리는 함께 길을 걸어가고 있으며, 의사와 능력을 같이 공유하는 사람들이다'라는 마음을 서로 가질 수 있을 때 영적 권위가 세워진다는 것입니다.

고난 당한 사람에 대해서 무관심합니까? 그들을 피하고 있지는 않습니까? 그들과 자신을 차별화시킵니까? 그래서 그들과 같은 자리에 서지 못하고, 그들의 신발도 신어 보지 못하는 별개의 존재로 군림합니까? 사람들이 보기에는 화려할지 모르지만, 그것은 이미 권위를 잃어버린 지도자라고 말할 수 있습니다.

저는 가끔 가슴 아픈 느낌을 받습니다. 분명 그 목사님의 목회 현장은 저소득층이 사는 곳입니다. 수입이 별로 없어서 하루하루 근근이 끼니를 때우는 사람들이 대부분이라고 할 수 있는 여건에서 목회를 하는 목사님입니다. 그런데 교인이 1천여 명 모인다고 해서 너무나 좋은 자동차, 너무나 좋은 사택을 쓰는 것입니다. 그것은 동참의 원리에서 떠난 권위라고 생각합니다. 물론 교회가 그만큼 성장했으니 대우를 받을 수도 있겠지만, 그분이 만약 목사의 영적 권위를 앞세운다고 한다면 절대로 그래서는 안 됩니다. 적당한 차를 가져야 합니다. 적당한 집을 가져야 합니다. 그래서 거기에 있는 모든 교인들에게 '목사님도 우리와 함께 같은 배를 타고 간다' 하는 기분을 느끼도록 해야 합니다. 그래야만 목사님의 말씀 한마디 한마디가 권위 있게 들리는 것입니다. '저 사람은 나하고는 다르다'라는 인식을 갖게 되면 목회자가 무슨 소리를 해도 그것은 뜬구름 잡는 소리를 하는 것이나 다를 바 없습니다. 그런데 오늘날 한국 교회 교역자들을 생각해 봅시다. 조난당한 사람들과 함께하는 교역자입니까?

시사잡지 〈타임〉(TIME)에서 금세기에 가장 영향력 있던 사람 백 명 가운데 연예계에 속한 사람 20명을 선정했다고 합니다. 그 20명 중에는 현역에서 아주 왕성하게 활동을 하고 있는 한 흑인 여성도 포함되어 있었습니다. 그 여성이 바로 요즘 TV 토크쇼에서 인기를 끌고 있는 오프라 윈프리(Oprah Gail Winfrey)라고 하는 흑인 여성입니다. 그 토크쇼가 얼마나 대단한 인기를 끌고 있는가 하면, 매일 1천4백만 명이 시청한다고 합니다. 그리고 132개국에 위성으로 중계되고 있다고 합니다.

그런데 이 여성이 어떻게 해서 그렇게 영향력 있는 인사로 뽑힌 줄 아십니까? 그녀에게는 아픔이 있었습니다. 그녀는 1954년에 미혼모의 딸로 태어나 외할머니와 어머니, 아버지 사이를 전전하며 살았습니다. 그러니 얼마나 많은 상처를 가지고 있었겠습니까? 그렇기 때문에 토크쇼를 진행할 때 자기가 경험한 아픔이 그대로 스며 나오는 것입니다. 말에서 스며 나오고 행동에서 사람들에게 전달이 되는 것입니다. 그러니까 사람들이 '윈프리는 아픔을 가진 자의 친구다' 하는 인식을 자기도 모르게 가지게 되는 것입니다. 그래서 모든 상처를 입은 사람들은 윈프리를 자기의 친구로 생각하는 것입니다. '나하고 다른 사람이 아니고 나하고 거의 비슷한 경험을 가지고 사는 사람이다.' 이렇게 생각하게 만드는 것입니다. 한 예로 토크쇼를 통해 마약중독에서 벗어나려고 몸부림치는 여인을 만난 윈프리가 뭐라고 했는 줄 아십니까? "저도 과거에 코카인을 했던 적이 있어요. 당신만 조난당한 것이 아니고 저도 조난당한 일이 있어요. 그래서 당신 사정을 너무나 잘 알아요. 절망하지 마세요." 바로 이런 스타일의 토크쇼를 하는 것입니다. 그래서 이런 스타일의 토크쇼를 '레포톡'(repotalk)이라고 합니다. 즉 전체를 하나의 가족과 같은 친밀감으로 묶어 주는 대화 같은 토크쇼라는 것입니다. 그러니까 모두가 한배를 타고 가는 동질감을 느끼게 하는 것입니다. 그렇기 때문에 이 흑인 여인이 나와서 진행하는 쇼에 모든 사람이 귀를 기울이고 모든 사람의 관심이 그녀에게 향하는 것입니다. 그래서 그녀로부터 무언가 위로받기를 원하고 그녀의 입에서 나오는 말 한마디에 울기도 하고 웃기도 하는 것입니다. 누가 이렇게 할 수 있습니까? 이것이 권위 아닙니까? 이런 권위가 어디에서 오는 것입니까? 조난당한 배에 내가 함께 있을 때에 오는 것입니다. 예수님의 권위가 바로 이런 권위 아닙니까? 우리의 연약함을 채우려는 자리에 계셨기 때문에 예수님의 말씀은 우리의 가슴을 저미도록 만듭니다. 우리의 질고를 짊어지고 우리의 병을 감당하신 분이기 때문에 그분의 말씀 앞에 우리는 가슴이 녹아지는 것을 느낍니다. 이 것이 권위 아닙니까? 이 권위가 바로 우리 목사들에게 주어진 권위라 고 생각합니다.

고통은 분담할수록 좋습니다. 더 나아가 분담하는 것도 모자라면 교역자는 고통을 전담해야 합니다. 이것이 교역자가 권위를 가지게 되는 지름길이요, 잃어버린 권위를 회복할 수 있는 길입니다. 매일 앞 아서 대접받을 생각을 하거나, 사람들 앞에서 외적인 권위를 세우고 자 목에 힘주고 있는 것은 사람이 보기에는 권위 있어 보일지 모릅니다. 그러나 절대로 사람을 변화시킬 수는 없습니다.

사실 굉장히 어려운 문제입니다. 저도 이 문제 때문에 너무너무 괴 로워하는 사람입니다. '차라리 목사가 되지 않았다면'이라는 생각을 할 때가 있습니다. 사랑의교회 교인이라고 해서 다 잘사는 것은 아니 지 않습니까? 너무 어려운 상황에서 하루하루 죽지 못해 사는 사람도 있습니다. 그런데 큰 교회 목사라고 해서 50평이 넘는 아파트에서 비 가 오든 눈이 오든 별로 걱정하지 않고 잠자고 일어나는 것을 생각할 때 가슴이 아픕니다. 어떻게 해야 합니까? 고통받는 사람이 제가 설 교할 때 얼마나 가슴에 와닿겠습니까? 그렇다고 해서 지금 당장 다 걷 어치우고 내려앉을 수도 없으니 말입니다. 이러한 저의 고민이 여러 분에게도 있을 것입니다. 하지만 분명히 알아두십시오. 노력해야 합 니다. 핑계 대지 말고 노력해야 합니다. 오늘의 한국 교회 지도자들 이 권위를 회복하려면 이 문제를 심각하게 생각해야 합니다. 가톨릭 의 신부들이 무슨 통계 조사에서 항상 상위권에 드는 이유가 바로 여 기에 있습니다. 그들 대부분이 조난당한 배에 함께 있는 삶을 삽니다. 그러나 개신교 지도자들은 그러지 못합니다. 마치 교회가 자신을 위 해 존재하는 것처럼 착각하고, 교회를 이용해서 자신만의 욕구를 채

우려고 하는 사람들이 많습니다. 대부분이 그렇습니다. 우리가 이래서는 권위 있는 지도자가 될 수 없습니다. 깊이 생각해 보시기 바랍니다. 좀 더 낮아질 수 없는지 생각해 보십시오. 파도와 싸우는 사람들에게 다가갈 수 있는 길이 없는지 다시 한번 생각해 보십시오. 고통을 분담할 수 있는지, 분담해도 모자라면 전담할 수 있는지 말입니다. 그 정도의 용기와 그 정도의 열린 자세를 가지고 우리가 교회 앞에 선다면, 우리의 권위는 다시 회복될 줄로 믿습니다. 주님께서 우리 모두에게 이와 같은 은혜를 주시기를 바랍니다. 정말 성령께서 우리의 마음을 감동시켜서 우리의 자세를 바꾸어 주시기를 바랍니다. 우리에게 영적 권위가 회복되어야 교회가 살고, 갱신되고 하나님의 뜻이 이 땅 위에 이루어질 수 있습니다. 그러나 우리의 영적 권위가 세워지지 않으면 아무리 잔재주를 부려도 생명이 변화되지 않습니다. 하나님이 원하시는 역사는 일어나지 않을 것입니다.

셋째로, 영적 권위는 비전이 분명해야 회복될 수 있습니다. 열흘이 넘도록 파도에 시달려서 모두가 초주검이 되어 있을 때 바울은 이런 말을 합니다.

"내가 너희를 권하노니 이제는 안심하라 너희 중 아무도 생명에는 아무런 손상이 없겠고 오직 배뿐이리라 내가 속한 바 곧 내가 섬기는 하나님의 사자가 어젯밤에 내 곁에 서서 말하되 바울아 두려워하지 말라 네가 가이사 앞에 서야 하겠고 또 하나님께서 너와 함께 항해하는 자를 다 네게 주셨다 하였으니 그러므로 여러분이여 안심하라 나는 내게 말씀하신 그대로 되리라고 하나님을 믿노라"(22-25절).

거기에 있던 사람들이 이 말을 알아들었을까요? 바울과 동행하는 소위 '우리'라고 하는 그룹 사람들을 빼고는 가이사 앞에 서야 된다는 말이 무슨 의미가 있겠습니까? 배 안에 있는 270여 명이 알아들었겠습니까? 그러나 바울은 하나님이 주신 말씀을 그대로 전합니다. "나는 가이사 앞에 서야 될 사람이다"라는 것을 그 자리에서 다시 한번 공포하는 것입니다. 이것은 무엇을 의미합니까?

바울은 사람들의 눈에 남다른 목적과 계획을 가지고 인생을 사는 자로 비치게 됩니다. 이것이 비전입니다. 바울은 곡물을 수입해서 이익을 남기려고 일에 몰두하고 있는 선주도 아니요, 상관의 명령에 따라서 움직이는 백부장하고도 다른 사람이었습니다. 이제 끌려가면 로마의 원형경기장에서 사람들의 노리갯감이 되다가 자기도 모르는 사이에 죽임을 당한 숱한 죄수들과도 다른 몸이었습니다. 바울은 비록 그 자리에 있는 사람의 수가 많지는 않았지만 '야, 저 사람은 뭔가 다르다. 황제 앞에 서야 된다는 꿈을 가지고 있는 사람이구나. 하나님이 가이사 앞에 서도록 하겠다고 밤에 이야기를 했다니 저 사람은 분명히 황제 앞에 가서 서겠구나. 저 사람은 우리하고 뭔가 좀 틀려. 좀 주목해서 보아야 되겠어' 하는 생각이 저절로 사람들의 마음에서 일어나도록 바울은 처신하고 말하고 있습니다. 이것이 바로 비전을 가진 지도자의 모습입니다.

바울은 이 비전을 가지고 지금까지 살았습니다. 말씀을 통해 확인해 보면 다음과 같습니다.

"로마도 보아야 하리라"(행 19:21) "로마에서도 증언하여야 하리라"(행 23:11) "네가 가이사에게 상소하였으니 가이사에게 갈 것이라"(행 25:12) "네가 가이사 앞에 서야 하겠고"(행 27:24) "로마로 가니라"(행 28:14).

바울은 오직 한 가지 푯대를 향해서 끊임없이 달려가는 사람의 모습으로 부각되지 않습니까? 이것이 바로 비전 있는 사람의 모습입니다.

바울은 하나님 앞에 '왜'라고 질문하지 않았습니다. "하나님, 제가 가이사 앞에 가길 원하고, 로마에 가기를 원하는데 예루살렘에서 왜 이렇게 호된 시련을 당해야 합니까?" 하고 묻지 않았습니다. 바울은 가이사랴에서 2년 동안 복음을 전할 때에도 하나님께 묻지 않았습니다. "하나님, 왜 2년 동안 사람을 붙잡아 놓고 답답하게 만드십니까? 제가 지금 로마에 가서 복음을 전하려고 하는데, 왜 이렇게 만드십니까? 왜?"라고 묻지 않았습니다. 그는 여섯 번이나 심문을 받고 재판을 받았습니다. 그때마다 "하나님, 왜?"라고 묻지 않았습니다. 6개월 동안의 긴 항해를 하면서 2주간을 파도와 싸우면서 사경을 헤매는 고통을 겪을 때도 바울은 하나님 앞에 '왜?'라고 묻지 않았습니다. 그는 오직 가이사 앞에 서야 하고 로마에 가야 하는 그 목표만을 바라보고 있었습니다. 소명을 가진 지도자, 비전을 가진 사람은 하나님께 '왜?'라고 묻지 않습니다. 오직 목표만 알고 있을 뿐입니다. 이런 사람에게 영적 권위가 주어지는 것입니다. 우리는 신자들 앞에 어떤 모습으로 비치고 있는 사람들입니까? 우리는 어떤 지도자로 비치고 있습니까?

어느 조사에서 또 기분 나쁜 결과가 나왔습니다. "당신은 목사를 어떻게 봅니까?"라는 질문에 69.6%가 이런 대답을 했다고 합니다. "명예를 추구하고 인기에 영합하는 사람입니다." 물론, 불신자들의 대답입니다. 그러니까 불신자 10명 중에 7명은 목사를 볼 때마다 비웃고 있는 것입니다. 우리 모두가 하나님의 부름을 받아서 로마에 가야 되고 가이사 앞에 서야 되는 비전을 가진 사람이라면, 우리 모두는 교인들에게도 다른 사람으로 비쳐야 하겠지만 세상 사람들에게도 역시 그래야 하지 않겠습니까? 선장 앞에서도 다른 사람으로 비쳐야 하고, 백부장 앞에서도 분명히 다른 존재로 부각이 되어야 하지 않습니까? 그런데 우리는 이런 면에서 퍽 실망스럽습니다. 그저 교회라는 하나의 조직을 가지고, 목사를 평생 먹고사는 하나의 직업으로 삼고 있는 평범한 사람으로 우리를 본다면, 우리의 권위는 다시 찾을 길이 없습니다.

미국에서 1,044명의 목사를 대상으로 "당신이 지금 하려고 하는 사역의 비전이 무엇입니까? 그것을 명확하게 표현해 주십시오"라고 물었더니 자기 사역의 비전을 정확하게 표현한 사역자는 4%밖에 되지 않았다고 합니다. 다들 소명 받았다는 소리는 요란하게 하는데, 소명 받은 자로서 지금 로마로 가고 있는지, 그리스로 가고 있는지 도대체 목표가 정확하지 않은 사람이 무려 96%나 되었다는 것입니다. 이것은 참으로 유감스러운 일이 아닐 수 없습니다.

그러면 우리는 교인들 앞에 어떤 모습입니까? 그저 당회장입니다. 교회를 책임진 지도자일 뿐 그 이상 무엇을 기대하겠습니까? 더욱이 세상 사람들 앞에서는 무엇입니까? 그저 목사도 하나의 직업 아닙니까? 먹고살기 위해서 가지는 직업, 그 이상 그들이 우리에게서 무엇을 볼 수 있겠습니까? 이것이 오늘날 우리 모두의 비극입니다. 차라리 가톨릭 신부처럼 결혼이라도 하지 않고 있으면 그것 하나라도 인정을 받을 수 있는 조건이 될 것입니다. 그러나 목사는 결혼해서 처자식을 데리고 다니며 자기 아들딸 자랑을 하는데, 우리가 다른 사람들과 뭐가 다르냐 그 말입니다. 이것은 정말 심각한 문제입니다. 이런 어려운 문제를 우리 모두가 극복할 수 있도록 하나님께서 은혜 주시기를 간절히 바랍니다.

넷째로, 영적 권위는 하나님이 주신 메시지를 가지고 있을 때 회복될 수 있습니다. 바울은 "너희가 기다리고 기다리며 먹지 못하고 주린지가 오늘까지 열나흘인즉 음식 먹기를 권하노니 이것이 너희의 구원을 위하는 것이요 너희 중 머리카락 하나도 잃을 자가 없느니라" 하고 하나님이 주신 메시지를 전합니다(행 27:33-34). 이처럼 소망을 잃어버린 사람들에게 희망을 불어넣을 수 있는 메시지를 가진 자가 영적 권위를 행사할 수 있습니다.

그렇다면 국가적으로나 교회적으로 몹시 어려운 상황에 빠져 있는 오늘날, 우리에게는 하나님께 받은 것이라고 자신 있게 전할 수 있는 메시지가 있습니까? 설교니까 전하는 메시지나, 목사래서 어쩔 수 없이 전하는 메시지를 제외하고 말입니다. 하나님께서 당신에게 주신 메시지가 없습니까? 우리 대부분은 메시지를 듣기 위해서 기다리는 자세가 좀 부족합니다. 너무 성급합니다. 바울은 이 메시지를 하나님으로부터 직접 듣기 위해서 파도와 싸우며 10일 이상을 기다렸습니다. 바울이 기도 외에 무엇을 했겠습니까? 그렇게 하나님 앞에 끈질기게 앉아서 기다리고 있을 때 하나님은 당신의 음성을 바울에게 들려주셨습니다. 그러나 우리는 음성을 듣기 위해서 값을 치르지 않습니다. 설교가 너무 쉽게 준비됩니다. 설교할 수 있는 자료들이 홍수처럼 쏟아집니다. 시간을 들이지 않고 카피만 해도 멋지게 설교할 수 있는 시대가 되어 버렸습니다. 이것이 저의 문제이고, 여러분의 문제라고 생각합니다.

우리 모두 말도 못 하게 실추된 목회자의 영적 권위를 다시 회복합시다. 우리가 생각하는 것보다 훨씬 더 심각합니다. 다시 말씀드립니다. 불신자 10명 중에 7명은 우리를 보고 속으로 '웃기네' 한다는 것입니다. 교인들 가운데서도 좀 비판적인 사람들은 목사를 아니꼽게 쳐다본다는 것을 여러분이 아셔야 합니다. 가까이 와서 "은혜받았습니다"라고 말하며 아부하는 소수의 사람들 때문에 여러분의 눈이 어두워져서는 안 됩니다. 오늘날 우리가 어떤 자리에 서 있는가를 알아야 합니다. 나라도 위기고, 교회도 위기고, 우리의 영성도 위기를 맞은 이때에 우리가 어떻게 하면 영적 권위를 회복해서 하나님의 거룩한 뜻을 이 땅에 펼칠 수 있겠습니까? 원칙으로 돌아가자는 것입니다.

말씀의 원칙으로 돌아갑시다. 예언자적인 경고를 할 수 있는 자리로 돌아갑시다. 풍랑 만난 배 안에 함께 있을 수 있는 원리로 돌아갑시다. 하나님의 나라 비전에 몸을 던지는 소명자적인 원리를 회복합시다. 그리고 하나님이 직접 들려주시는 메시지를 가진 지도자라고 할 수 있을 만큼, 하나님의 음성을 직접 듣고 전하는 영적 지도자가 됩시다.

이것이 원칙으로 돌아가는 것입니다. 교갱협을 통해서 하나님이 이와 같은 영적 권위를 다시 회복시켜 주시고, 우리를 통하여 이 한국 교회가 희망의 빛을 발견할 수 있기를 바랍니다. 오늘날 경제적, 정치적, 도덕적으로 위기를 맞고 있는 이 나라에 분명하고 자신 있게 '이것이 살길이다'라고 제시할 수 있는 하나님의 귀한 종들이 되시기를 바랍니다. 이와 같은 귀한 은혜 주시기를 간절히 기도드립니다.

5

'그러나'의
은혜

은혜가 우리를 살립니다. 죄책감에서 자유롭게 합니다.
자기 자랑을 하지 않게 합니다. 충성되게 만듭니다.
열등감에서 벗어나게 합니다.
우리 모두 이런 은혜의 자리로 나아가길 다시 한번 간절히 기도합니다.

고린도전서 15:9-10

9 나는 사도 중에 가장 작은 자라 나는 하나님의 교회를 박해하였으므로 사도라 칭함 받기를 감당하지 못할 자니라 10 그러나 내가 나 된 것은 하나님의 은혜로 된 것이니 내 게 주신 그의 은혜가 헛되지 아니하여 내가 모든 사도보다 더 많이 수고하였으나 내가 한 것이 아니요 오직 나와 함께하신 하나님의 은혜로라

'그러나'의
은혜

본문 말씀은 제가 참으로 아끼고 사랑하는 말씀입니다. 저는 힘이 빠질 때마다 늘 이 말씀을 통해 재충전을 받고 일어섭니다. 저는 '은혜'라는 말을 참 좋아합니다. 이 말을 너무 좋아해서 아들만 있는 우리 집안에 손녀가 태어났을 때 이름을 '은혜'라고 지었습니다.

저희 교회에서 제자훈련을 받고 일본에서 제자훈련을 하고 있는 목회자들이 연례행사로 모이는 컨벤션이 있습니다. 그 모임에 가서 설교도 하고 강의를 할 때면 그들의 기도에서 자주 나오는 말을 발견할 수 있습니다. 바로 '메구미'입니다. 우리말로 '은혜'라는 뜻입니다. 그런데 은혜는 일본말로 들을 때도 마음이 푸근해지고 가슴이 뜁니다.

다들 아시다시피 수십 년 전에 영국에서 비교종교학자들이 모여서 신학 논쟁을 한 일이 있습니다. 여러 종교를 놓고 토론을 한 것입니다. 한참 동안 토론을 하다가 '기독교가 다른 종교에 비해서 독특한 점이 무엇이냐?' 하는 문제를 가지고 토론을 하게 되었습니다. 이때 한 사람이 "성육신이 기독교의 독특한 교리다"라고 말했다고 합니다. 하지만 그것은 다른 종교에서도 충분히 발견되는 이야기라고 반박을 받았습니다. 그래서 토론이 애매해져 가고 있는데, 마침 C. S. 루이스(Clive Staples Lewis, 1898–1963) 교수가 그 방에 들어와서는 사태를 물었습니다. 이후 그간 토론했던 이야기를 다 듣고 난 C. S. 루이스가 웃으면서 이렇게 말했다고 합니다.

"그것은 어렵지 않습니다. 그것은 바로 은혜입니다." 이 말을 듣고 거기에 모인 학자들이 과연 은혜가 기독교만이 가지고 있는 독특한 교리이고 진리인가에 관해 서로 토의하다가 결국 C. S. 루이스의 말이 맞다는 결론을 내렸다고 합니다.

불교에서는 피안(彼岸)에 이르는 8가지 길을 가르칩니다. 그러나 그 피안에 이르는 8가지 길은 은혜와는 거리가 멉니다. 힌두교에는 인과응보의 교리가 있습니다. 인과응보도 은혜하고는 너무나 상반됩니다. 이슬람교의 계율은 또 얼마나 무섭습니까? 거기에는 은혜가 자리할 여지가 전혀 없습니다. 유대교의 율법도 은혜와 상반되는 요소들을 많이 가지고 있습니다. 그러나 기독교는 은혜를 이야기합니다. 그만큼 은혜는 너무너무 좋은 것입니다.

은혜가 무엇입니까? 저는 고린도전서 15장 8절 말씀이 은혜의 정의요, 은혜의 전부를 담고 있다고 생각합니다. 바울은 고린도전서 15장에 들어와서 예수 그리스도의 부활 논쟁을 하고 있던 중에 갑자기 자신의 이야기를 합니다.

맨 나중에 만삭되지 못하여 난 자 같은 내게도 보이셨느니라

_고전 15:8

은혜가 무엇입니까? '내게도 보이셨다'라는 이 두 마디에 은혜가 다

들어있습니다. "내게도"에서 나는 누구입니까? 자격이 없는 사람, 하나님의 관심을 끌 만한 좋은 것이 하나도 없는 사람, 하나님이 인정해 줄 만한 아무 근거도 없는 사람입니다. 그런 사람에게도 보이셨다는 것, 이것이 바로 은혜입니다. 그리고 은혜의 또 다른 요소는 무엇입니까? "보이셨느니라"입니다. 우리 죄를 위하여 죽으시고 사흘 만에 부활하신 영광의 주님, 만왕의 왕이 되신 그 크고 광대하고 거룩하신 그분이 보이셨다는 겁니다. 내가 그분을 찾아가서 만난 것이 아니고, 그분이 나를 찾아와서 만나 주신 것입니다. 이것이 은혜입니다. 스톰스 (C. Samuel Storms)라는 사람은 이런 말을 했습니다.

"은혜는 나에게 공로가 있다고 해서 마음대로 얻을 수 있는 것이 아니고, 또 나에게 공로가 없다고 해서 얻을 수 없는 것도 아니다."

그렇습니다. 은혜란, 공로하고는 아무런 상관없이 우리 예수님이 나를 찾아와서 만나 주시는 것, 그 감격이 바로 은혜입니다.

"내게도 보이셨느니라." 이 은혜에는 우리가 깨달아야 할 다음과 같은 은혜의 내용이 들어있습니다.

첫째로, 나 같은 죄인을 구원해 주셨다는 감격스러운 은혜가 들어있습니다. 교역자에게 있어서 구원의 감격이 마르면 그것은 곧 죽음입니다. 그러므로 은혜의 감격이 서서히 식어 가면 비상 대책을 세워야 합니다. 그것은 내가 시한부 인생이 되어 간다는 신호이므로 반드시 비상 대책을 강구해야 합니다.

둘째로, 구원받은 많은 사람들 가운데서 특별히 나를 불러서 소명을 주셨다는 감격의 은혜가 있습니다. 저는 이 사실을 생각할 때마다 가슴이 뜨거워집니다. 저는 도망 다니던 사람입니다. 정필도 목사님처럼 초등학교 때부터 "저를 주님의 종으로 써 주세요"라고 하면서 한눈팔지 않고 일편단심으로 준비해 온 동역자들 앞에서 저는 얼굴을 못 드는 사람입니다. 저는 "할 것이 없어서 목사를 하느냐, 왜 성도들이 가져다주는 성미로 끼니를 때우느냐, 주의 일이 꼭 그것밖에 없느냐?"라고 하면서 도망 다니던 사람인데 하나님께서 강제 차출하셨습니다. 그러니 제가 어떻게 울지 않겠습니까? 저는 이유를 알 수가 없습니다. 왜 주님이 그렇게 하셨는지…. 저와 같은 죄인에게 이런 직분까지 주신 것, 이것이 바로 "내게도 보이셨느니라"의 은혜입니다.

셋째로, 보잘것없는 자를 충성되게 여기시고 품어 주신 은혜가 있습니다. 우리가 소명을·받고 주님 앞에서 일을 하겠다고 열심을 내지만, 우리의 행위가 거룩하고, 완전하고, 전능하신 예수님의 눈에 들겠습니까? 그럴 리 없습니다. 만 가지가 허물투성이고, 불완전한 것뿐입니다. 그럼에도 불구하고 나 같은 것을 귀하게 여기시고, 완전한 자처럼 잘한다고 칭찬하면서 품어 주십니다. 이것 또한 바로 "내게도 보이셨느니라"의 은혜입니다.

저는 이 은혜의 감격을 압니다. 그렇지만 예수님은 우리 눈에 보이지 않습니다. 보이지 않는 대상을 상대하는 것에는 늘 한계가 있습니다. 그래서 그 크신 주님이 나 같은 것을 불쌍히 여기사 직접 찾아와서 소명을 주신, 이 놀라운 은혜 앞에서 유동적입니다. 어떨 때는 진하게 감동을 받지만, 어떨 때는 아무리 몸부림쳐도 그 은혜가 느껴지지 않고 마음에 와닿지 않습니다. 그럴 때마다 감사한 것이 하나 있습니다. 제게는 '작은 예수'가 하나 있습니다. 그 작은 예수에 대한 감동은 나이가 들수록 더 해집니다. 그 작은 예수를 볼 때마다 예수 그리스도께서 나에게 베푸신 그 은혜에 다시 한번 새롭게 충만한 감격을 느낄 때가 많습니다. 좀 듣기 거북하실지 모르겠지만 동역자들끼리니까 이해하고 들어주시기 바랍니다. 설교에서 한 번도 이런 얘기를 한 적이 없는데, 작은 예수는 바로 저의 아내입니다. 결혼하고 한동안은 몰랐는

데 나이가 들어가면서 아내가 하나님께서 저에게 주신 작은 예수라는 것을 알게 되었습니다.

제가 아내를 가리켜 '작은 예수'라고 하는 데는 이유가 있습니다. 저는 늦게 대학에 들어갔습니다. 못 들어갈 대학을 들어간 것입니다. 공부를 할 수 없는 처지였기 때문에 헤매고 방황하다가 늦게 대학에 들어갔습니다. 그러나 얼마 되지 않아 또다시 어려운 일이 많이 생겨서 결국 2학년 때 휴학을 했습니다. 그때 목회를 하고 계신 외삼촌이 지방에 있던 아내를 소개시켜 주었습니다. 그러나 그때 저의 처지가 여자로부터 관심을 받을 만한 아무런 매력이 없었습니다. 대학교 2학년생에다가 가장 인기 없는 목사 지망생…. 그 당시 목사 지망생이 얼마나 장가가기가 어려웠는지는 아마 상상하지 못할 것입니다. 게다가 고학생이었습니다. 그런데 외삼촌이 말씀을 잘해 주셨는지, 아니면 아내의 눈에 뭐가 씌었는지 저에게 오직 일편단심인 것입니다. 그 좋다는 의사에게 중매가 들어와도 요지부동이었습니다. 자기 오빠랑 동생이 다 서울에서 일류 대학교에 다니고 있고, 자신은 부산에서 유명한 여고를 우등생으로 졸업하고 비록 형편 때문에 대학은 못 간 처지였지만, 저 같은 사람을 쳐다볼 처지까지는 아니었습니다. 그런데도 저에게 한 번 마음을 주고는 변함이 없었습니다. 그래서 3년 후에 결혼을 했습니다. 결혼이라는 것이 성립될 수 없는 조건이었는데 참으로 희한한 일이었습니다.

저는 결혼하고 나서 신학대학원에 들어가고, 전도사를 거쳐 부목사로 사역하고, 유학을 다녀오면서 아내를 무지무지하게 고생시켰습니다. 그럼에도 아내는 저를 떠나지 않고 30년이 넘도록 제 곁을 지켜 주고 있습니다. 병이 나서 어려움을 당할 때 제 곁을 24시간 동안 떠나지 않는 사람은 아내였습니다. 저를 위해서 눈물을 흘리면서 새벽

'그러나'의 은혜
●
99

마다 기도해 주는 사람도 그 사람이었습니다. 제가 나이 들어가면서 '저 사람은 나에게 있어서 작은 예수이구나' 하고 생각할 때마다 마음이 촉촉이 젖어 옵니다. '아, 은혜가 이런 것이구나! 만삭되지 못한 나를 위해서 찾아오신 예수님의 은혜는 아내가 주는 것과는 비교가 안 될 정도로 큰 것이겠다.' 이렇게 느끼면서 은혜라는 것을 조금씩 조금씩 체험하게 되고 깨닫게 되는 저를 자주 발견합니다.

여러분, 은혜를 아십니까? 교역자는 크게 두 부류로 나누어집니다. 진짜 은혜를 아는 교역자와 은혜를 모르는 교역자입니다. 머리로 모른다는 것이 아닙니다. 은혜는 마음으로 젖어 들어와야 합니다. 나의 전 인격이 흔들릴 정도로 강한 것이 은혜입니다. 이 은혜를 아는 교역자가 있고, 모르는 교역자가 있습니다. 틀림없는 사실입니다.

여러분, 은혜를 아십니까? 정말 은혜 앞에 자신이 깨어지는 체험을 하셨습니까? 은혜 앞에 눈물이 솟는 경험을 하셨습니까? 자신을 볼 때마다 만삭되어 나지 못한 자 같다는 고백을 계속하고 계십니까? 그리고 나 같은 것을 위하여, 나 같은 것을 사랑하여, 십자가에서 죽으시고 부활하신 그 영광의 주님이 나를 찾아오셨다는 사실, 만나 주셨다는 사실 앞에 하염없이 감격하는 체험을 하셨습니까? 그렇다면 은혜를 아는 사람입니다. 반면, 머리는 돌아가는데 마음은 냉랭한 사람은 은혜를 모르는 사람이지요.

은혜를 아는 사람인가, 모르는 사람인가를 테스트할 수 있는 방법은 여러 가지가 있습니다만, 본문 말씀에서 찾을 수 있는 네 가지 방법을 말씀드리겠습니다.

첫째로, 진짜 은혜를 체험한 사람은 죄책감에서 자유롭습니다. 9절에서 바울은 이렇게 말합니다.

"나는 하나님의 교회를 박해하였으므로."

바울은 한때 예수 그리스도를 핍박했던 사람입니다. 이에 말년에 가서 비슷한 고백을 합니다. "내가 전에는 비방자요 박해자요 폭행자였으나 도리어 긍휼을 입은 것은 내가 믿지 아니할 때에 알지 못하고 행하였음이라"(딤전 1:13)라고 이야기합니다. 이 말씀에서 보면 사도 바울은 자기의 죄에서 완전히 자유함을 얻은 사람이고, 죄책감이 그를 괴롭힌다든지 그를 해치는 일은 없음을 알 수 있습니다. 그러나 과거를 잊을 수는 없습니다. 아무리 용서받았다고 해도 자기의 죄는 잊지 못합니다. 큰 죄를 잊었다면 오히려 그것에 문제가 있는 것입니다.

바울도 늘 자기가 누구였다는 것을 기억하고 있습니다. 그러나 바울은 죄책감에서 자유로운 사람이었습니다. 그는 예수 그리스도가 주신 자유를 평생 동안 마음껏 누리면서 산 사람입니다. 왜 그렇습니까? 만삭되지 못한 자기를 찾아오신, 부활하신 주님을 만났기 때문에 그렇습니다.

우리는 예수님을 믿기 이전에 범한 죄에 대해서는 그렇게 많은 죄책감을 갖고 있지 않습니다. 바울도 말하지 않습니까? 그것은 예수님을 몰랐을 때 지은 죄였다고요. 하지만 특별히 신학교에 들어가고, 목사로 부름 받은 후에 범한 죄에 대해서는 쉽사리 죄책감으로부터 자유로워질 수 없습니다. 절대로 쉽지 않습니다. 강단에서는 "주님이 우리의 모든 죄를 용서하셨습니다. 할렐루야!" 하고 뜨겁게 외쳐도 정작 본인의 가슴에는 냉기가 돌고 있습니다. 두려움이 있는 것입니다. 주님 앞에 항상 미안한 마음이 있는 것입니다. 그러니까 마귀가 그 약한 부분을 계속 공격하는 것입니다. 죄책감으로부터의 자유, 은혜받으면 다 해결되는 줄 알아도 쉽지 않습니다. 특히 교역자들이 그렇습니다.

일본에 어느 목사님이 계십니다. 일본은 목회를 하기에는 박토 중에 박토입니다. 일본 교회에서 성도가 백 명이 넘는다고 하면, 한국 교회에서 만 명이 넘는 것과 같을 정도이기 때문입니다. 일본 교회는 성도 1, 20명을 데리고 3, 40년씩 씨름하는 것이 보통입니다. 그런데 이 목사님은 사랑의교회에서 제자훈련 세미나를 마치고 돌아가면서 '제자훈련만이 우리가 살길이구나'라고 깊이 깨달아 제자훈련에 생명을 걸었습니다. 그런데 그 교회가 불붙기 시작했습니다. 제자훈련을 하면서 평신도들이 변하고, 변화된 평신도들의 가슴에 불길이 치솟고, 그들을 통해서 안 믿는 사람들이 복음을 듣게 되어 몇 년 사이에 성도가 백 명 가까이 이르렀습니다. 그리고 그 교회 평신도들이 얼마나 똘똘 뭉쳐서 교회 부흥을 위해서 기도하는지, 가서 보는 사람마다 감동을 받았습니다.

그런데 그 교회 목사님은 예수님을 믿기 전부터 성적인 문제가 조금 있었습니다. 하지만 그는 그것을 놓고 회개했습니다. 용서받았습니다. 자기도 용서받은 줄 알았습니다. 그런데 제자훈련을 통해서 은혜받고 교회에 부흥의 불길이 타오르자 마귀가 그의 가장 약한 부분을 공격했습니다. 예쁜 주일학교 아이들이나 예쁜 여자들을 보면 자기도 모르게 슬그머니 치마 밑으로 손이 들어가는 것입니다. 자기도 모르게 그렇게 되는 것입니다. 그래서 결국 그 교회를 사임하기까지에 이르렀습니다. 온 교인들이 눈물바다를 이루면서도 목사님의 사임을 받았습니다. 그 목사님은 지금 한 양로원으로 들어가 회개하는 마음으로 괭이 들고, 삽 들고 중노동을 하면서 다시 쓰임 받기 위해 회개하며 부르심을 기다리고 있습니다.

여러분, 이런 숨은 죄들이 있으면 죄책감이 금방 없어지지 않습니다. 교역자들 중에 성적으로 문제가 있는 사람들이 많습니다. 저도 인정합니다. 저도 밤중에 사모들로부터 목사님 문제 때문에 전화를 받은 적이 여러 번 있습니다. 자신이 연약해서 이런 치명적인 실수나 죄를 범했다면, 설령 회개하고 돌아왔다 해도 죄책감으로부터 자유로워지기는 참으로 어렵습니다. 그러나 하나님의 은혜에는 조건도 한계도 없습니다. 진정으로 회개하고 주님께 매달리면 어떤 죄라도 용서받습니다. 이것을 극복하고 죄책감에서 자유함을 얻어야 비로소 은혜의 그 높은 경지에 오를 수가 있습니다. '나는 교역자가 되어서 이런 죄를 지었기 때문에 아무리 회개해도 소용이 없고, 아무리 용서받았다고 해도 나는 덫에 매어 있는 사람일 뿐이야' 하는 의식이 계속 남아 있으면 그 사람은 세리든, 창녀든, 어떤 죄인이든 무조건 모든 사람들을 다 용서하시는 주님의 무한한 은혜를 아직 모르는 사람입니다.

바울은 디모데전서 1장 13절과 14절에서 자기를 "비방자요, 박해자요, 폭행자였다"라고 고백하고 나서 뭐라고 합니까? "우리 주의 은혜가 그리스도 예수 안에 있는 믿음과 사랑과 함께 넘치도록 풍성하였도다"라고 했습니다. 그렇습니다. 하나님은 우리에게 은혜를 주시되 넘치도록 주십니다. 넘치는 은혜 안에는 남아 있는 것이 없습니다. 폭우가 내려 세상을 싹 쓸어 갈 때 보면 남아 있는 것이 없습니다. 하나님의 은혜는 이처럼 넘치도록 임합니다. 그러므로 설령 우리가 신학교에 들어가고, 목사가 되고 나서 본의 아니게 끌려들어 지은 죄가 있더라도 철저하게 회개하면 우리는 죄책감에서 자유함을 얻은 하나님의 백성임을 믿으시기 바랍니다. 계속 끌려다니면 아무 일도 못합니다. 죄에서 해방된 환희가 있는 사람은 은혜가 있는 사람입니다. 진짜 은혜를 아는 사람은 죄를 반복해서 짓지 못합니다. 진짜 용서받은 축복을 누린 사람은 절대로 죄를 의도적으로 반복하지 못합니다.

둘째로, 진짜 은혜를 체험한 사람은 열등감에서 자유롭습니다. 본문에서 바울은 "나는 사도 중에 가장 작은 자"라고 고백합니다(9절). 바울은 베드로와 자신을 비교해 볼 때 열등감을 가질 수밖에 없습니다.

같은 사도이지만 베드로는 예수님이 직접 불러 3년간 훈련시킨 정말로 제자다운 제자가 아닙니까? 그러나 바울은 그렇지 않았습니다. 자신이 개척한 교회에서 사도직으로 인해 자기를 불신하는 사람들로부터 괴롭힘을 당할 때도 열등감이 작용했을 것이라고 생각합니다. 그러나 본문에서 바울은 "나는 사도 중에 지극히 작은 자임에도 불구하고 부활의 주님이 나를 만나 주셨다. 나에게 직분을 주셨다. 그리고 오늘까지 불쌍히 여기시며 나를 사용하신다"라고 말합니다.

어떤 사람은 "열등감은 인간 됨의 실존"이라고 말했습니다. 이 말은 인간치고 열등감 없는 사람이 없다는 뜻입니다. 맞는 말 같습니다. 누구든지 비교 의식을 가지기 마련입니다. 환경이 그렇게 만듭니다. 이래도 저래도 비교하게 됩니다. 그런데 저는 은혜를 안 다음부터 비교하지 않았습니다.

저는 사랑의교회를 개척하고 사역하면서 지금까지 한 번도 누구와 비교해 본 적이 없습니다. 하나님께서 저에게 그런 은혜를 주셨습니다. '저분은 저분이고, 나는 나다' 하고 생각했습니다. 바로 이와 같은 생각이 중요합니다.

제가 개척할 때만 해도 강남에는 기라성 같은 교회들이 불꽃이 튀듯이 부흥하던 시기였습니다. 그러나 저는 이상하게도 비교하지 않았습니다. '저의 분수에 지나친 일은 시키지 마세요. 제 몸에 맞지 않는 옷은 입히지 마세요. 제가 앉기에 거북한 의자에는 앉히지 마세요. 제 분수는 하나님이 가장 잘 아시니까 주님의 종으로서 잘못되지 않게만 일을 시켜 주세요' 하는 것이 저의 기도 제목이었습니다. 그러니 몇 사람을 놓고 제자훈련을 하든, 아무것도 없이 날마다 어려움 속에서 사역을 하든, 하나님께서 나의 분수에 맞게 주시는 은혜라고 믿으니까 비교할 필요가 없는 것입니다. 비교하지 않으니까 저에게 열등감이 생기지 않았습니다. 왜 열등감이 생깁니까?

제가 좋아하는 후배들이 몇 명 있습니다. 저는 떳떳한 사람을 좋아합니다. 시골에서 목회를 하든, 장애인들과 목회를 하든, 부목사로 일을 하든, 떳떳하게 목회하는 모습을 보여 주고, 만나도 비실비실하지 않고, 비굴하지 않고, 떳떳하게 눈 똑바로 뜨고 쳐다보는 사람을 좋아합니다. 심지어 제가 대형 교회 목사라고 해서 어려워하는 것보다 때로는 인사도 하지 않고 쓱 지나가는 도도한 사람을 좋아합니다. 왜 비교합니까? 하나님이 나 같은 사람을 불렀으면 나에게만 시키는 일이 있습니다. 이것을 믿으시기 바랍니다. 은혜를 아는 사람은 이것을 압니다. 그러므로 비교하지 않습니다. 비교하지 않으니까 열등감이 없고 자유롭습니다. 여러분이 만약 열등감 때문에 힘들어지는 순간이 있으면 하나님께 은혜를 구하시기 바랍니다. 만삭되지 못한 자같이 태어난 나를 찾아와 주신 주님의 그 은혜를 다시 회복하시기 바랍니다. 그러면 열등감이 사라집니다.

셋째로, 진짜 은혜를 체험한 사람은 정말로 충성합니다. 10절 말씀에서 바울은 "내가 모든 사도보다 더 많이 수고했다"라고 말하고 있습니다. 자기 몸을 던져서 죽도록 사역한 것입니다. 죽을지도 살지도 모르고 사역을 한 것입니다.

가끔 강사들이 이야기할 때 들으면 "가정을 중시하라", "건강을 조심하라"고 합니다. 하지만 은혜에 확 사로잡히니까 가정도 눈에 안 보이고 건강도 생각이 안 났습니다. '어떻게 하면 주님이 기뻐하시는 향기로운 제물이 되기 위해서 젊었을 때, 아직 힘이 있을 때 더 최선을 다해서 헌신할까?' 이 생각만 들었습니다. 그래서 때론 아내의 눈에서 눈물도 빼고, 자녀들로부터 불평을 듣고, 건강도 해쳤습니다. 물론 제가 잘했다는 것은 아닙니다. 은혜가 이렇게 강하다는 것을 말씀드리고 싶은 것입니다.

은혜는 강합니다. 은혜에는 나를 완전히 불태우도록 만드는 아주 신비한 힘이 있습니다. 그렇기 때문에 바울이 이와 같은 고백을 하는 것입니다. 바로 순교자가 될 정도로 수고한 많은 사람들 중에서 "나는 더 수고했다"라는 고백입니다. 바울에게 그만큼 은혜가 넘쳤기 때문입니다.

모 신문에 사랑의교회에서 5천여 명이 장기 기증을 했다는 기사가 실렸습니다. 박진탁 목사님이 몇 년 전에도 오셔서 장기 기증에 관한 같은 설교를 하셨는데, 그 당시에는 6백 명밖에 하지 않았습니다. 그런데 이번에는 5천여 명이나 장기 기증을 한 것입니다. 제가 7, 8월에 강단을 비우고 있었고, 교인들도 그 주간에 박 목사님이 오시는 줄 몰랐습니다. 그런데 박 목사님이 오셔서 설교를 하셨습니다. 저도 테이프로 설교를 들었는데 몇 년 전의 설교와 똑같았습니다.

"나는 피가 없어서 죽어 가는 사람을 보다 못해서 만나는 사람마다 피를 뽑자고 말하는 사람인데 3, 40년 동안 그렇게 뛰다 보니까 자식을 낳아서도 이름을 '박뽑기'라고 지었다. 그리고 예순 살을 바라보고 있지만 지금도 3개월마다 한 번씩 피를 뽑는다. 더불어 나는 몇 년 전에 신장 하나를 떼어서 다 죽어 가는 환자에게 이식해서 살렸다"라고 말하니 얼마나 감동적입니까? 그러니 교인들의 마음이 뜨거워져, 그 자리에 모인 13,000명 가운데서 5천여 명이 장기 기증을 하겠다고 서원한 것입니다. 담임목사가 앞에서 "여러분, 이렇게 합시다" 하고 권면을 한다든지 약간 강요를 했다면 이해가 갑니다. 담임목사도 없는 주일날 그들이 그렇게 서약서를 써낸 것입니다.

여러분, 평생을 장기 기증과 헌혈에 헌신한 사람의 말에도 이렇게 감동해서 장기를 기증합니다. 그런데 나 같은 죄인을 사랑하사 나를 위하여 십자가에서 죽으신 예수 그리스도, 그분이 만삭되지 못하고 난 자 같은 나를 찾아와 구원해 주시고, 영광스러운 직분을 맡겨 주셨는데 그 은혜 앞에 자기를 불태우고 싶은 헌신의 마음이 안 생긴다면 이상하지 않습니까? 어떤 목사가 자신의 장기를 떼어 주었다는 말을 듣고 감동을 받아 '나도 장기를 떼어 주겠다'고 하는 사람들도 있습니다. 그런데 하나님이 나를 부르시고, 당신의 피로 값 주고 사신 교회의 양 떼들을 맡기면서 "내 양을 치라"고 하셨는데, 충성하고 싶은 마음이 안 생깁니까? 옆 교회의 목사보다 조금이라도 많이 충성하고 싶은 마음이 생기지 않습니까? 이런 마음이 없다면 비정상입니다. 여러분, 은혜를 누리셔야 합니다.

앞으로의 시대는 과거보다 더 큰 희생을 요구하는 시대입니다. 우리의 피를 요구할 것입니다. 우리의 눈물을 요구할 것입니다. 우리의 땀을, 아마 우리의 생명까지도 요구할 것입니다.

과연 누가 주님의 가슴을 시원하게 할 수 있겠습니까? 누가 이 어두움의 시대를 밝히는 등불이 되겠습니까? 누가 이 병든 사회를 치유하며, 하나님의 교회를 통해서 주의 통치하심이 이 땅에 임하게 하겠습니까? 누구입니까? 계산적으로 일하는 사람입니까? 아닙니다. 은혜에 감격하여 자신을 망각하고 주님의 제단에 자신을 올려놓는 충성된 헌신자만이 할 수 있습니다. 은혜를 모르면 하던 일 다 집어치우고 은혜를 알 때까지 주님 앞에서 기다리십시오. 은혜를 모르면 안 됩니다.

넷째로, 진짜 은혜를 체험한 사람은 자랑하지 않습니다. 10절 말씀에서 바울이 뭐라고 했습니까? "내가 모든 사도보다 더 많이 수고하였으나 내가 한 것이 아니요 오직 나와 함께하신 하나님의 은혜로라"고 했습니다. 자기는 완전히 없어졌습니다. 바울이 얼마나 많은 일, 얼마나 위대한 일을 했습니까? 그러나 그는 자기가 했다고 하지 않았습니다. 오직 주님이 하셨고, 주님의 은혜로 했다고 했습니다. 그는 하나님께만 영광을 돌렸습니다.

저도 이런 면에서는 아직도 완전히 때가 씻겨지지 않은 사람입니다. 뭔가 자랑하려고 합니다. 하지만 자기를 자랑하는 사람은 아직도 은혜의 깊은 강물에 들어가지 못한 사람입니다. 자기가 살아 있어서 자랑이 나오는 것입니다. 내가 안 했는데 왜 자랑을 합니까? 내가 아니요, 오직 하나님의 은혜로 한 것인데, 왜 내가 거기에 끼어들어 자랑을 합니까? 은혜를 아는 사람은 자기를 내놓지 않습니다. 자기를 잃어버립니다.

나를 찾아와 주신 주님의 은혜를 다시 한번 체험합시다. 그분의 발 앞에 엎드려, 그분의 옷자락을 거머쥐고 흐느끼면서 내 생명도 드리겠다고 고백하는 자리에까지 나아가시기 바랍니다. 그럴 때 우리가 살아납니다. 은혜가 우리를 살립니다. 죄책감에서 자유롭게 합니다. 자기 자랑을 하지 않게 합니다. 충성되게 만듭니다. 열등감에서 벗어나게 합니다. 우리 모두 이런 은혜의 자리로 나아가길 다시 한번 간절히 기도합니다.

6

하나님만
바라라

하나님을 갈망합시다. 하나님을 만나지 않고는 견딜 수 없는
절박한 사슴의 마음을 가지고 하나님께 매달립시다.
그리하면 하나님께서 하늘에 쌓아 두신 놀라운 은혜와 축복을
여러분에게 쏟아부어 주실 줄 믿습니다.

시편 42-43편

[42편] 1 하나님이여 사슴이 시냇물을 찾기에 갈급함같이 내 영혼이 주를 찾기에 갈급하니이다 2 내 영혼이 하나님 곧 살아 계시는 하나님을 갈망하나니 내가 어느 때에 나아가서 하나님의 얼굴을 뵈올까 3 사람들이 종일 내게 하는 말이 네 하나님이 어디 있느뇨 하오니 내 눈물이 주야로 내 음식이 되었도다 4 내가 전에 성일을 지키는 무리와 동행하여 기쁨과 감사의 소리를 내며 그들을 하나님의 집으로 인도하였더니 이제 이 일을 기억하고 내 마음이 상하는도다 5 내 영혼아 네가 어찌하여 낙심하며 어찌하여 내 속에서 불안해 하는가 너는 하나님께 소망을 두라 그가 나타나 도우심으로 말미암아 내가 여전히 찬송하리로다 6 내 하나님이여 내 영혼이 내 속에서 낙심이 되므로 내가 요단 땅과 헤르몬과 미살산에서 주를 기억하나이다 7 주의 폭포 소리에 깊은 바다가 서로 부르며 주의 모든 파도와 물결이 나를 휩쓸었나이다 8 낮에는 여호와께서 그의 인자하심을 베푸시고 밤에는 그의 찬송이 내게 있어 생명의 하나님께 기도하리로다 9 내 반석이신 하나님께 말하기를 어찌하여 나를 잊으셨나이까 내가 어찌하여 원수의 압제로 말미암아 슬프게 다니나이까 하리로다 10 내 뼈를 찌르는 칼같이 내 대적이 나를 비방하여 늘 내게 말하기를 네 하나님이 어디 있느냐 하도다 11 내 영혼아 네가 어찌하여 낙심하며 어찌하여 내 속에서 불안해하는가 너는 하나님께 소망을 두라 나는 그가 나타나 도우심으로 말미암아 내 하나님을 여전히 찬송하리로다

[43편] 1 하나님이여 나를 판단하시되 경건하지 아니한 나라에 대하여 내 송사를 변호하시며 간사하고 불의한 자에게서 나를 건지소서 2 주는 나의 힘이 되신 하나님이시거늘 어찌하여 나를 버리셨나이까 내가 어찌하여 원수의 억압으로 말미암아 슬프게 다니나이까 3 주의 빛과 주의 진리를 보내시어 나를 인도하시고 주의 거룩한 산과 주께서 계시는 곳에 이르게 하소서 4 그런즉 내가 하나님의 제단에 나아가 나의 큰 기쁨의 하나님께 이르리이다 하나님이여 나의 하나님이여 내가 수금으로 주를 찬양하리이다 5 내 영혼아 네가 어찌하여 낙심하며 어찌하여 내 속에서 불안해하는가 너는 하나님께 소망을 두라 그가 나타나 도우심으로 말미암아 내 하나님을 여전히 찬송하리로다

하나님만
바라라

시편 42편과 43편은 한 편으로 이루어진 말씀인데, 편리상 두 편으로 나누어 놓은 것입니다. 저자가 누구인지는 잘 모르나, 칼뱅(Jean Calvin, 1509-1564)과 스펄전(Charles Haddon Spurgeon, 1834-1892)을 비롯한 위대한 성경 해석자들은 주로 다윗이라고 말을 합니다. 하지만 그것도 확실하지는 않습니다. 확실한 것은 이 저자가 낙심하고 있다는 것입니다. 마음에 상처를 받고, 불안에 떨고 있습니다. 특히 42편 5절과 11절, 43편 5절에 반복되는 "내 영혼아 네가 어찌하여 낙심하며 어찌하여 네 속에서 불안해하는가" 하는 말씀을 보면 확실히 알 수 있습니다. 저자가 낙심하는 원인이 무엇이겠습니까? 본문을 잘 살피면서 묵상하면 세 가지 정도 그 원인을 유추해 낼 수 있습니다.

첫째로, 자기 눈앞에 펼쳐진 현실을 보고 낙심하고 있습니다. 구체적으로 그가 어떤 현실을 목전에 두고 있는지 말하기는 어렵지만 그가 "원수의 압제"나 "대적의 비방"이나 "경건하지 아니한 나라"와 같은 표현을 쓰는 것을 보면 대충 짐작할 수 있습니다. 그는 아마 이스라엘 나라 밖 어느 곳인가에 가 있는 사람입니다. 또 그는 하나님을 섬기는 거룩한 성소로부터 멀리 떨어져 있습니다. 그리고 그 성소에 가서 하나님을 찬양하고, 경배하고, 제사드리고 싶어도 결코 그럴 수 없는 암담한 상황에 놓여 있는 것입니다. 뿐만 아니라 자기를 둘러싸고 있는 모든 분위기는 비신앙적이며 무신론적입니다. "네 하나님이 어디 있느냐?" 하면서 밤낮없이 비아냥거리고 하나님을 멸시하는 사람들로 가득한 것을 보고 있는 것입니다. 이와 같은 현실을 앞에 놓고 그는 마음에 엄청난 절망을 체험하고 있습니다.

둘째로, 무능한 자기 자신을 보면서 절망하고 있습니다. 자신이 처한 현실이 이처럼 하나님을 멀리 떠나 있고 하나님이 무시와 조롱을 당하지만 정작 자신은 이 문제를 터럭만큼도 극복하지 못하는 것에 대해 절망하는 것입니다. 그래서 어느 성경학자는 다음과 같은 재미있는 말을 했습니다.

"시편 42편과 43편 전체를 보면 이 저자의 입에서는 '나'라고 하는 1인칭이 끊임없이 쏟아져 나온다. '나' '나를' '나의'라고 하면서 자기를 지칭하는 1인칭이 51번이나 나온다. 그 대신 '하나님' '주님' 하는 말은 20번 정도밖에 안 나온다. 처음부터 마지막까지 온통 내가 어쩌고저쩌고하고 떠든다."

이는 저자의 눈이 자기 자신에게 집중되어 있다는 것을 의미합니다. 현실을 극복할 수 없는 무능한 자기 자신만을 보고 절망하는 것입니다.

셋째로, 현재와 과거를 비교하면서 절망하고 있습니다.

내가 전에 성일을 지키는 무리와 동행하여 기쁨과 감사의 소리를 내며 그들을 하나님의 집으로 인도하였더니 이제 이 일을 기억하고 내

이처럼 지난 일을 그리워하면서 과거와 현재를 비교하니 자기도 모르게 마음이 낙심되고 불안해지는 것입니다.

이상과 같은 세 가지 사실을 통해 우리는 저자의 상황을 대충 짐작할 수 있습니다. 눈앞에 벌어진 현실을 보고 절망하고, 그 현실을 처리할 수 없는 무능한 자신을 보며 불안해하고, 과거에 비해 현재가 좋지 않다는 사실 때문에 마음이 우울해지고 낙담하게 되는 것입니다.

저는 이 시편 42편의 내용을 읽고 묵상하면서 저자를 통해 반사되는 저 자신을 봅니다. 제 모습을 이 저자에게 비춰 보게 되고 그러면서 저랑 많이 닮았다는 생각을 해 봅니다. 우리 눈앞에 있는 세속화된 현실과 교회 때문에 저는 종종 낙심합니다. 그리고 세상을 보나 교회를 보나 탄식만 했지 그 상황을 개선할 만한 능력과 지혜와 용기가 전혀 없는 저 자신을 보며 낙심하고 불안해하고 답답해합니다. 뿐만 아니라 한국 교회의 30년 전과 지금을 비교해 보면서 저도 모르게 절망합니다.

오늘날 우리 눈앞에 있는 현실을 보십시오. 세상을 한 번 보십시오. 가장 무서운 것이 가정의 파괴가 아닙니까? 세상의 모든 죄악이 파괴된 가정에서 싹트고 열매를 맺어 이 사회를 더럽히고 사람들을 잘못된 곳으로 이끌어 가고 있습니다.

요즘 협의이혼과 소송이혼이 1년에 17만 건이나 발생한다고 합니다. 모 판사가 하는 말을 들은 적이 있습니다. 그 판사에 의하면, 이혼하는 사람들 대부분이 2, 30대인데, 이혼을 하고 서로 돌아서면서 후회를 하거나 눈물을 흘리거나 가슴 아파하는 사람을 거의 보지 못했다는 것입니다. 그 문제를 놓고 전혀 양심의 가책을 느끼지 못하는 것입니다. 더 기가 막힌 것은 교회 안에서도 이제 이혼은 상식화되어 가고 있다는 것입니다. 장로의 입에서도 "어쩔 수 없지"라는 말이 나오고, 새벽마다 기도하는 권사의 입에서도 자기 딸이 못 살겠다고 하면 "이혼해라" 하고 대수롭지 않게 말하는 시대가 되었습니다.

어느 조사를 보니 미국의 경우는 불신자의 이혼율과 성도의 이혼율이 거의 비슷해지고 있다고 합니다. 가정이 파괴되고 있는 것입니다. 그 파괴된 가정에서 오만 가지의 악이 싹트고 있습니다. 이것이 오늘날 우리의 현실입니다.

청소년들은 인터넷 등을 통해 너무나 해로운 문화에 그대로 노출되어 있고, 폭력과 경건하지 못한 방종과 사치에 휘말리고 있습니다. 사회 분위기는 점점 탈기독교적인 경향을 띠고 있습니다. 점점 반기독교적으로 흐르고 있습니다.

1982년도에 우리나라에 정식 등록된 무당의 수는 3만 명이었습니다. 그런데 1997년에는 80만 명이나 되었습니다. 교회가 부흥했습니까, 무당과 점쟁이가 부흥했습니까? 하나님을 섬기는 경건한 백성이 늘어난 것입니까? "네 하나님이 어디 있느냐"며 떠벌이고 비아냥거리는 반기독교적인 사람이 늘어난 것입니까?

우리는 신문 기사를 통해 압구정동같이 가장 잘사는 사람들이 버티고 있는 곳에 무당과 점쟁이들이 메카를 이루고 있다는 사실을 잘 알고 있습니다. 이것이 오늘날 우리의 현실입니다.

밀실 문화가 암세포처럼 퍼져 가고 있습니다. 모두가 '방'입니다. 전화방, 노래방, PC방, 만화방, 찜질방, 채팅방, 화상대화방 등 온통 '방'입니다. 그 방 속에서 무슨 일이 일어나고 있는지 잘 알지 않습니까?

몇 년 전에 독일 튀빙겐대학의 명예 교수로 일하고 있는 한스 큉(Hans Küng, 1928-2021)을 한국의 모 일간지 기자가 취재한 일이 있습니다. 그때 한스 큉 교수가 한 말은 어찌 보면 소름 끼치는 말이었습니다.

"21세기에는 기성 교회가 쇠퇴합니다. 반면에 일반 사람들의 종교적 관심도는 점점 더 커져서 불건전한 영성 운동이 활발해질 것입니다."

우리는 21세기에 들어온 지 불과 얼마 되지 않아서 이 예언이 맞아 떨어지는 것을 보고 있습니다. 또 그가 계속해서 말했습니다.

"앞으로 산업화가 계속되고 민주주의와 과학 기술의 발전이 계속 되면 사람들이 오랫동안 당연한 존재로 여겼던 하나님이 어느 날 갑 자기 사라져 버린 것을 발견하게 될 것입니다."

막스 베버(Max Weber, 1864-1920)가 말한 것처럼 '세계 각성'이 일어 나는 것입니다. 무슨 말인가 하면, 잘 먹고 잘 살고 자신감이 생기다 보니까 '그동안 괜히 하나님만 찾으면서 매달려 살았구나. 그럴 필요 가 없는데' 하고 생각하는 사람들이 갑자기 많아지는 것입니다. 그런 분위기에서 오랫동안 기정사실로 인정된 하나님이 증발해 버리는 것 입니다. 새삼스럽게 세상이 하나님 없이도 살 수 있다는 각성을 하는 것입니다. 이런 시대가 21세기라고 말합니다. 이런 통탄스러운 세상 앞에서 교회는 어떻습니까?

이제 더 이상 사람들의 관심이 교회로 쏠리지 않습니다. 교인수는 줄어드는데 교회의 수는 증가하고 있는 것이 현재의 데이터입니다. 이것은 무엇을 의미합니까? 젊은이들이 중소 교회에서 썰물처럼 빠 져나갑니다. 개척 교회가 잘 안 됩니다.

부천에 있는 어느 목사는 죽어라 일해도 개척 교회가 안 되니까 나 중에는 동네방네 다니면서 방화를 저지르다가 투옥되었습니다. 한 국 교회가 그동안 자랑하던 '무조건적인 헌신'과 '오직 주님'이라고 하 는 그 아름다운 신앙의 자세가 점점 해이해지고 있습니다. 2, 30년 전 에 이곳저곳에서 불타오르던 성령의 불길이 오늘 어디 있느냐고 묻는다면, 아무도 대답할 사람이 없습니다. 그럼에도 불구하고 교회 지도자들은 위기의식을 느끼지 못한 채 힘겨루기에 정신없고, 대접받기에 정신이 없으며, 자기 건강 챙기기에 정신없이 하루하루를 보내고 있습니다. 이것이 오늘날의 교회 현실이 아닌가 생각합니다.

저만 그렇게 느끼는 것이 아닙니다. 몇 주 전에 사랑의교회에 선교사 한 분이 오셔서 설교를 했습니다. 내전으로 인해 초토화된 아프리카의 시에라리온(Republic of Sierra Leone)이라는 나라에서 15년 가까이 목숨을 걸고 복음을 전하다가 안식년을 얻어서 들어왔습니다. 안식년을 세 번째 맞아서 들어왔는데 들어올 때마다 사랑의교회에 와서 설교를 하셨습니다. 또 다른 교회에 가서도 설교를 하셨습니다. 그는 강단에 올라가서 대뜸 "한국 교회가 변하고 있습니다. 5년 전만 해도 그렇지 않았는데 이번에 들어와서 보니 한국 교회가 영적으로 매우 어두워지고 있다는 느낌을 받습니다" 하고 말했습니다. 저는 그 말을 듣고 긍정을 하면서도 충격을 받았습니다. 날마다 한집에 사는 사람들은 서로의 얼굴이 어떻게 변하는지 잘 모르지만 오랜 기간 떨어져 있다가 만나는 사람은 그 사람의 얼굴이 변한 것을 금방 알아차립니다. 우리는 우리의 현실 속에 있기 때문에 한국 교회가 영적으로 어느 정도로 기울어 가고 있는지 잘 모릅니다. 그러나 밖에서 복음을 위해 목숨을 걸고 싸우다가 들어온 사람은 직감적으로 느끼는 것입니다. 10년 전에 왔을 때는 은혜를 받고 갔습니다. 5년 전에 왔을 때도 그런대로 영적으로 재충전을 받고 갔습니다. 그러나 이번에 와서는 마음의 공허함만 느꼈다고 합니다. 그러고는 오래 머물지 않고 바로 돌아갔습니다. 그 선교사의 말을 들으면서 우리 스스로가 자각 증세를 가지고 평가하는 것보다도 한국 교회의 현실이 심각하다고 느꼈습니다.

저는 지난 7월 초에 시드니 연합 집회에 초청을 받아서 갔습니다.

수년 동안 약속을 어기면서 가지 못하다가 금년에 가게 되었습니다. 올림픽 기념으로 시드니 지역 연합 집회를 했습니다. 낮에 어느 목사의 안내를 받아 식당으로 가는 도중에 한 교회를 보게 되었는데, 그 교회에는 십자가가 없었습니다. "왜 십자가가 없는가?" 하고 물었더니 지금은 교회로 쓰지 않고 유명한 음식점이라는 것입니다. "외관을 바꿔서 레스토랑을 하면 좋을 텐데 왜 그대로 사용했는가?" 하고 물었더니 교회 모양을 하고 있어야 인기를 끈답니다. 강대상이 있던 자리는 A석이고, 성가대석이 B석이랍니다. 물론 술도 팝니다. 저는 이 이야기가 남의 나라 이야기로 들리지 않았습니다. 그 이유가 무엇이었겠습니까? 차라리 제 입에서 "망할 놈의 나라"라는 욕이라도 나왔으면 좋겠는데 도리어 두려움에 휩싸이게 된 이유가 무엇이었겠습니까? 지금의 상황을 미루어 보면 우리나라가 호주와 같이 되지 않는다고 누가 장담할 수 있겠습니까?

이처럼 세상을 보아도 그렇고, 교회를 보아도 그렇고, 절망하고 불안해하지 않을 수 없는 현실입니다. 이 현실을 보고 낙심하는 것이 잘못입니까? 이 현실을 놓고 어떻게 할 수 없는 나 자신의 무력함, 왜소함을 보고 낙심하는 것이 비신앙적입니까? 낙심하는 것은 신앙이 아닙니까? 목사가 낙심하는 것은 믿음이 작기 때문이라고 말할 수 있습니까? 위장하지 맙시다. 이런 상황을 놓고, 이런 내 자신을 보고, 과거와 현재를 비교하면서 오히려 낙심하고 불안해하고 마음이 상해서 잠을 자지 못해서 신음하는 편이 영적 지도자다운 자세가 아닐까요? 믿음이 있는 사람은 낙심하면 안 되고, 고민도 하면 안 되고, 강단에 서면 좋은 말만 하고 긍정적인 설교만 해야 할까요?

성경을 보십시오. 위대한 믿음의 사람들 가운데 어려운 상황에 대해 낙심하지 않은 사람이 있습니까? 요셉에 대해 '낙심'이라는 단어를 안 썼다고 해서 어린 요셉이 한 번도 낙심하지 않았다고 말할 수 있습니까? 성경에 있는 위대한 인물치고 낙심하지 않은 사람은 단 한 사람도 없습니다. 저는 성경을 볼 때마다 그들의 입에서 나오는 신음을 듣습니다. 그들의 가슴에 뭉쳐 있는 불안을 들여다봅니다. 낙심했습니다. 한 번이 아니라 어려운 일을 당할 때마다 낙심했습니다. 자기 자신을 보고, 또 현실을 보고, 과거와 비교하면서 몸부림쳤습니다. 이것이 성경에 나오는 위대한 인물들의 모습입니다.

믿음의 사람이 하는 낙심에는 특징이 있습니다. 결국 하나님을 갈망하게 된다는 것입니다. 불신자는 낙심으로 끝이 납니다. 하지만 믿음의 사람들은 불안하면 불안할수록 하나님께 부르짖습니다. 이것이 특징입니다. 찬송가 〈나 같은 죄인 살리신〉의 작사자로 잘 알려진 존 뉴턴(John Newton, 1725-1807)은 이렇게 말했습니다.

"믿음의 사전에는 낙심이라는 단어가 없습니다. 세상 사람에게 낙심되게 보이는 것이 믿는 자들에게는 하나님께로 가는 길을 알려 주기 때문입니다."

옳은 말입니다. 낙심하지 않는다는 말이 아니라 낙심으로 끝나지 않는다는 말입니다. 결국 믿는 자의 낙심은 하나님을 찾게 만들고 하나님을 갈망하게 만든다는 겁니다. 본문 말씀의 시편 저자가 바로 그런 사람입니다. 그는 3번이나 동일한 고백을 합니다.

내 영혼아 네가 어찌하여 낙심하며 어찌하여 네 속에서 불안해하는가 너는 하나님께 소망을 두라_시 42:5, 11; 43:5

시편 저자는 "하나님께 소망을 두라"고 조언합니다. 그런데 어떻게 하는 것이 하나님께 소망을 두는 것입니까? 42편 말씀에 그 해답이 명시되어 있습니다.

> 하나님이여 사슴이 시냇물을 찾기에 갈급함같이 내 영혼이 주를 찾
> 기에 갈급하니이다_시 42:1

바라는 것은 갈급하고 갈망하는 것입니다. 저는 사슴이 목이 마를 때 얼마나 이 산 저 산 헤매며 시냇물을 찾아다니는지 본 적이 없습니다. 그러나 얼마든지 추측할 수 있습니다. 유대 나라처럼 건기가 오래 계속되면 시냇물이 다 마릅니다. 그러면 사슴을 비롯한 모든 동물들이 물을 찾기에 혈안이 될 수밖에 없습니다. 목이 탑니다. 그래서 여기저기 정신없이 찾아 뛰어다닙니다. 한번 상상해 보세요. 어떤 상황입니까? 물 아니면 죽음이라는 위기의식을 가지고 찾습니다. 물을 찾으면 살고, 못 찾으면 죽습니다. 그러니 물 아니면 죽음이라는 절박한 심정을 가지고 헤매는 것이 소위 사슴이 시냇물을 찾듯이 갈급해 하는 것입니다.

그렇다면 사람이 이렇게 할 수 있을까요? '하나님을 찾으면 살고, 하나님을 찾지 못하면 죽는다.' 이와 같은 절박한 심정을 가지고 우리가 하나님을 바랄 수 있을까요? '하나님을 내 안에 모시고 살고, 하나님이 언제나 나와 동행하신다는 데 무엇 때문에 사슴이 시냇물을 찾듯 하나님을 찾아야 하느냐?'라고 생각할지 모르겠습니다. 그러나 입으로는 하나님이 나와 함께 계시고, 나는 하나님과 동행한다고 해도 우리의 영혼 깊은 곳엔 하나님이 없을 수도 있습니다. 이것을 인정할 필요가 있습니다. 우리는 거룩하게 모여서 예배를 드려도 영혼의 갈증을 느낄 수 있습니다. 실존의 갈망이 우리 안에 얼마든지 있을 수 있습니다.

아무리 믿음이 좋은 사람이라도 시편 저자가 당면하고 있는 현실에 놓이게 되면 하나님이 멀리 계신 것 같은 절박함을 느낄 수 있습니다. 하나님이 멀리 계시고 하나님은 침묵하고 계시며 나의 문제에 관여하고 있지 않다는 외로움을 얼마든지 느낄 수 있습니다. 이럴 때는 찾아야 합니다. 신앙고백으로 해결되는 것이 아닙니다. 내 영혼이 하나님만을 찾아야 합니다.

모세를 보십시오. 모세와 하나님을 떼어 놓고 생각할 수 있습니까? 그러나 목이 곧은 이스라엘 백성이 하나님께 대항하고 모세를 대적할 때 그는 그 현실 앞에서 몸서리칠 정도로 절망했습니다. 절망하자 모세가 어떻게 했습니까? 호렙산 꼭대기에 올라가서 40일 동안 식음을 전폐하고 하나님을 찾느라 정신이 없었습니다. 오직 하나님만 사모하고, 하나님만 만나고, 하나님의 음성만 듣기 위해서, 그는 모든 것을 철폐하고 매달렸습니다. 이게 바로 사슴이 시냇물을 찾는 것과 흡사하다고 생각합니다. 모세가 한 번만 그랬습니까? 잘은 모르지만 신명기를 읽어 보면 적어도 세 번 이상 하나님께 매달렸던 흔적을 발견할 수 있습니다.

또 에스라를 보십시오. 바벨론 포로에서 2차로 귀환한 에스라는 이스라엘 백성들이 가나안 사람들을 비롯한 이방 족속들과 가증한 일을 행하고 통혼하고 있다는 소식을 듣자, 낙심한 나머지 옷을 찢고, 머리털과 수염을 쥐어뜯고, 가슴을 치며 땅바닥에 앉아서 어두워질 때까지 일어날 줄을 몰랐다고 기록되어 있습니다(스 9:3 참조).

이 자세가 뭡니까? 하나님을 찾는 자세입니다. 갈망하는 자세입니다. 하나님 외에는 소망이 없기 때문입니다. 하나님을 만나야지만 이 어려운 절망의 상황을 극복할 수 있기 때문입니다. 그렇다고 해서 낙심한 에스라가 믿음이 없는 사람입니까? 불신자입니까? 누가 그런 말을 할 수 있습니까?

한나도 상황이 너무나 절망스러우니까 성소에 와서 입속에 기도를 담고 중얼중얼하면서 시간 가는 줄 모르고 앉아 있다가 술 취한 여자로 오해받기도 했습니다.

예수님도 인류의 모든 죄를 짊어지고 십자가를 지시기 전, 심히 연약한 인간의 모습을 보여 주셨습니다. 그때 그분은 땀방울이 피가 되어 흘러내리기까지 하나님 앞에 매달리셨습니다.

이와 같이 하나님을 갈망하는 집요함, 끝을 내고야 말겠다는 집요함, 아마 이것이 사슴이 시냇물을 찾는 갈증의 모습이라고 생각합니다. 지금 우리가 목전에 두고 있는 현실은 우리에게 이와 같은 집요함을 요구하는 것 같습니다. 이와 같은 집요함을 가지고 하나님을 찾는 자세를 요구하는 것 같습니다. 그런 지도자를 요구하는 것 같습니다. 그런 교회를 요구하는 것 같습니다.

여러분이 왜 존재해야 하는지 하나님 앞에 조용히 질문한다면, 바로 오늘의 현실을 앞에 놓고 시냇물을 찾아 헤매는 사슴의 집요함을 요구하실지도 모르겠습니다. 즉, 찾으면 살고 못 찾으면 죽는다는 심정을 가지고 하나님 앞에 매달리는 그런 사명을 요구하고 계신지도 모르겠습니다.

여러분 자신에게 물어보십시오. 시편 저자와 같이 낙심하고 있습니까? 불안해하고 있습니까? "네 하나님이 어디 있느냐" 하고 빈정대는 반기독교적인 사회를 보고 낙심하십니까?

다시 한번 묻습니다. 오늘날 한국 교회의 현실을 놓고 여러분은 얼마나 낙심하고 얼마나 답답해합니까? 과거 위대한 선배들의 그 아름답고 화려한 영적인 역사와 오늘 우리가 책임지고 있는 현실을 비교하면서 얼마나 낙심하고 고통스러워하며 몸부림치고 있습니까? 만약에 이와 같은 낙심이 있고 불안이 있다면 여러분은 하나님의 사람이라고 할 수 있습니다. 성령의 사람이라고 할 수 있습니다. 이것이 있다면 틀림없이 갈증을 느낄 것입니다. 하나님을 찾는 갈증 말입니다. 본문 말씀 42장 1-3절을 봅시다.

"하나님이여 사슴이 시냇물을 찾기에 갈급함같이 내 영혼이 주를 찾기에 갈급하니이다 내 영혼이 하나님 곧 살아 계시는 하나님을 갈망하나니…내 눈물이 주야로 내 음식이 되었도다."

하나님이 아니면 소망이 없는 사람처럼 하나님을 찾는 갈급함이 여러분에게 분명히 있을 것입니다. 하나님을 만날 때까지 포기하지 않는 집요함, 그의 음성을 들을 때까지 일어나지 않는 집요함, 죽으면 죽으리라 하는 절박한 집요함을 가지고 하나님을 찾을 것입니다.

올해 7월 말쯤 저는 휴가를 이용해 춘천에 갔었습니다. 춘천 근교에 하얀 백로들이 떼를 지어서 모여 사는 숲이 있습니다. 우람한 소나무 숲에 3백여 마리가 되는 백로가 앉았는데 멀리서 보니 참으로 장관이었습니다. 그런데 막상 그 소나무 숲에 들어가 보니, 백로들이 똥을 싸서 밑에 있는 작은 나무들이 전부 새빨갛게 말라 죽어 있었습니다. 그리고 온통 똥으로 뒤범벅되어 무슨 페인트칠을 해 놓은 것 같았습니다. 냄새도 고약했습니다. 그래도 저는 백로를 좀 찍어 볼 생각에 그 안으로 들어갔습니다. 장비가 별로 좋지 않아서 줌인으로 근접 촬영을 하긴 어려웠지만 그래도 백로를 찍어 볼 생각에 들어갔던 것입니다. 감사하게도 백로들은 사람이 20m 정도 떨어져 있을 때는 날지 않았습니다. 이에 카메라를 세팅하고 사진을 찍으려는데 냄새는 역겹고 날씨는 얼마나 더운지 숨이 콱 막혔습니다. 가만히 있는데도 땀이 머리부터 발끝까지 줄줄 흘러내릴 정도였습니다. 그런데 백로들이 자기를 찍으라고 포즈를 취합니까? 별건 아니지만 그 백로들이 자연스럽게 행동할 때 어쩌다가 뭐 하나라도 잡아 볼까 하는 생각으로 렌즈에다 눈을 갖다 대고 한두 시간씩 기다리며 씨름을 했습니다. 거기에 올라간 지 3시간이 가까이 되도 제대로 찍은 것이 없었습니다. 이처럼 똥 냄새 나는 숲에 앉아서 좋은 찬스가 오기를 기다리는데 문득 이런 생각이 들었습니다.

'내가 하나님을 갈망하기 위해서 이 정도로 땀 흘리고 기도한 적인 몇 번이나 있는가?', '내가 하나님의 말씀을 펴 놓고 살아 계신 하나님의 음성을 들으려고 오뉴월 여름에 무더위를 무릅쓰고 땀을 뻘뻘 흘리면서 씨름을 했는가?'

문득 이 생각이 들자 사진 찍을 맛이 싹 가셨습니다. 가만히 생각해 보니 별로 기억이 안 났습니다. 세 시간이나 그렇게 땀을 흘리면서 기도한 적이 없는 것 같았습니다. 하나님의 말씀 앞에서 몸부림친 적이 없는 것 같았습니다. 그런 생각이 떠오르자 계속 거기에 있기가 민망해져 짐을 챙겨서 내려왔습니다. 그러나 그때 제가 받았던 충격은 아마도 성령의 음성이었던 것 같습니다.

"네가 좋아하는 사진 한 장을 위해서는 그렇게 투자하는데 하나님을 갈망하기 위해서 그렇게 땀 흘려 봤냐? 몸부림쳐 봤냐? 하나님을 불러 봤냐?" 하는 음성이 지금도 제 귀에서 떠나지 않고 있습니다.

여러분이 성령의 사람이라면 하나님을 바라고, 그분을 만날 때까지 포기하지 않으려는 절박감이 있어야 합니다. 왜냐하면 우리에게는 충분히 그렇게 해야 할 현실이 있기 때문입니다.

최근에 민수기 24장을 읽다가 또 한 번 충격을 받았습니다. 그곳에 발람의 이야기가 나오는데, 발람이 거짓 선지자라는 것은 모두 다 아는 사실입니다. 그런데 24장 16절 말씀에서 발람이 다음과 같이 말하는 것을 볼 수 있습니다.

"하나님의 말씀을 듣는 자가 말하며 지극히 높으신 자의 지식을 아는 자, 전능자의 환상을 보는 자, 엎드려서 눈을 뜬 자가 말하기를."

대체로 거짓 선지자가 하는 소리는 크게 유념하지 않고 읽고 넘깁니다. 그런데 그날은 이 말씀이 저를 강하게 붙잡았습니다. '거짓 선지자도 하나님의 말씀을 듣는다고 하지 않는가? 거짓 선지자임에도 불구하고 지극히 높으신 자의 지식을 갖고 있으며, 환상을 갖고 있으며, 엎드려 눈을 뜨고 거룩한 하나님의 존전을 본다고 하지 않는가? 그런데 나는 도대체 뭔가?' 하나님을 갈망하고 사슴이 시냇물을 찾듯이 하나님을 만나고자 사모하는 사람은 발람이 말하는 이 내용이 무엇인지 이해할 수 있을 것입니다.

'발람은 구약시대의 선지자니까 그럴 수 있었겠지?'라고 생각한다면, 좀 더 냉정하게 생각할 필요가 있습니다. 살아 계신 하나님의 말씀을 앞에 들고 성령이 여러분 안에서 조명하시고 거룩한 진리 가운데로 인도하시는데 발람처럼 되지 못할까요? 하나님의 음성을 듣지 못할까요? 전능하신 하나님을 알게 되지 못할까요? 전능하신 하나님의 이상을 보지 못할까요? 신령한 영의 눈으로 하나님의 영광을 볼 수 없을까요? 천만에요. 당연히 그럴 수 있습니다. 그럼에도 왜 하나님과의 깊은 만남을 통해 여러분에게 쏟아져 들어오는 은혜의 충만함을 모르고 있을까요? 이것이 문제입니다. 그러니까 현실 앞에서 낙심하고, 자신을 보고 낙심하는 것입니다.

우리는 매우 위급한 현실을 앞에 두고 있습니다. 더욱이 영적 지도자들의 영적 상태가 말이 아닙니다. 저 자신을 포함해서 우리 모두 겉모습만 그럴듯하지 너무나 힘이 없습니다. 우리의 속은 썩을 대로 썩어 가고 있습니다. 생각들이 벌써 잘못된 곳에 가 있고, 의식이 잘못된 쪽으로 굳어져 있습니다. 이것을 솔직히 인정해야 합니다. 잘살고 좋은 차를 타고, 잘 먹고, 얼굴에 기름기가 흐르고, 교회로부터 칭찬을 듣고, 여러 가지 면에서 즐기는 것이 많이 있으니까 자신도 모르게 잘못된 쪽으로 가 있습니다.

하나님을 만나야 합니다. 목사니까 성경 한두 장 더 읽는 것을 가지고 하나님을 만난다고 말하지 마십시오. 하루에 성경 몇 장 읽으면서 하나님의 음성을 들었다고 말하지 맙시다. 설교 한 편 준비했다고 하나님의 음성을 듣고, 하나님의 종으로서 주님 앞에 순종하고 있다는 그런 시건방진 소리 하지 맙시다. 설교는 목사니까 준비하는 것입니다. 목사가 아니면 설교 준비를 왜 하겠습니까? 설교를 위해서 기도하겠습니까? 다 당연히 해야 할 것을 가지고 큰소리치지 맙시다.

여러분은 이 모든 것을 뛰어넘어서, 낙심하고 불안해하는 내 영혼이 하나님을 만나는 자리까지 나아가야 합니다. 그곳에 나아가면 소망이 있습니다. 그곳에 해답이 있습니다. 이런 말이 이상하게 들릴지 모르지만 사실입니다.

모세가 목이 곧은 이스라엘 백성을 보고 고통스러워하고 절망하고 괴로울 때 그는 성막에 가지 않고 호렙산으로 올라갔습니다. 오늘의 현실은 성막에 앉아서 해결될 현실이 아닙니다. 내일의 한국 교회를 염려하는 이가 가야 할 곳은 성막이 아니고 호렙산입니다. 아무도 오지 않는 곳, 나만 외롭게 몸부림쳐야 하는 곳, 하나님이 아니고는 기댈 것이 아무것도 없는 그곳, 그곳에 가서 하나님의 옷자락을 붙잡고 씨름할 때 하나님이 이 시대를 위해서 소망의 말씀을 주실 줄 믿습니다. 여러분을 준비시켜 주실 줄 믿습니다. 성령의 기름 부음으로 여러분의 상한 마음을 싸매어 주시고 여러분의 무력한 팔을 붙들어 다시 능력 있는 자로 세워 주실 줄 믿습니다.

하나님을 갈망합시다. 하나님을 만나지 않고는 견딜 수 없는 절박한 사슴의 마음을 가지고 하나님께 매달립시다. 그리하면 하나님께서 하늘에 쌓아 두신 놀라운 은혜와 축복을 여러분에게 쏟아부어 주실 줄 믿습니다. 여러분만 바로 되고, 여러분만 하나님의 손에 붙들리면, 여러분만 하나님의 능력을 입으면, 아무리 현실이 어두워 보이고 낙심되게 보일지라도 소망이 있습니다. 성령의 능력이 임하셔서 그동안 지치고 낙심하고 불안해하던 여러분을 치유해 주시길 간절히 바랍니다.

7

소명을 받은 자는
낙심하지 않는다

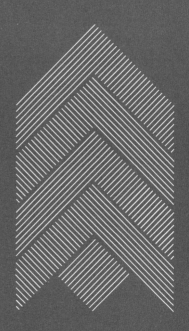

우리는 낙심할 필요가 없습니다. 하나님이 일하십니다.
하나님이 역사하십니다. 하나님께서 에스겔 골짜기의 마른 뼈를 일으키셨듯이
우리를 통하여 하나님의 역사를 이루시는 것을 믿어야 합니다.
그러므로 진정한 소명자는 절대로 낙심하지 않습니다.

데살로니가전서 2:19-20
19 우리의 소망이나 기쁨이나 자랑의 면류관이 무엇이냐 그가 강림하실 때 우리 주 예수 앞에 너희가 아니냐 20 너희는 우리의 영광이요 기쁨이니라

고린도후서 3:8-9
8 하물며 영의 직분은 더욱 영광이 있지 아니하겠느냐 9 정죄의 직분도 영광이 있은즉 의의 직분은 영광이 더욱 넘치리라

고린도후서 4:7
우리가 이 보배를 질그릇에 가졌으니 이는 심히 큰 능력은 하나님께 있고 우리에게 있지 아니함을 알게 하려 함이라

고린도후서 4:16-17
16 그러므로 우리가 낙심하지 아니하노니 우리의 겉사람은 낡아지나 우리의 속사람은 날로 새로워지도다 17 우리가 잠시 받는 환난의 경한 것이 지극히 크고 영원한 영광의 중한 것을 우리에게 이루게 함이니

소명을 받은 자는
낙심하지 않는다

칼뱅의 《기독교강요》를 보면, 우리
가 성직이라고 부르는 목사, 선교사, 전도사 등에 대해 다음과 같이
화려하게 묘사하고 있습니다.

"하나님은 교회의 유일한 지배자이시고 유일한 권위가 되신다. 그
러나 하나님은 우리 눈에 보이게 교회에 거하시는 것이 아니다. 따
라서 하나님께서는 '성직'이라고 하는 인간의 봉사를 사용하셔서 자
신의 뜻을 교회에 명백하게 선포하게 하셨다. 마치 노동자가 일을
하기 위해서 연장을 사용하는 것처럼 하나님께서는 그분의 사역자
들을 도구로 사용하신다. 따라서 사역자는 하나님의 손에 쓰임 받
는 사자요, 하나님을 대표하는 사람이며, 하나님의 비밀한 계시를
해석할 수 있는 권위를 받았다. 때문에 하나님은 교회 안에서 성직
을 맡은 종들이 누구보다도 가장 존경할 만한 일을 하고 있는 자로
존경받기를 원하고, 모든 사람이 그 권위에 복종하기를 원하고 계신
다. 이런 의미에서 누구든 조직이 필요 없다거나, 교회 안에 성직이

필요 없다거나, 성직을 무시하려고 하는 사람이 있다면 그는 교회를 파괴하려는 자와 같다. 육신의 생명을 위해서는 태양의 열과 빛이 필요하고 음식이 필요한 것처럼 지상의 교회가 제 역할과 제 사명을 다하기 위해서는 사도적 직분, 목회적 직분으로서의 이 성직이 절대로 필요하다."

칼뱅을 비롯한 종교개혁자들의 이런 진지한 신학적 설명을 배경으로 하여 성직자들은 성직을 맡았습니다. 여기서 칼뱅의 말을 하나 더 인용하면 칼뱅은 "누구든지 성직자가 되려면 비밀한 소명을 가진 자라야 한다"라고 했습니다. "비밀한 소명"이라는 말을 여러분의 마음속에 잘 담아 두시기 바랍니다. 이것은 하나님과 나만이 아는 것입니다. 교회가 그 사람을 놓고 하나님으로부터 비밀한 소명을 받았는지 증명해 줄 자격이 없고, 그렇게 할 수도 없다고 했습니다. 그래서 칼뱅은 재미있는 말을 했습니다.

"어떤 사람이 있는데 깨끗하지 못한 양심을 가지고 소명이 없는데도 소명이 있는 척하고 먹고살기 위해서 목사가 되었다. 그런데 그 사람의 사악한 생각이 드러나지 않았다. 소명을 받지 않았는데도 소명을 받은 것처럼 하는 그 사악한 마음이 사람들에게 발각이 되지 않았다. 그렇기 때문에 교회가 그 사람을 교회의 목회자로 받았을 때에는 소명을 받은 자처럼 일을 할 수도 있다."

이것이 지상에 있는 교회의 약점입니다. 이 말속에는 우리를 상당히 긴장하게 하는 깊은 의미가 담겨 있습니다. 비밀한 소명과 공적인 소명이 반드시 일치하는 것이 가장 좋지만, 비밀한 소명 없이 공적인 소명을 가지고 성직자의 일을 할 수도 있다는 이야기입니다. 하나님한테는 부름을 받은 사실이 없지만 교회에서는 인정받고 사역자로 일할 수도 있다는 이야기입니다. 이런 이유로 우리는 진지하게 하나님 앞에서 자신을 깊이 성찰하고, 하나님의 음성을 다시 듣는 시간을 가져야 합니다.

소명은 값없이 우리를 구원해 주신 하나님의 은혜에 대한 전인격적인 반응이라고 할 수 있습니다. 누구든지 구원을 받은 은혜에 감격하면 성직자가 아니더라도 자신의 생을 하나님 앞에 거룩하게 헌신할수 있습니다. 그러므로 '꼭 목회자만 소명을 받았다'라고 하는 것은 신학적으로 잘못된 이야기입니다. 모든 평신도가 소명 받은 사람들입니다. 왜냐하면 다 구원을 받았기 때문입니다. 구원을 해 주신 하나님을 어떻게 기쁘게 해 드릴까 생각할 때, 누구든지 "오, 하나님! 저는 하나님의 영광을 위해서 살겠습니다"라고 진지한 고백을 하게 됩니다. 이것이 소명 받은 자의 반응입니다. 이런 의미에서 '구원은 소명을 의미한다'라는 신학적인 명제는 어디까지나 옳은 것입니다.

"우리의 소원이 하나님을 기쁘시게 하는 데 목적이 있다면 물 긷는 것과 설거지하는 것과 구두 고치는 것과 강단에서 말씀을 전하는 것, 이 모두가 다 하나이다." 종교개혁자 윌리엄 틴데일(William Tyndale, 1494-1536)이 한 유명한 말입니다. 이런 의미에서 꼭 성직자만 소명을 받은 자라고 말하는 것은 어떤 면에서는 성경적이지 않습니다. 그러나 목회자는 그가 부름 받은 독특한 직분, 다시 말하면 독특한 사역 때문에 평신도의 소명과 구별된다는 것을 부인할 수 없습니다.

벤처 기업을 운영하는 집사를 불러서 하나님께서 "내 양을 치라"고 말씀하지 않으셨습니다. 장사하는 집사를 불러서 "기도하는 것과 말씀 전하는 일에 전념하라"고 하지 않으셨습니다. 대학 강단에서 가르치는 교수에게 "성도를 온전하게 하라, 봉사의 일을 하게 하라, 그리스도의 몸을 세우게 하라"는 엄숙한 명령을 하지 않으셨습니다. 집안에서 자녀를 양육하는 주부에게 "너는 내 오른손에 붙잡힌 일곱 별이다"라고 말씀하지 않으셨습니다.

성직을 맡은 목회자는 그 직분의 독특성 때문에 평신도의 소명과 구분된다고 할 수 있습니다. 그러므로 하나님을 믿는다고 해서 누구나 성직자가 될 수 있는 것도 아니고, 할 수 있겠다고 해서 아무나 덤벼서도 안 됩니다. 목회는 성령께서 교회 안에서 남달리 불러 세우는 자만이 할 수 있는 일입니다. 비밀한 소명을 받은 자만이 가능한 것입니다. 그러므로 '이러한 비밀한 소명이 나에게 있는가'라는 질문은 성직자가 스스로 자신에게 수시로 물어야 할 중요한 질문입니다. 만약에 이런 신성한 부르심이 없는 사람이 목회를 한다면, 어떤 사람의 표현대로 그것은 광대 짓에 지나지 않을 것입니다.

부끄럽지만 저의 이야기를 하겠습니다. 저는 1960년 봄, 스물세 살 때 하나님의 소명을 받았습니다. 그렇게도 안 하겠다고 도망가던 제가, 그렇게도 하기 싫어서 그저 어디든 피할 수만 있다면 수단과 방법을 가리지 않고 피하던 저였는데 2, 3년 동안 하나님과 씨름을 하다가 결국 하나님의 강권적인 역사하심에 꺾여 작은 시골 교회 마룻바닥에 홀로 엎드려 하나님 앞에 항복을 하고야 말았습니다. 그 순간을 저는 기억하고 있습니다.

저는 초등학교 때부터 별난 신앙생활을 하였습니다. 중학생이 되자 사람들이 다 저를 보고는 '목사감'이라고 했습니다. 그리고 저도 항상 '목사가 되어야겠다. 피할 수 없는 일인지도 모른다'라는 불안한 생각을 가지고 있었습니다. 저의 어머니는 제 뒤에서 제가 목사가 되기를 항상 기도하셨습니다. 그러나 저는 싫었습니다. 제가 몸담고 있는 시골 교회의 젊은 목사를 장로 부부가 끌어다가 방에 가둬 놓고 폭행을 가해 얼굴이 피투성이가 되어서 나오는 모습을 보면서 어떻게 제가 목사가 되겠다고 생각하겠습니까? '세상에 할 짓이 없어서 목사를 하나?' 성미를 가져다주면 먹고, 성미가 없으면 굶는다는 말도 하지 못하고 앉아 있어야 하는 몰골…. 정말 보기 싫은 몰골이었습니다. '남자가 되어서 처자식을 거느린 처지에 나가서 무슨 일을 한들 밥 못 먹겠는가? 무엇 때문에 저런 꼴을 하고 있는가?' 이런 생각을 한 것입니다. 그러니까 죽어도 목사가 되고 싶지 않았던 것입니다. 어떤 변명이라도 할 수 있다면 저는 그 길을 피하고 싶었습니다. 그러나 하나님께서는 허락하지 않으셨습니다. 그때부터 저는 하나님께 완전히 강제로 차출당한 사람이 되어 다른 길은 감히 돌아보지도 못하고 40년을 걸어왔습니다.

그런데 저는 이런 식으로 목사로서의 길을 시작했기 때문에 늘 콤플렉스가 있었습니다. 소명 콤플렉스라고 할까요? '차출당한 전투병처럼 하기 싫은데 억지로 끌려와서 어쩔 수 없이 이 일을 하고 있지는 않은가? 이것이 진정한 소명인가?' 하는 콤플렉스가 오랫동안 저를 괴롭혔습니다. 그런데 나중에 성경을 보는 눈이 조금 열리면서 저는 큰 위로를 받았습니다. 신구약을 통틀어서 주님 앞에 쓰임 받은 종들을 살펴보니까 거의 절대적으로 "나요" 하고 손들고 좋아서 한 사람이 별로 없었습니다. 다 도망 다니다가 끌려오고, 하지 않겠다고 버티다가 결국에는 하나님의 명령에 복종한 사람이 대부분이었습니다.

제가 소명을 받은 그 순간은 하나님과 저만 만나는 시간이었습니다. 비밀한 소명을 느낄 수 있었고, 거룩한 깨달음이 있었습니다. 철저한 항복이 있었습니다. 그리고 비장한 결단이 있었습니다. 그것은 무슨 자랑할 순간도 아니고 흥분할 순간도 아니었습니다. 저에게는 그랬습니다. 또한 헨리 나우웬의 다음과 같은 말이 저에게 그대로 적용되는 순간이었습니다.

"소명을 받을 때 우리의 상황은 주로 어떤 상황인가? 하나님은 모든 바지랑대를 다 치워 버린다. 대화할 친구도 없고, 받을 전화도 없고, 참석할 모임도 없고, 감상할 책도 없고, 오로지 벌거벗고, 취약하고, 죄악 되고, 가난하고, 상한 심령만 끌어안고 있는 처절한 모습만이 남는다." 바지랑대는 옛날에 긴 빨랫줄을 받쳐 놓던 장대입니다. 하나님이 부르시는 그 순간에는 바지랑대를 다 치워 버려서 내가 기댈 언덕은 하나도 없습니다. 오직 죄악 된 모습, 처절한 모습, 약하고 힘없는 모습, 가난한 모습, 상처받은 보잘것없는 존재만 하나님 앞에 남는 순간입니다.

스코틀랜드가 낳은 세계적인 영성가 오스왈드 챔버스(Oswald Chambers, 1874-1917)는 다음과 같은 중요한 말을 했습니다.

"소명을 깨닫는다는 것은 갑작스러운 천둥소리와 같이 올 수도 있고, 서서히 떠오르는 태양과 같이 올 수도 있지만 어떤 방식이든 간에 그것은 초자연적으로 오는 것이기 때문에 말로 표현할 수 없는 신비한 특성을 갖는다."

자기 소명에 대해서 자신 있게 말하기가 어려운 이유가 챔버스의 말에 담겨 있습니다. 많은 경우, 시행착오를 포함한 한동안의 탐색을 통해서만 분명한 소명 의식을 얻을 수 있다고 하였습니다. 가끔 '내가 소명을 받은 것인가?' 하는 혼란 속에서 시행착오를 거듭할 때가 있습니다. '비밀한 소명을 받고 신학교를 들어왔나?', '정말 하나님이 나를 부르셔서 내가 목사 안수를 받았나?' 한참 동안의 이러한 탐색을 통해서 '내가 소명을 받은 것이 틀림없구나' 하는 어떤 결론으로 도달하게 된다는 것입니다.

저의 경우도 마찬가지입니다. 40년 동안 한눈팔지 않고 달려왔지만 제가 확실히 하나님의 부르심을 받았다고 스스로 자신하기까지는 상당한 시간이 필요했습니다. 하나님이 부르셨으면 부르신 분명한 징후가 있어야 하지 않습니까? 부르신 자에게는 그 증거를 보여 주신다고 하셨습니다. 하나님이 저를 목회자로 부르셨으면 목회자로 일할 수 있는 은사를 주신 것이 보여야 하고, 하나님이 저를 설교자로 세우셨으면 설교할 수 있는 은사와 능력을 주신 것이 분명히 나타나야 하지 않습니까? 분명 하나님이 부르셨다면, 그 부르심의 증거가 눈에 좀 보여야 그래도 내가 하나님의 부름을 받고 이 사역에 몸을 실었다고 말할 수 있습니다. 그런데 그것을 확인하기까지는 마음이 오락가락할 수 있습니다. 그래서 저도 한동안은 탐색을 했습니다. 그러고 나서 드디어 본격적으로 사역을 시작하고, 그 후 몇 년을 보내면서 하나님이 저와 함께하심을 하나하나 확인할 때마다 '하나님이 나를 부르신 것이 사실이구나. 이제 방황하지 않아도 되겠다'라는 생각을 하게 되었습니다. 그러자 제 마음에 감격이 찾아왔습니다.

바울이 말한 것처럼 하나님께서는 죄인임에도 불구하고 죄가 없는 것처럼, 충성되지 못함에도 불구하고 충성된 자처럼, 완전하지 못하고 실수를 많이 하는데도 완전한 자처럼 대접해 주셨습니다. 그리고 이렇게 저를 사용하는 것을 볼 때, 하나님이 저를 부르신 것이 사실임을 확인할 수 있었습니다.

사랑의교회의 한 남자 교역자 이야기를 하겠습니다. 그 형제가 처음 저희 교회의 부교역자로 들어올 때 자신이 받은 소명에 관해 쓰게 했습니다. 그런데 그 형제의 글이 재미있었습니다.

그는 고등학교 1학년 때 농촌 교회 마룻바닥에 앉아서 오랫동안 장래 문제를 놓고 기도하면서 혼자만의 시간을 가졌다고 합니다. 그런데 기도하는 중에 "나는 너를 위해 죽었는데 너는 나를 위해 무엇을 하느냐?"라는 음성이 들렸고, 그 음성이 너무도 생생해서 도무지 마음에서 지워지지 않았답니다. 그의 소원은 의사가 되는 것이었는데 그 음성이 자꾸 목사가 되라고 부르시는 하나님의 음성으로 여겨져 많은 갈등을 했다고 합니다. 그러다가 결국 '하나님이 부르시면 목사가 되어야지'라고 결단을 하고는 총신대학교에 입학을 했다고 합니다. 그런데도 갈등이 사라지기는커녕 의사가 되고 싶은 자기 내면의 욕심과 목회자가 되어야 한다는 상황 사이에서 많은 고민을 하게 되었다고 합니다. 이에 1년도 채 다니지 못하고 총신대학교를 그만두었답니다. 그러고는 남은 기간 동안 열심히 준비하여 서울대학교 의과대학에 입학했습니다. 하지만 의대에 들어가서 공부를 하는데도 여전히 그 갈등이 멈추지 않았답니다.

"나는 너를 위해 죽었는데 너는 나를 위해 무엇을 하느냐?" 이 음성이 마음에서 살아날 때마다 자신이 의사가 되는 것은 주님의 음성이 아닌 것 같고 목사가 되라는 것이 주님의 음성 같았답니다. 그래서 휴학계를 내고 군대에 갔고, 군 복무를 하면서 많은 진통을 통해 마침내 하나님의 소명 앞에 무릎을 꿇기로 작정했답니다. 그는 제대 후 다시 총신대학교에 시험을 쳐서 들어갔고, 지금은 사랑의교회에서 사역을 하고 있습니다. 그 형제가 끝에 이런 이야기를 썼습니다.

"지나간 일 중에 후회되는 것이 하나 있다면 하나님이 부르셨을 때 한길로 줄곧 가지 않은 것입니다. 이것이 회한으로 남고, 부끄럽다고 여겨집니다."

그러나 저는 이것이 부끄러운 일이 아니라고 생각합니다. 한동안의 어떤 방황을 통해서 하나님이 정말 나를 부르셨는가를 탐색하는 것은 잘못된 일이 아니라고 봅니다. 분명한 소명 의식 없이 그저 이것도 못하고 저것도 못해서 어쩌다가 신학교에 들어가고, 어쩌다가 목사가 된 사람보다는 오히려 이렇게 방황하면서 하나님의 부르심을 분명하게 확인한 사람이 하나님이 더 기뻐하시는 사람이라고 생각합니다.

여러분, 여러분은 누구의 부르심을 받고 목회자가 되었습니까? 비밀한 소명을 소유하고 있습니까? 하나님과 여러분만이 아는 소명 말입니다. 여러분만 아는 내면의 하나님의 음성을 소유하고 있습니까? "다른 모든 길은 다 막혀 버렸습니다. 오직 하나님께서 이 길로만 가라고 열어 주셔서 거역할 수도 없고, 도망갈 수도 없어서 하나님이 밀어 넣으시는 대로 이 길로 들어왔습니다"라고 말할 수 있는 분명한 소명 의식을 가지고 있습니까? 그래서 이제부터는 철저하게 자신을 부인하고 오직 십자가를 지고 주님만 따라가는 것이 남은 일생의 소원이라고 분명하게 말할 수 있습니까? 심지어 목회를 하다가 실패를 하더라도 이 길이 아니고는 갈 길이 없고, 이 일이 아니고는 생명 걸고 할 일이 없다고 분명하게 하나님 앞에 말할 수 있습니까? 그만큼의 분명한 소명을 마음에 소유하고 있습니까? 그렇다면 여러분은 놀라운 사람입니다. 하나님께서 여러분을 특별히 부르신 것이 틀림없습니다.

요즘은 목회 상황이 점점 더 열악해지는 것 같습니다. 비밀한 소명을 가지고 생명 걸고 죽으면 죽으리라고 매달려도 될까 말까 한 굉장히 어려운 목회 상황입니다. 자신이 목회하는 교회가 좀 부흥이 되고, 자신의 이름이 알려져 교회에서 대접을 잘 받으면 그것이 너무 좋아서 감사합니다. 이처럼 좁은 웅덩이 속에서 모든 것을 보면 간단합니다. 자기 교회만 잘되면 천하가 잘되는 것 같으니까요. 그러나 분명히 말씀드리자면, 여러분은 지역 교회 하나만을 책임지는 위치에 있는 사람이 아닙니다. 한국 교회의 모든 사역자는 한국 교회 전체를 책임지고 있는 사람이며, 하나님의 나라라고 하는 전 우주적인 교회의 앞날과 운명을 등에 업고 일하고 있는 사람입니다. 그러므로 나 혼자 잘된다고 뻐기고 목에 힘주는 사람은 소인 중에 소인입니다. 우리는 크고 넓게 봐야 합니다. 모든 것을 볼 수 있는 눈을 가져야 합니다. 이런 상황 속에서 한국 교회를 한번 봅시다. 분명히 말씀드리면 굉장히 어렵습니다. 평신도는 물론이거니와 특별히 목회자에게는 너무너무 어려운 상황이 점점 눈앞에 다가오고 있습니다.

저는 "오늘날은 인류 역사상 가장 강력하고, 진정한 의미에서 역사 이래 최초로 세계화된 문화의 도전을 받고 있습니다"라는 오스 기니스(Os Guinness)의 말을 인용하고 싶습니다.

이 용어를 잘 기억하십시오. "최초로 세계화된 문화." 이 세계화된 문화는 너무나 강력해서 이만한 힘을 가진 반기독교적인 세력은 지금까지 역사상 없었다고 합니다. 이것은 너무나 강력한 힘을 가지고 기독교 신앙에 해를 끼치고 있습니다. 과거에도 기독교에 해를 끼치던 힘이 있었습니다. 스탈린(Joseph Stalin, 1879-1953)이 있었고, 모택동(Mao Zedong, 1893-1976)이 있었으며, 김일성(1912-1994)이 있었습니다. 하지만 과거의 많은 적대 세력들이 교회에 해를 끼친 것보다도 더 강력한 힘으로 오늘날 교회를 해치고 있는 것이 바로 "세계화된 문화의 힘"이라는 것입니다. 이것은 가정이나 예상이 아닙니다. 이미 확인된 사실입니다.

가장 쉬운 예로 인터넷을 봅시다. 세계화된 문화입니다. 이것이 지금 얼마만큼 기독교의 목을 조여 오고 있는지 아십니까? 도덕적으로, 가치관으로, 세계관으로, 예술적으로 얼마나 교회를 포위하면서 교회의 숨통을 조이고 있는지 아십니까?

이것은 마치 바벨론 군대가 예루살렘을 침공해서 예루살렘 성 밖에 토성을 쌓아서 예루살렘 사람들이 잠을 자지 못하고 결국 항복할 수밖에 없도록 점점 조여 왔던 것과 같습니다. 오늘날 세계화된 문화 중에서 인터넷이 얼마나 많은 교회의 젊은이들을 사지로 끌고 가고 있는지, 지성인들로 하여금 신앙에서 돌아서게 만드는지 아십니까? 이 힘을 아십니까? 이 힘을 느껴 보셨습니까?

저에게 어느 목사님이 전화를 해서 "목사님, 사랑의교회 목사라고 해서 가만 계시면 안 됩니다. 목사님, 일어나셔야 됩니다. 목사님, 인터넷에 들어가 보셨습니까? 특별히 음란 채팅하는 곳에 들어가 보셨습니까? 목사님 교회의 순장도 있습니다. 정신 차리세요!" 하고 말하더라고요. 참 기가 막힌 사실입니다. 그분은 인터넷 중에서 특별히 음란 채팅을 하는 것을 막아야 한다고 생각하는 분입니다. 도대체 그 세상이 얼마나 요지경인가를 실제로 경험하지 않고는 어떻게 할 도리가 없어서 그곳에 들어갔었답니다. 목사라는 신분을 숨기고 남자로서 어떤 여자와 채팅을 한 것입니다. 그러다가 좀 친해졌다 싶어 은근히 신앙적으로 유도를 했더니, 자신이 사랑의교회의 순장이라고 하더랍니다. 그 순장의 말인즉, "너무너무 따분해서 한 번 들어와 봤더니 굉장히 재미있고 이제는 끊을 수 없는 자리까지 왔다"는 것입니다.

그 목사님이 목회하는 도시의 어느 교회의 주부 두 명은 이 채팅에 빠져 헤매다가 가출해서 벌써 두 달째 소식이 없답니다. 이것은 빙산의 일각입니다. 이 세계화된 문화는 세계를 지구촌으로 묶어 언어와 혈통의 장벽을 뛰어넘고, 심지어 종교와 모든 사상의 장벽을 뛰어넘어 무서운 힘으로 사람들을 옭아매고 있습니다. 마치 그물이 물고기들을 싸서 끌고 가듯이 끌어가고 있습니다. 이 무서운 세계화된 문화의 힘을 아십니까? 이 힘을 알면 우리는 아마 밤잠을 자지 못할 것입니다. 우리는 우리의 목회 현장이 얼마나 무서운 상황에 빠져 있는가를 알아야 합니다.

미국의 한 조사 결과, 목회자의 3분의 1 정도가 그동안 자신이 천직으로 알아 왔던 목사직을 그만두고 다른 직업을 선택하겠다는 대답을 했다고 합니다. 탈진해서 더 이상 못 견디는 것입니다. 이제는 소명 의식조차 뿌리째 흔들리는 것입니다. 그리고 5천 명 중에 40%가 3개월 안에 다른 직업을 구하겠다는 대답을 했다고 합니다. 아무리 사역을 해도 열매는 보이지 않고 사람들에게 시달리니 이제는 도무지 더 이상 버틸 수가 없다는 것입니다. 그렇게 답한 사람이 5천 명 중에 2천 명입니다. 그리고 지금 목회 현장에서 뛰고 있는 미국 목사 30만 명 가운데 20%에 해당하는 목회자들이 정기적으로 정신적인 질환 때문에 치료를 받고 있다고 합니다. 내면이 붕괴되고 있는 것입니다. 이처럼 목회자의 소명이 흔들리게 되면 심리학에서 흔히 말하는 '페르소나(persona) 현상'이 나타납니다. '페르소나'는 '가면'이라는 뜻입니다. 소명이 흔들리니까 교인들에게 자기의 실체가 탄로 나지 않도록 가면을 쓴다는 것입니다. 그래서 성도들로부터 인정을 받기 위해 가면을 쓰고 이리 뛰고 저리 뛴다는 것입니다.

한국 교회의 소명 의식이 위기를 맞게 되는 결정적인 요인은 교회의 부흥과 연관이 있다고 봅니다. 아무리 힘을 쓰고 애를 써도 부흥이 안 되고, 사람을 키워 놓으면 옆에 있는 유명한 목사 교회에 다 빼앗겨 버립니다. 또한 10년이 지났는데도 10년 전이나 지금이나 별로 차이가 없는 목회 현장을 보면 자신이 과연 하나님 앞에 부름을 받은 것이 사실인가 하는 의심을 하게 된다는 것입니다.

현재 우리의 형편은 성령님이 기뻐하시는 상황이 아니라고 봅니다. 경쟁이 너무 심합니다. 이렇게 살벌한 경쟁을 하지 않으면 안 되는 목회 현장을 하나님은 절대로 기뻐하시지 않는다고 봅니다. 어떤 구실로도 이것은 설명할 수 없고 합리화할 수도 없습니다. 많은 교회들이 지금도 만 개의 교회를 세우자, 개척하자, 신학생을 더 많이 배출하자고 합니다. 그래서 믿음이 좋은 사람을 만나면 "당신, 목사가 되어야 하겠소"라고 말하는 사람이 많습니다. 그러나 정작 신학교를 나온 사람들은 갈 곳이 없어 무임 목사가 여기저기 수두룩한 판국입니다. 교회 하나 시작하면 피비린내 나는 경쟁을 하지 않으면 안 되는 이 상황, 이것은 성령님께서 절대로 기뻐하시지 않는다고 생각합니다.

그런데 오늘날의 이러한 현실은 피할 수가 없습니다. 그러니 출혈을 감행합니다. 선의의 경쟁이 아니라 악의의 경쟁을 피할 수 없는 상황이 된 것입니다. 그러다 보면 우리 모두가 지쳐 버립니다. 그러고는 모두가 자신의 소명에 대해서 의심을 하게 됩니다. 교회가 부흥되지 않으면 우리 모두 흔들리게 됩니다. 문제가 어디에 있습니까? 부흥이 안 되는 것이 문제입니까? 문제는 우리가 잘못된 부흥관에 끌려다니고 있다는 데 있습니다. 양적인 성장은 교회 부흥에 있어서 필수 요건입니다. 한 사람이 늘어도 교회가 조금씩 조금씩 자라는 것이 정상입니다. 그것이 건강한 교회입니다. 그러나 어떤 경우에는 이마저도 안 되는 상황이 얼마든지 있을 수 있습니다. 남달리 많이 기도하고 남달리 많은 땀을 흘리면서 양 떼를 돌보며 하나님의 말씀 앞에 앉아서 능력 있는 설교를 하고 싶어서 진땀을 흘려도 이상하게 잘 되지 않는 경우가 있습니다. 저는 이것도 하나님의 뜻이라고 봅니다. 왜 그런지 아십니까? 만약에 한국 교회에서 제일 작은 교회가 5천 명이 모이는 교회라고 한다면 이것이 현실적으로 가능한 얘기입니까? 그것은 현실에 없는 공상입니다. 그러므로 몇만 명 모인다, 몇십만 명이 모인다는 것을 목회의 모델이나 성공 케이스로 여겨 신기루를 찾듯 좇아간다면 잘못된 부흥관의 노예가 되어 있는 것입니다. 그런데 한국 교회의 많은 목회자들이 이 잘못된 부흥관에 중독되어 있습니다. 그러니까 자신의 목회가 초라할 수밖에 없습니다. 백 명의 성도가 있어도 눈에 차지 않는 것입니다.

꼭 기억하시기 바랍니다. 진정한 소명자는 부흥 콤플렉스에 희생당하지 않습니다. 다시 말씀드립니다. 진정한 소명자는 사람 수가 많고 적음에 흔들리지 않습니다. 이 사실을 진정으로 고백할 수 있다면 여러분은 소명 받은 사람입니다. 그러나 이 사실에 대해서 고백할 수 없다면 여러분의 소명을 다시 한번 점검하셔야 합니다. 제가 왜 이 말을 하는지 아십니까? 성경을 보십시오. 성경에는 목회의 생명이나 성공이 수적인 부흥과 밀접한 관계가 있다는 확신을 주는 단서가 단 하나도 없습니다. 저는 하나도 없다고 확신합니다. 왜냐하면 목회에 있어서 우리는 서신서를 적용해야지 사도행전의 내용을 자꾸 이야기해서는 안 됩니다. 사도행전은 성도에 관한 말씀이며 교회가 처음 시작할 때 불길같이 일어나던 어떤 한 시기를 이야기하는 것이지 그것이 목회 전체를 말하고 있지는 않습니다. 목회는 서신서로 넘어가서 연구해야 합니다. 서신서를 한 구절 한 구절 자세히 훑어보십시오. 거기에 목회를 잘하고 못하는 것을 교인의 숫자 내지는 양적인 성장으로 평가하는 구절이 있습니까? 바울이 그런 언급을 한 곳이 한 군데나 있습니까? 심지어 밧모섬에 나타나신 예수 그리스도께서 일곱 교회에 편지를 보내면서 잘못한 것을 책망하실 때, 부흥이 안 된 것과 숫자가 적은 것을 책망하신 교회가 한 군데라도 있는지 살펴보십시오. 없습니다. 정말 없습니다.

교회 성장에 있어서 양적인 성장은 우리가 항상 염두에 두고 기도해야 할 제목입니다. 그러나 양적인 성장이 목회의 성공과 실패를 가늠하는 잣대는 아닙니다. 심지어 그것이 우리가 소명자인가 아닌가를 평가하는 기준은 더더욱 되지 못합니다. 이것은 성경을 보면 분명합니다.

오스 기니스의 말을 또 인용합니다. "문제는 우리에게 얼마나 많은 청중이 있느냐에 있지 않습니다. 얼마나 많은 청중이 있느냐가 아니고 어떤 청중을 가지고 있느냐, 이것이 중요한 것입니다. 하나님의 결정적인 소명에 귀를 기울이면서 한생을 산 사람들은 다른 모든 청중을 다 밀어냅니다. 그리고 단 한 분의 청중, 유일한 청중 앞에서 살아남는 인생입니다."

진짜 하나님의 소명에 귀 기울이면서 하루하루를 사는 사람은 한 분의 청중, 유일한 청중 앞에서 살아남는다고 했습니다. 그 유일한 청중이 누구입니까? 예수 그리스도, 나를 불러 주신 주님이십니다. 소명자는 그분 앞에서 내가 누구냐를 물으면서 항상 나 자신을 점검하고 채찍질하는 사람이지 눈앞에 보이는 숫자가 얼마냐를 가지고 자기를 점검하는 사람이 아니라는 것입니다. 진정한 소명자는 사람에게 관심을 가지지만 숫자의 노예가 되지는 않습니다. 그런데 우리 한국 교회는 잘못되어 있습니다.

얼마 전에 일본의 홋카이도에 다녀왔습니다. 마침 그곳에 갔을 때 일본인 의사 한 분이 별장을 쓰도록 빌려주어서 한 열흘을 지내다가 왔습니다. 거기에 후라노라는 도시가 있습니다. 주일이 되어서 제가 후라노의 소망교회에 출석하게 되었습니다. 다무라 목사님이 제가 거기에 와 있는 것을 아시고 설교를 부탁하셨습니다.

일본 교회가 어떤 곳인지 아마 아시는 분은 잘 아시리라 생각합니다. 저는 지난 10년 동안 일본을 자주 드나들면서도 수백 명, 아니 수천 명의 일본 목회자들과 교제하면서 일본 교회의 상황이 어떤지 조금은 알게 되었습니다. 또 일본 목회자들이 얼마나 헌신적으로 교회를 섬기고 있는지도 알고 있습니다. 일본의 목회자는 순교 정신을 가지고 하나님의 부르심에 응답하고 있는, 너무나 소중한 동역자라는 사실도 한 10년 가까이 되면서 서서히 알게 되었습니다.

저는 설교 부탁을 받고 후라노 메노나이트교회에 갔습니다. 교회
는 조그마했습니다. 담임목사님은 일흔이 조금 넘은 분인데, 미국 유
학까지 다녀오신 분이었습니다. 그분 나이에 미국 유학까지 다녀왔
다고 하면 엘리트입니다. 예배 시간을 기다리며 교회를 둘러보았는
데 강대상도 없었습니다. 의자에 빙 둘러앉아서 예배를 드립니다. 몇
명이나 올까 궁금해 하면서 통역하는 선교사 사모님과 앉아서 기다렸
습니다. 목사님 부부가 들어와 앉았습니다. 조금 있다가 부인 두 명이
들어오고, 또 조금 있으니까 한 여든 살은 되어 보이는 미국인 부인이
들어왔습니다. 그녀는 은퇴한 선교사의 부인인 앤이라는 분이었습니
다. 그렇게 이리저리 자리를 잡고 앉았는데 전부 열한 명인가 되었습
니다. 남자가 두 명이고 나머지는 여자였습니다. 옆에 피아노가 있는
데 칠 사람이 아무도 없었습니다. 그런데 그날따라 하나님께서 저를
위해서 보내셨는지, 한 50대의 손님이 와서 앉았는데 자기가 피아노
를 치겠다고 했습니다. 그래서 예배가 시작되었습니다. 이런 분위기
에서 성도 한 분 한 분의 얼굴이 보니 얼마나 크게 보이던지, 너무 소
중한 존재들이었습니다.

그 교회 근처에는 커다란 일본 절이 있었습니다. 그야말로 인구 2만
5천 명의 작은 도시에 교회라고는 딱 두 개가 있는데 하나는 어디에
있는지도 모릅니다. 그런데 역사가 꽤 있다고 하는 이 교회에 기껏 주
일예배에 모인 사람이 열한 명입니다. 그것도 저와 손님까지 다 포함
해서 말입니다. 저는 참으로 감개무량했습니다. 23년 전 제가 처음 개
척했을 때, 열두 명이 둘러앉아서 첫 예배를 드리던 그때를 기억했습
니다. 그리고 그 한 사람 한 사람이 너무너무 소중하게 느껴지는 제 마
음을 놓고 하나님께 감사했습니다.

이날 예배에는 젊은 여자가 아이 둘을 데리고 왔습니다. 설교를 한

참 동안 하고 있는데 옆의 작은 방에서 애들이 장난감을 가지고 놀다가 떠들고 엄마한테 매달립니다. 그 젊은 여자는 처음에는 저의 얘기를 좀 듣는가 싶더니만 설교를 반도 안 했는데 벌써 아이 하나를 안고 졸기 시작했습니다. 열한 명이 모인 데서 한 명이 조니까 그 폼이 얼마나 멋있었겠습니까? 그런데 놀라운 것은 조는 그 모습도 얼마나 귀여워 보이던지 제 눈에 천사같이 보이는 것입니다. 그런 모습마저 너무 소중하고 귀하게 보였던 것입니다. '이 몇 명 안 되는 성도를 위해서 저 다무라 목사님이 20년의 인생을 바치면서 헌신해 왔구나' 하는 생각을 하니 마음 한쪽이 뭉클해졌습니다. 그리고 나중에 알게 된 미국 선교사 부인의 사연은 이랬습니다. 몇 년 전 죽은 남편이 40년 동안 선교를 했던 이곳에 한번 와 보고 싶어서 미국에서 여기까지 방문한 것이었습니다.

설교를 마쳤는데 설교비도 없었습니다. 설교비를 준다고 해도 받지 않았겠지만 주지도 않았습니다. 점심도 주지 않았습니다. 다만 목사님께서 "고맙습니다, 감사합니다"라고 하면서 허리가 휘어지게 인사를 하셨습니다. 그런데 나오면서 제 마음이 얼마나 기뻤는지 모릅니다. 보통 설교하러 가면 나중에 헌금을 하는 한이 있더라도 봉투를 주면 받아야 합니다. 그런데 아무것도 받지 않고 몇 명의 평신도들에게 말씀을 전하고 나온 것이 얼마나 마음에 큰 기쁨이 되었는지 모릅니다. 나중에 통역한 분이 제게 너무 진지하게 설교하는 저의 모습을 보고 감동을 받았다는 말을 하셨습니다. 큰 교회에서 사역하면서 많은 사람들 앞에서 설교를 하다가 몇 명 안 되는 사람들에게 전하는 설교이기에 적당히 간단하게 설교할 것으로 짐작하셨다고 합니다.

사실 저는 큰 교회의 담임목사입니다. 4만 명이 넘는 성도들을 지도해야 하는 막중한 자리에 있습니다. 그러나 저는 하나님께 감사합니다. 이번에 후라노에 있는 교회에 가서 저는 제 자신이 누구인가를 다시 확인할 수 있었습니다. 저는 저에게 아직 소명자의 양심이 있다는 것을 확인했습니다. 하나를 위해서 생명을 걸 수 있습니다. 한 영혼을 위해서 죽으라면 죽을 수 있다는 양심의 소리가 제게 있다는 것을 알았습니다.

진정한 소명자는 숫자에 끌려다니지 않습니다. 한 생명에게 자신의 모든 것을 바칠 수 있는 진지한 하나님의 마음을 가지고 있는 사람입니다. 여러분에게 이와 같은 마음이 있는가를 살펴보십시오. 한국 교회를 갱신하기 위해서는 누가 참 소명자인가를 가려야 합니다. 하나님의 부름을 받은 비밀한 소명을 가진 지도자들이 한국 교회를 짊어져야 합니다. 그런데 너무나 기가 막힌 것은, 정말 기가 막힌 것은 '어떻게 저런 분이 목사가 되었을까?' 하고 은근히 자문하고 은근히 반복해서 또 한 번 물어보지 않으면 안 될 정도의 동역자들이 주변에 생각보다 많이 있다는 것입니다. 너무너무 기가 막히는 일입니다.

어떤 목사님의 글을 읽고 제가 충격을 받았습니다. 고등 종교가 타락할 때가 되면 나타나는 공통적인 특징 하나가 있는데 그것은 성직자가 급증하는 것이랍니다. 이것은 다 알고 있는 내용입니다. 그런데 그분은 비교종교학을 연구해서 그런지 데이터가 좀 더 분명했습니다. 고등 종교란 불교, 이슬람교, 기독교입니다. 그런데 이 종교의 역사에서 종교가 부패하기 시작하면 공히 나타나는 공통점이 있는데, 그것이 성직자의 급증이라는 것입니다.

신학교에 가는 사람이 많습니다. 그만큼 목사가 되는 사람이 많아지고 있습니다. 그 이유는 한마디로 자기 부인(自己否認)을 포기했기 때문이라고 하였습니다.

기독교는 자기 부인을 통해서 의인이 될 수 있습니다. 우리는 이것을 예수님과 사도 바울의 말씀을 통해서 잘 알고 있습니다. 그런데 자기 부인을 포기하기 시작하면 그만큼 배가 불렀다는 것입니다. 그만큼 세속화되었다는 것입니다. 이렇게 되면 다른 사람들 눈에 성직이 좋은 직업으로 비치게 됩니다. 출세할 수 있는 직업으로 비치는 것입니다. 그러면 많은 사람들이 그 길을 택하는 것입니다.

로마제국이 왜 패망했습니까? 영국의 에드워드 기번(Edward Gibbon, 1737~1794)이라는 역사가가 로마의 흥망성쇠를 기록하면서 "로마가 패망한 일곱 가지 원인 중에 하나가 성직자의 급증이다"라고 했습니다. 똑똑한 사람들은 대부분 수도원으로 달려가니 그 나라가 잘될 리가 없는 것입니다. 이것이 남의 이야기로 들리십니까? 오늘날 우리나라의 상황을 보면 어떤 생각이 드십니까? 목회자가 진정으로 자기 부인의 길을 포기하지 않고, 하나님을 위해서라면 굶는 것도, 모욕당하는 것도, 형제와 친지들로부터 깔아뭉개는 듯한 무시를 당해도, 하나님이 가라고 하시니 이 길밖에 갈 길이 없다고 한다면, 오늘날 신학교를 찾는 사람들이 그렇게 많을까요? 우리는 벌써 잘못된 길에 들어서 있는 게 아닌가 하는 불안을 느끼지 않을 수 없습니다. 그러므로 목회자는 하나님과의 비밀한 가운데서 다시 한번 자신의 소명을 깊이 돌이켜 봐야 할 것입니다.

여러분이 처한 목회 현장에는 어려움이 많을 것입니다. 십자가도 많을 것입니다. 내면의 갈등이 오랫동안 지속되어서 마음의 기쁨을 다 빼앗겨 버렸을지도 모릅니다. 불투명한 장래에 대한 불안을 은근히 가슴에 숨기고 사역하고 있는지도 모릅니다. 사역 때문에 부부간에 갈등하며 고통받는 분도 없지 않아 있을 것입니다. 경제적으로 어려움을 이기지 못해서 점점 많은 유혹 앞에서 흔들리고 있는 여러분의 모습을 발견하고 있을지도 모릅니다. 그러나 분명히 아십시오. 여러분은 하나님으로부터 비밀한 소명을 받았습니까? 한 가지 분명한 대답이 있습니다. 비밀한 소명, 확실한 소명을 받은 사람은 어떤 상황에서도, 어떤 일을 당해도 낙심하지 않습니다. 앞서 언급했던 한 조사에서처럼 목회자들이 '다른 직업을 얻겠다', '3개월 이내에 떠나겠다'라고 하는 것은 처음부터 소명이 잘못되었기 때문입니다. 그런 사람은 다른 길로 가야 합니다. 직업을 바꾸어야 합니다. 남을 속이고 그 자리에 앉아 있을 필요가 없습니다.

여러분이 낙심하지 않아야 할 여러 가지 이유를 살펴보겠습니다.

첫째로, 여러분이 맡은 직분의 영광 때문입니다. 하나님이 여러분을 부르사 여러분에게 맡기신 직분에는 영광이 있습니다. 고린도후서 3장 8절과 9절을 봅시다.

"하물며 영의 직분은 더욱 영광이 있지 아니하겠느냐 정죄의 직분도 영광이 있은즉 의의 직분은 영광이 더욱 넘치리라."

이 직분을 맡기신 분이 영광 중에 계신 예수 그리스도이십니다. 하늘과 땅의 모든 권세를 가지신 주님이 여러분에게 이 직분을 주셨습니다. 그러므로 영광이 있습니다. 뿐만 아니라 이 직분은 사람을 죄와 죽음에서 자유롭게 하는 직분입니다. 이 얼마나 영광입니까? 죽이는 율법의 직분에도 영광이 있는데 죄로부터 사람을 살리는 이 직분에는 얼마나 영광이 있겠습니까? 여러분은 눈만 뜨면 영적인 문제를 다룹니다. 이것만큼 영광스러운 직책이 이 세상 어디에 있느냐는 말입니다. 결혼식에서, 병원에서, 중환자실에서, 무덤에서, 많은 사람들이 질문을 던집니다. 여기에 대해서 대답할 수 있는 유일한 권세를 가진 사람은 바로 사역자들입니다. 그렇지 않습니까? 인생의 의미를 발견하지 못해서 우왕좌왕하면서 마음에 공허감을 안고 살아가는 사람들에게 진정한 삶의 의미와 진정한 진리가 어디에 있는가를 분명하고 소신 있게 전할 수 있는 특권을 가진 사람도 사역자들입니다. 이것이 얼마나 영광스러운 일입니까?

죄책감 때문에 잠을 이루지 못하고 고통받는 사람에게 하나님의 사랑과 용서하심을 전하여 그 죄책감에서 자유롭게 될 수 있도록 하는 이 직분! 하나님이 주신 것입니다. 이것은 하나님이 여러분에게 주신 평생의 면허증이라고 할 수 있습니다. 여러분이 이런 직분을 가지고 사역하고 있습니다. 이 얼마나 영광스럽습니까?

여러분은 여러분의 설교를 통해서 어떤 사람이 어떤 은혜를 받는지 잘 모릅니다. 그러나 분명 하나님께서 무언가 하고 계신다는 사실을 믿습니다. 우리는 하나님의 말씀을 함께 나누면서 어떤 사람의 인생 방향이 바뀌는 것을 가끔 봅니다. 그러니 얼마나 영광스러운 직분입니까?

둘째로, 여러분 직분에 주어진 능력 때문입니다. 여러분의 직분에는 능력이 있습니다. 고린도후서 4장 7절 말씀을 보십시오.

"우리가 이 보배를 질그릇에 가졌으니 이는 심히 큰 능력은 하나님께 있고 우리에게 있지 아니함을 알게 하려 함이라."

여러분이 하나님으로부터 받은 이 직분에는 능력이 따라옵니다. 시시하게 보여도 하나님께서 기가 막힌 능력을 여러분에게 주셨습니다. 놀라운 능력입니다.

한 가지 예를 들겠습니다. 하나님께서 우리를 불러 주시고 교회를 맡기시고 "목사가 되라, 전도사가 되라, 선교사가 되라"고 하시면서 우리에게 직분을 주실 때, 우리의 모습은 질그릇입니다. 그러나 굉장한 능력이 함께 수반된다는 사실을 믿어야 합니다. 놀라운 역사가 일어납니다. 울산에서 어느 목회자가 제게 편지를 보냈습니다. 그 내용을 대략 소개하면 이렇습니다.

그가 지금 시무하고 있는 교회는 그가 목회 초년병일 때 부임한 교회였습니다. 그런데 부임할 당시 그 교회의 상황은 너무나 절망적이었다고 합니다. 기가 막힌 조건을 10가지나 가지고 있었기 때문입니다. 그 기가 막힌 조건들은 다음과 같습니다.

사분오열된 교회, 교인이 한 사람도 남아 있지 않은 교회, 법정 시비가 있었던 교회, 너무나 싸워서 이웃 사람들에게 똥물 세례까지 받았던 교회, 빚이 3억 원 이상 있었던 교회, 주변에 교회는 하나도 없고 무당과 유명한 보살만 백여 명이 있는 동네, 모든 선배 목사들이 포기하자고 했던 교회, 노회에서조차 처분하려고 했던 교회, 교회를 오랫동안 방치해 놓은 결과로 교회에 불이 나서 교회 건물도 제대로 없고 폐물 창고처럼 온갖 범죄의 온상이 되어 마리화나나 본드 흡입의 중심 장소가 되어 버린 무법지대의 온상, 게다가 주변 이웃들이 관할 구청에 진정을 내서 철거 권고를 받고 있었던 교회, 울산 토박이가 가장 많은 오래된 지역.

이렇게 숨이 콱 막히는 조건을 골고루 갖춘 기가 막힌 교회로 6년 전에 부임을 했답니다. 여기에서 무슨 선한 일이 일어났겠습니까? 그런데 이런 상황 속에서 6년이 지난 지금은 어떻게 됐을까요. 하나님의 역사가 여러 차례 일어났고 무당이 회개하고 돌아왔습니다. 치유의 역사가 일어나고 빚을 다 갚고 2층 건물로 증축을 했습니다. 게다가 주변 이웃들에게 칭찬을 듣는 교회가 되어 재적 교인이 2백 명이나 되는 교회로 성장했답니다. 이 소문을 듣고 조금 큰 교회에서 여러 번 초빙을 받았지만 하나님께서 그렇게 하는 것을 기뻐하지 않는다는 것을 알고 그 교회에 남아서 평생을 헌신하기로 했답니다. 그런데 그러한 이야기 끝에 다음과 같은 글이 씌어져 있었습니다.

"이렇게 목사님께 글을 드리는 이유는 이렇게나마 교회가 성장하게 된 동기가 있기 때문입니다. 근본적이고 직접적인 이유가 있습니다. 바로 제자훈련이었습니다. 이 교회에 오기 전에 저는 제자훈련 세미나를 받았습니다. 그래서 이 교회에 와서 제자훈련을 계속했습니다. 저희 교회가 지닌 가장 큰 문제점은 평신도 지도자들이 없었다는 것입니다. 그런데 제자훈련을 통해서 이 문제가 해결되니까 교회가 달라지고 하나님의 놀라운 역사가 일어나는 것을 보았습니다. 그래서 실망하지 마시고 힘들어도 절대 중단하지 마시고 목사님이 하시는 일을 계속하시라고 이 글을 드립니다."

질그릇 같은 우리를 사용하시는 하나님의 능력을 아십니까? 우리가 아무리 볼품없는 질그릇이라도 하나님이 함께하시는 이상 우리는 낙심할 수가 없습니다. 내 힘으로 한다면 천 번의 낙심도 할 수 있습니다. 그러나 하나님의 능력이 함께하는 이상 왜 낙심해야 합니까? 어떤 상황에서도 우리는 낙심할 필요가 없습니다. 하나님이 일하십니다. 하나님이 역사하십니다. 하나님께서 없는 것 가운데서 있는 것처럼 들어 쓰십니다. 하나님께서 에스겔 골짜기의 마른 뼈를 일으키셨듯이 우리를 통하여 하나님의 역사를 이루시는 것을 믿어야 합니다. 그러므로 진정한 소명자는 절대로 낙심하지 않습니다. 우리의 사역을 통해 지금도 한 영혼이 구원을 얻습니다. 깨어지기 직전의 가정이 치유를 받습니다. 위기에 빠진 사회가 건짐을 받습니다. 가끔 이러한 일들을 일으킬 만한 능력이 정말 나에게 있느냐, 없느냐로 고심할 때도 없지 않아 있습니다. 저나 여러분이나 똑같습니다. 안 되는 일은 안 됩니다. 아무리 애를 써도 안 됩니다.

며칠 전의 일입니다. 사랑의교회 집사님 한 분이 저에게 와서 다짜

고짜 "목사님, 왜 제 침실을 도청합니까?" 하고 달려들었습니다. 생전 처음 보는 집사였습니다. 집사님이 하도 많으니까 얼굴을 잘 모를 때가 있습니다. 40대 초반의 아주 아름답게 생긴 분이었습니다. 말을 하는 것을 들으니 교육 수준도 상당한 것처럼 보였습니다. 저는 벌써 그 집사님에 대해서는 소문을 듣고 있었습니다. 다락방에 가서도 문제를 일으키고, 이웃에게도 문제를 일으키고, 부교역자도 못살게 군다는 얘기를 들었기 때문에 처음부터 그분이라고 생각을 하고는 감정이 안 좋아졌습니다. '고분고분하게 잘 말해서 돌려보낼까? 아니면 한바탕 호통을 쳐서 보낼까?' 하고 잠시 갈등했습니다. 하나님께서 저에게 능력을 주셔서 이런 정신 분열 환자를 위해 기도를 해 주면 깨끗이 치유되는 역사가 일어났으면 가장 좋겠는데 사랑의교회 목회 23년 동안 그런 일은 단 한 건도 없었습니다. 오히려 이와 비슷한 경우를 여러 번 겪었습니다.

대학부를 지도할 때 한 제자도 미국에서 10년 정도 유학을 하고 돌아와 정신이 이상해져서 저를 사탄으로 생각하고 오랫동안 공격을 했습니다. 그러는 동안 저는 그 자매를 위해서 얼마나 기도했는지 모릅니다. 저도 어떻게 해서라도 고치는 역사가 일어나면 좋겠는데 하나님께서 도무지 그런 은혜를 주지 않으셨습니다. 그러니까 이번에도 안 되는 것이 뻔하지 않겠습니까? 하지만 왜 도청하느냐고 달려드는 여자를 어떻게 합니까? '다시는 찾아오지 못하도록 공포감을 좀 심어 줘야겠다'라고 생각하고는 소리를 질렀습니다. "예수의 이름으로 명하노니 물러가라!" 그랬더니 사무실에 있는 직원들이 다 뛰어나오고 정신이 없었습니다. "어디서 함부로 목사가 도청했다고 떠드느냐?" 내 평생, 처음으로 소리소리 질렀습니다. 그랬더니 움츠러들어서 슬그머니 나가더라고요. 그러더니 마당에서 제 사무실을 향해서 손가락질하면서 "설교는 그럴 듯하게 하면서 네가 목사냐! 다음부터 설교하지 마라! 설교하지 마라!" 하면서 갔습니다.

점점 이런 사람들이 많아집니다. 이런 사람을 볼 때마다 '하나님, 이런 사람을 예수 그리스도의 이름으로, 성령의 능력으로 치유할 수 있는 능력 좀 주시옵소서, 왜 병원으로만 자꾸 보내야 합니까? 주님의 이름으로 치유할 수 있게 하옵소서'라는 그들을 불쌍히 여기는 안타까운 마음이 가슴속에서 치밀어 올랐습니다. 그래도 안 되는 것은 안 되더라고요. 그럴 때마다 우리는 좌절합니다. 하지만 우리에게는 그것보다 더 큰 능력, 즉 영혼을 죄로부터 구원시키고 하나님이 보시기에 온전한 자로 세우는 이 일에 말씀을 들고 사역할 수 있는 능력을 주셨습니다. 성령의 권능을 주셨습니다. 믿으시기 바랍니다. 이 능력이 있는 이상 여러분은 절대로 낙심할 필요가 없습니다.

셋째로, 여러분의 직분이 보장받는 미래 때문에 낙심해서는 안 됩니다. 고린도후서 4장 16-17절 말씀은 다음과 같습니다.

"그러므로 우리가 낙심하지 아니하노니 겉 사람은 낡아지나 우리의 속사람은 날로 새로워지도다 우리의 잠시 받는 환난의 경한 것이 지극히 크고 영원한 영광의 중한 것을 우리에게 이루게 함이니."

우리에게는 해피엔드가 기다리고 있습니다. 확실한 미래가 있습니다. C. S. 루이스는 "역사를 읽어 보면 현세를 위해 가장 훌륭한 일을 한 기독교인들은 다음 세상에 대해서 가장 많이 생각한 사람들이었다"라고 말했습니다. 로마제국을 개종시킨 사도들이 그랬고, 중세 암흑기를 밝힌 위대한 개혁자들이 그랬으며 노예무역을 폐지한 윌리엄 윌버포스(William Wilberforce, 1759~1833)와 같은 영국의 복음주의자들이 그랬습니다. 이들은 모두 그 생각이 미래의 하나님 나라를 향해 있었기 때문에 역사에 큰 발자취를 남기는 위대한 일을 할 수 있었던 것입니다.

여러분이 무력해지는 이유가 무엇입니까? 천국에 대한 생각이 멈추었기 때문입니다. 여러분 앞에 있는 미래를 보십시오. 어차피 인생은 미완성 작품입니다. 미국의 신학자 라인홀드 니부어(Reinhold Niebuhr, 1892년-1971)는 "할 만한 가치가 있는 것 가운데서 우리 한평생에 완성되는 일은 하나도 없다. 때문에 우리는 소망을 통해서 구원을 받아야 한다"라고 했습니다. 옳은 말입니다. 미래에 대한 소망이 없으면 우리는 구원 자체를 의심할 정도로 심각한 좌절에 빠질 때가 있습니다. 그러나 우리가 낙심하지 않는 이유가 무엇입니까? 소망이 있고, 미래가 있고, 예수 그리스도 안에서 완성되는 해피엔드가 있기 때문입니다.

소명은 어떤 의미에서 직분보다 선행되어야 할 뿐만 아니라, 더 오래 지속되어야 합니다. 우리가 목사직을 은퇴했다고 해서 소명에서까지 은퇴한 것은 아닙니다. 우리의 소명은 이 세상 다할 때까지 아무도 빼앗아 가지 못하는 것입니다. 그리고 죽음이 우리를 찾아오면 사람들의 눈에는 우리의 모든 소명도 끝나는 것처럼 보입니다. 그러나 실제로 우리의 소명은 그 순간 인생에서 절정기를 맞게 됩니다. 왜냐하면 예수님이 기다리고 계시기 때문입니다. 우리가 작은 소자 하나에게 냉수 한 그릇 준 것까지도 잊지 않으시는 주님이 기다리고 계시기 때문입니다. 크고 영원한 영광의 중한 것을 함께 누리는 마지막 순간이 우리에게 있는 것입니다. 그 소망이 있기에 우리는 낙심하지 않습니다. 데살로니가전서 2장 19-20절 말씀을 봅시다.

"우리의 소망이나 기쁨이나 자랑의 면류관이 무엇이냐 그가 강림하실 때 우리 주 예수 앞에 너희가 아니냐 너희는 우리의 영광이요 기쁨이니라."

별 볼일 없는 것처럼 보이는 작은 소자 하나를 위해서 정성을 쏟았다면 그 소자가 주님이 재림하시는 그때, 즉 마지막 하나님 나라가 완성되는 그 시간에 나의 면류관이요, 나의 자랑이요, 나의 기쁨이 된다는 사실을 믿으시기 바랍니다. 반드시 있습니다. 그날이 옵니다. 그래서 내 스스로 부족해서 일을 다 못하고 갈 수도 있고, 아무리 애를 써도 남 보기에는 실패자로 보일 수도 있습니다. 그러나 우리의 사역에는 실패가 없습니다. 마지막 때에 하나님이 지극히 작은 일이라도 큰 일을 한 사람처럼 칭찬하시고 축복하실 것을 믿으시기 바랍니다. 이 영광이 여러분을 기다리고 있습니다.

그러므로 사랑하는 이여, 부디 다시 한번 비밀한 소명을 회복하십시오. 사역의 현장이 아무리 힘들고, 한국 교회의 전체적인 상황이 아무리 답답해도 여러분은 결코 낙심할 수 없다는 사실을 확신하시기 바랍니다. 여러분의 직분이 가지고 있는 영광 때문에, 여러분의 직분에 있는 능력 때문에, 여러분의 직분 앞에 기다려지는 미래 때문에, 낙심할 수 없다는 사실을 꼭 믿고 우리 다같이 힘을 합해서 하나님의 나라와 주님의 크신 이름을 위해서 전진하고 충성할 수 있기를 바랍니다.

8

표준을
낮게 잡으면
망한다

표준을 낮추지 마십시오. 우리의 표준은 예수 그리스도십니다.
비록 그 표준이 너무 완전해서 매우 부담스럽지만, 이 표준을 낮추지 맙시다.
아무리 힘들어도 그분을 닮아 가려고 하는 몸부림, 이것만은 포기하지 맙시다.

고린도전서 11:1
내가 그리스도를 본받는 자가 된 것같이 너희는 나를 본받는 자가 되라

표준을 낮게 잡으면
망한다

이제 제 내면에 감추고 있는 영적인 고민과 더불어 한국 교회의 사역자들과 신학교에서 훈련받고 있는 많은 후배들을 바라보면서 제 나름대로 마음속에 가지고 있는 하나의 불안을 중심으로 말씀드리고자 합니다.

오늘날 한국 교회의 리더십에 엄청난 변화가 일어나고 있습니다. 그 변화는 좋은 방향의 변화라기보다는 좋지 못한 방향으로의 변화입니다. 질적으로 좋아지는 변화가 아니고, 질적으로 나빠지는 변화입니다. 달리 말하면, 리더십의 신뢰가 떨어졌다는 말입니다. 리더십이 실추되고 있다는 것입니다. 아마 이 리더십의 실추나 리더십의 변화를 설명할 수 있는 키워드가 있다면 '인격'이라고 말할 수 있습니다. 목사라는 인격에 대해 놀라울 정도로 존경심이 사라져 버렸습니다. 누군가 하는 말이, 공항에서 어떤 사람이 신부라는 사실을 알면 모든 젊은이들이 허리를 굽히고 경의를 표한다고 합니다. 그러나 상대가 목사라는 것을 알면 고개를 돌리고 피해 버린다고 합니다. 목회자의 처지가 이 정도로 마음이 아프다 못해 슬픔을 느끼지 않을 수 없을 만큼 변질되어 버렸습니다. 이것이 무엇 때문이겠습니까? 목사의 인격이 그만큼 사람들에게 신뢰를 얻지 못한다는 데 있습니다.

저를 비롯하여 목회자들은 거룩한 말씀을 날마다 가르치고 전해야 하는, 어찌 보면 참으로 불행한 위치에 있습니다. 하나님께서 "질그릇에다가 보배를 담았다"라고 하셨는데(고후 4:7 참조), 금 그릇에 담았으면 그 금 그릇도 행복하지 않겠습니까? 그런데 질그릇에다가 보배를 담았으니 이 질그릇은 죽을 지경인 것입니다. 이것을 느끼지 못하는 목회자라면 그 사람은 약간 좀 이상하거나 너무 은혜를 받아서 천사가 되었든지 둘 중에 하나입니다.

어찌 보면 목회자들은 모두 다 기를 펴고 살 수 없는 처지에서 사역을 하고 있는 사람들입니다. 거룩한 말씀을 가르치고, 날마다 거룩한 말씀을 이야기해야 하는 위치에 있기 때문에 모든 사람이 그만큼 믿어 주고 존중해 주고, 또 모든 면에서 따라야 하지 않겠습니까? 그런데 실상은 그렇지 않습니다. 오늘날 많은 평신도의 마음속에는 목회자가 '열심히 가르치면서 자기는 잘 안 지키는 사람', '남은 거룩하게 훈계할 줄 알면서 자기에게는 관대한 사람'으로 각인되어 있습니다. 이에 이제는 기도를 많이 하는 목회자라는 사실만으로는 그 인격이 신뢰를 받지 못합니다. 성경책을 들고 다닌다고 누가 신뢰해 줍니까? 설교 잘한다고 누가 신뢰해 주나요? 이제는 모두 한 수 깎아내려서 사역자들을 평가하고 바라봅니다. 이 말이 참인지 거짓인지는 여러분 가까이에 와서 "존경합니다"라고 하는 사람들의 내면을 조금만 더 깊이 바라보면 알게 됩니다. 그들의 내면에는 무엇이 있습니까? 불행하게도 교회 안에는 은혜받은 아첨꾼들이 너무나 많습니다. 여러분은 그 아첨하는 말에 너무 많이 흔들립니다. 좀 더 직시해야 할 필요가 있습니다. 왜냐하면 오늘날 우리의 인격이 너무하다 싶을 정도로 사람들로부터 존중을 받지 못하고 있기 때문입니다.

그런데 더 심각한 문제가 있습니다. 목회자의 인격이 이처럼 위기를 맞고 있는 것에 대하여 심각하게 생각하는 목회자들이 그렇게 많지 않다는 것입니다. 능력에 대해서는 관심이 많습니다. 능력 있는 목회자, 능력 있는 설교자가 되고 싶어서라면 눈이 번쩍번쩍합니다. 그러나 인격에 관한 이야기를 하면 별 관심이 없습니다. 교회 부흥에 대한 방법론을 이야기하면 사람들이 구름 떼처럼 모여듭니다. 그러나 인격에 대해 강조하는 이야기를 하면 다 눈을 감고 줍니다. 이것은 무엇을 의미합니까? 심각성을 느끼지 못한다는 이야기입니다. 이것이 큰 병입니다.

우리, 솔직히 이야기해 봅시다. 강단에서 사람들에게 가장 감동을 주는 사람이 누구입니까? 울렸다 웃겼다 마음대로 하는 사람이 누구입니까? 부흥사들이 아닙니까? 그런데 그분들의 세계로 들어가 보면 정말 가슴을 칠 일들이 한두 가지가 아닙니다. 능력은 있는지 모르겠습니다. 사람들에게 일시적으로 은혜를 끼치는 줄은 모르겠습니다. 모든 사람 앞에 잠깐 천사처럼 보일 수 있을지는 모르겠습니다. 그러나 왜 결국에는 그들의 인격에서 냄새가 나는 일이 많이 일어나는 것일까요? 물론 모두가 그렇다는 말은 아닙니다. 그러나 대부분이 그렇습니다. 이것은 오늘날 한국 교회 목회자의 상황을 잘 대변해 주고 있는 일면이라고 생각합니다.

Today's Pastor in Tomorrow's World라고 하는 이름이 약간 이상한 미국 잡지가 있습니다. 아마 '내일을 위한 오늘의 목회자' 정도로 해석할 수 있을 것입니다. 이 잡지에서 평신도 2천 명을 대상으로, "평신도들은 어떤 목회자를 원하는가?"라는 내용의 설문조사를 실시하였습니다. 그 결과, 평신도들이 원하는 목회자상은 다음과 같았습니다.

첫째로, 개인적 야망에 대한 보상을 기대하지 않는 헌신적인 목회자였습니다. 종종 목회를 자신의 개인적인 야망을 충족시키는 수단으로 이용하는 목회자가 있습니다. 평신도가 정확하게 읽고 있는 것입니다. 설교하는 말을 들으면 벌써 '아, 저 사람의 마음속에 있는 키워드는 야망이구나, 소명이구나.' 금방 알아차립니다. 참 기가 막힙니다. 배우지도 않았는데, 목회자보다 영성이 뛰어난 것 같지도 않은데, 매우 정확한 평가를 합니다. 마치 자식들이 배우지 않아도 엄마의 눈치를 보면 다 읽어 내듯이 양 떼들은 다 읽어 냅니다. 평신도는 인격적으로 자기 야망을 앞세우지 않는 목회자를 원합니다.

둘째로, 인격적으로 신실한 목회자였습니다. 좀 믿을 수 있는 목회자였으면 좋겠다는 이야기입니다. 이 얼마나 기가 막힌 이야기입니까? 말은 유창하게 잘하는데 그 말이 좀처럼 믿어지지 않는다는 이야기입니다. 인격을 못 믿겠다는 이야기입니다.

셋째로, 모범적인 표준이 되는 목회자였습니다. 믿고 따르고 싶은데 '제발 좀 모범적인 표준이 되어 주었으면…' 하는 것입니다. 이 얼마나 정곡을 찌르는 말입니까?

이 세 가지를 하나로 묶어 놓고 보면, 한마디로 '인격을 갖추고 있어야 한다'는 것입니다. 이것이 평신도가 원하는 지도자상이요, 목회자입니다. 그런데 이 사실을 목회자들이 너무 소홀히 다루고 있습니다. 애석하게도 별 신경을 쓰지 않습니다.

예일신학교는 지금은 자유주의신학에 너무 많이 물들어 별로 주목을 받지 못하는 신학교입니다. 그러나 그 신학교에서는 150년 전부터 해마다 유명한 설교학 특강을 합니다. 그러니까 150년 역사를 가진 설교학 특강 시리즈인 것입니다. 이것은 굉장한 것입니다. 제가 그 특강을 엮은 책을 몇 권 읽어 봤는데, 그 깊이가 대단했습니다. 그 특강은 당대의, 특히 미국과 영국에서 설교자로서 가장 탁월한 분들만 초청하여 며칠씩 진행합니다. 그러므로 예일신학교의 설교학 특강 시리즈 자료라고 하면 누구든지 고전으로 생각할 정도입니다.

1876년, 지금으로부터 한 130년 전에 우리가 잘 아는 필립스 브룩스(Phillips Brooks, 1835 - 1893)라고 하는 목사님이 특강을 했습니다. 이분은 지난 천 년 사이에 세계가 배출한 10명의 설교자 중 한 사람으로 평가되는 분입니다. 이분이 특강을 할 때, 이런 이야기를 했습니다.

"사역을 위한 준비는 단순히 어떤 기술을 연마하는 것이어서는 안 된다. 더욱이 풍부한 지식만을 갖추는 것이어서도 안 된다. 사역을 위한 준비는 유능한 말씀 증거자로서 역량과 자질을 갖출 때까지 전 인격을 연마하는 것이다."

그래서 예일신학교 설교학 특강 시리즈의 기본 주제는 '인격'이라고 합니다. 백 년 넘게 이어 온 주제가 '인격'입니다. 그만큼 사역자에게 중요한 것이 '인격'입니다.

저는 부름을 받은 것을 항상 감격하는 사람입니다. 생각할 때마다, 빌리 그레이엄(Billy Graham, 1918-2018) 목사가 자주 독백한다는 "하나님, 하필이면 왜 접니까? 저보다도 훌륭한 평신도들이 우리 교회 안에도 수백 명, 수천 명이 있는데, 그 사람들을 목회자로 세우지 않고 왜 저 같은 것을 불렀습니까?" 하는 감격이 있습니다.

며칠 전에 사랑의교회의 시무 장로 한 분과 사역 장로 두 분이 선교사로 떠났습니다. 연세가 모두 50대 중반이 넘었는데, 인생의 후반기를 선교지에서 보내고 싶다고 해서 지난 1년 동안 선교 기관에서 철저한 훈련을 받았습니다. 그리고 한 분은 블라디보스토크대학 한국어 교수로, 한 분은 연변과학기술대학 정보통신과 교수로, 또 한 분은 미국 풀러신학교에 가서 3년을 공부하고 멕시코로 떠나려고 합니다. 모두 한국에서 1급 두뇌들입니다.

저는 그들과 적어도 15년 이상 함께 신앙생활을 했습니다. 저에게 제자훈련과 사역훈련을 받고 장로가 되어서 교회를 섬기신 분들입니다. 학력뿐 아니라 모든 면에서 탁월한 분들입니다. 지금 직장에서 나와 은퇴한 돈만을 가지고도 편하게 살 수 있는 사람들입니다. 그럼에도 불구하고 참 어려운 곳을 찾아갑니다. 떠나기 전에 저녁을 함께하는 자리에서 블라디보스토크로 가는 장로님이 이렇게 말씀하셨습니다.

"학교에서 방을 하나 주는데, 거기에 주방도 없습니다. 옛날 소련 치하에서 지은 것이니까 겨우 잠만 잘 수 있는 벌집 같은 기숙사에요. 그 방 하나 딱 준대요. 목사님, 거기 가서 연단 좀 받아야죠?"

그래서 제가 이런 말을 했습니다. "저는 사랑의교회에서 사역하면서 한 가지 의문이 있습니다. 왜 당신 같은 사람들을 하나님이 목사로 부르지 않으시고, 저 같은 사람을 목사로 부르셨는지 모르겠습니다. 당신들이야말로 인격적으로나 헌신하는 면에서나 목사를 기죽이기 딱 좋은 사람들인데, 왜 당신 같은 사람들을 부르지 않으시고 저 같은 사람을 부르셨는지 모르겠습니다."

그렇습니다. 목사가 되기에 훨씬 타당한, 훨씬 적합한 평신도가 너무 많습니다. 그런데 하나님은 그들은 부르시지 않고 정말로 이 허물투성이인 저 같은 것을 부르셔서 하나님의 종으로 세웠다는 것에 대해서 항상 불가사의하게 생각합니다. 수수께끼입니다. 그래서 감사하기도 하고, 불안하기도 합니다.

그런데 솔직히 말해 저는 제 자신을 미워할 때가 더 많습니다. 더욱이 저는 제자훈련을 해야 한다고 항상 깃발 들고 외치는 위치에 있는 사람입니다. 그러니까 아마 그런 감정이 더 많이 생기는 것 같습니다. 제 자신에 대한 혐오감이 자주 저를 괴롭힙니다. 예수의 제자가 되자고 외치는 것만큼 제가 제자가 되지 못하고 있다는 것을 제 양심이 항상 증명하기 때문입니다. 그리고 남을 가르치는 것만큼 제 자신을 가르치지 못하는 것에 대해서 어떨 때는 양심에 가책조차도 없는 아주 직업꾼 같은 그런 제 자신의 모습을 발견하기 때문입니다. 그럼에도 불구하고 또 가르치지 않으면 안 되는 상황에 놓여 있는 제 자신의 모습을 보면서 때로는 혐오감이 생깁니다.

제자훈련이 무엇입니까? 작은 예수가 되자고 하는 것이 아닙니까? 온전한 자가 되자고 하는 것이 아닙니까? 그래서 '평신도를 온전한 자로 세우자.' '예수님을 닮아 가는 작은 예수로 만들자'라는 것이 제자훈련에서 항상 강조되고 있습니다. 그렇다면 제가 그 수준에 어느 정도는 있어야 하지 않겠습니까? 어느 정도 인격적으로 주님을 닮았다고 스스로가 인정하는 것이 아니라, 교회가 인정하고, 가족이 인정하고, 주변 사람들이 인정할 수 있는 어느 수준에 있으면서 이런 소리를 하면 좋겠습니다. 그런데 나이가 벌써 60살이 넘도록 여전히 별로 달라진 것이 없어 보이는 저의 모습이 때때로 혐오감을 유발시키는 것입니다. 이것은 저의 솔직한 고백입니다.

제가 제자훈련에 대해서 마음을 뜨겁게 가졌던 이유는 따로 있었습니다. 예수님이 제자를 만들라고 하셨으니까 그 명령에 복종해서 목회해야 한다는 소명감에서 시작했습니다. 그리고 평신도를 깨우면 하나님의 교회가 놀라운 능력과 역사를 체험할 수 있다는 확신 때문에 이 일에 열을 올렸습니다. 그런데 이런 제자훈련을 2, 30년이 넘도록 하다가 보니 이제는 점점 그 관심이 제 자신에게 쏠리는 것입니다.

'도대체 예수의 제자가 된다는 것은 어떤 수준의 인격을 의미하는 것이냐? 그러면 너는 그 인격을 몇 퍼센트 정도나 네 자신의 삶을 통해서 보여 줄 수 있느냐?' 하고 계속해서 제 자신에게 포커스가 맞춰지는 것을 느낍니다. 그러니 겁도 나고, 불안하고, 답답하고 그래서 '내가 어쩌다가 이런 신세가 됐나?' 하는 생각도 하게 됩니다. 할 수 있으면 제자훈련이라는 말을 하지 않고, 은혜로운 설교, 은혜로운 교육을 얼마든지 할 수 있지 않습니까? 그런데 가장 힘든 주제를 가지고 설교와 강의를 해야 할 때가 많다는 이 사실 때문에 저는 항상 부담을 느낍니다. 이게 저의 솔직한 고민입니다.

그러나 이런 고민이 모두 나쁘다고 생각하지는 않습니다. 제가 낙천적이지 않아서, 제 기질에 부정적인 요소가 있어서, 완벽주의자라서 그렇다고 생각하지 않습니다. 이것은 제가 볼 때, 정상이라고 생각합니다. 우리는 질그릇입니다. 질그릇은 고민하게 되어 있습니다. 고민 없는 질그릇이라면 그것은 질그릇이 아닙니다. 때문에 우리가 인격 문제를 항상 신중하게 다루지 않을 수 없습니다. 그래서 저의 관심이 바로 '인격'입니다.

바울은 어떻게 이 문제를 처리했을까요? 바울이라고 완전했습니까? 바울이라고 그 인격에 흠이 없었습니까? 절대 그렇지 않습니다. 우리는 서신서를 읽으면서 바울에게서 조금씩 스며 나오는 냄새나는 그의 약점들을 발견할 수 있습니다.

'바울은 나와 같은 고민을 하지 않았을까? 자신의 인격 문제를 어떻게 해결했을까? 그 문제를 해결하면서 어떻게 그 영혼이 찌들지 않고, 그 영성이 위축되지 않고, 그 마음에 기쁨을 유지하면서 하나님의 종으로 평생을 살았을까? 그 비결이 무엇일까?' 이것이 저의 관심사입니다. 그런데 본문 말씀이 저에게 주는 굉장한 해답이었습니다.

"내가 그리스도를 본받는 자가 된 것같이 너희는 나를 본받는 자가 되라."

내가 그리스도를 본받는 자가 되려고 노력하고 있다는 이 말씀은 바울 서신에서 유일하게 나오는 말씀입니다. 다른 데서는 이런 말씀을 하지 않았습니다. "나는 그리스도를 본받으려고 한다." 저는 이것이 바로 바울이 자기 내면에 있는 인간적인 고민, 질그릇으로서의 약점, 인격적인 불완전을 극복하는 유일한 방법이었다는 것을 깨닫게 되었습니다. 예수님께 자기 눈을 고정시켜 놓고 평생 오직 그분을 닮는 데 정신을 집중하고 살았다는 이야기입니다. 본받는다는 게 쉬운 일입니까? 하루아침에 되는 게 아닙니다.

어떤 승려는 절간에 앉아서, 절간 앞에 있는 큰 바위만을 쳐다보며 40년을 살았다고 합니다. 그 바위만을 응시하면서 40년을 살다 보니 나중에는 그 승려의 얼굴이 바위처럼 변하더랍니다.

참으로 예수님을 닮는다, 예수님을 본받는다고 한다면 사시사철, 24시간, 예수 그리스도를 응시하는 영의 눈을 가지고 있어야 합니다. 마치 태양계의 행성이 항상 태양을 바라보면서 도는 것처럼 예수 그리스도를 응시하는 내면의 눈이 있어야 합니다. 그분에게서 눈을 떼지 않고, 그분만을 바라보고, 그분을 닮으려고 전력투구해야 한다는 이야기입니다. 그러니까 바울은 이런 말까지 하지 않았습니까?

"이제는 내가 사는 것이 아니요 오직 내 안에 그리스도께서 사시는 것이라"(갈 2:20).

"내가 내가 아니요. 내가 예수 그리스도다"라고 하는 이상한 말을 할 정도로 그는 주님을 자기의 눈에 가득 차도록 하고 평생을 살았다는 이야기입니다. 그것이 자신의 인격의 불안정함을 극복하는 비결이었습니다. 우리는 이것이 얼마나 어려운지 잘 압니다. 철저한 자기 부인이 없이는 예수님을 본받지 못합니다. 그러나 이처럼 예수님을 본받는 자가 되었다고 소리칠 정도면 사도 바울은 철저한 자기 부인이 가능했다는 이야기입니다.

바울은 예수 그리스도를 철저히 본받겠다는 목표를 많이 달성한 것 같습니다. 만족스러울 만큼 예수님을 닮는 수준으로 나아간 것 같습니다. 무엇을 보고 알 수 있습니까? 본문 말씀 때문입니다.

"너희는 나를 본받는 자가 되라." 이 말씀을 할 수 있었던 것은 그만큼 주님을 닮아 가는 데 있어서 발전했다는 이야기입니다. 그래서 주님을 점점 닮아 가는 자기 자신을 성도들이 눈으로 볼 수 있는 샘플로 내놓은 것입니다.

"너희는 나를 봐라. 나처럼 깊은 영안을 가지고 예수 그리스도를 주목해야 하는데 그렇게 하지 못하는 약점이 너희에게 있을 것이다. 그러나 염려하지 마라. 내가 보이지 않는 예수를 보여 주마. 너희들은 나를 보아라. 나를 보고, 내가 하는 대로 따라 하라" 하고 그는 자신 있게 말할 수 있었습니다.

바울은 복음을 증거하기 위해서 "세상의 더러운 것"과 "만물의 찌꺼기"가 되는 낮은 자리에까지 떨어지면서(고전 4:13 참조) 자기를 완전히 비우고, 한 생명을 구원하는 데 헌신하는 자신의 모습을 보여 주면서 "너희는 나를 본받는 자가 되라"고 말했습니다. 그러면 바울이 세상 만물의 찌꺼기와 같은 자리에 떨어지면서까지 한 영혼을 구원하려고 전심전력하는 모습은 누구한테서 배운 것입니까? 바로 예수 그리스도한테서 배운 것입니다. 날마다 응시하고, 날마다 바라보며 그분을 닮으려고 노력한 결과, 예수님처럼 된 것입니다. 그러니까 "너희는 나를 본받는 자가 되라"고 말할 수 있는 것입니다. 얼마나 부러운 사람인지 모릅니다.

데살로니가전서 1장 6절에도 "우리와 주를 본받으라"는 말씀이 나옵니다. 즉, '우리가 너희 중에 어떠한 사람이 된 것을 너희가 알고, 우리가 어떻게 사는지, 어떤 인격을 가지고 너희를 대했는지 너희가 잘 알므로 너희들은 우리들을 본받으라'고 하는 것입니다.

빌립보서 3장 17절에서도 바울은 또 한 번 "나를 본받으라"고 합니다. "나를 본받으라"고 말하는 그 배경은 무엇이었습니까? 온전히 이룬 것처럼 자만하기 쉬운 자들을 경고하면서 하는 말이었습니다. "온전히 이루었다는 소리를 하지 마라. 나는 앞에 있는 푯대를 향해서 지금도 달려간다. 마지막 상을 얻기까지 아직도 얻지 못한 자처럼 뒤를 돌아볼 틈도 없이 앞만 향해서 달려간다. 나를 보고 너희는 본받으라." 이것입니다.

영적인 세계에는 완전한 자리에 이르렀다고 말할 수 있는 사람이 하나도 없다는 것입니다. 바울처럼 어떤 면에서는 극치에 이른 그런 위대한 지도자도 항상 예수 그리스도를 바라볼 때는 아직도 이르지 못한 사람이요, 아직도 미완성의 상태에 있는 사람이며, 아직도 노상에서 달려가고 있는 자임을 발견한 것입니다. 그래서 진정한 영적 세계의 건강은 앞에 있는 것을 바라보고 예수 그리스도를 바라보며 아직도 나는 부족하다는 심정을 가지고 달려가는 데 있습니다. 완전하다고 스스로 자족하는 데 있는 것이 아닙니다. 또한 나는 '이만큼 되었다' 하고 생각하는 데 있는 것도 아닙니다. 오직 예수님의 수준에까지, 그분의 표준에까지 이르기 위하여 온 힘을 다해서 달려가는 데 있습니다.

저는 지금까지 사역자로서 일을 하면서 누구더러 "나를 본받으라"고 말한 적이 없습니다. 제 자식들에게도 "나를 본받으라"고 하지 못했습니다. 제 아내에게도 말하지 못했습니다. 수백 명, 아니 수천 명에게 제자훈련을 시켰는지는 모르지만, 단 한 번도 감히 "저를 보고 따르세요. 저를 본받으세요" 하고 말하지 못했습니다. 그러나 바울은 "나를 본받으라"고 하지 않습니까? 우리가 이 정도까지는 나아가야 하는데, 이것이 참 안 됩니다. 그러니 어찌 고민을 하지 않을 수 있겠습니까?

지금 우리는 고작 사역자로서 우리 자신의 고민을 이야기하고 있습니다. 그런데 그런 우리로 하여금 정말 기가 죽을 수밖에 없도록 하는 사실이 있습니다. "예수님처럼 되라. 작은 예수가 되라" 하는 것은 하나님께서 교역자에게 하신 말씀이 아니라는 사실입니다. 이것은 믿는 사람에게 다 요구하는 하나님의 표준입니다. 이게 제자훈련의 열쇠입니다.

감사하게도 요즘에는 이런 사실을 강조하는 훌륭한 분들의 책들이 많이 소개되어 저도 많은 도전을 받고 있습니다. 장로교에서는 '예수님처럼 되고, 예수님처럼 변하는 것은 영화에 해당되는 것이기 때문에 그것은 종말론적으로 해석해야 한다. 그래서 우리는 저 세상에 갔을 때 비로소 주님과 같이 되는 것이니까 세상에서 너무 그런 면을 강조하는 것은 잘못하면 율법주의나 신비주의에 빠지기 쉽다'라는 생각이 밑바탕에 있습니다. 그래서 장로교, 특히 우리 교단(예장합동)에서는 예수님을 닮는다는 것에 대해 많이 강조하지 못했습니다. 성화의 점진성을 신학적으로는 거론하지만, 그 점진이라는 것을 하나의 이론으로만 생각했지, 우리의 인격과 삶이 점점 주님을 닮아 가는 경지로 들어가야 한다고 하는 실제적인 면을 강조하지 못했습니다. 그러다 보니 "우리는 모두 인간인데"라는 변명을 가지고 적당한 것은 다 눈감아 주는 현실주의에 곤두박질치고 말았습니다. 이것이 바로 오늘날 우리 한국 교회 교역자들의 세계에서 냄새가 진동하는 이유 중의 하나입니다.

맥스 루케이도(Max Lucado)가 이렇게 말했습니다. "하나님은 우리를 있는 그대로 사랑하신다. 그러나 그대로 두시지는 않는다. 하나님은 우리가 예수처럼 되기를 원하신다."

헨리 나우웬은 더 가슴이 콱 막히는 말을 했습니다. "우리들의 영적 생활에 있어서 커다란 도전이 하나 있는데, 그것은 우리 자신이 예수님과 같다고 주장할 수 있어야 한다는 것이다."

우리 자신이 예수님을 닮았다고 주장할 수 있어야 하고, 또 우리는 오늘을 살고 있는 살아 있는 예수라고 말할 수 있어야 한다는 데 우리의 도전이 있다고 했습니다. "나는 살아 있는 작은 예수다. 너희들은 나를 봐라"라고 할 정도로 높은 수준을 유지해야 한다는 것입니다. 하나님이 이것을 원하신다는 것입니다. 그래서 그는 말합니다.

"진정한 구원은 우리가 예수 그리스도가 되는 것이다."

종말론적으로 말하는 것이 아닙니다. 현실적으로 말하는 것입니다. 우리가 가장 부담스러워하고, 참으로 실천하기 어려운 말씀이 있지 않습니까? "원수를 사랑하라"는 말씀입니다(마 5:44 참조). 하지만 우리는 원수는커녕 이웃도 제대로 사랑하지 못하고, 가족도 사랑하지 못해서 고민하지 않습니까? 그럼에도 불구하고 원수까지도 사랑하라고 하면서 예수님이 주신 유명한 말씀이 있습니다.

> 그러므로 하늘에 계신 너희 아버지의 온전하심과 같이 너희도 온전
> 하라_마 5:48

이것이 예수님의 요구입니다. 이것이 표준입니다. '온전'이라는 것은 '제자'라는 말입니다. '온전함'이라는 것은 '작은 예수'란 말입니다. 하나님은 그 수준을 요구하시는 것입니다. 모든 믿는 자에게 하나님이 요구하시는 표준이 이 수준이라고 한다면, 그들보다도 한 걸음 더 앞서야 하는 사역자들을 향해서 하나님이 요구하시는 인격의 수준,

삶의 온전한 수준이 어느 정도겠습니까? 우리는 정말 고민스럽고도 진지하게 생각하면서 기도해야 합니다. 우리는 이런 몸부림 없이 주님을 본받는다는 것은 메마른 구호에 지나지 않는다는 사실을 경험을 통해 잘 알고 있습니다.

《거듭나기》라는 유명한 책을 쓰고, 교정선교의 개척자로 많은 영향력을 미치고 있는 찰스 콜슨(Charles Wendell Colson, 1931-2012)은 자신과 동역하는 교도소 사역자들에게 이런 말을 했답니다.

"우리가 어떻게 하면 우리 앞에 놓여 있는 이 사명을 잘 감당할 수 있을까요? 어떻게 하면 이 사명을 좀 더 잘 감당할 수 있을까요? 아, 아닙니다. 제가 질문을 잘못했습니다. 질문을 수정하겠습니다. 정말 중요한 질문은 이것입니다. 우리들이 어떤 사람들이 되어야 할까요? '우리가 어떻게 하면 사명을 잘 감당할 수 있을까요?' 하는 것이 정확한 질문이 아니고, 진짜 해야 할 질문은 '우리가 어떤 사람이 되어야 할까요?'입니다."

이 질문이 남의 질문이어서는 안 됩니다. 우리 모두의 질문이어야 합니다.

달러스신학교 총장으로 있는 척 스윈돌(Chuck Swindoll) 목사님은 함께 일하는 사역자들과 늘 확인하는 지침을 가지고 있다고 합니다. 그 지침을 놓고 함께 앉아서 서로 질문하고, 대답하면서 항상 자신을 점검하도록 한다고 합니다.

첫 번째 질문은 "지난주에 어디서든지 사람들의 의심을 살 만한 이성과 같이 있었던 일이 있는가?"랍니다. 지난 한 주 동안 사람들이 봤을 때, '어?' 하고 의심을 한다든지 좀 이상하게 볼만큼 의혹적인 이성과 단둘이 앉아 있었던 적이 있는지 체크하는 것입니다. 두 번째 질문은 "금전 거래를 정직하지 못하게 한 적이 있는가?"랍니다. 그리고 세 번째 질문은 "노골적인 성 관련 자료나 포르노를 탐닉한 적이 있는 가?"이고, 네 번째 질문은 "성경공부와 기도에 적절한 시간을 보냈는 가?"랍니다. 제 생각에는 이 질문이 제일 앞에 나와야 할 것 같은데, 뒤로 미뤄 놨습니다. 그 이유가 있겠죠? 다섯 번째는 "가정에 우선적 으로 시간을 할애하는가?"이고, 여섯 번째는 "소명에 따른 요구에 잘 응하고 있는가?"이며 마지막 일곱 번째는 "나 자신에게 거짓으로 대 답을 하지는 않았는가?"랍니다.

그러고 보면 저는 참 대단하다고 생각합니다. 사랑의교회는 부교 역자가 백 명이 넘는데, 저는 그들을 앉혀 놓고 이런 데이터를 가지고 점검한 적이 한 번도 없습니다. 그런데 척 스윈돌 목사님은 왜 이런 질 문을 했을까요? 사람이 모자라서 그렇습니까? 아니면 여러 가지 허물 이 너무 많아서 양심의 가책 때문에 이런 질문을 하는 걸까요? 아닙니 다. 우리 사역자들이 추구해야 할 인격의 표준이 워낙 높기 때문입니 다. 만에 하나라도 잘못되어 하나님의 거룩한 일을 망치거나 하나님 의 이름을 욕되게 하는 등 거룩한 교회를 비난의 대상으로 만들지 않 도록 하기 위해서 최소한의 점검을 하는 것입니다. 만약에 우리더러 이런 질문을 가지고 날마다 '예, 아니오'를 표시하라고 한다면, 우리는 어떻게 표할 수 있을까요?

다시 말씀드립니다. 교인들이 교역자들에게 요구하는 인격의 수준 이 어느 정도인가를 늘 염두에 두시기 바랍니다. 교인들 자신이 주님 을 닮아 가려고 몸부림을 치는 마당인데, 교역자에게 요구하는 수준 이 있을 것 아닙니까? 만약 자기와 똑같으면 만족을 할 수 있을까요? 아닙니다. 이것이 저로 하여금 번민하게 하는 것입니다. 어떤 때는 이 것이 목사직을 그만두고 싶게 만드는 이유입니다. 이것은 완벽주의에 서 오는 병적인 사고가 아닙니다. 성경적인 뿌리를 가지고 자신을 겸

증할 때 피할 수 없는 질문이요, 고민입니다. 그러나 이것은 중요하고, 유익합니다.

미국 국민들이 대통령에게 요구하는 도덕적인 수준이나 인격의 수준이 어느 정도 높은가를 보면 놀랄 때가 있지 않습니까? 좋은 예가 지난 대통령 선거 때 있었습니다. 미국 역사상 가장 치열한 선거전이었다고 말할 수 있을 만큼 고어와 부시가 박빙의 표 차이로 승부를 가르는 혈투였습니다. 처음에는 인기투표에서 고어가 얼마간 앞섰습니다. 그런데 막판에 접어들면서 부시가 점점 전세를 역전시키기 시작했습니다. 그래서 엎치락뒤치락하는 현상이 한동안 계속되었습니다. 그러던 중 선거 막판에 두 사람이 TV 토론을 했습니다. 그때 평가가 어떻게 나왔습니까? "고어가 훨씬 잘한다. 고어가 훨씬 똑똑하다." 이렇게 평가하는 사람들이 많았습니다. 그래서 고어 쪽으로 인기가 넘어갔습니다. 그럼에도 불구하고 나중에 지지도를 조사해 보니 부시가 앞서는 것이었습니다. 기자들은 이상하다고 생각했습니다. TV 토론에서는 고어가 훨씬 잘했다고 평가를 하면서 왜 부시를 지지하는지 궁금했습니다. 그 이유가 어디에 있었습니까? 대답은 간단합니다. 고어보다도 부시가 인격적으로 더 신뢰가 간다는 것입니다. 부시가 고어에 비해서 훨씬 더 정직한 지도자가 될 수 있다는 믿음이 생긴다는 것입니다. 67%의 사람들이 그렇게 대답했습니다. 이것은 우리에게 시사하는 바가 많습니다. 세상에서 가장 더럽고 냄새나는 데가 정치판인데, 정치판의 대통령이 되는 데에도 국민들이 그 정도의 표준을 요구하고 있다는 것입니다. 그렇다면 날마다 거룩한 하나님의 말씀만을 가르치고 외치는 자리에 있는 사역자들에게 교인들이 요구하는 표준은 어느 정도일까요? 또 세상 사람들이 기대하는 표준이 무엇일까요? 우리는 이 문제를 놓고 늘 자기 점검을 하고 고민해야 한다고 생각합니다. 저는 다음과 같이 결심했습니다.

'이제 남은 생애, 좀 더 예수님을 응시하자. 내가 오르지 못할 정상일지는 모르지만, 좀 더 눈을 크게 뜨고 주님을 응시하자. 밤이고 낮이고 주님을 응시하자. 그리고 목회 현장에서 일어나는 문제를 놓고 예수님은 어떻게 하셨을까 계속 질문하자. 그래서 예수님이 어떤 방식으로 했다는 해답이 나오면 나도 그렇게 해 보려고 몸부림을 치자. 내 마음에 들지 않는 교인을 놓고, 또 내 마음에 고통을 주는 교인을 놓고 예수님이라면 어떻게 하셨을까 고민하자. 예수님은 가룟 유다를 3년 동안 데리고 다니면서 어떻게 하셨나, 베드로와 요한과 같은 제자들을 어떤 자세로 가르치셨나, 좀 더 깊이 알자. 예수님은 한참 인기를 끌고, 승승장구할 때에는 어떻게 처신을 하셨나, 주님을 좀 더 깊이 응시하자. 주님은 사람들로부터 인기를 잃어버리고 저 밑바닥까지 추락할 때 어떻게 하셨나, 주님은 그 순간순간을 어떻게 극복하면서 하나님 앞에서 자기 자신을 지켰는가, 내가 좀 더 주님을 알려고 노력하면 내가 그런 처지에 빠졌을 때 분명히 주님은 대답하실 것이다. 세상에서 멸시받고 사람대우를 받지 못한 사람이 교회에 와서 무언가 실오라기라도 잡으려고 몸부림칠 때, 그 사람에 대해 예수님은 어떠한 관심을 보이셨나, 주님은 사람대우를 받지 못하는 여자 하나를 어떻게 다루셨나, 병으로 인해서 인생을 아예 포기한 사람들을 어떠한 심령으로 대하셨는가, 나는 배울 것이다. 예수님을 닮아 갈 수 있도록.'

우리는 좀 더 배우고 좀 더 몸부림을 칠 때 예수님을 닮아 갈 수 있습니다. 이것을 포기하면 우리는 사역자로서의 생명이 끝나는 것입니다. 우리는 직업꾼이요, 먹고살기 위해서 목사 일을 하는 사람일 수 있습니다. 그러나 예수 그리스도께 초점을 맞추고, "주여, 제가 안고 있는 이 문제를 주님은 어떻게 하셨습니까?" 하고 늘 물으면서 주님을 닮아 가려고 할 때, 우리는 자신도 모르게 모든 성도들이 본받을 수 있는 하나의 모범이 될 수 있다고 믿습니다.

표준을 낮추지 마십시오. 우리의 표준은 예수 그리스도십니다. 그분은 완전한 분이십니다. 하나님이십니다. 비록 그 표준이 너무 완전해서 우리 모두에게는 매우 부담스럽지만, 표준을 낮추지 마십시오. 대청봉을 오르려고 준비하는 사람과 에베레스트를 오르려고 준비하는 사람은 그 자세가 벌써 다릅니다. 생각이 다릅니다. 왜 그렇습니까? 오르려고 하는 정상이 너무나 다르기 때문입니다. 예수 그리스도를 닮고 그분처럼 살겠다고 하는 표준을 정해 놓고 사는 사람은 다른 사람과 구별될 수밖에 없습니다.

여러분, 이 표준을 낮추지 맙시다. 아무리 힘이 들어도 낮추지 맙시다. 절대 포기하지 맙시다. 그럴 때 우리는 주님이 칭찬하시는 종이 될 수 있습니다. 그리고 이와 같이 집요하고, 고집스럽게 주님만을 응시하고 주님만을 본받으려고 하는 자세가 결국 사역에 영광이 되고, 능력이 됨을 믿으시기를 바랍니다. 이 능력을 소유하고 있는 이상, 어떤 문제도 겁나는 것이 없습니다. 세상이 아무리 악해져도 겁날 것이 없습니다. 세상이 종말을 향해 달려가면서 하나님을 대적하는 세력들이 구름 떼처럼 일어난다고 해도 위축될 필요가 없습니다. 예수님은 승리자이십니다. 예수 그리스도, 그분 앞에서는 모든 것이 이미 해결되었습니다. 천 년 전에도 세상은 여전히 악했습니다. 2천 년 전에도 세상은 여전히 음란했습니다. 우리는 금방 세상이 나빠지고 잘못될 것처럼 호들갑을 떨 필요가 없습니다. 세상은 늘 똑같았습니다. 예수 그리스도 앞에 세상이 얼마나 악하냐 하는 것은 문제가 되지 않습니다. 문제는 주님의 손에 쓰임을 받는 여러분이 어느 정도의 수준인가 하는 것입니다. 우리 모두가 표준을 낮추지 않고, 오직 주님만을 푯대로 삼고, 그분만을 향해서 달려가려고 노력할 때, 우리의 목회에 하나님의 놀라운 거룩함과 능력이 임할 줄 믿습니다.

한국 교회 목회자들은 모였을 때는 뜨겁습니다. 기도할 때도 뜨겁습니다. 말씀을 들을 때도 "아멘"으로 화답하며, 모든 사람들이 감동을 받을 만큼 그 분위기가 화려합니다. 그러나 일단 문을 열고 나가면 너무 처참합니다. 이것이 한국 교회 교역자들의 특징입니다. 교인들의 특징입니다. 문 열고 나가면 사람이 달라집니다. 마치 사우나탕에 들어가 땀을 실컷 흘리고 나서, 사우나탕 밖으로 나갈 때의 모습과 비슷합니다. 우리는 그렇게 하면 안 됩니다. 한국 교회가 부흥회가 없어서 이 꼴이 되었습니까? 수련회가 없어서 이 꼴이 되었습니까? '아멘' 소리가 낮아서 이 꼴이 되었습니까? '할렐루야'를 안 해서 이 꼴이 되었습니까? 더 솔직히 이야기해 봅시다. 기도 안 해서 이 꼴이 되었습니까?

미국 사람들이 볼 때 한국 교회 목회자들은 어마어마하게 기도하는 사람들입니다. 그러나 기도를 적당히 하는 것처럼 보이는 그들과 비교할 때, 어떤 면에서는 우리가 너무나 초라하게 보이는 이유는 무엇입니까? 실추된 우리의 인격을 회복합시다. 그러기 위해서는 예수님이라고 하는 그 표준을 다시 한번 정확하게 확인하고, 힘이 들어도, 십자가를 져도, 자기 부인을 하지 않으면 안 되는 그런 고달픈 삶을 살아도, 그분을 닮아 가려고 하는 몸부림, 이것만은 포기하지 맙시다. 그럴 때 하나님은 우리를 사용하십니다. 하나님이 우리를 통해서 영광 받으십니다.

9

십자가로
가까이

십자가와 나 사이의 거리를 측정하는 것이 중요합니다.
나와 십자가의 주님과의 거리를 염두에 두는 것이 영적인 것입니다.
그 거리는 가까울수록 더욱 좋습니다.

고린도전서 2:1-2

1 형제들아 내가 너희에게 나아가 하나님의 증거를 전할 때에 말과 지혜의 아름다운 것으로 아니하였나니 2 내가 너희 중에서 예수 그리스도와 그가 십자가에 못 박히신 것 외에는 아무것도 알지 아니하기로 작정하였음이라

십자가로
가까이

이재철 목사님이 "우리는 항상 변화되어야 하겠지만 변질되어서는 안 된다"고 이야기하는 것을 인상 깊게 들었습니다. 그렇습니다. 우리는 성령의 창조적인 사역에 의해서 날마다 변화되어야 합니다. 왜냐하면 우리는 그리스도를 닮아 가기 위한 성화의 과정에 있기에 한시도 쉬지 않고 주님을 닮아 가는 변화를 맛보게 되어 있기 때문입니다. 또한 시대를 통해서 하나님께서 요구하시는 뜻과 일이 있기 때문입니다. 그러므로 그 뜻과 일에 일치할 수 있도록 나 자신을 창조적으로 파괴하는 일을 절대로 미뤄서는 안 됩니다. 그러나 우리에게는 본질적으로 절대 변질되어서는 안 될 것들이 있습니다. 그럼에도 불구하고 왜 목사들은 그렇게 변질이 잘 될까요? 제 자신을 봐도 깜짝 놀랄 정도로 '내가 왜 이렇게 달라지지?' 하는 생각을 할 때가 있습니다. 참 서글픈 일입니다.

신학교를 갓 졸업한 후, 한 대학생을 붙들고 눈물을 흘리면서 '이 영혼을 바로 세우면 하나님께서 이 영혼 하나를 통해서 천을 이루고 강국을 이루는 위대한 이적을 일으키실 것이다'라는 순수한 비전을 품던 제 자신이, 이제 교인이 몇만 명이 되고 나니까 저도 모르게 이상하게 변질되는 것입니다.

전도사 시절에는 제 사례비가 성가대 지휘자보다 작았습니다. 그것 때문에 집사람이 마음에 고통을 느끼는 것을 보기도 했습니다. 그러나 그 당시 저는 사례비가 얼마인가에 대해 신경 쓰지 않았고, 그런 것에 마음이 끌리지도 않았습니다. 단지 주님이 시키신 일을 위해서 거지가 되어도 좋고, 남에게 욕을 먹어도 좋고, 주님 앞에 최선을 다하면 된다고 생각했었습니다. 이처럼 '주님이 알아주시면 그만이다'라는 일념을 가지고 뛰었던 때가 있었는데, 지금은 제 자신이 '그때와는 많이 달라졌구나' 하고 느낄 때가 있습니다.

대형 교회의 목사가 얼마나 변질되기 쉬운지 아십니까? 얼마나 많은 유혹이 있는지 아십니까? 세상에서 받을 수 있는 상을 혼자 다 받아 누려도 모자랄 정도로 유혹을 받습니다. 그러다 보면 자신도 모르게 자꾸 기울어집니다. 자신도 모르게 가치관이 많이 달라집니다. 그러다가 자신이 변질되고 나면, 그다음에 교인들을 자기가 원하는 방향으로 끌고 가는 것은 큰 교회 목사로서는 식은 죽 먹기입니다. 신약성경 말씀을 접어 두고, 구약성경 말씀에 무게를 둔 다음, 구약적인 사고로 성도들을 휘어잡으면 목사는 대제사장이 되고, 성도들은 대제사장을 섬기는 이스라엘 백성으로 전락합니다. 그러면 자신이 원하는 대로 다 할 수 있습니다. 못할 것이 하나도 없습니다.

그런데 별로 큰 교회도 아닌데 벌써 그렇게 변질이 되어서 구제 불능이 된 목사들도 있습니다. 제가 확인한 바는 아니지만 들어보니 목사님 차는 1억 원대가 넘고, 사모님 차는 얼마이고, 딸의 차는 얼마고, 집은 건평이 4백 평이라고 합니다. 그래서 교인이 얼마나 되는지 물었더니, 기껏해야 몇천 명이랍니다. 그 정도 규모의 교회도 목사가 변질되어 신약을 가지고 구약을 해석해야 할 것을 구약을 가지고 신약을 해석하는 엉뚱한 발상을 하기 시작하면 그때부터 이상해지는 것입니다. 그런 사례를 한두 경우 보는 게 아닙니다. 소위 성공했다고 하는 목회자들 중에 변질된 목회자들이 한두 명이 아니라는 것은 정말 기가 막힌 현실입니다.

저는 압니다. 얼마나 유혹이 많은지, 얼마나 잘못되기 쉬운지, 얼마나 최초의 자리에서 빗나가기 쉬운지를 잘 알고 있습니다. 누가 처음부터 총회장이 되기 위해 목사가 되겠습니까? 그러나 어느새 총회장을 하기 위해 온갖 인간적인 술수를 다 쓰는 것을 보면 마음이 아픕니다. 양 떼들은 영적으로 갈급해서 허우적거리고 있는데, 날마다 정치판에 뛰어들어 일주일 내내 필요도 없는 일들을 하면서 시간을 보내다가 주일날 적당히 설교를 하고는 자기 역할을 다했다고 여기는 목사들이 어디 한두 명입니까? 그 사람들이 신학교에 갈 때 그런 마음을 가지지는 않았을 것입니다. 그 사람들이 목사 안수를 받을 때는 그들의 초심이 그렇게 엉망이지는 않았을 것입니다. 그런데 어쩌다가 그렇게 변질이 되었냐는 것입니다.

저는 이런 문제를 놓고 고민을 하다가 한 가지 답을 얻었습니다. 그 답은 '십자가의 영성'입니다. 십자가의 영성이 흐려지고, 십자가의 영성으로부터 점점 멀어지니까 사람이 변질되는 것입니다. 십자가와 십자가의 주님과 거리가 멀면 멀수록 변질되기 쉽습니다. 십자가의 주님께 가까이 다가가면 다가갈수록 변질되지 않습니다.

삶의 질이 나아지면서 우리 주변에는 십자가의 영성과는 거리가 먼 많은 이야기들이 난무하고 있습니다. 십자가의 주님보다는 부활의 주님을 강조하는 것이 기독교적이라고 외치는 사람이 있습니다. "한국 교회는 그동안 너무 십자가에 매달려 있었기 때문에 신앙이 상당히 부정적이다"라고 혹독한 비판을 하는 사람도 있습니다. "한국 교회가 십자가를 강조하는 것은 성경적이라기보다는 너무나 많은 고난을 겪으면서 역경의 길을 걸어왔기 때문에, 부활보다는 십자가에 더 매력을 느껴서 그것을 강조하다 보니 오늘날 한국 교회가 이런 상황에 빠졌다"라고 분석하는 사람도 있습니다. 그러므로 지금은 "부활의 주님께 우리의 눈을 돌려야 한다"고 말합니다. 그러면서 "부활의 주님은 승리의 주님이고, 모든 것을 가능하게 하시는 주님이며, 건강과 번영의 기독교를 가르쳐 주는 주님"이라고 외칩니다. 그래서 많은 분들이 그런 쪽에 관심을 가지려고 애를 씁니다.

교회에서도 어두운 이야기는 듣기 싫어합니다. 현실의 문제를 짚고 넘어가려고 하지 않습니다. 가급적이면 피하려고 합니다. 그리고 설교를 해도 성도들이 듣기 좋은 이야기만 하려고 합니다. 듣기 좋은 이야기를 듣고 "목사님, 은혜를 받았습니다"라고 하면 그 사람이 은혜를 받은 줄로 착각합니다. 근본적으로 수술을 해야 할 부분은 하나도 손을 대지 않습니다. 주님이 탄식하는 부분에 대해서는 가급적 눈을 감으려고 합니다. 부활의 주님 안에서는 모든 것이 해결되었는데 무엇 때문에 그런 것을 문제 삼느냐는 것입니다. 이것이 백 퍼센트 틀렸다는 것이 아닙니다. 우리는 부활의 주님을 찬양합니다. 그분 안에서 모든 것이 다 이루어졌습니다. 그분에게는 불가능이 없습니다. 그러므로 기독교는 항상 희망의 종교입니다. 미래의 종교입니다. 완성의 종교입니다. 능력의 종교입니다. 그것을 절대 부인하지 않습니다. 그러나 무엇이 문제입니까? 십자가가 없는 부활은 부활이 아니라는 사실을 잊어버리는 것이 문제입니다.

1950년대, 이 나라가 지독히도 가난했다는 것은 모두가 알고 있는 사실입니다. 그런데 기성 교회는 가난한 이들에게 관심을 기울이지 않았습니다. 병든 사람을 놓고도 안타까워하는 마음이 별로 없었습니다. 그것이 그 당시 교회의 풍토였습니다. 그럴 때 그 가난한 사람들에게 소망을 주고, 병든 사람들을 살리기 위해 "믿는 자에게는 능히 하지 못할 일이 없느니라"는 말씀을 들고 나와서 "믿으면 부자 됩니다, 믿으면 병이 낫습니다"라고 하는 메시지를 던진 것을 저는 절대로 잘못되었다고 생각하지 않습니다. 그것은 그 시대를 읽는, 또 그 시대에 필요한 메시지입니다. 그래서 지금 3, 40년이 지나고 나서 기독교가 기복 신앙을 앞세우는 좀 변질된 모습을 우리가 보기는 하지만, 그런 부작용이 좀 있다고 할지라도 그것이 잘못된 것은 아닙니다. 그러면 무엇이 문제입니까? 그것이 전부인 것처럼 이야기할 때는 우리가 크게 잘못될 수 있고 하나님의 말씀에서 벗어날 수 있다는 것입니다. 요즘에 성공을 논하고, 적극적인 사고를 논하고, 행복의 중요성을 논하는 이들에게 가 보십시오. 그러한 것들은 우리에게 다 중요한 요소들이지만 한 가지 빠진 것을 금방 알아차릴 수 있습니다. 십자가를 빠뜨립니다. 십자가를 건너뜁니다. 이러한 경향들이 목사를 자신도 모르게 변질시켜 버리는 것입니다. 사도 바울을 연구해 보면, 사도 바울의 신학은 십자가의 신학임을 알 수 있습니다. 이것은 아무도 부인하지 못할 것입니다. 우리 생각에는 부활 신학일 것 같은데 부활 신학이 아니라 십자가 신학입니다. 그의 구원관을 보십시오.

그리스도 예수 안에 있는 속량으로 말미암아 하나님의 은혜로 값없이 의롭다 하심을 얻은 자 되었느니라_롬 3:24

이 말씀이 바울의 구원관의 중심입니다. 십자가입니다. 그리고 그의 성화론을 보십시오.

우리가 알거니와 우리의 옛사람이 예수와 함께 십자가에 못 박힌 것
은 죄의 몸이 죽어 다시는 우리가 죄에게 종노릇하지 아니하려 함이니
_롬 6:6

바울의 성화론의 핵심도 십자가입니다. 그러면 바울의 교회론의 중
심은 무엇일까요? 그리스도의 피로 값 주고 사신 교회입니다. 이게 바
울의 교회론입니다. 십자가를 빼놓고는 설명이 되지 않는 것이 바울의
교회론입니다. 바울의 세계관은 어떻습니까? 에베소서 2장 16절과 1장
10절 말씀을 보십시오. 원수 된 것을 십자가로 소멸하시고, 하늘에 있
는 것이나 땅에 있는 것이나 그리스도 안에서 통일되게 하는 것이 바
울의 세계관입니다. 십자가를 빼놓고는 바울의 세계관을 설명할 수
가 없습니다. 또 바울의 목회관을 봅시다. 사도행전 20장을 통해 우리
는 그가 에베소 교인들을 위해서 어떻게 목회를 했는지 잘 알 수 있습
니다. 날마다 눈물을 흘리고, 날마다 성도들을 바로 세우기 위해서 밤
잠을 자지 못하고, 굶주리고, 자기의 권리조차도 요구하지 않는 십자
가의 길을 걸었습니다. 이것이 바울의 목회입니다. 십자가를 빼놓고는
바울의 목회를 이해할 수가 없습니다. 그는 성공을 떠벌리지 않았습니
다. 적극적인 사고를 떠벌리지 않았습니다. 인생을 사는 데 있어서 복
을 이야기하지 않았습니다. 사람들이 듣기 싫어하는 이야기를 피하지
않았습니다. 좋은 이야기든 나쁜 이야기든 교인들에게 유익하다고 생
각되면 공적으로나 사적으로나 말하기를 꺼리지 않았습니다. 이것은
바울의 목회관 중심에 십자가가 있다는 증거입니다. 그렇기 때문에 바
울은 변질되지 않았습니다. 그 목이 날아갈 때까지 그는 변질되지 않
았습니다. 십자가와 가까이 있었기 때문에 그럴 수 있었습니다.
　바울의 이와 같은 십자가 신학은 바로 십자가 영성으로 이어졌습니

다. 십자가의 신학이 기본이 되어 있기 때문에 그의 영성은 항상 십자가의 영성이었음을 알 수 있습니다. 고린도전서 2장 1절 이하의 말씀을 보십시오. 그는 무슨 이야기를 합니까? 우리말로 바꾸면, 바울의 생각은 밤낮없이 십자가에서 죽으신 예수 그리스도께 향해 있었다는 이야기입니다. 모든 사고의 중심이 십자가에 달리신 주님이었다는 이야기입니다. 이게 바울의 영성입니다.

빌립보서 2장 5절 이하의 말씀을 보면 바울의 영성은 십자가의 영성임을 알 수 있습니다. 하나님과 본체이지만은 하나님과 동등 됨을 거부하시고 자기를 비어 종의 자리까지 내려오신 주님, 그래서 십자가를 지시고 복종하신 주님, 그분이 바울의 영성의 중심이었습니다. 자기를 철저히 비우는 것, 그리고 낮아지는 것, 그래서 끝까지 하나님께 복종하고자 하는 것. 이것이 바울의 영성의 중심이었습니다. 바울의 영성 중심에 있었던 것이 무엇입니까? 십자가였습니다.

> 나는 이제 너희를 위하여 받는 괴로움을 기뻐하고 그리스도의 남은 고난을 그의 몸 된 교회를 위하여 내 육체에 채우노라_골 1:24

이처럼 십자가의 영성은 철저히 자기를 낮추는 것이요, 철저히 자기를 십자가에 못 박아 죽이는 것이며 철저히 그 앞에서 희생하는 것입니다. 바울은 바로 이 영성을 가지고 한평생 하나님께 충성하다가 주님 곁으로 갔습니다.

> 그리스도 예수의 사람들은 육체와 함께 그 정욕과 탐심을 십자가에 못 박았느니라_갈 5:24

이는 남의 이야기가 아니라 바울 자신의 이야기를 하는 것입니다. 그런데, 오늘날 우리가 관심을 가지는 영성과 바울의 십자가의 영성과는 상당한 거리가 있습니다. 특히 젊은 교역자들이 가지고 있는 영성은 어떠합니까? 어떤 성격의 것입니까? 그 영성의 중심에 무엇이 있습니까? 조심하십시오. 십자가가 빠진 영성은 반드시 그 목회자를 변질시킵니다. 성공하면 성공하는 대로, 실패하면 실패하는 대로 변질시킵니다. 결국은 주님이 보내신 사자라고 말하기 어려운 자리로까지 떨어진다는 것을 꼭 기억하십시오.

저는 한국 교회가 지나치게 미국 교회의 영향을 받는 것을 우려하는 사람 중 하나입니다. 그리고 한국 교회 목회자들이 지나치게 미국 교회 목회자들의 정신적, 신학적, 사상적 가치관의 영향을 받는다는 것에 대해 상당한 우려를 하고 있습니다. 물론 미국에는 훌륭한 교회도 많고, 훌륭한 목사도 많이 있습니다. 그렇지만 미국이라고 하는 배경을 놓고 볼 때, 우리가 미국 교회를 무조건 따르는 것은 굉장히 위험합니다. 미국은 세계 초강대국입니다. 아무리 성경적으로 바른 해석을 한다고 해도 미국 교회 목사들은 자기네 상황을 벗어나서 성경을 보지 못합니다. 그 상황에 영향을 받는 것입니다. 그들은 지난 반세기 동안 전쟁을 겪지 않고 계속해서 부를 누리며 살아왔습니다. GNP를 따지자면 우리나라와 다섯 배 정도 차이가 나지만 축적된 부를 따지면 우리나라와 스무 배 이상의 차이가 나는 나라입니다. 그런 나라에서 목회를 하는 사람들입니다. 그러므로 그들은 굉장히 실제적입니다. 그리고 상당히 계산적이고, 인간적입니다. 따라서 종종 그들을 통해 우리의 가치관과 정면충돌하는 이야기를 들을 수 있습니다. 왜냐하면 그들의 이러한 문화적 배경으로 인해 그들과 우리가 성경을 보는 안목이 다르기 때문입니다. 그럼에도 불구하고 우리는 그들의 영향을 너무나 많이 받고 있습니다. 우리는 그들과 비교가 안 되는 상황에서 살고 있습니다. 그러나 하나님의 말씀을 주목하면 그들보다 훨씬 유리한 조건이 하나 있습니다. 그것은 십자가의 영성을 이해할 수 있는 폭이 우리 쪽이 훨씬 넓다는 것입니다. 이런 면에서 볼 때 우리가 그들을 가르쳐야 할 입장입니다. 그런데 거꾸로 영향을 받고 있습니다.

우리는 말씀을 주목해야 합니다. 우리가 미국 교회 목사들을 가르쳐야 합니다. 왜냐하면 성경이 말하는 진짜 영성이 십자가의 영성이기 때문입니다. 그 영성은 고난이 무엇인가를 아는 우리를 통해서 그들이 배워야 합니다. 한국 교회를 통해서 미국 교회가 배워야 하는 것입니다.

저는 젊을 때도 이용도 목사님에 대해서 관심이 있었습니다. 최근에 감리교회에서 그분을 복권시킨 후에 그분에 관하여 쓴 책을 읽어 보았습니다. 그분은 신비주의자입니다. 그분이 33년이라는 짧은 생애를 살면서 교계로부터 너무 핍박을 받으니까 마지막에 가서 조금 아쉽게 행동을 한 것은 사실입니다. 그러나 그분의 중심은 정확했습니다. 그분은 한국이 낳은 탁월한 신학자요, 목회자요, 부흥사였습니다. 그래서 우리는 그분에 대해서 연구한 자료들을 검토할 필요가 있습니다. 비록 시대는 그때와 너무 다르지만 십자가를 이해하는 부분에 있어서는 그분에게 배워야 할 것이 참으로 많다고 생각합니다.

그분의 글을 읽는 중에 당시 세계를 제패하고 권력을 휘두르던 유럽 교회에 대해서 이런 말을 쓴 것을 보았습니다.

"제국주의는 맘몬의 손에 들어가서 부정한 환희의 춤을 추고, 전쟁욕, 권세욕, 소유욕의 세 마녀는 구라파의 노변에서 잔치의 술을 마시고 있습니다. 주님, 저 구라파 천지에는 당신이 유하실 곳이라고는 일간 두옥도 남지 않았습니다. 오시옵소서. 그리스도여, 발길을 돌려 이리로 오시옵소서. 아시아에서 당신의 처소를 잡으시옵소서."

이 말속에 무엇인가가 있지 않습니까? 우리 한국 지도자들이 고난의 역사를 점철하면서 십자가를 이해했던 은혜의 폭은 다른 어느 나라와 비교할 수 없을 만큼 깊었습니다. 그 대표가 바로 이용도 목사입니다. "주님이 유럽에 거처할 곳이 없습니다"를 요즘 말로 하면, "주님, 미국에는 주님이 거처할 곳이 하나도 없습니다. 오시옵소서. 한국으로 오시옵소서"입니다. 그만큼 그분은 무언가 긍지를 가지고 있었습니다.

그런데 오늘날 우리는 영성에 있어서 이 긍지마저도 다 잊어버리고 살고 있지 않습니까? 무언가 너무나 싸구려 기독교를 선호하고 있지는 않습니까? 세상 사람들이 기독교에 대해서 벌써 염증을 느끼고 돌아서는 현실을 보면서도 우리는 아직도 정신을 차리지 못하고 있습니다. 내 교회만 조금 부흥하면 천지가 다 잘되는 것처럼 착각해 버리는 환상에 젖어 있습니다. 우리는 변질된 우리 자신을 십자가 앞에서 다시 보아야 합니다. 바울의 십자가의 영성으로 우리의 눈을 돌려야 합니다.

우리 안에 꿈틀거리는 탐욕은 어디에서 오는 것입니까? 자꾸 높아지려고 하고, 대접받으려고 하는 마음은 어디에서 생기는 것입니까? 남하고 비교하면서 자기를 자꾸 비하하고 다른 사람을 부러워하는 마음은 어디에서 오는 것입니까? 무엇이 조금만 잘되도 자기 자랑하기에 바쁘고 유명해지려고 하는 본성은 어디에서 오는 것입니까? 겉으로는 신학으로 옷 입고, 아름다운 이론으로 치장했지만 속으로 들어가 보면 주님의 사람이라고는 생각할 수 없을 정도로 변질된 모습을 하고 있는 이유는 무엇입니까? 성도를 위해 희생하려고 하고, 성도를 위해 자기 생명을 던지려고 하는 자세보다는 어떻게 하든지 성도를 이용해 자기가 좀 더 인생을 즐겁고 기쁘고 의미 있게 살려고 애쓰는 사고방식은 어디에서 오는 것입니까? 모두 다 십자가에서 멀어졌기 때문에 나타나는 변질 현상입니다. 그러므로 십자가와 나 사이의 거리를 측정하는 것이 중요합니다. 나와 십자가의 주님과의 거리를 염두에 두는 것이 영적인 것입니다. 그 거리는 가까울수록 더욱 좋습니다. 그러나 거리가 멀다면, 분명히 문제가 생깁니다.

베드로가 멀찍이서 주님을 따라가다가 나중에는 완전히 실패한 것을 기억하십시오. 우리 역시 십자가에서 거리가 멀면 멀수록 실패할 확률이 높고, 시험받을 확률이 높으며 주님의 영광을 땅에 떨어뜨릴 확률이 높습니다. 이것을 알고 날마다 십자가의 주님과의 거리를 점검하시기 바랍니다. 이것이 우리에게 얼마나 중요한지 모릅니다.

주님은 십자가를 지고 가시면서 "나를 따르라"고 하셨습니다. 십자가의 주님을 따르라고 했지, 부활의 주님을 따르라고 하시지 않았습니다. 십자가를 앞에 놓고 걸어가면서 "나를 따라오려거든 자기를 부인하고 자기 십자가를 지고 나를 따를 것이니라"(막 8:34)고 하셨습니다. 그럼에도 우리는 십자가와의 거리가 점점 멀어지는 안타까움을 자주 느낍니다. 이에 다음 두 가지 사항을 반드시 실천했으면 합니다.

첫째로, 날마다 십자가의 주님을 묵상합시다. 어떤 것보다도 먼저 주님의 십자가를 묵상합시다. 바울이 고린도전서 2장에서 말한 것처럼 "십자가에 못 박힌 예수 그리스도 외에는 알지도 아니하고 자랑하지도 아니하고 말하지도 아니하겠다"라고 하는 간절함을 가지고 그 십자가의 주님 앞에 날마다 서는 연습을 해야 합니다. 나를 사랑하사 나를 위해 자기 몸을 버리신 예수님을 늘 마음에 두고, 그분을 생각하고, 그분이 오라고 하는 길이 어디인가를 다시 한번 귀담아들어야 합니다. 즉 그분이 가라고 손가락질하는 곳이 어딘가를 다시 한번 확인하고 하루하루를 시작하는 십자가의 영성을 가져야 합니다. 예수님 앞에서 바울처럼 철저히 비우기를 힘쓰고 낮아질 대로 낮아지기를 원하며 정과 욕심은 십자가에 못 박아야 하는 이유가 여기에 있습니다. 주님을 위해서라면 생명도 아끼지 않는 이러한 자세를 가지고 살면 우리는 결코 변질될 수 없기 때문입니다.

저는 찬송 중에서 화니 크로스비(Fanny Crosby, 1820-1915)가 작사한 찬송을 제일 좋아합니다. 그의 찬송 중에는 날마다 십자가를 가까이 하기를 간절히 바라면서 지은 찬송이 수없이 많습니다. 그는 왜 그런 찬송 시를 계속해서 지었던 것일까요? 왜 자꾸 십자가로 가까이 인도해 달라고 했을까요? 우리는 그 사실에 깊이 주목해야 합니다.

찬송가 〈주의 음성을 내가 들으니〉는 가사가 잘못 번역되었습니다. "내가 매일 십자가 앞에 더 가까이 가오니"라고 되어 있는데, 원문은 "draw me, draw me"입니다. 즉 "나를 십자가 앞으로 이끌어 주옵소서", "주님이 피 흘리신 보혈의 십자가 앞으로 나를 인도해 주옵소서"입니다. 그런데 이런 경건한 시인이 왜 날마다 주님 앞에 기도하기를 "draw me, draw me to the cross"라고 했을까요? 그만큼 경건하면 됐지, 그만큼 주님을 위해서 살면 됐지, 무엇 때문에 날마다 십자가 앞으로 더 가까이 인도해 달라고 기도했을까요? 이유가 있습니다. 그것은 하나님의 종으로서 예수님을 따라가는 데 있어서 이것이 생명이기 때문입니다. 십자가의 주님을 묵상하지 않고 그분 앞에 가까이 다가가려고 하는 노력 없이는 어떤 거룩한 것도 잘못되고, 어떤 선한 것도 부패한다는 것. 이것을 우리가 여기에서 배우는 것입니다.

둘째로, 참으로 십자가의 길을 걸어가기를 소원하는 위대한 선배들과 동료들을 늘 마음에 두고 자신을 비춰 봅시다. 저는 중학교 때 부산에 있는 모 교회의 집회에 참석했습니다. 그때 미국 정통 장로교회에서 파송을 받아 일제 시대부터 한국에서 선교를 하신 한부선 선교사님 가족이 나와서 특송을 하는 것을 보았습니다. 그때 부른 찬송가가 우리가 잘 아는 〈주 달려 죽은 십자가〉였습니다. 그 선교사님 부부와 딸 둘, 아들 하나가 서서 찬송가를 부르는데, 왜 십자가의 찬송을 선택해서 불렀는지 그 어린 나이에는 미처 몰랐습니다. 그러나 제가 점점 나이가 들고 신학을 하면서 그때 그 아름답고, 은혜로웠던 장면을 마음에 떠올릴 때마다 '아아, 선교사님은 날마다 십자가를 마음에 두고 살았구나' 하는 깨달음이 있었습니다. 그랬으니까 일제 시대 때 선교사들을 다 추방할 때에도 그 선교사님은 한국을 떠나지 않고, 신사참배를 반대하다가 평양 감옥에서 옥살이를 했던 것입니다.

그분은 다른 선교사들과 달리 주님을 위해 끝까지 자기를 희생할 줄 아는 아름다운 모습을 한국 교회에 보여 주었습니다. 세상 사람들에게 말하면 '한부선'이 누구인지 누가 알겠습니까? 그러나 주님 앞에서는 너무나 아름다운 존재입니다. 그런 분들과 자신을 비교해 보는 것입니다. 자꾸 비교하면 내가 얼마나 잘못되어 있는지 금방 깨달을 수 있습니다.

얼마 전 저는 일본 목회자들을 모아 놓고 제자훈련 세미나를 진행한 적이 있습니다. 그 세미나가 있은 후, 제 사무실에서 신조오 목사님 부부와 이런저런 이야기를 나누는 시간을 가졌습니다. 그때 제가 얼마나 마음에 감동을 받고, 부끄러웠는지 모릅니다.

여러분은 일본 목회가 얼마나 어려운지를 잘 알고 있을 것입니다. 신조오 목사의 사모님은 의사의 딸이었습니다. 예순 살이 넘어가는 나이인데, 자기네 가정에서 제일 먼저 예수님을 믿었답니다. 그 집안은 3백 년 동안 불교 전통을 가진 집안이었는데, 이 자매가 예수님을 믿고 나서 얼마나 정성을 다해 가정의 구원을 놓고 기도하고 노력했는지, 얼마 뒤 아버지가 예수님을 믿고, 뒤이어 오빠가, 그리고 남동생이 예수님을 믿었다고 합니다.

일본에서 가장 어려운 선택이 목사가 되는 것이라고 합니다. 그런데 그 집안은 오빠도 목사가 되고, 남동생도 목사가 되고, 그 자매는 목사에게 시집을 간 것입니다. 신조오 목사님이 목회하는 곳은 동경이라고 합니다. 처음에는 지방에서 목회를 하였는데 한 50명이 모였답니다. 이에 '몇 년 해서 50명이나 모이다니, 이것 참 할만 하구나. 이럴 바에는 도시에 가서 마음껏 복음을 전해 보자'라는 마음으로 동경으로 왔는데, 여러 해가 지나도 잘 안 된다며 씩 웃으며 이야기했습니다.

일본에서 목회하기가 얼마나 어렵습니까? 쓰레기통을 뒤지는 사람이 있으면 선교사나 목사라는 말이 있을 정도로, 일본은 순교자의 자세를 가지고 목회를 하지 않으면 할 수 없는 곳입니다. 그런데 그런 길을 의사의 아들딸들이 걸어간 것입니다. 저는 이런 사실들 앞에 제 자신을 비추어 봅니다. '내가 저런 처지에 있었다면 목사가 되었을까?', '교인이 50명뿐이어도 주님 앞에서 저렇게 행복해할 수 있을까?' 자꾸 돌아보는 것입니다.

여러분, 다른 사람들의 모습에 자신을 투영해야 합니다. 제 주변에는 훌륭한 사람이 너무나 많습니다. 저는 날마다 그분들의 모습에 제 자신을 투영해 봅니다. 제 사무실에 찾아오는 선교사들과 대화하면서도 제 자신을 돌아봅니다.

OM선교회 조지 버워(George Verwer) 총재는 저와 동갑내기입니다. 그분이 저에게 이런 말을 했습니다. 자기 아내와 둘이서 차를 타고 가는데 아내가 "옷을 샀다"고 그랬답니다. 그래서 "돈이 어디서 나서 샀느냐?"라고 물었더니, "누가 호주머니에 돈을 찔러 줘서 샀다"고 그랬답니다. 그래서 "무슨 옷을 샀느냐?"고 물었더니, "새 옷을 샀지요"라고 대답하더랍니다. 이에 화가 나서 "헌 옷 사면 남은 돈으로 선교하는 일에 보탤 수 있을 텐데, 뭐하러 새 옷을 샀느냐?"고 하면서 부부가 티격태격 싸웠다는 것입니다. 저는 그 말을 듣고 '나는 정말 타락한 목사 중의 하나구나. 이처럼 십자가의 길을 묵묵히 걸어가는 이 위대한 사람하고 나하고 어떻게 비교를 할 수 있나?' 하는 생각을 했습니다. 저는 이럴 때마다 자꾸 저를 봅니다. 자꾸 보는 것입니다. 그래서 십자가로부터, 주님으로부터 멀어지지 않으려고 자꾸 몸부림을 치는 것입니다. 그러한 노력이 우리에게 필요합니다.

저는 이번 여름에 좀 쉬면서 제임스 엘리엇(Philip James Elliot, 1927-1956) 선교사의 부인인 엘리자베스 엘리엇(Elisabeth Elliot, 1953년-1956)이 쓴 《전능자의 그늘》이라는 책을 참 감동 깊게 읽었습니다. 제임스 엘리엇에 대해서는 오래전부터 알고 있었는데, 그분에 대한 자세한 이야기는 이번에 처음으로 알게 되었습니다.

제임스 엘리엇은 휘튼대학을 수석으로 졸업한 후, 에콰도르의 선교사로 갔습니다. 그런데 그곳에는 사람을 만나면 무조건 죽이는 아우카 족이 살고 있었습니다. 그때까지 그 부족에게 접근해서 살아나온 백인은 단 한 사람도 없었다고 합니다. 야자나무로 만든 긴 창을 가지고 무조건 사람을 찔러 죽이는데 그 숫자가 수백인지 수천인지 헤아릴 수도 없답니다. 그들은 바깥 세상과는 완전히 차단된 흉악한 부족인데, 엘리엇은 그 부족에 관한 이야기를 대학에 다닐 때부터 듣고, 늘 빚진 마음을 가지고 있었답니다.

'아무도 접근할 수 없는 사람들, 하나님의 존재조차 모르는 그들, 그들에게 복음을 전해야 한다. 그것이 바로 주님이 나에게 명령하는 것이다'라고 생각한 것입니다. 그리고는 날마다 하나님께 그 부족에게 보내 달라고 기도를 했다고 합니다.

우리의 기도와 이 사람의 기도가 얼마나 다른지 비교해 봅시다. 제임스 엘리엇이 서 있는 곳과 우리가 서 있는 곳을 한번 비교해 봅시다. 그의 일기장에 이런 말이 써 있었습니다.

"하나님, 저를 어서 아우카 족에게 보내 주소서. 아버지, 제 생명을 취하소서. 주의 뜻이라면 제 피를 취하소서. 주의 삼키는 불로 제 피를 태우소서. 제 것이 아니기에 아끼지 않겠습니다. 주님, 가지시옵소서. 다 가지시옵소서. 제 생명을 세상을 향한 희생으로 부으소서. 피는 주님의 제단 앞에 흐를 때만 가치가 있는 것입니다. 하나님, 마른 막대기 같은 제 삶에 불을 붙이사 주님을 위해 온전히 소멸하게 하소서. 나의 하나님, 제 삶은 주의 것이오니 다 태워 주소서. 저는 오래 사는 것을 원치 않습니다. 다만 예수님처럼 꽉 찬 삶을 살기를 원합니다."

이런 기도를 했던 그는, 마침내 네 명의 친구들과 함께 조그마한 경비행기로 아우카 족이 살고 있는 곳을 정찰한 다음, 정글 옆에 모래톱이 있는 것을 발견했습니다. 그는 '그곳에 비행기를 강제 착륙시키면 되겠다'는 생각을 하고 만반의 준비 끝에 부인에게 작별 인사를 했습니다. 그때 그의 부인은 직감적으로 '남편이 다시는 돌아오지 못하겠구나' 하고 생각했답니다. 두 살짜리 딸이 있었고, 배 속에는 한 명의 아이가 더 자라고 있었는데도, 남편은 아우카 족에게 복음을 전하기 위해 떠났습니다.

그들은 모래톱에 비행기를 강제 착륙시킨 후, 다시는 비행기가 날 수 없게 되리라는 것을 알았습니다. 그들은 죽음을 불사하고 몇 날 며칠을 아우카 족이 나타나기를 기다렸습니다. 그러던 어느 날 아침, 그들은 아우카 족에게 처참히 살해되고 말았습니다. 훗날 유복자로 태어난 아들이 선교사가 되어서, 다시 선교 사역을 시작했다고 합니다.

지금 여러분은 누구를 통해 자신을 비추어 보고 있습니까? 큰 교회를 맡은 사람입니까? 많은 이들에게 이름이 오르내리는 어떤 사람입니까? 여러분이 누구를 모델로 삼느냐가 관건입니다. 가급적 십자가를 가까이하려고 몸부림치는 사람을 닮기 위해 노력하십시오. 그러면 내가 얼마나 변질되었는가를 발견하게 될 것입니다. 내가 얼마나 속물인가를 발견하게 될 것입니다. 그럴 때마다 정신 차리고 주님의 십자가를 바라보며 주님 앞으로 달려가야 합니다. 그렇게 해도 주님께 칭찬받을까 말까인데 그것마저도 포기해 버리고 되는 대로 생활한다면 나중에 주님 앞에 무슨 면목으로 서겠습니까?

저는 소문난 교회의 목사가 된 것을 굉장한 불행으로 생각합니다. 저는 사랑의교회가 이렇게 큰 교회가 되리라고는 생각해 본 적이 없습니다. 그저 제자훈련을 착실히 해서, '한 사람이라도 주님이 원하는 삶을 살 수 있는 평신도를 만들겠다'라는 꿈을 가지고 지금까지 25년을 걸어왔는데, 하나님이 무엇 때문에 공간도 없는 교회에 자꾸 사람을 보내 주시는지 알 수가 없습니다.

저는 솔직히 싫습니다. 왜냐하면 사람이 많아질수록 한 영혼에 대한 가치가 자꾸 제 눈에서 사라져 버리기 때문입니다. 그리고 쓸데없는 칭찬을 많이 듣습니다. 저는 이런 것이 싫습니다.

주님께서 분명히 말씀하셨습니다. "세상에서 상을 받은 사람은 하나님 나라에 오면 상이 없다." 제임스 엘리엇은 스물여덟 살에 세상을 떠났습니다. 아우카 족 한 명을 구원하려다가 세상을 떠난 이 사람이 주님 앞에 가서 받을 상과 제가 받을 상은 비교가 되지 않습니다.

저는 세상에서 너무 많은 것을 받았습니다. 이렇게 많이 받아서는 나중에 주님 앞에 가면 벌거숭이가 될 확률이 큽니다. 그렇다고 제가 제 입장을 다 포기해 버리고 어디로 도망가지도 못하지 않습니까? 그러므로 저에게 있어서 큰 교회는 너무너무 무거운 십자가입니다. 저를 변질시키기에 좋은, 너무나 좋지 않은 환경입니다. 때문에 저는 저보다도 앞서가는 사람, 저보다도 더 주님께 바싹 다가가는 형제와 자매들을 볼 때마다 그분에 대해서 알고 싶어 하고, 그분의 모습을 보며 제 자신을 바로 세워 가려는 버릇이 생겼습니다. 이는 나쁜 것이 아니라고 생각합니다. 우리가 나중에 주님 앞에 어떤 사람으로 서느냐가 중요한 것이지, 세상에서 사람들이 무엇이라고 하느냐가 중요한 것이 아닙니다. 이것을 믿습니까? 그렇다면 십자가의 영성을 회복합시다. 이것이 교회 갱신의 지름길입니다. 여러분의 교회가 작아서 고생하게 되는 것을 마치 불행한 것처럼 생각하지 마십시오. 여러분이 목사이기 때문에, 동창들에 비해서 가난하다는 것을 가지고 부끄러워하지 마십시오. 여러분이 복음을 바로 전하려다 욕먹고, 사람들로부터 여러 번 배척을 당하는 일이 있어도 그것을 가지고 안타깝게 여기지 마십시오. 그것이 다 주님이 가신 길입니다.

오직 십자가의 길을 따라 주님을 본받으려고 하면, 그다음에 부활의 영광이 우리에게 찾아옵니다. 하나님이 은혜를 주실 때는 정말로 엄청나게 주실 때가 많습니다. 위로하실 때는 말로 못 할 정도로 위로합니다. 안 될 것 같은 일들이 잘 되는 경우가 생깁니다. 그리스도 안에는 능치 못하심이 없다는 말이 맞습니다. 하나님의 은혜만 역사하면 얼마든지 가능합니다. 그러나 우리의 자세가 바로 될 때 은혜가 임하는 것입니다. 십자가를 지고 가시는 주님의 뒤를 따라가려고 하는 순수한 마음을 가지고, 십자가의 영성을 계속 붙들고 있으면 거기에는 은혜의 샘이 솟게 되어 있습니다. 이와 같은 은혜가 여러분의 삶과 사역에서 날마다 이어질 수 있기를 바랍니다.

스데반의
죽음

우리가 죽을 때 성령 충만한 사람이 되기를 원한다면
살아 있을 때 성령 충만하기를 원하는 사람이 되어야 합니다.
죽을 때 갑자기 성령 충만해지는 법은 없습니다.
건강하고 젊을 때 성령 충만하기를 사모하고 성령에 사로잡혀 있어야 합니다.

사도행전 7:54-60

54 그들이 이 말을 듣고 마음에 찔려 그를 향하여 이를 갈거늘 55 스데반이 성령 충만하여 하늘을 우러러 주목하여 하나님의 영광과 및 예수께서 하나님 우편에 서신 것을 보고 56 말하되 보라 하늘이 열리고 인자가 하나님 우편에 서신 것을 보노라 한대 57 그들이 큰소리를 지르며 귀를 막고 일제히 그에게 달려들어 58 성 밖으로 내치고 돌로 칠새 증인들이 옷을 벗어 사울이라 하는 청년의 발 앞에 두니라 59 그들이 돌로 스데반을 치니 스데반이 부르짖어 이르되 주 예수여 내 영혼을 받으시옵소서 하고 60 무릎을 꿇고 크게 불러 이르되 주여 이 죄를 그들에게 돌리지 마옵소서 이 말을 하고 자니라

스데반의
죽음

교갱협은 몇 사람이 모여 '하나님의 뜻을 좀 더 분명하게 이 시대에 구현하기 위해 깃발을 들어야겠다'라는 공감대를 가지고 시작했습니다. 돌이켜보면 참 겁 없이 시작을 했다는 생각이 듭니다. 교단을 갱신하고, 더 나아가서 한국 교회를 갱신하자고 할 때는 내가 깨끗해야 그런 소리를 할 수 있지 않습니까? 그런데 제 자신을 돌아보는 눈보다도 눈앞에 보이는 여러 가지 답답하고 안타까운 상황들 때문에 가슴이 타서 일단 시작을 했던 것입니다. 그러다 보니까 나중에는 남들에게 돌팔매질을 하기 전에 제 자신이 문제라는 것을 자주 느꼈고, 그것 때문에 하나님 앞에 회개도 많이 했습니다.

또 막상 시작하고 나서 보니까 금방 고쳐질 수 있을 것 같았던 이런저런 것들이 정말 고치기 어려운 문제들이었음을 느꼈습니다. 그런 면에서 오늘날 가장 개혁되기 어려운 대상은 교회가 아닐까 생각합니다. 그리고 가장 개혁되기 어려운 사람들은 교회의 지도자들이 아닐까 하는 절망적인 생각까지도 여러 번 했습니다. 그럼에도 불구하고 지금까지 귀한 형제들이 변함없이 마음을 모으고 실망하지 않고 앞을 내다보고 달려갈 수 있게 해 주신 하나님께 감사를 드립니다. 모쪼록 교갱협이 한국 교회와 세계 교회를 위해, 좀 더 크게 말하면 21세기를 위해 큰 사건을 일으킬 수 있는 굉장히 의미 있는 모임이 되기를 바랍니다.

이제, 본문 말씀을 통해 스데반에게 주목하면서 스데반을 통해서 성령께서 우리에게 가르쳐 주시고 경고하시는 말씀을 함께 나누었으면 합니다. 교회나 사회, 그리고 국가에 있어 문제와 위기가 일어나면 그것이 역기능을 일으킬 때가 있습니다. 그러나 문제나 위기가 순기능을 발휘할 때도 많이 있습니다. 문제가 일어나면 그 문제를 통해서 인물이 발굴되곤 합니다. 위기를 만나면 사방이 캄캄해지는 안타까움도 체험하지만 그런 위기 속에서 위대한 지도자가 발굴될 때가 참으로 많습니다. 예루살렘교회가 그랬습니다.

사도행전에 보면 사도들이 가슴이 뜨거워서 복음을 전하다가 구제도 해야 하고, 가난한 사람도 도와야 하고, 이런저런 일에 욕심을 부리다가 나중에 어려움을 당합니다. 사람이 하는 일이고, 특히 돈을 가지고 무슨 일을 할 때는 반드시 잡음이 나게 되어 있습니다. 때문에 성령 충만한 사도들도 실수를 하였습니다. 이에 교회가 어려워지자 사도들이 대처를 잘했습니다.

우리가 잘 아는 대로, 사도들은 사람들로 하여금 전 교회의 동의를 얻어 일곱 집사를 선택하게 합니다. 그리고 그 사람들에게 사도들이 하던 일의 일부를 떼어서 봉사하게 했습니다. 그 일은 재정을 가지고 헌금을 잘 관리해서 가난한 자를 돕고 또 선교에 사용하는 것이었습니다. 이런 배경으로 일곱 집사가 등장하게 되었는데, 그 가운데 스데반이 뽑힌 것입니다.

스데반은 교포 유대인이라고 할 수 있습니다. 어디서 살았던 사람인지는 모르지만 예루살렘에 와 있었고, 그곳에서 은혜를 받고 그리스도 안에서 헌신된 사람이 되었습니다. 일곱 집사의 이름 대부분이 헬라 문화권에서 사용되는 이름인 것을 보아서 그들 대부분이 교포, 혹은 이민 갔다 온 유대인이었던 것 같습니다.

스데반은 '왕관'이라는 뜻으로 아름다운 이름입니다. 그래서 그런지 신약 교회가 등장한 이후에 가장 찬란하고 아름다운 왕관을 제일 먼저 쓴 사람이 되었습니다. 그의 이름과 걸맞는 인생을 산 것입니다.

스데반은 또한 충만의 대명사라고 해도 과언이 아닙니다. 사도행전에 보면 그의 이름이 붙는 곳마다 '충만'이라는 단어가 따라다닙니다. 6장 5절에는 "믿음과 성령이 충만한 사람", 6장 8절에는 "은혜와 권능이 충만한 사람", 6장 10절에는 "지혜와 성령이 충만한 사람", 7장 55절에는 "성령이 충만한 사람"으로 기록되어 있습니다. 스데반은 이처럼 모든 면에서 충만했습니다. 믿음도, 지혜도, 권능도, 성령도, 능력도, 은혜도 충만했던 사람입니다.

신약 교회의 역사를 돌이켜 볼 때 스데반은 평신도 운동의 선구자라고도 말할 수 있습니다. 물론 그 당시에는 평신도라는 말이 통하지 않는 시대였고, 평신도와 성직자를 구별할 만한 시대도 아니었습니다. 하지만 스데반은 사도가 아니었습니다. 일반 신자였습니다. 그는 일반 신자로서 집사의 일을 했지만, 집사의 사역을 하는 데만 머물지 않았습니다. 재정 관리나 하고 재정을 집행하는 일에만 시간을 보내고 있지 않았습니다. 성경을 보면 사도들과 맞먹는 사역을 펼칩니다. 다니면서 공중 앞에서 복음을 힘 있게 전하고 큰 기사와 표적을 행했습니다.

이것을 보면 예수님을 믿는 모든 사람은 다 특별한 소명자라는 것을 인식하게 됩니다. 그 사람이 어떤 직책을 맡고 있든지 일단 예수 그리스도를 영접하고 주님을 위해서 헌신된 사람이라면 모두가 주님에게 드려진 종이며 주님의 일꾼입니다.

스데반은 최초의 순교자입니다. 성경에서 예수님의 죽음을 제외하고, 한 사람의 죽음을 놓고 스데반처럼 상세하게 기록한 예가 없습니다. 그만큼 그의 죽음은 기독교 역사에 있어 절대로 지워질 수 없는 영광스러운 죽음이었고, 세계 복음화를 위한 밀알이 되는 위대한 죽음이었습니다. 이렇게 스데반을 놓고 보면 이런저런 생각을 해 볼 만한 내용들이 많이 있습니다.

스데반의 간단한 일대기와 죽음은 저에게 한 가지 도전을 줍니다. '나도 잘 죽어야겠다'는 것입니다. 잘 죽었으면 좋겠다는 도전입니다. 스데반처럼 그렇게 영광스럽게 죽을 수는 없겠지만 잘 죽어야겠습니다. 왜냐하면 스데반이 구원받은 것처럼 저도 구원받았고, 스데반이 예수님을 위해서 살고자 했던 것처럼 저도 그렇게 살려고 하고 있고, 스데반이 하나님의 사랑에 감동했던 것처럼 저도 그 사랑에 감동한 사람이기 때문입니다. 그래서 '스데반이 죽은 것처럼 나도 잘 죽어야 한다'라는 생각을 스데반의 기사를 읽을 때마다 하게 되는 것입니다.

죽음이라는 것은 마음대로 선택할 수 있는 사안이 아닙니다. 그저 하나님이 불러 가실 때 부름 받는 것뿐입니다. 그러나 잘 죽어야겠다는 소원을 가지고 하나님 앞에서 항상 살고, 그것을 기도의 제목으로 놓고 하나님 앞에 구하면 천 년, 만 년 죽지 않을 것처럼 사는 사람과는 다르지 않겠습니까?

오늘날 한국 교회의 지도자들이 흐리멍덩한 이유는 죽음을 생각하지 않기 때문입니다. '어떻게 죽어야 할 것인가?' 하는 중요한 명제를 앞에 놓고 진지하게 옷깃을 여미는 겸손이 없기 때문에 오늘날 교역자들이 이렇게 영적으로 힘을 잃어버리는 것입니다.

예수님의 짧은 생은 항상 죽음을 전제로 해석하고, 죽음을 전제로 검토할 때만 이해할 수 있습니다. 예수님은 죽기 위해 오셨습니다. 그분은 항상 십자가의 죽음을 염두에 두고 사셨습니다. 그러므로 그 죽음을 놓고 모든 생각을 정리하셨고, 그 죽음을 놓고 당신의 행동을 절제하셨습니다. 그리고 그 죽음 때문에 자신의 모든 삶의 패턴이 달라졌습니다. 예수님께는 '어떻게 사느냐'보다 '어떻게 죽느냐'가 더 중요한 과제였습니다. 이것이 주님의 삶을 특징 짓는 중요한 요소입니다.

마찬가지로 어떻게 죽을 것인가를 진지하게 생각하며 사는 사람은 그 삶에 남다른 데가 있기 마련입니다. 더 경건할 수 있습니다. 더 진지할 수 있습니다. 더 쉽게 자기의 마음을 비울 수 있습니다. 더 헌신할 수 있습니다. 그러므로 어떻게 죽을 것인가라는 질문은 어떻게 살 것인가라는 질문과 동일합니다. '내가 어떻게 죽을 것인가?' 이것은 바로 '어떻게 살 것인가?' 하는 것에 대한 대답을 요구합니다.

마르쿠스 아우렐리우스(Marcus Aurelius Antoninus, 121-180)는 "죽는 행위는 사는 행위의 일부이다"라는 말을 했습니다. 삶과 죽음은 동전의 앞뒷면과 같습니다. 따라서 진지하게 살기 원하는 사람은 진지하게 죽을 것을 생각하는 것입니다. 죽음은 사는 것만큼 자연스러운 것입니다. 더욱이 예수님을 믿는 하나님의 자녀들에게는 더 그렇습니다. 특별히 예수님을 위해서는 생명도 아끼지 않겠다고 큰소리치면서 목사가 된 사람들에게는 더 말할 나위가 없습니다.

스데반의 죽음을 놓고 도전 받고 본받았으면 하는 것이 네 가지가 있습니다. 이것을 함께 생각해 보았으면 합니다.

첫째로, 나도 예수님을 위해서 일하다가 죽고 싶다는 것입니다. 일을 다해 놓고 놀다가 죽고 싶은 것이 아닙니다. 일을 다해 놓고 내 맘대로 푹

쉬다가 죽고 싶은 것이 아닙니다. 예수님을 위해서 마지막 순간까지 일하다가 죽고 싶습니다. 저는 스데반에게서 이런 도전을 받았습니다.

스데반은 교인이 만 명이 넘는 예루살렘교회의 기둥이었습니다. 가장 필요로 하는 유능한 인재였습니다. 그의 나이가 어느 정도였는지는 모르지만 3, 40대의 젊은이였다고 생각합니다. 그가 받은 은사와 능력으로 보아서 장래가 촉망되는 사람이었습니다. 한마디로 말해서 예루살렘교회를 위해서 없어서는 안 될 사람이었습니다. 이처럼 가장 전성기에 서 있는 그였지만 하나님은 그를 불러 가셨습니다. 하루아침에 주님의 부름을 받은 것입니다. 이렇게 가장 필요한 사람, 꼭 있어야겠다고 생각되는 사람, 앞으로 전도가 양양한 사람을 하나님이 갑자기 불러 가시는 것을 보면 우리 하나님은 참으로 놀라운 분이십니다. 사람에게 의지해서 일하는 분이 아니십니다. 하나님 마음대로 하는 분이십니다. 우리는 저 사람은 꼭 있어야 한다고 생각하지만 하나님은 그렇게 생각하지 않으실 때가 많습니다. 하나님은 주권적으로 일하십니다. 그래서 스데반을 불러 가셨습니다.

어떤 면에서는 '얼마나 오래 살 것인가'보다 '어떻게 하면 끝까지 일하다가 죽을 것인가'가 더 진지한 질문입니다. 우리는 주를 위해서 우리의 가진 것을 다 드려도 우리가 받은 은혜의 몇 천만 분의 일도 보답을 할 수 없는, 정말로 빚진 존재입니다. 그렇기 때문에 우리는 마지막 순간까지 있는 힘을 다해 주를 위해 일한다고 해도 아무것도 하지 않은 사람처럼 느낄 수 있는 존재입니다.

웩(WEC) 선교회의 창시자인 C. T. 스터드 선교사(C.T. Studd, 1860-1931)는 다음과 같은 유명한 말을 했습니다.

"예수 그리스도가 나의 하나님이고, 예수 그리스도가 나를 위해서 죽은 것이 사실이라면, 그분을 위해서 내가 드리는 희생이 아무리 대단한 것일지라도 그 희생을 크다고 말할 수는 없다."

우리가 주님을 통해서 받은 은혜가 진짜라고 한다면, 그 은혜를 위해서 내가 드린 것을 가지고 "많이 드렸다.", "많이 헌신했다"라고 절대로 말할 수 없다는 것입니다. 그래서 스터드는 그런 은혜에 감격해서 마지막 순간까지 정말로 은혜에 빚진 자답게 살다가 갔습니다. 자기의 가진 것을 완전히 주님께 드리고 갔습니다. 우리는 모두 그렇게 살다가 가야 합니다. 사도행전 20장 24절 말씀을 보면, 바울도 같은 심정으로 살았다는 것을 알 수 있습니다.

"내가 달려갈 길과 주 예수께 받은 사명 곧 하나님의 은혜의 복음을 증언하는 일을 마치려 함에는 나의 생명조차 조금도 귀한 것으로 여기지 아니하노라."

이처럼 불타는 가슴을 안고 있는 사람이 바로 스데반처럼 일하다가 죽겠다는 사람입니다. 이런 가슴을 안고 사는 사람이 스데반의 발자취를 따라가는 사람입니다.

위대한 대각성 운동의 선구자였던 조지 휫필드(George Whitefield, 1714-1770)에게 하루는 어떤 사람이 찾아와서 이렇게 질문했다고 합니다. "목사님, 목사님은 나중에 세상 떠나실 때 어떤 간증을 하고 싶으십니까?" 그러자 휫필드는 정색을 하고는 "천만에요. 저는 임종 때 간증 안 합니다. 왜냐하면 저는 제가 살아 있을 때 날마다 그리스도의 증인으로 간증하며 살다가 죽지, 죽을 때 간증하려고 남겨 놓지 않을 것입니다"라고 대답했다고 합니다.

이 멀속에는 휫필드의 정신이 담겨 있습니다. 끝까지 일하다가 죽지, 죽을 때를 준비하느라 할 말을 안 하고 마음에 담아 두지 않겠다는 말입니다. 그래서 그런지 그는 30여 년을 사역하면서 일주일에 40시간에서 60시간을 설교하고 가르쳤다고 합니다. 이것은 자살 행위입니다. 초자연적인 힘입니다. 그 당시는 요즘처럼 스피커와 마이크가 있어서 힘을 덜 들이고 많은 사람에게 설교할 수 있는 시대가 아니었습니다. 그는 3만 명을 앉혀 놓고 설교할 만큼 탁월한 성대를 가졌었다고 하지만 일주일에 그 많은 시간을 말씀을 전하는 데 썼다면 그것은 죽음을 각오한 것입니다. 이처럼 그는 복음을 전하는 데 모든 힘을 소진하는 삶을 살았고, 56세의 나이에 하나님의 부르심을 받았습니다. 그날도 토요일 늦게까지 피곤함을 무릅쓰고 설교를 하다가 하나님 곁으로 떠난 것이었습니다.

그는 평소에 입버릇처럼 "녹이 슬어 없어지기보다 닳아서 없어지는 것이 낫다. 나는 닳아서 없어지는 망치가 되지, 녹슨 망치가 되고 싶지 않다"라는 말을 했습니다. 휫필드의 한마디 한마디의 말속에 스데반처럼 주를 위해 일하다가 죽겠다는 강한 의지가 들어 있는 것을 봅니다. 그는 앞으로 80년, 혹은 90년을 살 것인가를 계산하면서 건강관리를 하느라고 거드름을 피우는 그런 인생을 살지 않았습니다.

지난 주일에 우리 교회 사역 장로님 두 분이 저에게 찾아오셔서 한 담을 나누는 시간을 가졌습니다. 이런저런 이야기를 하다가 "목사님, 앞으로 오래 사셔야 합니다. 요즘 통계를 보면 이제 90세까지는 살 것 같습니다. 그러니까 요즘 환갑을 맞은 사람들이 앞으로 적어도 30년을 더 산다는 것을 전제로, 인생 설계를 해야 할 것 같습니다"라는 말이 나왔습니다. 그래서 제가 농담으로 "당신들이나 90살까지 사시오"라고 했는데, 정말 그렇게 살지도 모릅니다. 그러나 요즘 늙은이들이 얼마나 천대를 받습니까? 앞으로는 아마 더할 것입니다. 저는 그렇게 살고 싶지 않습니다. 저희 어머니는 지금 88세이십니다. 새벽마다 교회에 가서 기도하십니다. 저는 60년이 넘도록 어머니의 기도 때문에 살고 있는지도 모릅니다. 그렇지만 어머니를 보면서 '난 저렇게 오래 살고 싶지 않다'고 생각합니다.

건강을 관리하는 것은 우리의 책임이지만, 오래 사는 것이 목적이 되어서 '건강, 건강' 하는 것만큼 추한 것이 없습니다. 우리는 그런 존재가 아닙니다. 우리는 주를 위해서 일하다가 죽을 존재이지, 수명을 다할 때까지 살다가 죽기 싫어서 안달하는 그런 초라한 존재들이 아닙니다.

뱅겔(Johann Albrecht Bengel, 1687-1752)이라는 유명한 주석가가 날마다 이런 기도를 했다고 합니다.

"주님, 저는 공장에서 일하던 직공이 집에서 누가 찾아왔다는 소식을 듣고는 너무 반가워서 뛰쳐나가듯이 그렇게 죽고 싶습니다. 주님, 저에게 그런 은혜를 주시옵소서."

이런 기도를 드렸던 뱅겔은 정말로 평생 썼던 주석 원고를 다시 교정하고 정리하다가 하나님의 부르심을 받았습니다. 마지막까지 일하다가 간 사람입니다.

저는 지난 수개월 동안 제임스 엘리엇 선교사를 통해 많은 은혜를 받았습니다. 그는 친구 다섯 명과 함께 에콰도르의 살인 인디언인 아우카 족을 전도하기 위해서 들어갔다가 그들의 창에 찔려 28세에 세상을 떠난 순교자입니다. 엘리엇의 아내는 임신 중이었습니다. 그럼에도 불구하고 천 명도 제대로 안 되는 아우카 족에게 복음을 전하려고 들어갔다가 결국은 희생되었습니다. 그 희생의 대가로 오늘날 아우카 족이 복음화되었습니다.

저는 엘리엇에 대한 책을 읽으면서 참으로 여러 가지 생각을 했습니다. 그는 휘튼대학의 우등생이었고, 교내의 레슬링 챔피언이었으며 해외 선교회 회장이었고, 아마추어 시인이었으며 학년 대표 회장이었습니다. 그런데 그가 졸업할 때 이런 기도를 했습니다. 그의 일기장에 기록되어 있었던 내용입니다.

"예수님의 이름을 한 번도 들어 보지 못한 이들에게 복음을 전할 기회를 주시기만을 바랍니다. 주여, 이 생에 그것 말고 귀한 일이 또 무엇이겠습니까? 그것보다 나은 일에 대해 저는 한 번도 들어 보지 못했습니다. 주여, 저를 보내 주옵소서. 주님은 당신의 사역자들을 불꽃으로 삼으신다고 말씀하시지 않았습니까? 주여, 제가 활활 타오르도록 성령의 기름을 흠뻑 적셔 주옵소서. 주여, 저를 주의 연료로 삼으시옵소서. 하나님의 불꽃이 되게 해 주시옵소서. 잠깐 살다가 불꽃처럼 사라져도 좋사오니, 저를 사용하여 주시옵소서."

결국 그는 그의 기도대로 복음을 위해 소모품이 되었습니다. 그의 친구 다섯 명은 항상 서로 이렇게 이야기했습니다.

"우리는 소모품이다. 주님의 나라와 복음을 위해서 우리는 소모품으로 부름 받았으니, 언제 죽어도 좋다."

이런 자세를 가지고 살았습니다. 왜 그들이 본인들에게 소모품이라는 단어를 썼을까요? 그 다섯 명 가운데는 파일럿도 있고, 군대에 갔다 온 사람도 있었는데, 제2차 세계대전 때 미국 군대에 가면 훈련병들에게 "너희들은 국가를 위한 소모품이다"라고 말했다고 합니다. 그 말을 하나님 나라의 군병 된 자기들에게 적용한 것입니다.

'우리는 소모품이다. 주님의 나라를 위해서는 얼마나 오래 사느냐가 문제가 아니라 주를 위하여 끝까지 일하다가 죽는 것, 이것이 더 중요하다.' 그들은 늘 이렇게 생각하면서 살았고, 이렇게 생각하고 죽었습니다.

여러분은 어떤 생각을 가지고 목회 사역을 하고 있습니까? 여러분의 가슴에 하나님을 위한 불꽃이 타고 있습니까? '하나님, 언제 저를 부르셔도 좋사오니, 저를 사용하시옵소서. 활활 타오르는 횃불처럼 사용하시옵소서'라는 자세가 있습니까? 떠벌리지 마십시오. 쇼하지 마십시오. 강단에서 은혜받은 것처럼 쇼하지 말라는 말입니다. 가슴에는 다 엉뚱한 생각을 하고 있으면서 당장이라도 죽을 것처럼 행동하지 말고, 진실합시다. 정말 진실해야 합니다. 교회 갱신은 목회자들의 '진실함'에서부터 시작되는 것입니다. 목사를 직업처럼 알고 강단 위에서 쇼하지 맙시다.

둘째로, 나도 성령 충만해서 죽고 싶다는 것입니다. 성령 충만이 무엇입니까? 한마디로 정의할 수는 없지만, 예수 그리스도가 성령을 통해서 나를 통제하는 것이 성령 충만입니다. 내가 성령 되신 하나님의 손에 붙들려 있는 것이 성령 충만입니다. 나에게 어떤 은사가 나타나는가, 나타나지 않는가는 부수적인 것입니다. 내 가슴이 뜨거우냐 뜨겁지 않으냐 하는 것도 부수적인 것입니다. 성령의 손에 붙들려서 성령께서 원하시는 대로 움직인다면 그것이 성령 충만한 사람입니다.

스데반은 성경에 유일하게 기록된, 죽을 때 성령 충만한 사람이었습니다. 물론 예수님도 충만했겠지요. 다른 사도들도 충만했겠지요. 그러나 성경에서 '죽을 때 성령 충만했다'고 지적한 사람은 스데반이 유일합니다. 스데반은 죽음 앞에서도 성령이 충만했기 때문에 공포가 없었습니다. 날아오는 돌 앞에서도 공포가 없었습니다. 살기 위해 비겁하게 행동하지 않았습니다. 주를 위해서라면 기꺼이 생명을 주의 재단 위에 올려놓겠다는 일념만 가지고 있었습니다. 이것이 바로 성령 충만한 사람의 태도입니다.

고린도후서 5장 9절에서 바울이 고백한 것처럼, "우리는 몸으로 있든지 떠나든지 주를 기쁘시게 하는 자가 되기를 힘쓰노라"라고 하면서 죽음 앞에 떳떳하게 맞설 수 있었던 스데반. 그는 성령 충만한 사람이었습니다. 정말 부러운 사람입니다.

우리가 죽을 때 성령 충만한 사람이 되기를 원한다면 살아 있을 때 성령 충만하기를 원하는 사람이 되어야 합니다. 살아 있을 때 성령 충만에 무관심하던 사람이 죽을 때 갑자기 성령 충만해지는 법은 없습니다. 내가 건강할 때, 내가 젊을 때, 내가 일할 때, 항상 성령 충만하기를 사모하고 성령에게 사로잡혀 있다면 그 사람은 틀림없이 죽을 때도 성령 충만할 수 있습니다. 그러므로 내가 죽을 때 성령 충만하기를 원한다는 말은 내가 살아 있을 때도 성령의 손에 붙들리기를 원한다는 말과 똑같은 이야기입니다. 우리 모두 이런 사람이 되기를 원합니다.

저는 우리 교회 송달 장로님을 늘 생각을 합니다. 우리나라에서 회계사로서는 다섯 손가락 안에 들어가는 탁월한 분이셨습니다. 그분이 교회의 재정을 맡아 주셨습니다. 참 건강한 분이었습니다. 그런데 갑자기 기침이 자꾸 나와서 병원에 갔더니 폐암 3기라는 진단이 나왔습니다. 제가 미국에서 그 소식을 들었는데 눈앞이 캄캄해졌습니다.

"주님, 나이도 이제 50대 중반인데, 정말 사랑의교회를 위해서 꼭 필요한 지도자입니다. 좀 살려 주세요."

그렇게 안타깝게 기도를 하면서 귀국을 했습니다. 귀국하자마자 그분에게 먼저 전화를 했습니다. 그때 전화를 하는 제 마음이 얼마나 무거웠겠습니까? '장로님이 어떤 반응을 하실까? 전화기를 붙잡고 우실까? 어떻게 반응할까?' 하는 좀 불안한 마음을 가지고 전화를 했습니다. 그런데 "목사님, 오셨군요. 아, 반갑습니다"라고 하며 평소의 모습과 다르지 않은 모습을 보여 주셨습니다. 오히려 "목사님, 죄송해요. 염려 끼쳐서요. 폐암 3기래요. 수술도 안 된대요. 그저 하나님 앞에 맡겨야죠" 하면서 껄껄 웃는 것입니다.

저는 큰 충격을 받았습니다. 평소에 그분이 성령 충만한 사람인 줄은 제가 잘 알고 있었습니다. 다락방 순장으로서 많은 순원들에게 감동을 주는 영적 지도자라는 것을 평소에 보아 왔거든요. 하지만 그렇더라도 보통 사람이면 예순 살도 안 된 나이에 폐암 3기라고 하면 말이나 제대로 하겠어요? 그래서 당장 병원으로 갔습니다. 그랬더니 아니나 다를까 얼굴이 정말 스데반처럼 천사와 같았습니다. 환한 얼굴로 계속해서 감사를 하고 있는 것이었습니다. 그때 마침 대각성 전도집회를 앞두고 있었는데, "목사님, 우리 기사가 여태까지 전도를 받아들이지 않아요. 저하고 10년이 넘도록 같이 차를 타고 다니면서 자주 전도를 했는데도 제가 삶의 모범을 보이지 못해서 그런지 우리 기사가 안 믿어요. 이번에 전도해야겠는데…." 이런 걱정을 하고 있는 것입니다. 그러고는 자신의 병에 대한 이야기는 전혀 하지 않는 것입니다. 결국 그 기사는 대각성 전도집회 때 결신하고 예수님을 믿었습니다.

나중에는 집에 와서 누워 계셨기에 제가 몇 번 방문하였는데 변함이 없었습니다. 바로 눕지도 못하고 엉거주춤하게 엎드려 호흡이 힘든데도 얼굴이 얼마나 밝은지요. 성령 충만하지 않고는 어떻게 그럴 수 있겠습니까? 그러다가 결국에는 하나님이 데려가셨습니다. 아마 지금도 껄껄 웃고 있을 것입니다.

평신도가 이렇게 살다가 죽는 것을 보니까 제가 고민이 되었습니다. '나중에 내가 죽을 때 망신당하지 말아야 할 텐데' 하고 말입니다. 그래서 저는 가끔 "주님, 제발 망신당하지 않고 죽게 해 주세요"라는 기도를 합니다.

셋째로, 나도 주님의 영광을 보면서 죽고 싶다는 것입니다. 본문 말씀 55절을 보면, 스데반은 죽음을 앞두고 주님의 영광을 본 것을 알 수 있습니다.

스데반이 죽었던 장소는 예수님이 재판을 받으셨던 산헤드린 공회, 바로 그 자리였습니다. 그 자리에서 예수님은 "인자가 권능자의 우편에 앉은 것과 하늘 구름을 타고 오는 것을 너희가 보리라"고 하셨습니다(막 14:62). 예수님이 이 말씀하시던 바로 그 자리에서 스데반이 "인자가 하나님 우편에 서신 것을 본다"고 소리쳤습니다(56절). 그러니까 대제사장들이나 서기관들이 분을 참지 못한 것입니다.

스데반은 하나님의 영광을 보았습니다. 그런데 하나님께서 저나 여러분에게 마지막에 영안을 열어서 주님의 영광을 볼 수 있도록 해 주실지 모르겠습니다. 우리가 죽음 앞에 있을 때 하나님의 나라를 조금 들여다볼 수 있도록 커튼을 옆으로 밀쳐 주실는지 잘 모르겠습니다. 그러나 그렇게 해 주시든, 안 해 주시든 우리는 마지막에 주님의 영광을 볼 수 있었으면 좋겠습니다. 그래서 우리 모두가 얼마나 복 된 자이며, 얼마나 하나님의 사랑을 받고 주님 앞으로 부르심 받은 사람인가를 모든 주변 사람들이 간증할 수 있도록 우리를 사용하여 주셨으면 좋겠습니다. 이것은 욕심이겠지요? 그러나 이런 욕심은 가질 만하다고 봅니다.

넷째로, 나도 예수님을 닮은 죽음을 맞이하고 싶다는 것입니다. 스데반이 죽는 마지막 장면은 예수님의 마지막 순간과 매우 닮아있습니다.

예수님은 세상을 떠나시면서 "아버지, 내 영혼을 아버지 손에 부탁하나이다"(눅 23:46)라고 말씀하셨습니다. 스데반은 어땠습니까. 예수님과 똑같이 "주 예수여, 내 영혼을 받으시옵소서"(59절)라는 기도를 하였습니다. 또한 예수님이 십자가에 못 박히실 때 한 말씀, "아버지, 저들을 사하여 주옵소서. 자기들이 하는 것을 알지 못함이니이다"(눅 23:34)와 같이 스데반도 죽으면서 "주여, 이 죄를 그들에게 돌리지 마옵소서"(60절) 하고 말했습니다. 꼭 작은 예수를 보는 것 같습니다. 참 부럽다는 생각을 하게 됩니다.

그뿐만이 아닙니다. 예수님이 십자가에서 죽으심으로 많은 열매를 맺은 것처럼, 스데반도 썩는 밀알이 되어서 많은 열매를 맺었습니다. 그가 죽음으로써 바울이라고 하는 위대한 사도가 탄생했고, 그가 순교의 피를 뿌림으로써 예루살렘교회가 온 사방으로 흩어져 주님의 복음을 전 세계에 전하게 되는 계기가 되었습니다. 그래서 어거스틴 (Augustine, 354-430)은 이런 말을 했습니다.

"스데반이 죽으면서 저들의 죄를 용서해 달라고 기도를 하지 않았더라면 바울이라고 하는 탁월한 복음의 사도가 탄생하지 못했을 것이다."

옳은 말입니다. 스데반은 썩는 밀알이 되어 죽었습니다. 그랬기 때문에 그로부터 엄청난 열매가 맺혔습니다. 참으로 예수님을 닮은 죽음입니다.

저도 이처럼 마지막의 모습이 주님을 닮고 싶습니다. 참으로 큰 욕심인지는 모르지만 우리는 이런 욕심은 가질 필요가 있다고 생각합니다. 우리는 예수님의 동생들입니다. 우리는 예수님을 닮아 가는 작은 예수들입니다. 나중에 결국 주님 앞에 설 때는 예수님과 우리는 똑같은 모습으로 서로 쳐다보게 될 것입니다. 그러므로 우리가 살아 있을 때도 예수님의 모습을 보여 주어야 하겠지만, 죽을 때도 예수님의 모습을 보여 주는 사람이 되기를 소망하는 것은 조금도 잘못된 것이 아닙니다. 조금도 지나친 것이 아닙니다.

지금까지 스데반의 죽음을 놓고 몇 가지 소망하는 바를 말씀드렸습니다. 그런데 우리는 왜 이렇게 진지하게 스데반의 죽음에 관한 이야기를 해야 할까요? 이 점을 다시 한번 깊이 생각해 봅시다. 왜 우리가 이런 어둡고 무거운 이야기를 해야 합니까? 정말로 꼭 필요한 도전을 스데반으로부터 받아야 하는 이유가 무엇입니까?

우리의 목회 현장을 한번 냉정하게 돌아볼 수 있기를 바랍니다. 목회가 무엇입니까? 목회는 "내 양을 치라"고 하신 주님의 명령에 따라 주님의 피로 값 주고 사신 양 떼들을 책임지는 것입니다.

여러분! 한국 교회 목회가 지금 어떤 상황에 놓여 있다고 판단하십니까? 여러분은 저보다 나이가 젊기 때문에 더 예민할 것으로 압니다. 만약에 저보다 예민하지 못하다면 여러분은 문제가 있는 사람입니다. 오늘날 우리가 처한 상황이 어떠합니까? 스데반처럼 죽을 각오를 하고 목회하지 않으면, 주님 앞에 충성할 수 없는 상황입니다. 이 사실을 인정하십니까? 그저 자신의 건강, 기쁨, 평안, 성공과 명성을 얻는 것에 만족하는 삶을 사시겠습니까? 이런 사치스러운 생각에 빠져 있다면 우리의 목회는 어느 길로 가게 될까요. 우리의 목회는 스데반처럼 생명을 걸지 않으면 전망이 보이지 않는 위기에 처해 있습니다.

21세기에 접어들면서 우리는 여러 가지 위기를 조금씩 감지하고 있습니다. 우리나라만 살펴보아도 지난 50년 동안 하나님께서 크게 쓰시던 종들이 서서히 다 뒤로 물러나고 있습니다. 제가 이름을 일일이 대지 않아도 알 것입니다. 그러나 그분들의 바통을 이어받을 만큼, 또 그분들보다도 더 탁월하게 쓰임 받을 수 있겠다고 기대되는 사람들이 눈에 잘 들어오질 않습니다.

미국은 더 심각합니다. 빌리 그레이엄이 물러났습니다. 빌 브라이트(William R. Bill Bright, 1921–2003)가 죽었습니다. 조지 버워(Geage Verwer)가 은퇴를 합니다. 이외의 여러 위대한 거인들이 서서히 뒤로 물러나고 있습니다. 그러나 이들을 대신할 차세대가 별로 눈에 보이질 않습니다. 교회는 이렇게 리더십의 위기를 맞고 있고, 교회마다 심각한 문제를 가지고 어려움을 당하고 있습니다.

지도자는 책상에서 만들어지는 것이 아닙니다. 지도자는 환경에서 만들어지는 것입니다. 진정한 지도자는 위기에서 만들어지는 것입니다. 지금 우리가 처한 상황은 위기입니다. 이 위기를 바로 사용한다면 전무후무한 지도자들이 배출될 수 있습니다. 하지만 이 위기를 감지하지 못하고 그저 적당히 목회하고 넘어간다면 한국 교회의 전망은 어둡습니다.

여러분, 제가 왜 위기라고 하는지 한 가지만 예로 들겠습니다. 모 교육개발원에서 부모들을 상대로 설문조사를 했습니다. 그 결과, "학교에서 학생들에게 도덕 교육과 윤리 교육을 시켜야 한다"라고 대답한 사람이 백 명 가운데 7명밖에 없었다고 합니다. 아이들에게 윤리 교육이나 도덕 교육이 필요하다고 생각하는 부모가 7%밖에 안 되는 것입니다. 그러면 그 백 명 가운데 그리스도인이 몇 퍼센트나 될 것 같습니까? 우리가 흔히 계산하는 대로 한다면 아무리 안 되도 25명은 될 것입니다. 만약에 강남, 서초구를 예로 든다면 40명은 예수님을 믿는 사람이어야 하는데 윤리와 도덕 교육이 필요하다고 응답한 사람이 7명밖에 안 되는 것입니다. 그만큼 도덕에 관심이 없습니다.

오늘날 사람들의 관심은 도덕이 아닙니다. 가장 인기 없는 화두가 도덕입니다. 선하고 악한 것은 큰 문제가 안 됩니다. 이것이 오늘날 우리가 목회해야 하는 현실입니다.

얼마 전 월화 드라마로 폭발적인 반응을 불러일으켰던 〈옥탑방 고양이〉를 아시죠? 혼전 동거에 관한 이야기입니다. 그런데 그 드라마가 폭발적인 인기를 끌었다는 것은 무엇을 의미합니까? 그만큼 관심이 많다는 것입니다.

연세대학교에서 조사한 내용을 보면 혼전 동거에 대해서 긍정적으로 생각하는 사람이 20대에서 63%이고, 30대에서는 59%라고 합니다. 그러니까 10명 중에 6명은 얼마든지 혼전 동거를 할 수 있다고 생각하는 것입니다. 이것이 오늘날 우리가 목회하는 현실입니다. 거기에 또 기가 막힌 것은 〈옥탑방 고양이〉를 쓴 작가가 예수님을 믿는 가정의 딸이라는 것입니다. 그 작가의 아버지가 집사입니다. 그래서 그 작가는 혼전 동거를 하다가 얼마 전에 교회에서 결혼식을 했습니다. 이것이 현실입니다.

21세기의 중요한 코드 중 하나가 문화입니다. 한 사람이 드라마를 쓰고, 그것이 텔레비전에서 방영이 되면 얼마나 무서운 영향력을 끼칩니까. 금방이라도 모든 것이 뒤바뀔 듯합니다. 이뿐입니까? 인터넷 메일함에는 포르노 스팸 메일이 하루에 이삼십 통씩 들어올 때도 있습니다.

어느 5학년 여학생의 수기가 기억납니다. 어느날 남자 친구 집에 놀러 갔는데 그 친구가 "신기한 것 보여 줄까"라고 하더니 음란 사이트에서 포르노를 보여 주었다고 합니다. 깜짝 놀란 여학생은 소리를 지르며 도망쳤지만 아직도 그때 받은 충격에서 벗어나지 못하고 있다고 합니다.

이런 세태가 주일학교에 있습니다. 어떻게 해야 할까요? 우리는 선과 악을 구별하는 절대 권위가 없다는 것을 모든 사람이 자연스럽게 인정해 버리는 세대에서 살고 있습니다. 내게 좋으면 선이고, 내게 나쁘면 악입니다. 오늘날의 세대는 내가 선하다고 생각하는 것을 남에게 강요할 수 없다고 생각합니다. '네가 좋으면 됐지, 왜 나에게 강요하느냐?', '부모가 좋으면 좋았지 왜 자식에게 강요하느냐?' 이런 풍조가 만연된 세상이 우리가 목회를 하고 있는 세상입니다. 지금 우리가 무엇을 합니까? 무엇을 할 수 있습니까? 우리가 온 힘을 다해 설교를 하지만 그 설교가 어떤 영향을 끼친다고 생각하십니까? 이혼을 하거나 삶의 위기에 처한 사람에게 설교가 어떤 좋은 점을 가르쳐 주었다고 생각하십니까? 그 설교가 사람을 바꿉니까?

GNP 2만 달러 시대를 이야기하는데, 2만 달러 시대가 되어 보십시오. 한국 교회도 프랑스나 영국 교회와 같은 전철을 밟을 것입니다. 그때에도 한국 교회가 지금처럼 이렇게 목회를 한다면, 이렇게 흐리멍덩하게 모든 관심이 좋은 차, 좋은 사택, 많은 사례비와 교인들의 머릿수, 큰 교회 건물에 있다면 교회는 무엇으로 세상과 구별할 수 있을까요.

우리나라는 큰 부흥을 두 번 경험했습니다. 첫 번째는 1910년부터 1930년대까지 일어난 부흥입니다. 그때 얼마나 부흥을 했는지 불과 몇천 명밖에 되지 않던 기독교인이 30만 명으로 늘었습니다. 그 당시 부흥의 화두는 '회개'였습니다. 사람들이 말씀을 듣고 회개하고, 변화되었습니다. 삶이 바뀌었습니다. 그래서 세상 사람들과 예수님을 믿는 사람이 어떤 점에서 다른가를 분명하게 보여 주는 부흥이 되었습니다. 두 번째는, 1950년대 후반부터 시작해서 1980년대 중반까지 일어난 부흥입니다. 불과 30만 명밖에 안 되던 기독교인이 갑자기 천만 명이나 될 정도로 폭발적인 부흥을 했습니다. 이때 부흥의 화두는 '복'이었습니다. '형통'이었습니다. 그러니까 첫 번째 부흥기에 은혜받은 사람들은 나라를 지키다가 순교하여 장래를 위한 썩은 밀알이 되었지만, 두 번째 부흥기에 은혜받은 사람들은 교회를 더 세속화시키고, 타락시키는 데 앞장서게 된 것입니다.

19세기에 찰스 피니(Charles Grandison Finney, 1792 – 1875)를 통해서 일어났던 부흥의 주제는 '회개'였습니다. 많은 사람들이 말씀을 듣고 죄에서 떠났습니다. 직업을 바꾸었습니다. 의로운 가난을 받아들였습니다. 그래서 그때 은혜받았던 사람들이 1930년대 미국에서 일어난 개혁 운동의 주체가 되었습니다. 그들은 개혁 운동의 주체가 되어 노예

제도 폐지에 앞장서고 금주 운동을 했습니다. 그리고 백인과 흑인의 화해 운동도 주도했습니다. 여성의 인권을 위해서도 투쟁했습니다. 그래서 오늘날 미국 사회의 기초를 닦았습니다.

반면, 오늘날 한국 교회의 부흥은 이 사회에 어떤 긍정적인 영향을 끼치고 있나요? 정치계, 경제계, 교육계, 문화계 등 모든 곳을 보아도 믿는 사람은 많이 있습니다. 그러나 그들의 영향력은 미비합니다. 이러한 상황과 세태 속에서 우리는 목회자가 되어 있습니다. 어떻게 해야 할까요?

우리는 스데반처럼 다시 한번 마음가짐을 바로 가져야 합니다. 다음과 같은 필사의 각오가 필요합니다. '주를 위해서 생명 바쳐서 일하다가 죽겠다. 나에게는 내일이란 없다. 이 어려운 위기 상황에서 내 생명을 주의 재단 위에 올려놓겠다. 그래서 이 시대에 하나님의 나라가 이 땅에 이루어지도록 나의 한 번밖에 없는 삶을 던져 보겠다.'

이것을 위해 성령 충만한 자가 되기를 사모해야 합니다. 예수님처럼 살고 예수님처럼 죽고 싶다는 열망을 가지고 주님 앞에 우리의 삶을 드려야 합니다. 그럴 때 역사의 암흑기에 일어났던 놀라운 기적이 오늘 이 시대에도 일어날 수 있으리라고 믿습니다.

바로 이 일을 위하여 우리가 모였습니다. 이 자리에 모인 수백 명이 정말로 스데반처럼 영적으로 무장하고 나선다면, 정말 스데반처럼 죽음을 두려워하지 않고 이 시대를 위하여 하나님의 나라에 타오르는 불꽃이 되기를 소망한다면, 하나님이 우리를 사용하실 줄 믿습니다. 우리를 통해서 한국 교회를 다시 일으키실 줄 믿습니다. 갱신시켜 주실 줄 믿습니다. 하나님의 역사가 다시 시작되는 새로운 장이 열릴 줄 믿습니다. 이를 위해 우리 모두에게 주님께 쓰임 받는 은혜가 임하기를 바랍니다.

| 일러두기 |

본문의 성경은 《성경전서 개역개정판》을 주로 사용하였습니다.
이 책은 고(故) 옥한흠 목사의 설교를 바탕으로 구성한 것입니다.
설교 영상/오디오 자료는 QR코드를 참고하십시오.

전도자

옥한흠 지음

국제제자훈련원

들어가며

"전도가 체질화된 증인공동체로"

하나님께서 지상에 교회를 세우신 목적 가운데 하나는 세상을 구원하는 것입니다. 그러므로 전도나 선교에 관심을 두지 않는 교회는 성령께서 이끄시는 교회라 할 수 없습니다. 사랑의교회는 지난 20년 동안 이웃에 있는 영혼들을 구원하기 위해 해마다 대각성 전도집회를 열었습니다. 주님의 뜻에 조금이라도 일치하는 교회가 되기 위한 몸부림이었다고 할 수 있습니다. 이 집회를 통해 수만 명이 복음을 들었고, 그들 가운데서 열 명 중 네 명은 믿음을 고백하고 하나님의 품으로 돌아오는 감격을 맛보았습니다.

교회가 복음의 열정과 한 영혼에 대한 깊은 애정, 그리고 하나님 나라에 대한 황홀한 비전을 시종일관 유지하는 일은 결코 쉬운 일이 아닙니다. 신앙생활에서 전도가 체질화된 평신도를 만든다는 것은 한두 편의 설교로 해결될 수 있는 문제가 아닙니다. 누구든지 예수를 주(主)로 고백하면 그 시간부터 하나님의 나라와 그 의(義)를 가장 우선에 두고 생활해야 하는 소명자라는 사실을 기쁘게 인정하게 만드는 것은 하루아침에 되는 일이 아닙니다.

솔직히 말해 열정적으로 복음을 전하는 공동체를 만든다는 것은 목회자에게 대단한 도전이 아닐 수 없습니다. "교회를 부흥시킵시다", "금년 목표인 몇 명을 전도합시다" 이런 내용을 가지고 설교를 하고 교인들을 자극하는 일은 어려운 일이 아닙니다. 그러나 이런 식의 설교는 평신도의 의식을 구령(救靈)의 열정으로 채우지 못합니다. 교회를 부흥시키자는 호소는 잘못하면 평신도의 눈에 목회자의 야망으로 비칠 수 있습니다. 몇 명을 전도하자는 목표설정은 잘못하면 다분히 상업적인 냄새가 나는 소리로 들릴 수 있습니다.

타오르는 구령의 열정 때문에 희어져 추수하게 된 밭을 바라보는 안타까운 심정을 이기지 못하여 가만히 앉아 있지 못하는 증인들의 공동체를 만들기 위해서는 사람들의 의식과 가치관을 바꿀 수 있는 본질적인 메시지가 필요합니다. 자녀를 앞에 놓고 일등을 놓치면 안 된다는 말로 공부를 독촉하는 것과 다음 세대를 책임질 수 있는 훌륭한 지도자가 되어야 한다는 말로 비전을 불어넣는 것은 하늘과 땅만큼 차이가 나는 것입니다. 전도 메시지도 내용에 따라 이와 비슷한 엄청난 차이를 보일 수 있는 것입니다.

이 책에 실린 내용은 전도에 대해서 좀 더 본질적인 접근을 해 보려고 씨름하였던 몇 편의 메시지들입니다. 지금 한국 교회가 관심을 두어야 할 일은 몇 명을 전도하느냐보다 전도가 체질화된 평신도를 만드는 것이라고 생각합니다. 세상 구원을 '행사적인 사역'으로 인식하지 않고 '소명적인 사역'으로 자각하는 공동체를 만드는 것입니다. 우리가 안고 있는 문제의 핵심은 전도가 안 된다는 데 있는 것이 아니라 전도를 생명 걸고 해야 할 소명으로 보지 못한다는 데 있습니다. 이 책이 이 문제를 해결하는 데 작은 보탬이 되었으면 하는 마음 간절합니다.

　이 책을 내놓기 위해 수고해 주신 여러분들에게 나의 따뜻한 사랑을 전하고 싶습니다. 우리 모두의 헌신을 통해 하루 빨리 주 안에서 하늘과 땅에 있는 모든 것들이 통일되는 그날이 오기를 소원합니다.

옥한흠

차례

Part 03

불타는 열정의 전도자

Part 04

황홀한 기쁨을 가진 전도자

Part
01

세상을 제압하는 전도자

I

하늘을
겨냥하는 삶

"하늘을 겨냥하라. 그러면 땅은 덤으로 얻게 될 것이다.
땅을 겨냥하라. 그러면 어느 것도 얻지 못할 것이다." – C. S. 루이스

사도행전 1:1-11

1 데오빌로여 내가 먼저 쓴 글에는 무릇 예수께서 행하시며 가르치시기를 시작하심부터 2 그가 택하신 사도들에게 성령으로 명하시고 승천하신 날까지의 일을 기록하였노라 3 그가 고난받으신 후에 또한 그들에게 확실한 많은 증거로 친히 살아 계심을 나타내사 사십 일 동안 그들에게 보이시며 하나님 나라의 일을 말씀하시니라 4 사도와 함께 모이사 그들에게 분부하여 이르시되 예루살렘을 떠나지 말고 내게서 들은 바 아버지께서 약속하신 것을 기다리라 5 요한은 물로 세례를 베풀었으나 너희는 몇 날이 못되어 성령으로 세례를 받으리라 하셨느니라 6 그들이 모였을 때에 예수께 여쭈어 이르되 주께서 이스라엘 나라를 회복하심이 이때니이까 하니 7 이르시되 때와 시기는 아버지께서 자기의 권한에 두셨으니 너희가 알 바 아니요 8 오직 성령이 너희에게 임하시면 너희가 권능을 받고 예루살렘과 온 유대와 사마리아와 땅 끝까지 이르러 내 증인이 되리라 하시니라 9 이 말씀을 마치시고 그들이 보는데 올려져 가시니 구름이 그를 가리어 보이지 않게 하더라 10 올라가실 때에 제자들이 자세히 하늘을 쳐다보고 있는데 흰 옷 입은 두 사람이 그들 곁에 서서 11 이르되 갈릴리 사람들아 어찌하여 서서 하늘을 쳐다보느냐 너희 가운데서 하늘로 올려지신 이 예수는 하늘로 가심을 본 그대로 오시리라 하였느니라

하늘을
겨냥하는 삶

하나님의 거룩한 자녀로서 이 세상을 사는 사람이라면 마음속에 항상 이런 질문을 가지고 있을 것입니다. '나는 어디에 마음을 쏟고 있으며 무엇을 기대하고 사는가?' 문명이 발달할수록 사람들은 점점 더 타락하고, 풍요로운 생활을 누릴수록 더욱더 정욕의 노예가 된다는 사실을 우리는 역사를 통해 분명히 보고 있습니다.

얼마 전 모두를 경악하게 했던 사건은 다시 한번 이 사실을 확인시켜 주었습니다. 계모가 9억 원이라는 보험료가 탐이 나, 일곱 살짜리 딸을 사고로 가장하여 죽인 사건이었습니다. 우리는 이런 비정하고 잔인한 세상 한가운데서 살고 있습니다. 스스로에게 냉철하게 물어보십시오. '이런 세상에 과연 우리가 기대할 만한 것이 있는가? 이 세상은 과연 우리가 마음을 쏟을 만한 가치가 있는가?'

어떤 목사님이 오토바이를 타고 가는 한 젊은이를 보았습니다. 바짝 다가가서 보니 다음과 같이 쓴 스티커가 오토바이에 붙어 있었습니다. "죄의식 따위는 깔아뭉개 버려라." 죄의식을 가지고 살 필요가 없다는 것입니다. 죄의식 때문에 고민하는 사람이 있다면 오히려 그를 약간 모자란 사람으로 취급하는 풍조가 사회에 만연해 있습니다. 그 이유는 간단합니다. 하나님을 두려워하는 마음이 없기 때문입니다. 하나님을 두려워하는 마음이 있으면 죄의식이 생깁니다. 그러나 하나님을 두려워하는 마음이 없으면 죄의식도 따라서 희미해지는 것입니다.

벨트앙스트(Weltangst)라는 사람이 다음과 같은 유명한 말을 했습니다. "사람들의 마음에 하나님을 두려워하는 것이 죽어 버렸다. 그러나 새로운 두려움이 그 자리를 차지했다. 바로 모든 것을 두려워하는 공포다." 쉽게 말해서 사람들이 더 이상 하나님을 두려워하지 않게 되었다는 말입니다. 하나님이 두렵다는 생각 자체가 사라졌습니다. 그렇게 되면 사람들은 얽매이는 것 없이 편안하고 자유롭게 살 수 있을 줄 알았습니다. 또 모든 것에 자신감이 생길 줄 알았습니다.

그러나 결과는 그렇지 않았습니다. 그 안에는 어느새 다른 종류의 두려움이 대신 자리를 잡았습니다. 모든 것을 두려워하는 공포가 마음에 들어왔습니다. '내 몸에 무슨 심각한 문제가 생긴 것은 아닐까?' '빨리 죽으면 어떻게 하지?' '내 아이에게 무슨 일이 생기면 어쩌지?' '우리 가정에 원치 않는 변화가 일어나면 어쩌나?' 온갖 종류의 걱정 때문에 생기는 공포가 우리를 짓누릅니다. 사방을 다 둘러보아도 세상은 온통 우리를 두렵게 하는 것들로 꽉 차 있습니다. 여기에 과연 진정한 행복이 있습니까? 결국 '이 세상에는 더 이상 소망이 없어'라는 생각이 듭니다.

그런데 왜 이런 세상에 마음을 죄다 빼앗기고 삽니까? 왜 일주일 내내 세상일에만 연연하고 있습니까? 물론 그렇지 않은 분들도 있을 것입니다. 그러나 교회에 다니는 사람 열 명 중 여덟 명은 일주일 동안 줄곧 그 마음이 세상에 가 있는 것처럼 보입니다. 성경은 "네 마음을 다하며 목숨을 다하며 힘을 다하며 뜻을 다하여 주 너의 하나님을 사랑하고 또한 네 이웃을 네 자신 같이 사랑하라"(눅 10:27)고 말씀하지만, 우리의 모습은 그렇지 못합니다. 오히려 마음과 뜻을 온통 세상에 쏟고 목숨까지 바쳐가며 세상을 사랑하고 있습니다.

교회가 세상 패션 뒷북치다가

지금은 고인이 된 미국 예일 대학교의 라토렛(K. S. Latourette, 1884-1968) 교수는 유명한 교회사학자였습니다. 그는 교회가 부흥하고 성도들이 영적으로 건강하여 세상에 큰 영향을 미치던 시대도 있었던 반면에 교회가 힘을 잃고 세상에 대해 무기력하던 시대도 있었다고 말합니다. 그는 교회가 힘을 잃고 부패하여 있으나마나 했던 무력한 시대들을 연구하면서 한 가지 공통점을 발견했다고 합니다. 그런 시대에 교회는 예외 없이 세상의 환경에 순응하고 집착하다가 시간과 공간을 초월하는 교회 본래의 정체성을 잃어버리고 말더라는 것입니다. 교회가 모방하려고 애쓰던 당대의 나라와 문화가 사라지자 교회 역시 같이 없어지고 말았다는 것입니다.

교회는 교회로서 살아남아야 합니다. 교회는 교회만의 고유한 정체성을 갖고 있기 때문입니다. 교회는 세상과 절대로 비교할 수 없는 교회만의 독특한 본질이 있습니다. 만약 이것을 포기하면 더 이상 교회가 아닙니다. '옥한흠'이라는 사람에게는 그만이 갖는 개성과 정체성이 있습니다. 그것을 포기하면 '옥한흠'은 더 이상 '옥한흠'이 아닙니다. 만일 교회가 그 정체성과 본질을 포기함으로써 힘을 잃어버리기 시작하면 그 구성원들의 마음은 자연히 세상으로 기울어지게 되어 있습니다. '어떻게 하면 요즘 세상과 잘 조화를 이루어 가며 신앙생활을 할 수 있을까? 세상이 이렇게 변하는데 교회도 변해야 하지 않을까? 세상과 보조를 맞추어 세상이 원하는 대로 옷을 갈아입어야 하지 않을까?'라는 식의 생각으로 자꾸 자리를 내주다 보면 결국 교회는 세상을 따라가게 됩니다.

세상의 유행이란 그리 오래가지 않습니다. 세상의 가치관 치고 한 세기 이상 이어지는 것이 없습니다. 자꾸 변화하고 없어지는 것이 세상의 가치관들입니다. 따라서 교회가 세상이 변화하는 모습에 맞추려고 발버둥 치다가 세상의 가치관들이 사라져 없어지면 교회도 함께 무너지는 것을 막을 수 없게 되는 것입니다. 지금까지 기독교가 잘 못된 때를 기억해 보십시오. 예외 없이 그런 경우였음을 알 수 있습니다. 오늘날 현대 교회도 심각하게 변질되어 가는 모습을 보이고 있습니다. 결국 과거의 어두운 역사를 다시 되풀이할지도 모른다는 소리가 높아지고 있습니다. 그도 그럴 것이 너무나 많은 그리스도인들이 자신도 모르는 사이에 온통 세상에 마음을 빼앗긴 채 살아가고 있기 때문입니다.

○ ○ ○ ○ ○ ○ ○ ○ ○ ○ ○ ○ ○ ○
정말 하나님 나라를 기다리고 바라는가?

사도행전 1장은 우리가 진정으로 마음을 두어야 할 것에 대해 말씀하고 있습니다. 바로 하나님 나라입니다. 십자가에서 죽으셨다가 죄와 사망의 권세를 다 정복하고 부활하신 영광의 주님은, 승천하시기 전까지 40일 동안 제자들과 만나 대화를 나누셨습니다. 그때 나누었던 대화의 주제가 바로 하나님 나라입니다.

그가 고난받으신 후에 또한 그들에게 확실한 많은 증거로 친히 살아
계심을 나타내사 사십 일 동안 그들에게 보이시며 하나님 나라의 일
을 말씀하시니라_행 1:3

예수님의 주된 관심사이자 대화의 주제는 그분이 영원토록 다스리
실 하나님 나라였습니다. 예수님은 그 나라에 대해서만 말씀하셨지
세상 나라에 대해서는 언급하지 않으셨습니다. 본문을 보면 하나님
나라의 시작과 진행, 결말이 잘 정리되어 있는데 하나님 나라가 언제
시작되었는지 1절 말씀에 잘 나타납니다.

"데오빌로여 내가 먼저 쓴 글에는 무릇 예수께서 행하시며 가르치
시기를 시작하심부터(기록하였노라)."

하나님 나라는 예수님이 세상에 오셔서 "회개하라, 하나님 나라가
가까웠느니라"고 외치며 가르치실 때부터 이미 시작되었습니다. 이
하나님 나라는 어떻게 전개되어 갑니까?

"오직 성령이 너희에게 임하시면 너희가 권능을 받고 예루살렘과
온 유대와 사마리아와 땅 끝까지 이르러 내 증인이 되리라"(8절).

하나님 나라는 주님이 지상에 세우신 교회를 통하여, 복음을 전하
는 전도활동을 통하여 땅 끝까지 완성되어 간다는 말씀입니다. 그러
므로 주님이 하나님 나라를 건설하고 그 나라를 완성하기 위해 지상
교회를 세웠다는 결론을 얻을 수 있습니다. 하나님 나라는 언제 완성
됩니까? 예수님이 승천하시는 광경을 넋을 잃고 바라보는 제자들에
게 천사가 말했습니다.

"갈릴리 사람들아 어찌하여 서서 하늘을 쳐다보느냐 너희 가운데서
하늘로 올려지신 이 예수는 하늘로 가심을 본 그대로 오시리라"(11절).

예수님이 승천하실 때와 똑같은 모습으로 이 땅에 다시 재림하시는

그날, 하나님 나라는 완성되고 영원히 지속될 것입니다.

천상천하 유신국독존(天上天下 唯神國獨尊)

이것이 하나님 나라입니다. 예수님의 관심, 예수님의 주제는 하나님 나라 밖에 없습니다. 창세기부터 요한계시록까지의 주제는 예수 그리스도와 그분이 다스리는 하나님 나라입니다. 그 외에는 없습니다. 성경 어디에도 세상 나라에 관심을 보이지 않습니다. 성경에는 세상 나라에 대한 청사진도, 목표도 없습니다. 성경의 유일한 관심은 오직 하나님 나라뿐입니다. 세상 나라가 존재할 가치, 대한민국이 존재하고 우리가 사는 21세기가 존재하는 이유가 있다면 그것은 하나님 나라가 이 세상에서부터 시작된다는 것뿐입니다.

하나님 나라에 들어갈 백성들은 다 이 세상에 살고 있습니다. 그들이 전부 예수 믿고 하나님 나라로 들어올 때까지는 세상 나라가 존재해야 합니다. 이런 의미에서 세상 나라는 하나님 나라를 위한 터전이 되는 것입니다. 하나님 나라가 없다면 세상 나라는 아무 의미도 없습니다. 타락한 죄악의 소굴, 그 이상의 의미는 없습니다.

사도행전은 예루살렘에서 처음으로 하나님의 백성이 된 사람들의 수가 120명이라고 기록하고 있습니다. 또 그들을 통해서 예수 믿고 하나님의 백성이 되는 사람들이 점점 불어났습니다. 조금 후에는 허다한 제사장의 무리까지 합세하여 제자들의 수가 아주 많아졌다고 합니다. 그들은 모두 하나님을 위해 생명을 건 사람들이었습니다.

그들의 관심과 목표는 오직 하나님 나라뿐이었습니다. 많은 사람의 헌신으로 하나님의 나라는 예루살렘 성벽을 뛰어넘어 유대와 사마리아와 저 수리아 지역까지 확장되었습니다. 그들이 가는 곳마다 하나님의 사람들이 점점 늘어났습니다.

수(數)가 더 많아지니라_행 9:31

국경을 넘어서 안디옥과 터키가 있는 이고니온, 마침내 로마 제국의 수도였던 로마까지 복음이 전파되었습니다. 사도행전은 몸은 비록 로마 감옥에 갇혀 있지만 면회 오는 모든 사람들에게 담대히 하나님 나라를 전파하는 바울의 모습을 보여 주면서 그 대단원의 막을 내리고 있습니다. 바울은 자기를 찾은 군인이며 귀족, 천인, 노예, 헬라인, 로마인, 유대인 할 것 없이 모두에게 하나님 나라를 전했습니다.

○ ○ ○ ○ ○ ○ ○ ○ ○ ○
나는 무엇을 위해 사는가?

이처럼 사도행전에 나오는 모든 사람들의 관심과 마음은 온통 하나님 나라에 있었습니다. 그들은 우리처럼 건강 걱정, 자식 걱정, 물질 걱정 때문에 매일매일을 근심으로 살아가지 않았습니다. 우리처럼 세상 나라에 온통 마음을 빼앗긴 사람이 없었습니다. 베드로도 결혼하여 아내와 자식이 있었지만 성경에는 그가 가족들을 걱정하느라 시간을 보냈다는 기록은 없습니다. 그들의 관심은 오직 하나님 나라였습니다. 물론 그들은 가정도 알뜰히 돌봤습니다. 남편으로서 자신의 의무를 다했습니다. 그리고 생업에도 충실했습니다.

그렇지만 다른 점이 하나 있었습니다. 바로 하나님 나라와 그분의 의를 구하는 데 온통 마음을 쏟았다는 점입니다. 그렇게 살다 보니 많은 핍박도 받았고 때로는 생명을 빼앗기기도 했습니다. 스데반은 돌에 맞아 죽었습니다. 예루살렘에서 핍박이 일어나자 집도 빼앗기고,

생업도 빼앗기고, 온 가족이 사방으로 뿔뿔이 흩어지는 아픔을 겪기도 했습니다. 그러나 그들의 마음속에는 기쁨이 있었습니다. 그들은 하나님 나라를 위해 세상을 사는 사람이지, 세상 나라를 위해 하나님 나라를 이용한 사람들이 아니었기 때문입니다.

만일 우리가 "주님, 저도 항상 하나님 나라를 기다리고 바라며 사는 사람입니다. 비록 아침부터 저녁까지 회사 일에 정신없이 쫓기지만, 그 일을 내가 왜 하는지는 압니다. 바로 하나님 나라 때문에 일하고 있습니다"라고 고백한다면 우리는 사도행전의 성도들과 똑같다고 할 수 있습니다. 진정 거듭난 그리스도인이라면 이런 고백을 하는 것이 정상입니다. 만일 스스로 생각하기에 사도행전에 나오는 사람들과 다르다고 느낀다면 그것은 이단이든지 사이비든지 둘 중의 하나일 것입니다.

하나님 나라 백성이라고 하면서 1년 365일 동안 한 사람도 전도하지 못하고서 하나님 나라를 기다리며 바라고 있다고, 하나님 나라에 관심을 가지고 있다고 말할 수 없습니다. 이런 면에서 우리가 사도행전에 등장하는 수천, 수만 명의 제자들과 같지 않다는 게 큰 불행이 아닐 수 없습니다. 우리는 그들과 똑같아야 됩니다.

그러므로 우리는 늘 이런 기도를 드려야 합니다. "주님, 누구에게 전도할까요? 누구를 하나님 나라로 인도할까요?" 그러면 하나님께서 전도할 사람을 만나게 하시고 교제가 이루어지도록 도와주시며, 그들이 예수 믿고 돌아오는 것을 목격하는 기쁨도 맛보게 해 주십니다. 스스로에게 물어보십시오. "나는 세상 나라를 위해 살고 있는가, 아니면 하나님 나라를 위해 살고 있는가?"

전도자

주님이 교회에 주신 세 가지 선물

첫째로, 예수의 이름을 주셨습니다. 예수의 이름! 이 이름이 얼마나 영광스러운 이름입니까?

> 오직 성령이 너희에게 임하시면 너희가 권능을 받고 예루살렘과 온 유
> 대와 사마리아와 땅 끝까지 이르러 '내' 증인이 되리라_행 1:8

여기서 '내'가 바로 하나님 나라의 왕이신 예수 그리스도이십니다. 십자가에서 죽음을 이기고 부활하신 예수 그리스도이십니다. 하늘과 땅의 모든 권세를 손에 쥐고 계시는 만왕의 왕, 만유의 주, 예수 그리스도이십니다. "모든 통치와 권세와 능력과 주권과 이 세상뿐 아니라 오는 세상에 일컫는 모든 이름 위에" 뛰어나신 예수 그리스도이십니다(엡 1:21 참조). 결국 예수 그리스도가 모든 만물을 충만하게 하실 것입니다. 오직 그 이름만이 영광을 받으실 것입니다. 이 놀라운 이름을 우리에게 주셨습니다.

예수의 이름으로 외치는 베드로의 짧은 설교에 사람들이 변했습니다. 예수를 십자가에 못 박으라고 소리쳤던 폭도들이 갑자기 가슴을 치며 회개하고 돌아온 사실에서 그 이름의 권세는 확실하게 드러났습니다. "또 그(예수님)의 이름으로 죄 사함을 받게 하는 회개가 예루살렘에서 시작하여 모든 족속에게 전파될 것이 기록되었으니 너희는 이 모든 일의 증인이라"(눅 24:47-48)는 말씀대로 베드로는 예수의 이름을 증거했습니다. 그러자 그 말씀 앞에 양심의 가책을 느낀 수많은 사람들이 "형제들아, 우리가 어찌할꼬"(행 2:37)라며 가슴을 치고 회개했고 죄 사함을 얻어 하나님 나라의 백성이 되었습니다.

우리는 전도할 때마다 한 사람을 전도한다는 게 얼마나 어려운 일인지 자주 실감합니다. 눈을 치켜 뜨고 아주 못마땅하다는 표정으로 빤히 쳐다보는 사람, 계속 말꼬리를 물고 늘어지면서 자기 지식을 뽐내는 거만한 사람, 이런 사람들을 우리 힘으로 예수 믿게 한다는 것이 거의 불가능해 보일 정도입니다. 하물며 예수님을 십자가에 못 박으라고 소리지르던 폭도들을 예수 믿게 만드는 일이란 초대 교회 그리스도인들에게 아주 절망적인 일이었을 것입니다. 그러나 예수 이름의 권세는 모든 불가능을 가능으로 바꿔 놓았습니다. 그 권세는 베드로가 예수의 이름으로 복음을 증거하자 폭도들이 모두 다 하나님 앞에서 자복하고 회개하게 만들 정도로 대단한 것입니다.

예수 이름의 권세는 베드로가 예수의 이름으로 담대하게 명하자 태어나면서부터 못 걷게 된 사람이 걷고 뛰게 된 사건에서도 나타났습니다. 이 광경을 보고 놀라며 주변에 몰려든 사람들을 향해 베드로는 이렇게 외쳤습니다.

> 너희와 모든 이스라엘 백성들은 알라 너희가 십자가에 못 박고 하나님이 죽은 자 가운데서 살리신 나사렛 예수 그리스도의 이름으로 이 사람이 건강하게 되어 너희 앞에 섰느니라_행 4:10

예수의 이름은 이렇게 권세가 있습니다. 할렐루야!

인도 선교사로서 선교 역사에 큰 발자취를 남긴 스탠리 존스(E. Stanley Jones, 1884-1973)는 인도에서 복음 전하는 일에 평생을 바친 분입니다. 그는 89세에 뇌일혈로 반신불수가 되어 버렸습니다. 사람들은 그를 강제로 보스턴에 있는 병원에 입원시켰습니다. 그는 치료를 받으면서 자기 병실에 들어오는 모든 의사들에게 이렇게 부탁했습니다.

"의사 선생님, 나에게 이렇게 말해 주시오. '나사렛 예수 그리스도의 이름으로 명하노니 스탠리야, 걸어라'라고 명령해 주시오."

여러 번 거듭해서 부탁하자 치료하러 들어오는 의사들마다 그에게 "나사렛 예수 그리스도의 이름으로 명하노니 스탠리야, 걸어라!"라고 말하기 시작했다고 합니다. 그러면 스탠리 선교사는 힘차게 대답했습니다. "아멘!" 간호사에게도 마찬가지로 똑같은 부탁을 했습니다. 간호사도 치료 도중 이렇게 말했습니다. "나사렛 예수 그리스도의 이름으로 명하노니 스탠리야, 걸어라." 스탠리는 그 즉시 대답했습니다. "아멘!"

혹시 노망이 든 것 같다고 생각할지 모르지만 놀랍게도 그는 6개월 만에 병상을 박차고 일어났습니다. 그리고 90세의 나이에 또 다시 인도로 선교를 떠났다고 합니다. 예수 이름의 권능과 권세와 영광을 믿는 믿음이 기적을 나타낸 것입니다. 예수 이름의 권능을 믿지 않는 사람은 결단코 경험할 수 없는 일입니다.

병든 사람이 있으면 이렇게 선포하십시오. "나사렛 예수 그리스도의 이름으로 명하노니 딸(아들)아, 네 병에서 놓여 건강할지어다." 그리고 화답하십시오. "아멘!" 그러면 병이 나을 수 있습니다. 예수 이름의 권세를 신뢰하지 않으면 치유를 경험할 수 없습니다. 믿으십시오. 나사렛 예수 그리스도의 이름은 그만큼 권능이 있습니다.

예수님은 가서 복음을 전하고 하나님 나라를 위해 일할 때, 우리 이름으로 가거나 교회 목사님의 이름을 가지고 가거나 교회의 이름으로 가서 전하라고 말씀하지 않으셨습니다. '내' 이름, 곧 예수의 이름을 가지고 가서 전하라고 하셨습니다. 그러나 불행하게도 이 영광스러운 이름을 가지고 있으면서도 그 이름의 능력을 경험하지 못하는 사람이 많이 있습니다. 미국 교회의 한 통계에 따르면 1년 내내 전도를 한 번도 못한 사람이 98%라고 합니다. 영광스러운 이름을 가지고 있으면서도 그 이름을 전혀 발설하지 못하고 있는 것입니다.

주 예수의 이름은 너무나 영광스러워 나만 알고 있을 수 없습니다. 주 예수의 이름은 너무나 존귀하여 나 혼자 가지고 있을 수 없습니다. 주 예수의 이름은 너무나 능력이 커서 숨겨 놓을 수 없습니다. 주님은 이 이름을 우리에게 주셨습니다. 전도집회는 바로 이 이름을 가지고 타락한 세상에 복음을 선포하여 하나님 나라를 앞당기기 위해 하는 것입니다. 그런데도 아직도 전도집회를 남의 일처럼 생각하고 있습니까? 그렇다면 감히 예수를 믿는다고 말할 수 없습니다. 그런 부끄러운 모습으로는 급할 때 하나님을 찾기가 힘듭니다.

둘째로, 성령의 권능을 주셨습니다.

오직 성령이 너희에게 임하시면 너희가 권능을 받고_행 1:8

성령은 분명히 우리에게 오셨고 우리 안에 계십니다. 이것을 믿는다면 "나는 권세를 받지 못했기 때문에 전도하지 못합니다. 나는 은사가 없어서 전도하지 못합니다. 다른 사람 앞에만 서면 얼굴이 빨개져서 도무지 말이 안 나옵니다"라는 말들은 변명이 될 수밖에 없습니다. 성령은 이미 우리 안에 거하고 계시기 때문입니다.

성령이 우리 안에 거하시는데 그 능력이 나타나지 않습니까? 순종하지 않기 때문입니다. 믿지 않는 이웃 아주머니와 엘리베이터를 같이 타게 됐을 때, 당신은 마음속에서 울리는 성령의 음성을 들을 수 있을 겁니다. '예수 믿으라고 한마디만 해. 한마디만 해 봐.' 그러나 또 다른 한편에서는 이런 소리가 들려옵니다. '아니야. 괜히 말을 꺼냈다가 무안만 당할 거야.' 그렇게 갈등하는 사이 그만 엘리베이터의 문이 열리고 전도할 기회를 잃게 되기가 부지기수입니다.

성령께서는 우리가 안 믿는 사람과 만나게 될 때, 또 복음이 필요한 사람을 보게 될 때마다 복음을 전하라고 마음속에 속삭여 주시는데 우리는 이것을 자꾸 거부하고 있습니다. 이런 이유 때문에 우리에게서 능력이 나타나지 않는 것입니다.

수백만 킬로와트의 전력을 만들어 내는 발전소에서부터 각 가정까지는 전력을 공급하는 전선으로 일일이 연결되어 있습니다. 그러나 그 발전소가 아무리 크고 또 엄청난 양의 전력을 공급한다 해도, 가정에서 스위치 하나를 올리지 않는다면 아무 소용이 없습니다. 밥도 짓지 못하고 전등도 켜지 못합니다.

성령도 마찬가지입니다. 성령은 우리 안에 거하십니다. 교회에 계십니다. 그러나 우리가 순종의 스위치를 켜지 않으면 성령은 결코 우리 안에서 역사하지 못합니다. 그러므로 우리 모두 순종합시다. 순종하면 성령께서 우리를 통해 엄청난 일을 하십니다. 베드로가 삼천 명을 전도했다면, 우리도 삼천 명을 전도할 수 있습니다. 예루살렘교회가 만 명을 전도했다면, 우리 교회도 만 명, 십만 명, 백만 명도 전도할 수 있습니다. 순종하면 하나님의 능력이 나로부터 나갑니다. 내 안에 성령이 거하시기 때문입니다.

셋째로, 하나님 나라의 꿈과 환상을 주셨습니다.

하나님이 말씀하시기를 말세에 내가 내 영을 모든 육체에 부어 주리니 너희의 자녀들은 예언할 것이요 너희의 젊은이들은 환상을 보고 너희의 늙은이들은 꿈을 꾸리라_행 2:17

이 말씀에 등장하는 꿈이나 환상, 예언은 하나님 나라에 대한 꿈이요, 환상이요, 예언을 의미합니다. 그러므로 믿음을 가지고 하나님 나라를 위해 살기 원하는 사람들의 마음속에는 항상 그 나라의 그림이 그려집니다. 예수 믿는 사람이 늘어나고, 주님이 오실 때가 가까워 오면 이들은 기쁨을 감추지 못합니다. 왜냐하면 하나님 나라에 대한 환상이 있기 때문입니다. 예수님은 우리가 이 환상과 꿈을 가지고 살도록 매일 반복하여 기도할 수 있는 주기도문을 주셨습니다.

> 하늘에 계신 우리 아버지여 이름이 거룩히 여김을 받으시오며
> _마 6:9

그 이름이 거룩히 여김을 받기 위해서는 그 나라가 임해야 됩니다. 하나님 나라가 완성되어야 합니다. 그럴 때 주님의 뜻이 이 땅 위에 이루어지게 되고, 나라와 권세와 영광이 아버지께 영원히 있게 됩니다. "하나님이여, 하나님 나라와 그 나라의 모든 영광과 권세를 소유하시고 우리를 영원히 다스려 주옵소서." 이것이 주기도문의 중심 사상입니다. 주님은 우리가 날마다 주기도문으로 기도하면서 하나님 나라를 꿈꾸고 그 나라를 바라보며 살도록 해 주셨습니다.

그러나 과연 우리의 꿈과 환상이 하나님 나라에 있습니까? 우리의 마음을 사로잡고 있는 꿈과 환상은 무엇입니까? 세상 사람들이 부러워하는 것과 마찬가지로 좋은 집과 경제적인 윤택함입니까?

> 육신을 따르는 자는 육신의 일을, 영을 따르는 자는 영의 일을 생각
> 하나니_롬 8:5

'영의 일'이란 하나님 나라의 환상을 의미합니다. 이 환상을 가지고

있다면 당신은 성령의 사람입니다. 만약 이 환상은 없고 세상의 환상만 가득하다면 지금 스스로에게 이런 질문을 던져 보십시오.

"성령님, 지금 어디 계십니까?"

하늘을 겨냥하면 땅은 덤

정상적인 그리스도인이라면 하나님 나라에 마음을 둡니다. 그러나 관심을 갖는 수준에 머물러서는 안 됩니다. 관심은 분위기가 바뀌면 없어질 수도 있기 때문입니다. 관심과 함께 그 나라를 위해 헌신하십시오. 헌신하는 사람은 변명하지 않습니다. 결과를 볼 때까지 쉬지 않습니다. 이것이 헌신하는 사람의 자세입니다. 하나님 나라에 관심을 가지고 헌신하는 사람은 주님을 위해 시간과 물질과 몸을 드립니다. 주저 없이 내어 놓습니다.

어느 목사님이 미국의 한 신학교를 방문했는데, 그 학교는 재정적으로 몹시 어려운 상태였습니다. 좋은 교수를 영입하고 싶어도 재정이 확보되지 않아 못하고 있던 터에 한국에서 온 목사님이라니까 붙들고 사정을 하게 됐습니다. "목사님, 우리 신학교에는 한국 학생만해도 천 명이 넘습니다. 그러니 한국 교회가 도와줄 만하지 않습니까? 석좌교수를 모실 수 있도록 재정을 지원해 주시면 좋겠습니다." 석좌교수란 어떤 기업이나 개인이 기부한 기금으로 연구활동을 하도록 대학에서 지정한 교수를 말합니다. 미국에서 석좌교수 한 사람을 쓰기 위해서는 적어도 백만 달러가 필요합니다. 목사님은 듣자 하니 사정이 너무 딱해서 노력해 보겠다고 대답한 다음 돌아왔습니다.

그런데 목사님에게는 이 일이 너무 큰 부담이 되었습니다. 시무하는 교회에서도 수백 억짜리 프로젝트를 막 시작한 터라 이 일을 교회

재정으로 할 수도 없고, 그렇다고 약속한 일인데 나 몰라라 할 수도 없고 아주 난처한 입장이 되었습니다. 고민하며 기도만 하고 있었는데, 어느 날 중소기업을 운영하시는 모 집사님이 자꾸 생각나더랍니다. 그래서 그분과 점심 약속을 하고 만났습니다. 눈치를 봐 가면서 살짝 물었습니다. "집사님, 요즘 사업은 좀 어떠십니까?" 그러자 "요즘 형편이 별로 좋지 않습니다. 저희 회사도 규모를 많이 줄였습니다. 그래도 규모를 줄인 뒤에는 하나님의 은혜로 지난 한 해 동안 어렵지 않을 만큼 벌었습니다"라고 하더니 그 액수를 말하더랍니다. 중소기업의 1년 매출로 치자면 그리 큰 돈은 아니었으나 불경기에 그만한 수익을 본다는 건 참으로 대단한 일이었습니다. 목사님은 조심스럽게 이 문제를 상의했습니다. "저에게 이런 사정이 있습니다. 앞으로 지도자가 될 사람들을 키우는 데 쓰려고 하니 좀 도와주십시오." 사정을 다 듣고 난 후 집사님은 "주님이 쓰시겠다니 드려야지요"라며 대뜸 9억 원을 내놓았다고 합니다.

9억이면 얼마나 큰 돈입니까? 그런데도 집사님은 '하나님 나라를 위해 써야겠다'는 확신이 들자 조금도 아낌없이 드렸습니다. 이것이 헌신입니다. 이것이 하나님 나라를 기다리고 바라는 자의 모습입니다. 죽을 때 가져가지도 못할 뿐더러 자식과 가정을 망치기 십상인 재물을 쌓아 놓으려고만 하는 어리석음을 범하지 마십시오. 그것은 하나님 나라를 모르는 세상 사람들의 모습입니다.

철학자 루소(Rousseau, 1712-1778)는 예수 믿는 사람을 향해 빈정거리는 투로 이렇게 말했습니다. "도대체 교회라는 곳은 이상하다. 모두가 해결이 불가능해 보이는 충성 딜레마에 빠져 있는 것 같다. 다들 하나님 나라만 찾고 있는데 저렇게 하나님 나라에만 충성하다가 세상 나라의 훌륭한 시민은 어떻게 되겠다는 말인가?"

20세기 최고의 기독교 문학가인 영국 케임브리지 대학교의 C. S. 루이스(C. S. Lewis, 1898-1963) 교수는 이렇게 대답합니다. "하늘을 겨냥하라. 그러면 땅은 덤으로 얻게 될 것이다. 땅을 겨냥하라. 그러면 어느 것도 얻지 못할 것이다."

이것은 진리입니다. 하나님 나라를 얻는 사람은 세상도 얻습니다. 그러나 하나님 나라를 잃는 사람은 세상도 다 잃습니다. 그렇기 때문에 하나님 나라를 최우선 순위에 두라고 말씀하십니다. 하늘의 것을 먼저 구하면 땅의 것은 덤으로 주십니다. 그런데도 오늘날 하나님의 말씀과는 거꾸로 살아가는 사람들이 너무나 많습니다.

○ ○ ○ ○ ○ ○ ○ ○ ○ ○ ○ ○
당신은 줄을 어디에 섰는가

하나님은 세상 나라에 대해서 이렇게 선언하십니다. "무너졌도다 무너졌도다 큰 성 바벨론이여"(계 18:2). 바벨론은 세상 나라를 가리킵니다. 이 세상은 반드시 무너집니다.

> 인생은 그 날이 풀과 같으며 그 영화가 들의 꽃과 같도다 그것은 바
> 람이 지나가면 없어지나니 그 있던 자리도 다시 알지 못하거니와
> _시 103:15-16

세상은 반드시 없어집니다. 들의 꽃과 같이 사라지는 것이 세상 나라의 운명입니다. 그런데 우리가 이런 곳에 마음을 빼앗기고 살아서야 되겠습니까? 하나님 나라에 대해서는 이렇게 선언하십니다.

> 다시 저주가 없으며 하나님과 그 어린양의 보좌가 그 가운데에 있으

리니 그의 종들이 그를 섬기며 그의 얼굴을 볼 터이요 그의 이름도
그들의 이마에 있으리라 다시 밤이 없겠고 등불과 햇빛이 쓸 데 없
으니 이는 주 하나님이 그들에게 비치심이라 그들이 세세토록 왕 노
릇 하리로다_계 22:3-5

예수님과 더불어 세세토록 왕 노릇 할 하나님 나라가 다가오고 있
습니다. 우리는 어느 나라를 위해 마음을 쓰며 헌신하고 충성해야 되
겠습니까? 성령께서 각자의 심령에 임하셔서 생각을 변화시켜 주시
고 마음속에 있는 세상의 바벨론 신상을 다 깨뜨려 주시기를 바랍시
다. 하나님 나라를 바라보는 환상을 품고, 예수의 이름을 가지고 나아
갈 때에 우리 앞에 있는 모든 불쌍한 영혼들이 두 손 들고 주님 앞으로
돌아오는 역사가 일어나기를 소망합니다.

우리의 '예루살렘'은 믿지 않는 가족입니다. 우리의 '유대'는 우리
가 살고 있는 동네입니다. 우리의 '사마리아'는 대한민국입니다. 우리
의 '땅 끝'은 세계 모든 나라, 모든 열방이 됩니다. 우리는 이들에게 전
도해야 합니다. 주님께서는 당신을 향해, 한국 교회를 향해, 세계 교
회를 향해 예수의 이름을 가지고 성령의 능력을 소유하고 하늘의 환
상을 가슴에 가득 품고 나아가 하나님 나라를 완성하라고 명령하십니
다. 우리 모두 이 명령에 순종해야 합니다.

하늘을 생각하고 하늘을 겨냥하고 사십니까? 그러면 이 땅도 덤으
로 얻을 것입니다. 날마다 땅을 생각하고 땅을 겨냥하고 있습니까?
결국에는 다 잃어버릴 것입니다. 우리의 가정, 직장, 재물, 젊음, 건강
도 하나님의 영광과 영원한 하나님의 나라를 위해 바친다면 이 세상
과 오는 세상에서 그보다 더 아름다운 삶은 없을 것입니다.

2

무관심이
가장 무서운
적이다

하나님은 긍휼을 원하고 제사를 원치 않는다고 하셨습니다.
그런데 이웃을 불쌍히 여기는 마음도 없이,
예수 믿지 않는 사람에 대해 안타까워하는 마음도 없이
그저 우리만 즐겁게 예배드린다면 하나님이 과연 그것을 얼마나 받으시겠습니까?

누가복음 10:25-37

25 어떤 율법교사가 일어나 예수를 시험하여 이르되 선생님 내가 무엇을 하여야 영생을 얻으리이까 26 예수께서 이르시되 율법에 무엇이라 기록되었으며 네가 어떻게 읽느냐 27 대답하여 이르되 네 마음을 다하며 목숨을 다하며 힘을 다하며 뜻을 다하여 주 너의 하나님을 사랑하고 또한 네 이웃을 네 자신 같이 사랑하라 하였나이다 28 예수께서 이르시되 네 대답이 옳도다 이를 행하라 그러면 살리라 하시니 29 그 사람이 자기를 옳게 보이려고 예수께 여짜오되 그러면 내 이웃이 누구니이까 30 예수께서 대답하여 이르시되 어떤 사람이 예루살렘에서 여리고로 내려가다가 강도를 만나매 강도들이 그 옷을 벗기고 때려 거의 죽은 것을 버리고 갔더라 31 마침 한 제사장이 그 길로 내려가다가 그를 보고 피하여 지나가고 32 또 이와 같이 한 레위인도 그곳에 이르러 그를 보고 피하여 지나가되 33 어떤 사마리아 사람은 여행하는 중 거기 이르러 그를 보고 불쌍히 여겨 34 가까이 가서 기름과 포도주를 그 상처에 붓고 싸매고 자기 짐승에 태워 주막으로 데리고 가서 돌보아 주니라 35 그 이튿날 그가 주막 주인에게 데나리온 둘을 내어 주며 이르되 이 사람을 돌보아 주라 비용이 더 들면 내가 돌아올 때에 갚으리라 하였으니 36 네 생각에는 이 세 사람 중에 누가 강도 만난 자의 이웃이 되겠느냐 37 이르되 자비를 베푼 자니이다 예수께서 이르시되 가서 너도 이와 같이 하라 하시니라

무관심이
가장 무서운 적이다

　　　　　　　　　　성경을 잘 아는 사람이라면 본문에
나오는 '율법교사'가 누구인지 짐작할 것입니다. 율법교사는 요즘 사
용하는 용어로 바꿔 말한다면 '율사'(律士) 정도 됩니다. 즉, 법을 전공
한 사람이거나 법조계에서 일하는 전문가라고 보면 됩니다. 당시 유
대의 모든 법은 성경에 기록된 율법이었습니다. 이 율법을 전공함으
로써 법에 대해 유권적인 해석을 내릴 수 있는 자격이 주어질 뿐만 아
니라 백성들에게 그것을 가르쳐야 할 의무를 가진 사람들을 일컬어
율법교사라고 했습니다.

　성경에 자주 등장하는 서기관들의 상당수도 이 율법교사 그룹에 속
하는 자들이었으며, 이런 의미에서 율법교사들은 대개 유대의 엘리트
들이었다고 할 수 있습니다. 율법에 정통하다고 자부하던 그들이 예
수님의 공생애 기간 동안 줄곧 그 누구보다 더 예수님을 심하게 괴롭
혔습니다. 어떻게 해서든지 그분에게서 허물을 찾아내어 그들의 법으
로 옭아매려고 항상 예수님의 뒤를 캐고 다녔습니다.

　어느 날 한 율법교사가 이런 사악한 의도를 가지고서 예수님의 약

점을 찾으려고 다음과 같은 질문을 던졌습니다. "선생님 내가 무엇을 하여야 영생을 얻으리이까"(25절). 비록 순수하지 못한 동기에서 나온 질문이었지만 질문 자체는 대단히 탁월한 것이었습니다. 이 세상에 태어난 사람이라면 그 무엇보다 먼저 하는 질문이기 때문입니다. 혹 평생 하지 못했다면 죽기 전에라도 꼭 해야 하는 질문이 바로 이 질문이기 때문입니다. 반드시 정확한 답을 얻어야만 하는 질문이 있다면 바로 이 질문입니다. "어떻게 하여야 영생을 얻을 수 있겠습니까?" 다른 말로 "어떻게 하면 구원을 얻을 수 있습니까?" 또는 "어떻게 하면 천국에 들어갈 수 있습니까?"라는 질문입니다. 아직까지 이런 질문을 해보지 않은 채 세상을 사는 사람이 있다면 그는 캄캄한 흑암 속을 헤매고 있는 것이나 다름없습니다. 조금은 지나친 표현일지 모르나 사실입니다. 예수님을 주라고 고백하는 우리 모두는 다 이 질문을 했고, 거기에 대한 답을 얻었기 때문에 하나님의 거룩한 백성이 된 것입니다.

○ ○ ○ ○ ○ ○
백 점짜리 대답

예수님은 사람의 마음을 꿰뚫어 보십니다. 율법교사가 사악한 동기를 가지고 말을 걸었다는 점을 간파하신 주님은 대답 대신 오히려 그에게 질문을 던지셨습니다. "율법에 무엇이라 기록되었으며 네가 어떻게 읽느냐"(26절). 이 말씀은 이런 뜻입니다. "너는 율법교사가 아니냐? 율법에 정통한 네가 한번 대답해 보거라." 율법교사는 이렇게 대답했습니다.

> 대답하여 이르되 네 마음을 다하며 목숨을 다하며 힘을 다하며 뜻을 다하여 주 너의 하나님을 사랑하고 또한 네 이웃을 네 자신 같이 사

초등학교를 졸업하면 적어도 구구단은 다 외우듯이, 이 구절은 예수 믿는 사람이라면 꼭 외워야 할 말씀입니다. 예수님은 이 본문을 일컬어 모든 율법을 요약한 말씀, 즉 '율법의 대강령'이라고 하셨습니다. 구약의 모든 율법을 한마디로 요약하면 27절과 같이 표현할 수 있다는 말입니다. 그러므로 이것은 대단히 중요한 말씀입니다.

마음과 목숨과 힘과 뜻을 다하여 하나님을 사랑한다면 제1계명부터 제4계명까지는 절대 범할 리가 없습니다. 우상을 숭배하겠습니까? 하나님을 떠나겠습니까? 하나님의 이름을 망령되이 일컬을 수 있겠습니까? 하나님을 예배하는 날에 예배드리는 것을 다 팽개치고 제 맘대로 놀 수 있겠습니까? 하나님만 사랑하면 제1계명부터 제4계명까지 전부 지킬 수 있습니다. 게다가 이웃을 내 자신처럼 사랑한다면 제5계명부터 제10계명까지 범할 리가 없습니다. 사랑하는 사람에게 어떻게 그런 죄를 범할 수 있겠습니까? 따라서 이 구절이 모든 율법을 요약한 말씀이라고 하는 것입니다.

율법이라고 하면 일반적으로 구약성경 창세기부터 신명기까지 '모세오경'이라고 불리는 책들을 가리킵니다. 창세기 1장부터 신명기 마지막 장까지 읽으려면 꽤 오랜 시간이 걸립니다. 내용도 그리 단순하지 않습니다. 그런데 이 율법교사가 그 모세오경에서 영생을 얻는 방법에 대한 정확한 답을 뽑아냈으니 그 실력은 대단합니다. 율법교사는 백 점짜리 답을 내놓았습니다.

나는 '바담' 풍(風) 하지만 너는 '바람' 풍(風) 하라

율법교사의 대답은 한 치의 빈틈도 없이 완벽했지만 예수님은 그가 어떤 사람인지 이미 알고 계셨습니다. 그는 율법을 아는 만큼 그대로 사는 사람이 아니었습니다. 남은 가르치면서 자신은 가르칠 줄 모르는 위선자였습니다. 이웃을 자기 자신 같이 사랑하는 것이 영생을 얻는 길인 줄 알면서도 자기 자신은 말씀대로 살지 않는 사람이었습니다. 주님은 이런 그를 꿰뚫어 보고 계셨습니다. 그러므로 그 율법교사는 예수님의 말씀대로 "천국 문을 사람들 앞에서 닫고 너희도 들어가지 않고 들어가려 하는 자도 들어가지 못하게" 하는 사람입니다(마 23:13 참조). 누가복음 11장 46절에서 주님은 율법교사에게 너무도 무서운 말씀을 하고 계십니다. "화 있을진저." 이 말은 "저주를 받을지어다"라는 뜻입니다. 예수님의 입에서 이런 저주의 말씀이 나왔다는 것은 대단히 충격적이라 할 수 있습니다. 이어지는 말씀을 보십시오. "너희 율법교사여 지기 어려운 짐을 사람에게 지우고 너희는 한 손가락도 이 짐에 대지 않는도다."

주님은 바로 이것이 율법교사의 실체라는 것을 아셨습니다. 누군가에게 무거운 짐을 져 달라고 부탁했을 때, 그 사람의 힘이 그 짐을 충분히 감당할 만해서 금방 일어나 가볍게 지고 가면 문제는 간단하겠지만, 힘에 부쳐 일어나다가 주저앉기를 계속 반복한다면 어떻게 해야 옳습니까? 옆에서 도와줘야 합니다. 남에게 짐을 지운 사람은 마땅히 옆에서 도와줘야 합니다. 그런데 율법교사는 어떤 사람입니까? "네 마음을 다하고 힘을 다하고 목숨을 다하고 뜻을 다하여 네 하나님을 사랑하라. 네 이웃을 네 자신 같이 사랑하라. 이 계명을 지켜라. 어느 어느 율법을 지켜라." 그는 항상 이런 말로 다른 사람에게 짐을 잔뜩 지우는 사람입니다. 그러면서 정작 자기는 손 하나 까딱 하지 않았습니다. 예수님은 이것을 잘 알고 계셨기 때문에 "네 대답이 옳도다 이를 행하라 그러면 살리라"(28절)고 말씀하셨습니다.

만약 이 율법교사가 조금이라도 양심의 가책을 느끼는 사람이었다면 이 정도에서 "선생님, 잘 알겠습니다"라고 말한 후 고개를 푹 숙이고 돌아갔어야 옳습니다. 그런데 그는 그러지 않았습니다. 도리어 자기의 악한 본성을 드러내기 시작했습니다. "그러면 내 이웃이 누구니이까"(29절). 그는 말꼬리를 붙잡고 늘어졌습니다. 예수님과 이웃에 대해 한번 논쟁해 보자는 것입니다. 도대체 누구를 두고 이웃이라고 하는지, 내 자신 같이 사랑할 이웃이 어디에 있는지 묻고 있습니다. 얼마나 악한 사람입니까?

잘 아는 바와 같이 사랑은 실천이 중요합니다. 말장난은 아무 쓸모도 없습니다. 이론적으로 따지기보다 지극히 작은 일 하나라도 실천하는 것이 사랑입니다. 그런데 과연 이웃이 누군지, 이웃의 개념이 무엇인지 논쟁해 보자며 예수께 대들고 있는 이 율법교사의 모습을 보십시오. 우리는 이 모습에서 율법교사의 마음이 얼마나 굳어 있는지 단박에 알 수 있습니다. 교회 안에서도 가끔 이런 사람들을 볼 수 있습니다. 자기는 말씀대로 살지 않으면서 성경 이야기만 나오면 그 말의 원래 의미가 어떻다는 둥, 오늘날과 같은 시대에는 어떻게 해석되어야 한다는 둥 요란하게 떠드는 사람들이 있습니다. 말씀대로 사는 것만 해도 벅찬데 그렇게 말장난할 시간이 어디 있습니까?

당신도 그냥 지나치지 않았는가

예수님은 그의 악한 의도를 아셨음에도 친절하게 이웃이란 누군가를 설명해 주셨습니다. 여기서 예수님은 한 가지 이야기를 들려주고 계십니다. 등장인물로는 예루살렘에서 여리고로 내려가는 길에 강도를 만난 어떤 사람과 그 사람을 도와주지 않고 도망간 제사장과 레위인, 마지막으로 그를 도와 생명을 구해 준 선한 사마리아인이 나옵니다.

일반적으로 이 이야기는 단순한 비유로 여겨져 왔습니다. 예수님이 이웃이 누군가를 설명하기 위해 적당히 꾸며 내신 이야기일 거라고 다들 이해해 왔습니다. 그러나 그렇게만 볼 수는 없습니다. 그 이유는 이렇습니다. 이 이야기에 등장하는 사람은 모두 네 명입니다. 네 사람 중 세 명이 유대인이고 한 사람만이 사마리아인입니다. 당시 유대인과 사마리아인은 서로 앙숙이었습니다. 유대인들이 사마리아 사람들을 개로 취급할 정도였습니다. 더러운 피가 섞였다고 하여 인간 이하로 생각하며 멸시했습니다. 이런 서러움을 받던 사마리아 사람들도 유대인이라면 이를 갈 정도로 증오했습니다. 자다가도 울화통이 터져 잠을 깰 지경이었습니다. 이렇게 두 종족은 서로 화해하지 못한 채 기나긴 세월을 원수로 지냈습니다.

이 이야기를 하고 계신 예수님도 유대인이요, 율법교사도 유대인이요, 예수님 주위에 둘러서서 이야기를 듣고 있는 사람들도 대부분 다 유대인입니다. 예수님이 이런 유대인 틈바구니 속에서 사마리아 사람을 미화하고 유대인을 죄다 악역으로 몰아붙이는 식의 이야기를 지어내고 있습니다. 그곳 분위기는 당장 살벌하게 돌변했을 것이 뻔합니다.

하지만 예수님이 그 이야기를 마친 뒤에도 예수님에게 대들거나 트집을 잡거나 공격하는 사람이 없었던 걸 보면 분명히 그럴 만한 이유가 있으리라고 생각할 수 있습니다. 그럴 수 있었던 한 가지 가능성은 이 이야기가 예수님이 만들어 내신 것이 아니라 한때 유대 사람들의 입에 오르내리던 실화이지 않았을까 하는 것입니다. 혹 그게 아니라면 사람들의 은밀한 사생활까지 훤히 꿰뚫어 보시는 예수님께서 이 율법교사를 비롯하여 그 자리에 있던 사람들이 저질렀을지 모를 일을 끄집어내어 이야기하신 것인지도 모릅니다. 즉, 예수님은 "이 이야기에 등장하는 제사장이, 또 레위인이 바로 네가 아니냐? 너도 한때 다 죽어 가는 사람을 보고도 그냥 도망치지 않았느냐?"고 힐문하심으로써 그들이 찔린 나머지 차마 어떠한 변명도 하지 못하도록 만드셨다고 볼 수도 있습니다. 따라서 이 이야기를 단순히 만들어 낸 비유 정도로 취급해서는 안 됩니다.

∘ ∘ ∘ ∘ ∘ ∘
누가 이웃인가

예루살렘은 해발 700m의 높은 언덕에 위치한 도시이고 여리고는 해저 400m쯤에 위치한 저지대 마을입니다. 그렇지만 여리고와 예루살렘 사이의 거리는 얼마 되지 않습니다. 기껏해야 서울과 수원 사이 정도의 짧은 거리입니다. 거리는 가까운지 몰라도 고저(高低) 차이가 대단히 많이 나는 급경사의 지형이기 때문에 내려가는 길은 당연히 험할 수밖에 없습니다. 이 험한 길은 자연히 강도가 들끓었습니다. 사람들은 그 길을 절대 혼자서 가지 않으려 했고, 할 수만 있으면 여러 사람들이 함께 모여서 가려고 했습니다.

그런데 한 유대인이 얼마나 급했는지 혼자서 그 길을 가다가 강도를 만났습니다. 당시에는 입고 있던 옷도 강도들이 탐내던 물건 중에 하나일 정도로 옷이 귀한 시절이었습니다. 강도들은 이 사람의 옷을 벗겼습니다. 그는 저항을 했는지 죽기 직전까지 두들겨 맞았습니다. 그는 빈사 상태에 빠져 쓰러졌습니다. 이제 강도들은 다 도망가고 없습니다. 그대로 내버려두면 그는 죽습니다.

그때 마침 제사장이 그 길을 지나가게 되었습니다. 신음 소리가 나서 가 보니 피투성이가 된 사람이 벌거벗겨진 채 누워 있었습니다. 아무도 없는 산길을 가다가 이런 일을 보았으니 아마 제사장도 몹시 놀랐을 겁니다. 강도 만나 쓰러져 있는 사람을 보고 그는 어떻게 반응했습니까? 성경에는 '피하여 지나갔다'고 기록되어 있습니다. "제사장이 그 길로 내려가다가"(31절)라는 말씀에 비추어 보면 그는 아마도 예루살렘에서 여리고로 가는 중이었던 것 같습니다.

율법에 따르면 성전의 제사를 총지휘하고 지도하기 위하여 제사장들 가운데 제비를 뽑아 그 당번을 정하도록 하는 규례가 있습니다. 따라서 매달 한 명씩 당번을 정했습니다. 아마 이 제사장도 자기 차례가 되어 여리고의 집에 가족을 남겨 둔 채 예루살렘으로 올라와서 한 달 동안 제사장 직무를 수행한 것 같습니다. 일을 마친 후 지금은 다시 여리고로 돌아가는 길입니다. 한 달이나 못 본 그리운 가족 곁으로 돌아간다는 생각에 발걸음이 몹시 바쁩니다. 더욱이 강도가 출몰한다는 길이니 불안한 마음에 일부러 걸음을 더 빨리 놀렸을 것입니다. 그런데 피투성이가 된 사람을 보았으니 무슨 생각이 들었겠습니까? '이 사람을 건드렸다가는 오늘밤 안에 집에 가기는 틀렸어. 이 사람이 강도 만난 것을 보니 또 언제 강도가 나타날지 모르는 일 아닌가? 제사장인 내가 피 흘리는 사람을 만진다는 건 부정한 일이야. 보는 사람도 없는데, 그냥 가야지.' 아마 그는 이런 생각을 하고 그냥 가 버린 것 같습니다.

얼마 후에 레위 사람이 그 길을 지나가게 되었는데, 그도 제사장과 똑같이 행동했습니다. 레위 사람이 누구입니까? 제사장 밑에서 실제적으로 제사의 모든 일을 맡아 하는 사람입니다. 성직자입니다. 중요한 역할을 하는 사람입니다. 그렇지만 그도 그냥 지나갔습니다.

한참 후에 어떤 사람이 다시 그곳을 지나가게 되었습니다. 그는 사마리아 사람이었습니다. 신음 소리가 들리는 곳으로 가 보니 사람이 죽어 가고 있었습니다. 강도 만난 사람의 형편을 본 이 사마리아인은 어떤 마음을 가졌습니까? "그를 보고 불쌍히 여겨"(33절).

그가 강도 만난 유대인을 불쌍히 여겼다는 것은 참으로 대단한 일입니다. 이미 말씀드린 대로 유대인과 사마리아인은 서로 앙숙입니다. 그러므로 자기 눈앞에서 피를 흘리며 쓰러져 있는 사람이 유대인이라는 것을 안 다음에는 '잘됐다, 꼴좋다' 하면서 그냥 지나갈 수도 있는 일이기 때문입니다. 나쁜 마음을 가진 사람 같으면 돌멩이를 들어 한 대 치고 갔을지도 모릅니다. 얼마든지 그럴 수 있는 관계라는 것입니다. 그럼에도 이 사마리아 사람은 강도 만난 자를 보자마자 불쌍한 마음을 갖게 되었습니다. 그 사람이 비록 유대인이지만 불쌍하여서 그냥 두고 지나갈 수가 없었습니다. 우선 나귀를 세우고 짐을 풀어서 포도주와 기름을 꺼내어 상처에 바르고 피를 닦는 등 응급조치를 했습니다. 그런 다음 그 사람을 나귀 위에 태우고 조심스럽게 가장 가까운 동네 여관으로 데려가 밤새 그를 정성껏 간호했습니다. 다음 날 아침, 그는 다시 길을 떠나야 했습니다. 그는 여관 주인에게 약 이십만 원 정도 되는 돈을 주며 환자를 부탁했습니다. 만일 돈이 더 들면 돌아오는 길에 다시 계산하겠다고 말했습니다.

이야기를 마치신 예수님은 이렇게 물으셨습니다. "네 생각에는 이 세 사람 중에 누가 강도 만난 자의 이웃이 되겠느냐"(36절). 그러자 율법교사가 대답합니다. "자비를 베푼 자니이다"(37절). 그러자 주님이 말씀하십니다. "가서 너도 이와 같이 하라"(37절).

나의 자화상은

이 비유에는 핵심적인 교훈이 몇 가지 있습니다. 첫째, 내 이웃이 누구인가 하는 것보다 내가 누구의 이웃이 되는가가 더 중요합니다.

둘째, 이웃을 내 몸과 같이 사랑하는 것은 감정의 문제가 아니라 행동의 문제입니다. 보통 사마리아 사람이 유대인을 보고 품는 감정은 미워하는 감정이요, 가급적 멀리하고 싶은 감정입니다. 다들 사랑이라고 하면 마음이 끌리고 몹시 그립고 생각만 해도 흐뭇한 감정이 생겨나는 것이라고 생각하는데, 그것은 잘못입니다. 내 자신 같이 사랑한다고 하는 그 사랑은 감정을 뛰어넘어 행동으로 나타납니다. 따라서 행동은 없으면서 감정만 내세우는 것은 사랑이 아닙니다.

셋째, 사랑을 실천하려면 민족 간의 감정이나 개인의 감정을 초월해야 합니다. 다시 말해서 모든 인간적인 여건을 극복하고 사랑을 실천해야 한다는 이야기입니다.

넷째, 그가 사랑을 실천하는지 그렇지 않은지 비록 사람은 보지 못하지만 은밀히 보시는 하나님은 다 알고 계십니다. 아무도 없는 심심산골이라도 하나님께서는 다 보고 계십니다.

다섯째, 우리가 좋은 이웃이 되어 주어야 할 사람들이 우리 주변에는 얼마든지 있습니다. 내 이웃을 찾으려고 멀리 다닐 필요가 없습니다. 내 주변에는 사랑을 필요로 하는 사람들이 얼마든지 있다는 말입니다.

여섯째, 사랑하려면 말부터 앞세우지 말고 명령에 순종하십시오.

나는 과연 누구의 자화상을 많이 닮았습니까? 선한 사마리아인입니까? 제사장입니까? 레위인입니까? 누가 나의 자화상을 잘 대변하고 있습니까? 우리 가운데도 선한 사마리아인 같은 사람이 많이 있습

전도자

니다. 그러나 불행하게도 제사장이나 레위인과 같은 자화상을 가지고 있는 사람들도 상당히 많습니다.

제사장과 레위인은 성전에 한 달이나 머물면서 많은 은혜를 받았을 것입니다. 많은 시편의 말씀과 구약의 예언서들을 읽고 경건하게 예복을 입고 하나님 앞에서 두 손 들고 열심히 기도하며 찬송했을 것입니다. 그들은 한마디로 은혜를 많이 받은 사람들입니다. 그리고 지금은 그렇게 은혜를 받고 돌아가는 길입니다. 그러나 그들은 막상 사랑을 베풀어야 할 대상이 나타나자 슬금슬금 피하여 도망갔습니다. 그렇다면 그들이 받은 은혜란 도대체 무엇입니까? 그 은혜가 그들에게 무슨 도움이 됩니까? 오늘 우리도 잘못하면 그들과 같이 될 수 있습니다. 우리도 예배드릴 때마다 말씀 듣고 찬양하고 기도하면서 은혜를 많이 받고 돌아갑니다. 하지만 막상 예배당 문을 나서서 사랑해야 할 대상을 만나게 될 때, 사마리아 사람처럼 사랑을 실천하는지 다시 한번 생각해 볼 문제입니다.

○ ○ ○ ○ ○ ○
가장 무서운 악

제사장과 레위인에게서 볼 수 있는 가장 무서운 악은 바로 무관심입니다. 아무리 보는 사람 없는 으슥한 곳이라지만 어떻게 죽어 가는 사람을 보고 그냥 지나갈 수 있습니까? 죽어 가는 짐승을 보아도 측은한 마음이 들어 도와주고 싶은데, 하물며 사람이 죽어 가는데 어떻게 그대로 지나갈 수 있습니까? 놀랍게도 냉담한 가슴에서 나오는 이런 무관심이 오늘날 많은 사람의 마음에 가득 차 있습니다. 냉혹한 이기주의에 사로잡혀서 자기 자신이나 자기 가족, 자기가 사랑하는 사람 외에는 도통 관심이 없습니다. 이 세대가 점점 더 무서운 무관심의 노예가 되어 가고 있는 것을 볼 수 있습니다. 이 무관심이 제사장의 마음에도, 레위인의 마음에도 있었습니다. 그러므로 그들은 사랑을 베풀 수가 없었습니다.

아브라함 헤셸(Abraham Heschel, 1907-1972)이라는 성경학자는 구약의 선지서들을 연구한 후에 다음과 같은 의미 있는 말을 했습니다. "하나님의 감동으로 행하던 히브리 예언자들의 위대한 공헌 중 하나는 무관심의 죄를 선포한 것이었다. 인간이 인간에게 갖는 무관심에 대해 하나님이 분노하고 계심을 외친 사람들이 바로 선지자들이다." 그는 이어서 이렇게 결론을 내렸습니다. "그러므로 하나님의 뜻은 이런 무관심을 종식시키는 것이다."

그의 말을 염두에 두고 구약성경을 자세히 살펴보니 그 말이 참으로 옳다는 것을 알 수 있었습니다. 하나님은 어떻게 말씀하고 계십니까? "나는 너희들의 제사를 받지 않겠다. 저울추를 속이고 거짓말하면서 장사하여 번 돈으로 제사를 드리고 헌물과 십일조를 바치는 것을 나는 원치 않는다. 너희 손에 묻은 피부터 씻으라. 너희 손에 있는 더러운 죄부터 씻어 내라. 그렇지 아니하면 두 손을 들고 기도한다 해도 내가 그 기도를 듣지 않겠다." 피 묻은 손이란 무엇입니까? 이웃을 해쳤다는 말입니다. 거짓말한 입과 남의 것을 착취한 손은 또 무엇입니까? 사랑을 베풀지 않고 자기 이익만 챙기는 생활을 했다는 말입니다. 그러면서도 그들은 제단에서 거룩한 체하며 제물을 드렸습니다. 하나님께서는 이것을 싫어하신다는 말씀입니다.

> 너희는 가서 내가 긍휼을 원하고 제사를 원하지 아니하노라 하신 뜻
> 이 무엇인지 배우라_마 9:13

하나님은 긍휼을 원하지 제사를 원하지 않으십니다. 긍휼이란 이웃에 대한 관심과 불쌍히 여기는 마음, 희생을 베푸는 사랑입니다. 실제로 그런 일을 하지는 않으면서 교회에 나와 거룩한 체하며 예배드리지 말라는 것입니다. 왜냐하면 하나님께서는 긍휼을 모르는 사람의 예배, 위선적으로 드리는 예배는 받지 않으시기 때문입니다.

엘리 비젤(Eliezer Wiesel, 1928-2016)이라는 사람이 유명한 말을 남겼습니다. "사랑의 반대는 증오가 아니라 무관심이다. 교육의 반대는 무지가 아니라 무관심이다. 아름다움의 반대는 추함이 아니라 무관심이다. 삶의 반대는 죽음이 아니라 삶과 죽음 모두에 대한 무관심이다."

우리의 자화상이 제사장이나 레위인의 그것과 닮아 있다면 "하나님, 저의 무관심을 용서해 주옵소서"라고 회개해야 합니다. "이웃을 내 자신과 같이 사랑하라"는 말씀을 새 계명으로 받은 하나님의 자녀들이 문을 닫아 걸고 옆집에 강도가 들든, 불이 나든 전혀 신경 쓰지 않고 있지는 않습니까? 이런 극도의 이기주의와 무관심에 빠져 있다면 지금 하나님 앞에서 회개해야 합니다.

◦ ◦ ◦ ◦ ◦ ◦ ◦
긍휼히 여기는 마음

우리는 선한 사마리아인의 비유를 통해 얻은 교훈에서 다음 두 가지 사실을 적용해 볼 수 있습니다.

첫째, 우리의 도움을 필요로 하는 사람과 우리에게 도움을 요청하는 사람을 보고 무관심하면 안 됩니다. 생활이 궁핍하여 물질적인 도움이 필요한 사람이나 병들어 보살핌과 위로가 필요한 사람들, 인생의 무거운 짐을 지고 고통 중에 있는 사람들과 격려가 필요한 사람들을 피해서는 안 됩니다.

자녀들아 우리가 말과 혀로만 사랑하지 말고 행함과 진실함으로 하
자 이로써 우리가 진리에 속한 줄을 알고 또 우리 마음을 주 앞에서
굳세게 하리니_요일 3:18-19

그렇습니다. 입으로만 하는 사랑은 사랑이 아닙니다. 진심에서 우
러나오는 마음으로 행동할 때라야 진정한 사랑이라고 할 수 있습니다.

둘째, 영적으로 강도 만나 죽어 가는 우리의 이웃을 보고 무관심하
면 안 됩니다. 이웃이 어려울 때 도와주고 힘들 때 위로해 주는 자선의
차원으로만 끝난다면 그것은 반쪽 사랑입니다. 영혼을 구원하는 데까
지 이르러야 온전한 사랑이 될 수 있습니다. 사마리아 사람 같은 참이
웃이 되기 원하면 그들의 영혼을 염려하고 불쌍히 여기는 마음을 가
지고 도와주어야 합니다. 오늘날 우리 주변을 보십시오. 영적으로 강
도 만나 죽어 가는 영혼이 얼마나 많습니까? 죄와 사망의 사슬에 매여
헤어나지 못하고 영원한 멸망을 향해 끌려가고 있는 사람들이 얼마나
많습니까?

사람들의 열에 아홉은 하나님을 모른다고 해도 과언이 아닙니다.
통계상으로는 20% 정도가 그리스도인이라고 하지만 문에 교패만 달
아 놓고 형식적으로 교회에 다닐 뿐, 그 마음은 세상에 팔려 온전히 성
령의 다스림을 받지 못하고 있는 사람들이 너무 많습니다. 그들 역시
영적으로 강도 만난 사람들입니다. 우리는 이런 사람들에 대해 무관
심하면 안 됩니다.

얼마 전 개포동에 새로 지은 능인선원(能仁禪院) 앞을 지나가다가 깜
짝 놀란 적이 있습니다. 대형 버스 여러 대가 길가에 서 있고, 승용차
도 줄지어 서 있었습니다. 무슨 일인지 궁금해서 자세히 봤더니 큰 현
수막 하나가 눈에 들어왔습니다. '제24기 불교대학 입학생 모집 정원

5천 명'. 정원이 무려 5천 명이 된다는 것도 놀라운데, 벌써 24기라고 합니다. 그 많은 사람들이 와서 도대체 무엇을 배우고 가는지 모르겠지만 엄청난 숫자 앞에서 일종의 위기감마저 들었습니다. 사람들은 그만큼 하나님을 모르고 있습니다. 그렇기 때문에 그저 눈앞에 보이는 우상, 눈앞에 보이는 미신에 미혹되어서 진리가 아닌 것을 배우느라 헛된 열심을 내고 있는 것입니다. 예수 믿는 우리가 그들에게 너무나 무관심했습니다.

혹 하나님께서 주신 경제적인 복을 내 이웃을 사랑하고 복음을 전하는 데 사용하라고 주셨다는 생각은 해 보지 않고, 나와 내 가족을 위해 쓸 생각에만 전념하고 있지는 않습니까? 하나님께 은혜를 받으면 받을수록 더 이기주의자가 되고, 다른 사람에게 더 무관심한 사람이 되면서 자신만은 은혜가 충만한 사람처럼 행세하기 때문에 많은 사람들이 아직도 하나님을 모른 채 가서는 안 될 길로 가고 있는 것은 아닙니까?

○ ○ ○ ○ ○ ○
비정한 예배자

예배 시간에 종종 마음이 아파 오는 것을 느낄 때가 있습니다. '나는 비정한 예배자는 아닌가? 나는 하나님이 미워하시는 예배자는 아닌가?' 하는 생각이 들어서입니다. 우리 집안에 아직 예수님을 믿지 않는 식구가 있습니다. 내 이웃 가운데 예수님을 모르는 사람이 있습니다. 이런 사람들을 그냥 놔두고 혼자 나와서 두 손 들고 찬양하며 하나님 앞에 부르짖어 기도한들 그 찬양과 그 기도가 얼마나 하나님이 받으실 만한 것이 되겠습니까?

하나님은 긍휼을 원하고 제사를 원치 않는다고 하셨습니다. 그런데 이웃을 불쌍히 여기는 마음도 없이, 예수 믿지 않는 사람에 대해 안타까워하는 마음도 없이 그저 우리만 즐겁게 예배드린다면 하나님이 과연 그것을 얼마나 받으시겠습니까?

물론 가족 전도가 하루아침에 갑자기 되지는 않습니다. 아무나 붙잡고 교회 가자고 전도한다고 해서 무작정 다 따라오는 것도 아닙니다. 하나님 앞에 나왔을 때 우리의 마음 자세가 중요합니다. 사마리아인처럼 불쌍히 여기는 마음이 있어야 합니다. 예배당에 앉아 있어도 내 마음은 믿지 않는 남편이나 아내, 믿지 않는 부모나 자녀에게 가 있어야 합니다. 그들을 두고 나 혼자 나와서 예배드리는 것이 너무나 큰 죄를 짓는 것 같아 고통스러워하는 모습이 우리에게 있어야 합니다. 안타까운 마음에 자신도 모르게 눈물을 흘리면서 "주여, 어떻게 하든지 그 영혼을 구원해 주옵소서"라고 간절히 부르짖어야 합니다. 그럴 때 하나님은 우리의 예배를 기쁘게 받으실 것입니다.

"여보, 교회 갔다 올게요. 조금만 더 자다 일어나요. 밥은 식탁에 다 차려 났어요" 하고 혼자 나와서 예배드린 다음, 예배 마치고 집에 돌아와서 또 이렇게 말합니다. "여보, 나 교회 갔다 왔어요. 식사 잘 했어요? 오늘 2시부터 축구 경기 있다죠? 우리 같이 봐요."

우리 중에 이렇게 마음을 편하게 먹는 사람은 없으리라고 믿습니다. 그러나 혹시라도 이런 식으로 교회 다니면서 예수 믿는다고 한다면 우리는 제사장이나 레위인과 다를 바가 없을 것입니다. 죽어 가는 사람을 버려두고 혼자 도망가는 사람과 다르지 않습니다.

우리의 인생은 하루살이와 같습니다. 오늘이 마지막일 수도 있습니다. 그럴 확률이 점점 높아지고 있습니다. 대형사고가 끊이지 않고 일어나는 것을 보아도 알 수 있습니다. 하루에 4, 50명씩 사망하는 우리나라의 교통사고만 봐도 그렇습니다. 우리의 재산과 생명을 노리는 흉악한 자들이 주변에 얼마나 많습니까? 전혀 예상치 못한 급성질환으로 돌연 사지로 끌려갈 수도 있습니다. 무슨 일을 당할지 아무도 예측하지 못합니다. 오늘이 마지막일 수 있습니다. 이것이 세상입니다.

그러므로 오늘 당장 복음을 전해서 구원하지 않으면 영원히 그 기회를 놓치게 될 사람들이 우리 주변에 얼마든지 있습니다. 내 가족 중에도 얼마든지 있습니다. 이런 사람을 보면서도 믿든지 말든지 맘대로 하라는 식의 무심한 태도를 취한다면 제사장이나 레위인과 다를 것이 없습니다. 만일 오늘 당장 하나님이 그 사람들을 불러 가신다면 그 사람들이 가는 곳은 지옥 밖에 없습니다.

○ ○ ○ ○ ○ ○
갑작스런 심판

가나안농군학교의 김용기 장로님이 쓴 책에 보면 의미 있는 이야기가 있습니다. 가나안농군학교에 양계장이 있었는데, 양계장에 피워 둔 연탄 난로에 불이 나기 시작하여 번지더니 삭풍이 휘몰아치는 12월 한밤중에 큰불이 났습니다. 난데없이 불길에 휩싸이게 되자 기르던 닭 5백 마리와 앙고라토끼 2백 마리가 한꺼번에 아우성을 치기 시작했습니다. 가족들 모두 자다 말고 속내의 바람으로 뛰어나왔습니다. 교육을 받던 몇십 명의 생도들도 정신없이 뛰어나왔습니다. 그들의 눈앞에 벌어진 상황은 그야말로 아비규환이었습니다. 모피용 앙고라토끼의 털에 불이 옮겨 붙자 금세 새빨간 폭탄이 되어 버렸습니다. 닭은 닭대로, 토끼는 토끼대로 마구 날뛰는 생지옥이 연출되었습니다. 사람들이 불을 끄려고 아무리 애를 써도 불길을 잡을 수가 없었습니다.

그때 김 장로님이 이렇게 소리를 질렀습니다. "여러분, 우리 모두

이 자리에 조용히 앉아 저 광경을 보면서 살아 있는 교육을 받읍시다." 이제는 너무 늦어 더 이상 손을 쓸 수도 없게 되어 버린 양계장을 멀찌감치 떨어져 앉아서 지켜봤습니다. 닭과 토끼들이 살려고 발버둥 치다가 불에 타 죽어 재가 되고 마는 끔찍한 장면이었습니다. 이미 때가 늦은 줄도 모르고 살겠다고 몸부림치는 닭과 토끼들을 보면서 장로님은 '인간이 자신의 죄를 회개하지 못하고 육신의 욕심만 추구하며 살다가 갑자기 죽음에 직면하는 그날, 그 영혼은 속절없이 유황불이 이글거리는 지옥에 떨어져 울부짖을 것이 아닌가' 하는 생각이 들었다고 합니다. 그러고는 가슴이 서늘해지더라고 했습니다.

불길이 다 사그라진 후에 김 장로님은 교육생들을 이끌고 교회로 들어갔습니다. 거기서 누가 먼저라고 할 것도 없이 모두가 눈물 흘리면서 가슴을 치고 기도했다고 합니다. 당시 교육생으로 와 있던 사람 중에는 자기 손으로 천 명이 넘는 깡패를 직접 길러내고 경찰관까지 폭행한 전력이 있는 깡패 두목이 있었다고 합니다. 그런데 그가 불타는 양계장을 지켜보다가 크게 깨닫고 회개하여 목사가 되었다고 합니다. 또 법대를 나와 사법고시를 준비 중이던 청년도 크게 깨닫고 법관 되는 것을 포기하고 가나안농군학교에 들어가 농군이 되었고, 나중에는 김용기 장로님의 첫째 사위가 되었습니다.

세상에서 하나님을 모르고 살다가 갑자기 하나님의 부름을 받으면 그들이 가게 될 곳은 뻔합니다. 강도 만난 사람과는 비교가 되지 않는 처지에 놓이게 됩니다. 한 번 들어가면 나올 수 없고 영원히 저주와 형벌을 받게 되는 곳에 가게 되는데, 이런 사실을 알면서도 이웃에게 무관심하다면 그것이 얼마나 무서운 죄입니까? 설령 원수 같은 사람이라도 복음을 전해야 합니다. 힘들고 귀찮고 돈이 들어도 그들을 진정 사랑한다면 복음을 전해 주어야 합니다. 주님은 우리에게 이렇게 말씀하십니다. "너도 가서 이와 같이 하라. 사마리아 사람처럼 하라!" 복음을 전하는 것은 하나님의 자녀 된 우리만이 할 수 있는 일이기 때문입니다.

우리 주변에 우리의 도움을 필요로 하는 이웃이 있습니까? 시간도 내어주고 물질로 도와주고 마음도 서로 나누면서 그들을 사랑하십시오. 영적으로 강도 만난 가족이나 이웃이 있다면 가만히 있으면 안 됩니다. 무관심하면 안 됩니다. 우리는 하나님의 자녀입니다. 예수님 때문에 구원받은 사람입니다. 그러므로 예수님이 "너도 가서 이와 같이 하라"고 명령하시면 그대로 실천해야 합니다. 우리 모두 이 명령대로 우리 주변에 있는 사람들을 주님 앞으로 인도하는 영광스러운 주의 제자들이 다 되기 바랍니다.

3

하나님이
가장 기뻐하시는
일

하나님이 가장 기뻐하시는 것은 잃은 양을 찾는 것이라고 했습니다.
하나님은 지금도 교회를 통해서,
예수를 먼저 믿은 우리를 통해서 잃은 양을 찾기 원하십니다.

누가복음 15:1-7

1 모든 세리와 죄인들이 말씀을 들으러 가까이 나아오니 2 바리새인과 서기관들이 수군거려 이르되 이 사람이 죄인을 영접하고 음식을 같이 먹는다 하더라 3 예수께서 그들에게 이 비유로 이르시되 4 너희 중에 어떤 사람이 양 백 마리가 있는데 그중의 하나를 잃으면 아흔아홉 마리를 들에 두고 그 잃은 것을 찾아내기까지 찾아다니지 아니하겠느냐 5 또 찾아낸즉 즐거워 어깨에 메고 6 집에 와서 그 벗과 이웃을 불러 모으고 말하되 나와 함께 즐기자 나의 잃은 양을 찾아내었노라 하리라 7 내가 너희에게 이르노니 이와 같이 죄인 한 사람이 회개하면 하늘에서는 회개할 것 없는 의인 아흔아홉으로 말미암아 기뻐하는 것보다 더하리라

하나님이
가장 기뻐하시는
일

몇 년 전 괌에서 일어난 끔찍한 여객기 사고가 있었습니다. 우리는 그 사고로 장래가 촉망되던 정치인 한 분을 잃었습니다. 신기하(1941-1997) 의원이라는 분입니다. 그가 세상을 떠났다는 비보를 전해 들은 그의 노모에 관한 기사는 한동안 장안의 화제가 되었습니다. 아들이 죽었다는 소식을 들은 그날부터 그분은 가슴을 치며 슬퍼하고 괴로워하다가 곡기를 끊은 지 50일 만에 결국 세상을 떠났다는 이야기입니다.

그분에게는 아들딸도 많고 손자 손녀도 많았습니다. 그 아들이 죽었다고 해서 당장 외로움에 사무치게 되는 것도 아니었고, 또 생명을 버릴 만큼 슬퍼할 이유도 없었습니다. 그럼에도 어머니의 마음에는 먼저 간 아들밖에 없었습니다. 그에게 가장 큰 기쁨이라면 죽은 아들이 살아 돌아오는 일뿐입니다. 그러나 그럴 수 없기 때문에 결국은 그분도 아들의 뒤를 따르고 말았습니다.

그 이야기를 들으면서 저는 우리 하나님 아버지의 마음도 이와 비슷할 거라는 생각을 해 보았습니다. 성경에 보면 하나님의 마음은 교회 밖에 더 많이 가 있음을 알 수 있습니다. 희한한 이야기지만 사실입니다. 우리 생각에는 예수 믿고 하나님을 아버지라 부르며 찬양하는 교회에 하나님의 마음이 더 있지 않을까, 또 그 교회를 보시고 기뻐하며 즐거워하시지 않을까 하는 생각이 들지만 실상 하나님의 마음은 교회 밖에 더 많이 가 있습니다.

그 노모에게는 잘난 아들딸들이 많이 있고 그들 역시 사랑하지만, 그분의 마음이 먼저 세상을 떠난 막내아들에게 가 있었던 것과 똑같은 이치입니다. 하나님의 마음이 믿는 이들에게 와 있고, 하나님이 그들을 사랑하시는 것 또한 사실입니다. 그러나 하나님은 아직도 하나님을 모르고 어둠 속에서 헤매며 죽음의 길을 걸어가고 있는 사람들에게 더 마음을 쓰고 계십니다. 그들을 보면서 몹시 안타까워하신다는 것을 알아야 합니다.

○ ○ ○ ○ ○ ○ ○ ○ ○ ○
하나님의 마음이 가 있는 곳

이 하나님의 마음을 표현하기 위해서 예수님은 누가복음 15장에서 전례 없이 세 가지 비유를 연속적으로 들어 말씀하고 계십니다. 세 가지 비유는 이야기만 다를 뿐 그 메시지는 동일합니다.

본문은 그중에서 제일 먼저 나오는 이야기입니다. 유대는 원래 목축업이 성한 나라입니다. 목자는 양을 끌고 하루 종일 풀을 찾아다니며 양을 먹입니다. 해가 뉘엇뉘엇 지면 목자는 양 떼를 몰고 우리로 돌아옵니다. 그런 다음 우리 문 앞에다 막대기를 걸쳐 놓고 한 마리씩 그 막대기 밑으로 통과하게 합니다. 모든 양들은 차례를 기다리다가 목자가 들어가라고 하면 한 마리씩 들어갑니다. 이때 목자는 막대기 밑으로 통과하는 양을 일일이 살펴보면서 어디 다친 데는 없는지, 풀은 잘 뜯어먹었는지, 병이 나지는 않았는지 따위를 유심히 살펴봅니다. 또 그 수를 일일이 세면서 들여보내기 때문에 돌보던 양이 백 마리면 마지막에 백으로 셈이 끝나야 맞습니다. 그러면 비로소 목자는 우리 문을 잠그고 집으로 쉬러 갑니다.

그러던 어느 날, 일일이 양의 수를 헤아려 가며 전부 우리로 들여보내고 나니 백 마리여야 할 양이 아흔아홉 마리밖에 없는 게 아닙니까? 한 마리가 모자랍니다. 잘못 세었나 싶어 전부 끌어내서 다시 세어 보았지만 결과는 마찬가지였습니다. 한 마리가 없어졌다는 것을 확인하자마자 그때부터 목자의 마음은 우리 안에 있는 아흔아홉 마리 양에게 있지 않습니다. 어디 있는지 알 수 없지만 캄캄한 밤에 혼자 떨어져 외마디 소리를 지르면서 벌벌 떨며 헤매고 있을 잃어버린 그 한 마리 양에게 온통 달려가기 시작합니다. 그 양을 찾아야 합니다. 목자는 집에 돌아갈 생각도 잊었습니다. 지금 피곤하고 배고프다는 것도 잊은 채 막대기 하나만 들고 양을 찾아 길을 나섭니다. '오늘 우리가 어느 골짜기, 어느 언덕을 지났더라?' 하고 기억을 더듬으면서 오던 길을 되짚어 잃은 양을 찾아가고 있습니다.

잃어버린 어린양을 찾을 때까지 밤새 소리를 지르며 돌아다닙니다. 양은 목자의 소리를 가장 잘 알아듣습니다. 행여 그 양이 어느 곳에 있든지 목자의 소리를 듣고 응답할지도 모르기 때문입니다. 그러다가 마침내 벼랑에 떨어져 있는 양을 발견한다든지, 가시덤불에 걸려 꼼짝 못하고 있는 양을 찾게 되면 목자의 마음이 얼마나 기쁘겠습니까? 상처 난 곳을 살펴서 피가 난 데를 닦아 주고 너무 좋아서 어깨에 메고 휘파람을 불며 신나서 돌아옵니다. 배고픈 것도 잊은 채 친구들을 다 불러 놓고 "찾았어. 찾았어!" 하면서 기뻐하는 목자의 모습을 한번 상상해 보십시오.

예수님은 주변에서 이런 사건을 자주 목격하셨습니다. 그래서 아주 자연스럽게 이런 이야기를 하실 수 있는 겁니다. 그러면 이 말씀의 결론은 무엇이겠습니까? 우리 하나님 아버지도 목자와 똑같다는 것입니다. 하나님은 이미 예수 믿고 하나님을 아버지라 부르는 사람들보다는, 하나님 앞에 나와야 하는데 아직도 세상에서 헤매고 있는 사람들에게 마음이 가 있는 분입니다. 하나님은 오늘도 길거리를 다니며, 유흥가를 다니며, 빈민가를 다니며, 불쌍한 사람들이 눈물짓고 있는 곳을 죄다 다니면서 잃은 양을 찾고 계십니다. 하나님의 제일 큰 기쁨은 그들이 돌아오는 것입니다.

하나님의 가장 큰 기쁨

이와 같이 죄인 한 사람이 회개하면 하늘에서는 회개할 것 없는 의인 아흔아홉으로 말미암아 기뻐하는 것보다 더하리라_눅 15:7

하나님이 가장 기뻐하시는 것은 잃은 양을 찾는 것이라고 했습니다. 하나님은 지금도 교회를 통해서, 예수를 먼저 믿은 우리를 통해서 잃은 양을 찾기 원하십니다. 이 일을 위하여 하나님은 우리에게 성령을 주셨습니다. 성령은 우리에게 임하자마자 우리로 예수를 증거하는 증인이 되게 하셨습니다. 성령을 받았다면 복음을 전하고자 하는 열정을 갖게 됩니다. 성령의 사람이면 안 믿는 사람에게 예수를 증거하고 싶은 감동이 마음에서 일어납니다.

오직 성령이 너희에게 임하시면 너희가 권능을 받고 예루살렘과 온 예수님은 오늘도 우리에게 이렇게 말씀하십니다. "너희의 예루살렘인 서울을 비롯하여 온 유대라 할 수 있는 대한민국과 사마리아라고 할 수 있는 북한, 땅 끝이라고 할 수 있는 전 세계를 앞에 놓고 하나님의 심정으로 복음을 전해서 그들을 어깨에 메고 돌아오너라!" 이러한 하나님의 마음은 성경 곳곳에서 발견할 수 있습니다. 마가복음 1장에서 제자들은 예수님에게 이렇게 말했습니다. "예수님, 모든 사람이 주를 찾나이다. 어제 전한 말씀을 듣고, 행하신 표적을 보고, 모든 사람이 주를 찾고 있습니다"(막 1:37 참조). 그러자 주님이 무어라고 말씀하셨습니까? "우리가 다른 가까운 마을로 가자. 이 마을 사람들은 이미 내 말을 듣고 복음을 들었다. 이제 다른 마을로 가서 내가 거기서도 전도하리니, 내가 이 일을 위하여 왔노라"(막 1:38 참조). 우리는 여기서 주님의 심정을 엿볼 수 있습니다. 주님은 이렇게 말씀합니다.

> 또 이 우리에 들지 아니한 다른 양들이 내게 있어 내가 인도하여야
> 할 터이니 그들도 내 음성을 듣고 한 무리가 되어 한 목자에게 있으
> 리라_요 10:16

바울이 고린도에서 복음을 전하다가 여러 가지 어려운 일을 만나 마음에 큰 고통이 일어나서 두려워 밤새도록 잠을 자지 못하고 기도할 때 주님은 친히 바울에게 나타나셔서 이렇게 말씀하셨습니다.

> 두려워하지 말며 침묵하지 말고 말하라 내가 너와 함께 있으매 어떤
> 사람도 너를 대적하여 해롭게 할 자가 없을 것이니 이는 이 성 중에

이 말씀이 의미하는 것은 무엇입니까? 하나님의 마음은 교회 밖에 있으며, 하나님의 가장 큰 기쁨은 그들이 회개하고 돌아오는 것이라는 사실입니다.

삭막한 교회들의 공통점

우리는 하나님을 기쁘시게 할 만한 여러 가지 일들을 마음에 두고 있습니다. '헌금을 많이 하면 하나님이 기뻐하실까? 주님의 나라를 위해 특별히 헌신하면 기뻐하실까? 정성을 다해 예배드리고, 하나님의 말씀을 잘 배우고, 배운 대로 살려고 노력하면 기뻐하실까? 예수님의 사랑을 이웃에게 전하면 기뻐하실까?' 물론 이런 일들도 기뻐하십니다. 그러나 하나님께서 가장 기뻐하시는 것은 따로 있습니다. 신기하 의원의 노모에게 가장 기쁜 일이란 죽었던 아들이 살아 돌아오는 일 이듯 하나님의 마음을 가장 기쁘시게 해 드리는 일은 전도입니다.

하나님을 기쁘시게 해 드리기 원한다면 전도하십시오. 전도해서 안 믿는 사람을 주님 앞으로 인도하십시오. 이것만큼 하나님을 기쁘시게 하는 일은 없습니다. 그러므로 예수 믿는 사람들의 세계에서는 선교사나 전도자들이 최고입니다. 다른 것도 다 중요하지만 그것만큼 중요한 것이 없습니다. 왜냐하면 그 일을 하나님이 제일 기뻐하시기 때문입니다.

80대 고령의 어느 집사님과 만나서 이야기를 나눌 기회가 있었습니다. 집사님은 사람 이름이 빼곡하게 적힌 종이쪽지 한 장을 저에게 보여 주셨습니다. 무어냐고 물었더니 자신이 정한 태신자들인데, 모두 99명이라고 했습니다. 80대 중반이나 된 고령의 노인네가 남 생각할 정신이 어디 있겠습니까? 그럼에도 그는 그 많은 태신자들을 놓고 기도하고 있었습니다. 그분이 왜 그토록 전도에 힘쓰는 것입니까? 하나님이 가장 기뻐하시는 일이기 때문입니다. 남녀노소를 불문하고, 빈부귀천을 따지지 말고 우리는 전도하는 일에 앞장서야 합니다.

　　영적으로 병들어 죽어 있고, 자기들끼리 패를 가르고 싸워서 교회 안에 냉기가 도는 삭막한 교회들이 가끔 있습니다. 그런 교회들의 공통점이 있는데 하나님이 가장 기뻐하시는 일인 전도를 하지 않는다는 것입니다. 믿지 않는 사람을 주님 앞으로 인도할 생각을 하지 않으니 교회는 죽을 수밖에 없습니다. 하나님이 기뻐하시지 않는데 어떻게 그 교회가 잘되겠습니까?

○ ○ ○ ○ ○　○ ○ ○ ○
개인주의 신앙을 넘어서

우리는 스스로 이런 하나님의 마음을 헤아리지 못하고 있지는 않은지 돌아보아야 합니다.

　　　모든 세리와 죄인들이 말씀을 들으러 가까이 나아오니_눅 15:1

　　이 말씀을 앞에 놓고 우리는 우리 자신을 향하여 솔직하게 질문해 보아야 합니다. 예수님은 어떤 죄인이라도, 심지어 세리나 창녀라도 그분 앞에 가까이 나아올 수 있도록 문을 열어 놓으셨습니다. 그러므로 모든 사람들이 주님께 가까이 접근하는 데 어려움이 없었습니다.

　　그러나 지금 우리 교회의 문은 열려 있습니까? 우리 가정의 문은 열려 있습니까? 우리의 마음은 창녀나 세리들이 다가올 수 있도록 문이 열려 있습니까? 한번 깊이 생각해 봅시다. 마음을 닫고 있지는 않은지, 교회의 문이 닫혀 있지는 않은지, 그래서 주님께 가까이 오고 싶어도 바깥에서 서성이고만 있는 사람이 혹시 없는지 생각해 보아야 합니다. 하나님의 마음은 교회 밖에 가 있습니다. 하나님은 교회 밖에 있는 사람들이 돌아올 때 가장 기뻐하십니다. 그런데 우리의 마음은 오히려 닫혀 있지 않습니까?

> 바리새인과 서기관들이 수군거려 이르되 이 사람이 죄인을 영접하고 음식을 같이 먹는다 하더라_눅 15:2

'이 사람'은 누구입니까? 예수님입니다. 하나님이시면서 죄가 없는 그분이 죄인과 함께 앉아 먹고 마시고 교제하셨습니다. 하나님이 죄인과 한자리에 앉으신 것입니다. 복음의 진수는 하나님이 죄인과 함께 교제할 수 있다는 점입니다. 오늘 우리에게는 이와 같은 큰 복이 있습니다. 죄인인 우리는 하나님을 만나 죄 없는 하나님, 거룩하신 하나님을 감히 아버지라고 부르면서 그분 앞에서 먹고 마시고 교제하고 찬송하고 은혜를 받고 있습니다. 우리는 이런 큰 특권을 누리고 있습니다. 이것이야말로 기독교 복음의 진수입니다. 하지만 그런 우리가 진정 하나님이 꼭 필요한 사람들이 가까이 다가오지 못하도록 막고 있지는 않은지 돌이켜 보아야 합니다. 우리 자신이 본문에 나오는 바리새인이나 서기관들과 같지는 않은지 심각하게 반성해 보아야 합니다.

불행하게도 한국 교회 교인들 사이에는 이기주의와 개인주의가 너무나 팽배해 있습니다. 예수님은 세리와 창녀들을 가까이하시고 함께 식사하면서 교제를 나누셨는데, 한국 교회 교인들은 자기와 비슷한 학벌의 사람이 아니면 교제를 나누려고 하지도 않습니다. 자기의

학교보다 수준이 낮은 학교를 나왔다고 하면 교만한 마음으로 쳐다보면서 가까이하려고 하지도 않습니다. 이상한 일이지만 이기주의 근성이 강한 사람일수록 예수를 잘 믿는 경향이 있습니다. 그런 사람일수록 천국을 놓치고 싶어 하지 않기 때문입니다. 그런 마음으로 예수를 믿다 보니 자기는 구원받기 원하면서도 다른 사람들이 구원받는 것은 달갑게 여기지 않습니다.

집안에 예수 안 믿는 사람이 있어도 일 년이 다 지나도록 전도 한 번 하지 않습니다. 그 가족의 구원을 위해 눈물 한 방울도 흘리지 않습니다. 얼마나 심한 이기주의자들인지 모릅니다. 하나님이 과연 그런 사람을 보고 기뻐하시겠습니까? 하나님이 과연 그런 사람들이 모이는 교회를 기뻐하시겠습니까? 그들이 드리는 예배를 하나님이 기쁘게 받으시겠습니까? 대답은 너무나 분명합니다. 하나님은 자기만 아는 이기주의자들을 절대 기뻐하시지 않습니다.

우리 모두 하나님을 기쁘시게 하는 일에 힘을 냅시다. 하나님이 제일 기뻐하시는 것은 잃은 양을 찾는 일입니다. 교회가 아무리 좁아도, 주차장이 아무리 불편하고 장소가 비좁아도 좋습니다. 그런 것은 문제될 게 없습니다. 그러므로 주변에 안 믿는 사람들을 있는 대로 데려옵시다. "예수 잘 믿게 하심을 감사합니다. 우리 가정에 복 주심을 감사합니다. 금년에 성경 다섯 번 보게 하신 것도 감사합니다. 할렐루야." 이런 기도만 한다면 하나님이 고개를 끄떡이시기야 하겠지만 하나님의 마음을 흡족하게 해 드리지는 못할 것입니다. 이기주의적인 신앙생활을 지양하고 하나님이 정말 기뻐하시는 일에 힘써 봅시다. 그러면 하나님은 우리를 사랑하시고, 우리의 예배를 받으시고, 우리의 기도를 더욱 귀담아들어주실 줄 믿습니다.

4

예수님의 마음을
내마음으로

사람들이 어떤 반응을 보이든지 우리는 작은 예수가 되어야 합니다.
온유함을 가지고 그들을 대합시다. 인간적인 힘이 들어가면 안 됩니다.
우리가 온유할수록 성령의 능력은 강하게 역사합니다. 떠들 필요가 없습니다.
강요할 필요가 없습니다. 소리를 지르거나 다툴 필요도 없습니다.
하나님의 나라에서는 약함이 강함이요, 부드러움이 강직함임을 믿어야 합니다.

이사야 42:1-4

1 내가 붙드는 나의 종, 내 마음에 기뻐하는 자 곧 내가 택한 사람을 보라 내가 나의 영을 그에게 주었은즉 그가 이방에 정의를 베풀리라 2 그는 외치지 아니하며 목소리를 높이지 아니하며 그 소리를 거리에 들리게 하지 아니하며 3 상한 갈대를 꺾지 아니하며 꺼져가는 등불을 끄지 아니하고 진실로 정의를 시행할 것이며 4 그는 쇠하지 아니하며 낙담하지 아니하고 세상에 정의를 세우기에 이르리니 섬들이 그 교훈을 앙망하리라

예수님의 마음을
내 마음으로

선거 때만 되면 사람들은 누가 당선될 것인가에 대한 기대와 새로운 정계 구도에 대한 전망으로 이야기 꽃을 피우면서 일말의 기대감을 갖습니다. 그러나 현실은 소박한 그 일말의 기대마저 짓밟아 버리곤 합니다. 선거 때마다 금권 타락 선거와 지역주의로 좌절감에 빠지고 우리의 가슴에 멍이 들기 일쑤입니다. 사람을 갈아 치운다고 더 나아질 것 같지도 않고 판을 바꾼다고 해서 정직한 사회가 될 것 같지도 않은 무력감에 빠집니다. 사치와 향락은 더 극에 달하고, 뇌물과 탈법은 점점 더 심해지고, 실종된 시민의식이 온 세상을 어지럽히고, 음란, 퇴폐, 극단적인 이기주의, 청소년에게까지 만연된 충동적인 폭력, 무책임한 환경 파괴 등 우리는 이 세상에서 희망의 단서를 도저히 찾아볼 수 없습니다. 도대체 어떤 사람들이 정치 지도자가 되어야 이 백성을 정신 차리게 하고 이 사회를 다시금 살맛 나게 만들 수 있습니까? 사실 무슨 기대를 한다는 것 자체가 바보 같다는 생각이 들 정도로 우리는 날마다 서글픈 현실을 마주하고 있습니다.

우리에게는 역사를 통해 경험적으로 배운 진리가 있습니다. 정치 지도자에게 기대를 하면 하는 만큼 실망하게 된다는 사실입니다. 세상 나라에 대해 이상주의를 펼치면 펼치는 만큼 절망의 늪에 빠질 확률이 더 커집니다. 우리는 이 사실을 역사를 통해 누누이 배웠고 또 우리나라의 짧은 헌정사를 통해서 많이 경험했습니다. 사람들은 속는 줄 알면서 다시 한번 믿어 주고, 당할 줄 뻔히 알면서 또 한 번 기대를 가져보는 것입니다. 일종의 '정치 중독증'이라고 할 수 있습니다. 달리 뾰족한 대안이 보이지 않기 때문입니다. 이것이 세상 나라의 숙명이요, 이 세상 국가의 운명입니다. 달리 대안이 없습니다.

하지만 아직도 이 세상 나라에 모든 소망을 두고 사는 사람들이 너무 많습니다. 참으로 어리석은 사람이 아닐 수 없습니다. 훌륭한 정치가가 출현하면 우리 인생의 꿈이 성취될 수 있다는 막연한 기대감을 품는 것은 순진하다기보다 오히려 어리석은 것이라고 해야 옳을 것입니다. 그렇다고 해서 세상 나라에 대한 책임을 회피하라거나 이 세상의 장래일을 놓고 무조건 비관적으로 생각하라는 말은 아닙니다. 우리 본연의 자세를 바로잡아야 된다는 말입니다. 수없이 속으면서 또속을 짓을 하면 안 된다는 말입니다. 이 세상은 지나가는 하나의 과정입니다. 더 나아질 것도 없고 더 나빠질 것도 없습니다. 죄악으로 물든 세상은 원래가 그런 것입니다.

인생이란 본래 이런 세상에서 그저 그렇게 살다 가는 것입니다. 그 이상도 없고 그 이하도 없습니다. 그럼에도 거기에 무슨 영원한 소망이 있는 것처럼 넋을 잃고 추종한다면 신기루를 따라가는 사람과 무엇이 다르겠습니까?

전도자

•

○ ○ ○ ○ ○ ○ ○ ○ ○
나의 택한 사람을 보라

우리의 현실이 이러한데, 역사의 주인이신 만군의 여호와께서 철저하게 절망하고 있는 우리를 향해서 놀라운 말씀을 들려주고 계십니다. 바로 이사야서 42장 말씀입니다. 이 본문은 이해하기가 쉬운 말씀이 아닙니다. 그러나 성령께서 우리의 마음을 여시고 마음에 와 닿는 말씀을 들려주실 것입니다. 하나님은 우리를 향해 이렇게 말씀하십니다.

> 내가 붙드는 나의 종, 내 마음에 기뻐하는 자 곧 내가 택한 사람을
> 보라_사 42:1

하나님이 택한 사람이 여기 있으니 이 사람을 주목하라고 말씀합니다. 하나님이 택한 사람이 누구입니까? 예수 그리스도입니다. "온 세상이 믿고 따를 수 있는 유일한 구원자, 모든 사람이 소망하는 이상적인 나라를 세우고 영원토록 통치하실 의의 왕이 여기 있으니 이 사람을 보라"는 말입니다. 그는 하나님이 택하신 사람입니다. 하나님이 보시기에 우리를 구원하시고 우리에게 소망을 줄 수 있는 가장 이상적인 사람입니다. 그를 보라고 말씀하십니다. 그는 바로 예수 그리스도이십니다.

하나님은 택하신 자, 예수 그리스도에게 자기의 영을 부어 주셨습니다. "내가 나의 영을 그에게 주었은즉"(1절). 성령으로 감동시켜 주셨다는 말입니다. 성령의 사람이 되게 하셨다는 말입니다. 하나님이 예수 그리스도에게 성령을 부어 주셨다는 사실이 무엇을 의미하는지 알기 위해서는 이사야서 11장 2절을 참조할 필요가 있습니다.

여호와의 영 곧 지혜와 총명의 영이요 모략과 재능의 영이요 지식과
여호와를 경외하는 영이 강림하시리니

성령이 예수 그리스도에게 임하자 그는 누구와도 비길 수 없는 총
명한 자, 지혜자가 되었고 모략과 재능을 구비한 자, 지식과 여호와를
경외하는 거룩함을 구비한 유일한 구원자, 우리의 왕이 되셨습니다.
하나님이 예수님을 이렇게 준비시키셨습니다. 이 세상 그 누구도 그
와 비길 수가 없습니다.

○ ○ ○ ○ ○
공의의 나라

하나님이 왜 예수 그리스도를 선택하시고 우리에게 주셨는지 이사야
42장 1절 끝부분에 잘 나타나 있습니다. "그가 이방에 정의를 베풀리
라"는 말씀, 곧 이방에 공의를 베풀게 하기 위해서입니다. 이 말은 3절
과 4절에 다시 나옵니다. "진실로 정의를 시행할 것이며", "세상에 정
의를 세우기에 이르리니." 이렇게 세 번이나 반복하는 이유는 하나님
께서 예수 그리스도를 우리에게 주신 것이 바로 정의를 베풀기 위해
서임을 강조하기 위해서입니다.

'정의를 베푼다'는 말은 일차적으로 법이 바로 서는 나라를 만든다
는 뜻입니다. 한때 하나님께서는 이스라엘 백성들에게 "어떻게 하면
정의를 바로 세울 수 있는가"에 대해 율법으로 가르쳐 주셨습니다. 레
위기 19장 15절에서 하나님은 이스라엘 백성들의 재판관을 향해 이렇
게 말씀하셨습니다. "너희는 재판할 때에 불의를 행하지 말며." 이 말
은 곧 악을 선으로 바꾸고 선을 악으로 바꾸지 말라는 뜻입니다. 돈을
받고 재판을 굽게 하지 말라는 것입니다.

또 "가난한 자의 편을 들지 말며"라고 했습니다. 어떤 경우에는 가난한 사람이 나쁜 짓을 한 것이 분명하지만 정에 이끌려 가난한 사람의 편을 들 수가 있습니다. 그런데 그것도 안 된다는 것입니다. 정의를 바로 세우는 나라라면 가난하다거나 불쌍하다는 것이 면죄 사유가 되어서는 안 됩니다. 모든 경우를 법대로 해야 합니다. 악은 악으로, 선은 선으로 판결해야 됩니다. "세력 있는 자라고 두둔하지 말고"라고 하신 말씀은, 잘못이 명백하다면 그가 아무리 힘이 있고 재력 있는 사람이라도 그것 때문에 그 사람을 풀어 준다든지 형을 감해 주어서는 안 된다는 말입니다.

한 나라의 공의는 정의로운 법 집행에서부터 시작됩니다. 법이 정의롭게 집행되는 나라에서 사람들은 안심하고 살 수 있습니다. 선은 항상 선이요, 악은 항상 악입니다. 그러므로 억울한 일을 당하는 사람이란 존재할 수가 없습니다. 힘 있는 자들이 힘없는 자들을 괴롭히고 핍박하는 일도 일어나지 않습니다. 법이 바로 서면 그 나라는 밝은 사회가 될 수 있습니다.

그러나 이 세상에서 그와 같이 공의가 바로 서는 나라가 존재하는 일이 가능합니까? 이것이 불가능하다는 사실을 너무나 잘 보아 왔습니다. 이 지상에서 정의가 바로 서는 나라란 불가능합니다. 아무리 선진국이라고 해도 가려진 곳을 들춰 보면 그곳 역시 불의가 판을 치고 있다는 것을 누구나 알게 됩니다. 하나님은 한때 이스라엘 백성을 특별히 구별하고 간섭하시어 정의가 바로 서는 나라를 세워 보려고 하셨습니다. 하지만 그들의 불순종 때문에 이루어지지 않았습니다. 이 세상에서는 그런 나라가 불가능합니다. 그래서 하나님이 최종적으로 내놓으신 한 가지 대안이 바로 자기 아들 예수 그리스도를 성령으로 충만하게 하셔서 세상에 보내시고 그가 다스리는 새로운 나라를 세우시는 것입니다. 이것이 천국이요, 하나님 나라입니다.

○ ○ ○ ○ ○ ○ ○ ○ ○
아름다운 하나님 나라

예수 그리스도가 공의로 영원토록 다스리실 그 나라가 어떤 나라인지는 이사야서 11장에 잘 나타나 있습니다. 예수님이 다스리시는 공의로운 나라를 인간적인 방법으로 설명하려고 하면 오히려 그 영광을 가릴 수 있습니다. 그러므로 성경 본문을 그대로 보는 것이 가장 좋다고 생각합니다.

> 공의로 가난한 자를 심판하며 정직으로 세상의 겸손한 자를 판단할 것이며 그의 입의 막대기로 세상을 치며 그의 입술의 기운으로 악인을 죽일 것이며 공의로 그의 허리띠를 삼으며 성실로 그의 몸의 띠를 삼으리라_사 11:4-5

예수님의 다스림은 거룩한 다스림이요 의로운 다스림이기 때문에 악인은 악인대로 심판하시고 선인은 선인대로 영광을 주신다는 내용입니다. 다음 구절을 보면 하나님 나라에 대한 기막힌 묘사가 나옵니다.

> 그때에 이리가 어린양과 함께 살며 표범이 어린 염소와 함께 누우며 송아지와 어린 사자와 살진 짐승이 함께 있어 어린아이에게 끌리며 암소와 곰이 함께 먹으며 그것들의 새끼가 함께 엎드리며 사자가 소처럼 풀을 먹을 것이며 젖 먹는 아이가 독사의 구멍에서 장난하며 젖 뗀 어린아이가 독사의 굴에 손을 넣을 것이라 내 거룩한 산 모든 곳에서 해 됨도 없고 상함도 없을 것이니 이는 물이 바다를

덮음같이 여호와를 아는 지식이 세상에 충만할 것임이니라

_사 11:6-9

모든 사람이 하나님을 압니다. 하나님을 두려워하고 하나님을 섬깁니다. 그런 백성으로 가득한 하나님 나라가 되면 거기에는 남을 해치는 일도 없고 상처 입는 법도 없고 억울한 일도 없고 고통스러운 일도 없다는 말입니다. 이와 같이 아름답고 평화로운 나라가 바로 주님이 공의로 다스리는 그 나라의 모습입니다. 얼마나 황홀한 나라입니까? 이런 말씀을 보기만 해도 황홀감에 젖게 됩니다. 하나님이 우리를 위해 준비하고 계시는 그 나라가 눈앞에 펼쳐집니다. 이런 말씀을 보면 입술에서 찬송이 절로 터져 나옵니다.

사막에 샘이 넘쳐흐르리라
사막에 꽃이 피어 향내 내리라
주님이 다스리는 그 나라가 되면은 사막이 꽃동산 되리
사자들이 어린양과 뛰놀고 어린이들 함께 뒹구는
참사랑과 기쁨의 그 나라가 이제 속히 오리라
독사 굴에 어린이가 손 넣고 장난쳐도 물지 않는
참사랑과 기쁨의 그 나라가 이제 속히 오리라

이사야서 42장에서 예수님이 다스리는 그 나라와 그 나라의 왕이신 예수님을 바라보라고 말씀합니다. 예수님을 소망하고 예수님을 믿으라고 말씀합니다.

○ ○ ○ ○ ○ ○ ○ ○ ○

다가오는 하나님 나라

예수님이 다스리실 공의로운 나라가 우리 앞에 점점 가까이 다가오고 있습니다. 이 세상에서 그 나라에 들어가지 못하는 것만큼 큰 불행은 없습니다. 그 나라의 백성이 되는 기회를 놓치는 것만큼 큰 손해는 없습니다. 그래서 우리가 한 사람이라도 더 전도하려고 애를 쓰는 것입니다.

다시 말씀드립니다. 주님이 다스리는 공의로운 그 나라가 우리 앞에 점점 다가오고 있습니다. 그런데도 우리 가운데는 아직도 세상 나라나 세상적인 야망, 세상적인 행복을 추구하는 데 혈안이 되어 있는 사람들이 적지 않습니다. 그러나 이 세상에서 수많은 상처와 절망을 체험하면서도 여전히 이 세상에 미련을 두고 있는 사람만큼 어리석고 불행한 사람은 없습니다.

다가오는 하나님 나라를 믿습니까? 그 나라가 지금 눈앞에 가까이 다가와 있는 것을 믿는다면 왜 전도하지 않습니까? 눈앞에 와 있는 그 나라를 보면서도 옆에 있는 형제나 이웃을 그 나라로 인도하고자 노력하지 않는다면, 저는 그에게 정말 예수님을 믿고 있는지 묻고 싶습니다. 하나님이 택하시고 성령으로 기름 부으신 그 종을, 분명히 우리가 믿음의 눈으로 바라보며 그분이 다스릴 영원한 하나님 나라를 기다리고 바라고 있다면 예수님을 모르는 사람을 볼 때 가만히 있지 못합니다.

대통령이나 국회의원만 잘 뽑으면 세상이 달라질 줄 아십니까? 별로 기대할 것 없는 세상 나라의 일에 대해 입에 거품 물고 욕하면서 열을 올릴 필요가 없습니다. 그런 것은 다 그만두고 예수님을 믿고 그분이 다스리는 영원한 나라, 해 됨도 없고 상함도 없는 그 나라로 함께

●

들어갑시다. 왜 이렇게 말하지 못합니까? 안 믿으니까 못하는 것 아닙니까? 자기가 자신 있게 바라보지 않기 때문에 말을 못하는 것 아닙니까? 정말 믿는다면 왜 말을 못합니까?

○ ○ ○ ○ ○ ○
전도자의 태도

예수님은 세상에 하나님 나라를 세우기 위해 오셨습니다. 그리고 자기가 다스리는 천국에서 영원히 살 새로운 백성을 창조하기 위해 전도하셨습니다. 복음을 전하셨습니다. 본문에는 또 한 가지 흥미로운 사실이 기록되어 있습니다. 세상 사람들에게 복음을 전하시는 예수님의 태도에 관한 것입니다. 예수님은 하나님 나라를 건설하기 위해 전도하시면서 세 가지 태도를 취하셨습니다.

첫 번째 - 온유하라

그는 외치지 아니하며 목소리를 높이지 아니하며 그 소리를 거리에
들리게 하지 아니하며_사 42:2

쉽게 말하면 예수님은 세상 사람들에게 전도하실 때 온유하게 대하셨다는 것입니다. '아니하며'라는 말을 세 번이나 반복하면서 표현을 바꾸어 말하고 있는 것은 예수님의 온유하심을 특별히 강조하기 위한 것입니다.

예수님의 온유가 어떠한 것이었는지는 세상 임금들과 권력자들의 그것과 비교해 보면 좀 더 쉽게 알 수 있습니다. 세상 임금이 행차하는 광경을 한번 상상해 보십시오. 고관대작들이 주위를 호위해 섰고, 앞에는 군악대가 나팔을 불어댑니다. 요란한 소리로 자기 권위를 백

성들 앞에 드러냅니다. 자기 권위를 선전하는 데 급급한 모습입니다. 그러나 하나님 나라의 왕이신 예수님은 자기 백성을 만날 때 외치지 않으셨습니다. 소리를 높이지 않으셨습니다. 사람들에게 자기 소리를 듣게 하려고 악을 쓰거나 나팔을 불지도 않으셨습니다. 심지어 예수님은 자기를 대적하는 자들 앞에서도 다투지 않으셨습니다. 자신을 죽이려고 하는 사람들 앞에서도 마치 도살장에 끌려 가는 어린양과 같이 침묵하셨을 따름입니다.

그분은 하나님이면서도 자신의 권위를 가지고 사람들을 겁주지 않으셨습니다. 그분은 분명 하나님의 아들이셨지만 오히려 자기의 그 영광을 초라한 인간의 모습으로 바꾸어서 사람들이 부담스러워하지 않게 다가오셨습니다. 그분은 말씀하실 때도 사람들에게 가까이 다가와서 부드럽게 말씀하셨습니다. 이사야는 그분의 모습에 대해 이렇게 표현했습니다.

> 그는 주 앞에서 자라나기를 연한 순 같고 마른땅에서 나온 뿌리 같아서 고운 모양도 없고 풍채도 없은즉 우리가 보기에 흠모할 만한 아름다운 것이 없도다_사 53:2

사람들은 그분을 보고 두려워하거나 옷깃을 여미고 긴장할 필요가 전혀 없었습니다. 그분은 초라한 종의 모습으로 오셨기 때문입니다. 예수님은 너무나 부드럽게, 그리고 너무나 자연스럽게 우리 가운데 오셔서 우리를 만나 주셨습니다. 우리는 그런 예수님의 모습을 성경에서 얼마든지 볼 수 있습니다.

그럼에도 예수님의 부드러운 말씀은 날카로운 화살 같아서 사람들의 마음속에 깊이 꽂혔습니다. 그분은 학자의 혀를 가지고 있어서 우둔한 자를 지혜롭게 하였고 절망하는 자에게 소망을 주셨습니다(사 50:4 참조). 그분의 말씀을 듣는 자의 마음에 변화가 일어났고, 죄를 회개하고 하나님께 돌아와 복종하는 놀라운 기적이 여기저기서 일어났습니다.

그분의 입에서 나오는 하나님의 말씀은 살아 있고 활력이 있어서 비록 조용하게 말씀하시지만 그것은 조용한 말씀이 아니었습니다. 힘없는 것처럼 말씀하셨지만 그것은 절대로 힘없는 말씀이 아니었습니다. 온유하셨지만 그 온유함은 무기력한 것이 아니었습니다. 조용하셨지만 그 조용함은 사람을 잠자게 만드는 그런 고요가 아니었습니다. 온유함 속에 능력이 있었던 것입니다. 하나님 나라는 완력이나 허세로 세워지는 것이 아닙니다. 온유의 터 위에 세워집니다. 우리는 이러한 진리를 예수님을 통해서 발견하게 됩니다.

우리는 전도하기 위해 사람들에게 다가갈 때 예수님의 온유함을 한시도 잊으면 안 됩니다. 우리의 왕이신 예수님이 온유하셨는데 종인 우리가 거만하거나 딱딱하게 위세를 부리는 것은 말이 되지 않는 일입니다. 설득하느라고 소리를 높일 필요도 없습니다. 우리가 설득해서 예수 믿을 사람은 아무도 없습니다. 부드럽게 말해도 성령은 역사하십니다. 은근히 자기 자랑을 앞세워 오히려 사람들이 거리감을 느낀다면 그는 예수님의 온유함을 모르는 사람입니다. 복음을 거부하는 사람일지라도 화를 내서는 안 됩니다. 예수님은 화내지 않으셨습니다. 우리를 대적하고, 멸시하고, 심지어 괴롭힌다 할지라도 그들에게 감정을 내비치면 안 됩니다. 예수님은 자기를 십자가에 못 박은 사람들 앞에서도 자기의 감정을 드러내지 않으셨습니다. 하나님의 나라는 온유 위에 세워집니다. 그러므로 온유해야 됩니다.

남편을 전도하기 위해 애교를 떨면서 교회에 가서 복음을 들어 보자고 온갖 정성을 다해 매달리는 부인들이 있습니다. 아주 잘하는 일입니다. 그러나 남편이 사정상 못 들어줄 때도 있습니다. 그렇다고 눈을 부릅뜨고 화를 내면서 "그래, 좋아. 나 천국 갈 때 당신은 지옥에나 가 버려!"라고 악담해서는 안 됩니다. 예수님의 온유를 기억하기 바랍니다. 철학자 니체(Friedrich Nietzsche, 1844-1900)는 기독교의 온유함을 가리켜 '노예 도덕'이라고 비아냥거렸습니다. 그러나 속지 마십시오.

> 온유한 자는 복이 있나니 그들이 땅을 기업으로 받을 것임이요
> _마 5:5

온유한 자가 승리합니다. 그러므로 불신자를 대할 때 온유하기 바랍니다.

두 번째 - 불쌍히 여기라
그다음으로 주님께서 우리에게 보여 주신 태도는 긍휼, 곧 불쌍히 여기는 마음가짐입니다.

> 상한 갈대를 꺾지 아니하며 꺼져 가는 등불을 끄지 아니하고 진실로
> 정의를 시행할 것이며_사 42:3

이사야는 예수님이 얼마나 긍휼이 풍성하신 분인가를 묘사하기 위해 '상한 갈대'와 '꺼져 가는 등불'을 비유로 들고 있습니다. 히브리어 본문을 보면 이 '상한 갈대'와 '꺼져 가는 등불'이라는 말을 특별히 강조하기 위해서 일부러 동사 앞에 놓고 있다는 것을 알 수 있습니다. 상한 갈대와 같은 자, 꺼져 가는 등불과 같은 자를 주님께서 얼마나 불쌍

히 여기시는가를 강조하려는 것입니다.

갈대는 강가나 호숫가에서 자라는 풀의 일종으로 다른 풀에 비해 상당히 크고 강하지만, 나무에 비해서는 몹시 약하고 또 꺾이기 쉽습니다. 조금만 힘을 가하면 꺾이고 상합니다. 짐승이 한 번 지나가면서 밟아 버리면 다 꺾여서 맥없이 쓰러집니다. 그래서 갈대는 약한 자의 상징처럼 되어 있습니다. 온전한 갈대가 이런데 상한 갈대야 오죽하겠습니까?

연약하기는 꺼져 가는 등불도 마찬가지입니다. 4, 50년 전만 해도 시골에서는 등잔불을 밝히고 생활했습니다. 등불 아래서 책을 읽기도 하고 식구들이 모여 앉아 두런두런 이야기를 나누기도 했습니다. 등잔불은 기름이 충분하고 심지가 좋고 공기가 잘 통하면 잘 타면서 주변을 환하게 밝혀 줍니다. 그러나 기름이 다 떨어져 가면 심지 끝에 붙은 불은 가물가물 꺼지기 시작합니다. 기름이 있다고 해도 심지가 좋지 않으면 시커먼 연기를 내면서 역시 꺼져 갑니다. 공기가 잘 통하지 않아도 그렇습니다. 이렇게 가물거리는 등불은 조금만 바람이 스쳐 지나가도 확 꺼져 버립니다. 너무나 힘이 없어 보이는 모습입니다.

그러면 도대체 이 상한 갈대와 꺼져 가는 등불은 누구를 비유하는 것일까요? 하나님의 표준에서 보면 이 세상 사람 전부를 가리킨다고 해도 과언이 아닐 것입니다. 완전하신 하나님의 표준에 비추어 볼 때 인간이라는 존재는 다 꺼져 가는 등불이요, 상한 갈대요, 어쩌면 그것보다도 더 약한 존재들인지 모릅니다.

그러나 이 말씀을 그런 의미로 보기는 어렵다고 생각합니다. 사람의 표준으로 볼 때에도 상한 갈대 같은 사람들이 있습니다. 꺼져 가는 등불 같은 사람들이 있습니다. 우리 주변에는 건드리면 부러질 것같이 약하고 아무 힘이 없는 그런 사람들이 많이 있습니다. 가난해서 멸시받는 자들이나 병들어 버림받은 자들, 실패하여 소망을 잃어버리고 사는 자들, 늙어서 사람들의 관심에서 벗어나 고독하게 사는 사람들, 상한 갈대란 바로 이런 사람들을 가리키는 말입니다. 조금만 다치면 다 꺾이고 쓰러질 사람들입니다.

주님께서는 이런 사람들을 특별히 불쌍히 여기셨습니다. 그리고 그들을 향해서 소망을 버리지 않으셨습니다. 상하기는 했지만 아직도 꺾이지 아니한 갈대를 보듯이 그들에게도 구원받을 소망이 있다고 보시는 것입니다. 그래서 그들을 특별히 찾으셨고 생명의 말씀을 그들에게 전하여서 상한 갈대와 같은 그들을 성전의 백향목 기둥처럼 만들어 주셨습니다. 마태, 마가, 누가, 요한복음에서 우리는 이러한 예들을 얼마든지 발견할 수 있습니다.

인간의 잣대로 재어 보면 우리 주변에도 꺼져 가는 등불 같은 사람들이 많이 있습니다. 양심의 불꽃이 거의 다 사그라진 것처럼 행동하는 악인들이 많이 있습니다. 선한 구석을 찾아보기 힘들 정도로 흉악한 자들이 많습니다. 가룟 유다처럼 차라리 세상에 태어나지 말았으면 좋았으리라는 생각이 들 정도로 불행한 사람들도 많습니다. 가물거리던 등불이 꺼져 버리면 모든 천지가 어두워지듯이 어둠 속으로 빠져들어서 다시는 그 어둠에서 해방될 기회를 얻지 못할 불행한 자들이 우리 주변에 많이 있습니다. 예수님 당시의 세리들이 그랬고, 죄인이라는 딱지가 늘 따라붙던 사람들이 그랬고, 창녀들이 그랬습니다. 이런 사람들은 모두 가물가물 꺼져 가는 등불과 같은 사람들이라고 할 수 있습니다.

그러나 예수님은 이런 자들을 불쌍히 여기셨습니다. 그들에게도 구원의 여지가 남아 있다고 보셨습니다. 그들은 꺼져 가는 불꽃이지만 아직 꺼지지는 않았습니다. 그들에게 복음을 전하면 구원받을 수 있다고 보셨습니다. 지금은 꺼져 가는 등불 같지만 그들이 구원받으면 온 천지를 밝히는 한낮의 태양처럼 변할 수 있다고 생각하셨습니다. 그래서 많은 죄인들이 주님 앞에 와서 새사람이 되었습니다.

우리 역시 전도할 때 예수님의 이 불쌍히 여기는 마음을 본받아야 합니다. 주변에 상한 갈대와 같이 연약한 자가 있습니까? 꺼져 가는 등불같이 양심도 없어 보이는 자가 있습니까? 우리는 무엇보다 먼저 그를 불쌍히 여겨야 합니다. 그리고 기대를 가지고 그를 바라보아야 합니다. 비록 지금은 약하지만 예수님만 만나면 소망이 있다고 말하는 눈으로 불신자들을 보고 대해야 합니다.

사랑의교회에 〈우리〉라는 신문이 있습니다. 거기에 '재판장과 사형수'라는 제목의 감동적인 기사가 실린 적이 있었습니다. 열한 살의 어린 소녀를 납치해서 성폭행하고 살해한 흉악범이라면 법적으로 반드시 사형을 선고해야 할 사람이요, 이 사회로부터 영원히 격리되어야 할 악한 사람입니다. 그 사람을 재판한 분이 저희 교회 집사님이었습니다. 아무리 흉악한 죄수라도 한 사람의 생명을 끊는 사형을 언도하는 결단이니 판사의 마음이 얼마나 괴로웠겠습니까? 더욱이 믿음이 좋은 분이라면 더 그럴 것입니다. 하나님 앞에 서면 살인죄를 범한 그 사람이나 그렇지 아니한 자기나 다를 바 없이 다 죄인인데, 죄인이 죄인에게 사형 선고를 내려야 하는 모순 때문에도 심적인 고통이 엄청나게 컸던가 봅니다.

집사님은 법에 따라서 사형을 선고하기는 했지만 그 사형수를 잊지 않고 지난 3년 동안 신앙 서적을 보내고 편지를 써 보내면서 복음을 전했다고 합니다. 꺼져 가는 등불처럼 소망이 없지만 불쌍히 여기는 마음 때문에 그에게 복음을 전한 것입니다. 결국 그의 정성은 결실을 맺어 그 사형수는 드디어 예수를 믿게 되었고, 완전히 거듭나서 자기 죄를 철저히 회개하고 새사람이 되었습니다. 그리고 이제는 자기만 구원받는 것이 너무나 안타까워 자기와 비슷한 처지에 있는 사람들을 전도하느라 시간 가는 줄 모르고 열심히 뛰는 사람이 되었다고 합니다.

그가 자기를 재판했던 집사님에게 보낸 많은 편지들 중 몇 통이 〈우리〉지에 소개되었습니다. 그 가운데 이런 말이 있었습니다.

"판사님, 남들은 이 가을이 쓸쓸하다고들 합니다. 그것은 모든 사물이 시들어 가는 과정을 보여 주는 계절이기 때문에 그런가 봅니다. 하지만 주님의 자녀가 된 저는 말씀과 찬송으로, 외로움과 쓸쓸함보다는 새로운 힘과 믿음을 가지고 주님 안에서 신앙의 길을 걷고 있습니다."

얼마나 멋있습니까? 가물거리던 불꽃이 다시 확 타오르는 것 같은 느낌이 들지 않습니까? 그러므로 우리는 주변에 있는 자들 가운데 아무리 상한 갈대처럼 보이는 사람들이라도 소망을 가지고 바라보고 그들을 불쌍히 여겨야 합니다. 아무리 악한 사람이라도 소망을 가지고 대해야 합니다. 그들의 영혼을 불쌍히 여겨야 합니다. 이것이 주님이 우리에게 보여 주신 자세입니다.

세 번째 - 포기하지 말라

다음으로 주님께서 우리에게 보여 주신 태도는 포기하지 않는 자세입니다.

그는 쇠하지 아니하며 낙담하지 아니하고_사 42:4

이것은 예수님이 전도하시다가 절망하지 않으신다는 말입니다. 상대방이 아무리 복음을 듣지 않아도 포기하지 않으신다는 말입니다. 하나님께서 예수님에게 주신 하늘나라의 백성이면 그는 반드시 회개하고 돌아올 것이라는 소망을 가지고 보신다는 것입니다. 아무리 악해도 하나님이 택하신 자들에 대해서는 안 된다고 하는 법이 없습니다. 예수 그리스도 안에서는 모든 것이 '예스'(Yes)입니다. '노'(No)가 아닙니다. 전도할 때 우리 역시 낙담하거나 포기해서는 안 됩니다. 한번 전도해서 안 믿는다고 낙심하거나 포기하면 안 됩니다. 우리에게 필요한 것은 기다림입니다. 기다림만 있을 뿐이지 포기는 있을 수 없습니다. 누구를 보더라도 그가 구원받을 수 있다는 소망을 가지고 우리는 다만 전도하고 기다려 주어야 합니다.

어떤 사람은 하나님을 일명 '시속 3km의 하나님'이라는 별명으로 부르기도 합니다. 이스라엘 백성들은 40년 동안 시내 광야를 지났습니다. 그 광야의 모래밭을 무거운 짐을 지고 짐승을 끌고 여행했기 때문에 아무리 빨리 가려고 해도 속도가 나지 않았습니다. 기껏 속도를 높인다고 해도 시속 2km 내지 3km 정도의 속도밖에 내지 못했습니다. 그렇게 느릿느릿하게 행진하는 이스라엘 백성에게 하나님은 "내가 너희와 함께 가겠다"고 하셨습니다. 하나님도 이스라엘 백성들처럼 시속 3km로 걸으셨다는 말입니다. 하나님이 어디 시속 3km로 걸으실 분입니까? 그럼에도 백성들이 더디게 가자 하나님도 더디게 가셨고, 그러다 보니 40년이 걸렸다는 이야기입니다. 우리 하나님은 이런 분입니다.

전도할 때도 마찬가지입니다. 안 믿는다고 해서 '에이! 모르겠다'고 포기하고 가시는 분이 아닙니다. 그가 예수 믿기까지는 10년이 넘게 걸릴지도 모르는 일입니다. 하나님은 10년이라도 소망을 가지고 함께 걸어가십니다. 그러므로 우리가 전도할 때 상대방이 금방 안 믿는다고 해서 쉽게 절망한다든지 함부로 거칠게 말해서는 안 됩니다. 우리 예수님은 절대로 포기하는 법이 없으십니다. 언제까지든지 기다려 주십니다. 지금까지 수년 동안 전도해도 아직 회개하지 않고 있는 가족이 있습니까? 가까운 사람이 있습니까? 예수님은 절대 그를 포기하지 않으십니다. 이 사실을 분명히 기억하기 바랍니다.

약함으로 강함을 이긴다

하나님 나라를 기다리며 바라고 있습니까? 우리의 왕이신 예수 그리스도를 바라보는 믿음을 갖고 있습니까? 그분이 다스리는 나라가 정의로운 나라라는 것을 믿습니까? 그 나라에만 소망이 있는 줄을 확신합니까? 그렇다면 그 나라에 혼자 들어가겠다고 생각하는 것은 무서운 이기주의가 아닐 수 없습니다.

그러므로 내 주변에 있는 사람들을 하나님 나라로 인도하기 위해서 예수님과 같은 자세로 그들을 찾아가야 합니다. 어떤 사람은 애간장을 태우면서 거드름을 피울지도 모릅니다. 어떤 사람은 쉽게 믿을지도 모릅니다. 어떤 사람은 교회에 나와서 복음을 듣고 결신하여 눈물을 흘리며 하나님의 품에 안기기도 할 것입니다. 반면 어떤 사람은 걸어나온 그대로 다시 걸어나갈 것입니다.

그러나 사람들이 어떤 반응을 보이든지 우리는 작은 예수가 되어야합니다. 온유함을 가지고 그들을 대합시다. 인간적인 힘이 들어가면안 됩니다. 우리가 온유할수록 성령의 능력은 강하게 역사합니다. 떠들 필요가 없습니다. 강요할 필요가 없습니다. 소리를 지르거나 다툴 필요도 없습니다. 하나님의 나라에서는 약함이 강함이요, 부드러움이 강직함임을 믿어야 합니다.

우리는 예수님처럼 그들을 불쌍히 여겨야 합니다. 그들은 눈먼 자들입니다. 죄의 종입니다. 그들은 죽음의 덫에 걸려 있는 사람들입니다. 상한 갈대를 다루듯이, 꺼져 가는 등불을 다루듯이 불쌍히 여기면서 조심스럽게 다루어야 합니다. 완악하게 복음을 거역할지라도 그들에게는 아직 작은 불꽃이 남아 있다는 것을 믿어야 합니다. 그들이 구원받을 수 있다는 소망을 가지고 그들을 바라보아야 합니다. 그 누구를 놓고도 실망하거나 포기하지 않도록 합시다. 하나님께 절망이란 존재하지 않습니다. 오직 기다림이 있을 뿐입니다.

이와 같은 자세를 가지고 주변에 있는 믿지 않는 불쌍한 자들을 찾아가면 우리의 손을 통해, 우리의 입술을 통해, 우리가 전하는 복음을 통해 하나님 나라가 임할 것입니다. 세상 나라에 절망한 사람들이 하나님 나라를 발견하고 환호성을 지르게 될 것입니다. 그들의 얼굴이 환하게 밝아질 것입니다. 우리 모두 전도를 통하여 하나님께서 영광을 받으시도록 예수님의 마음과 태도를 가지고 안 믿는 자들을 찾아가는 자들이 되기 바랍니다.

Part
02

비전을 가진 전도자

I

디사이플
메이킹

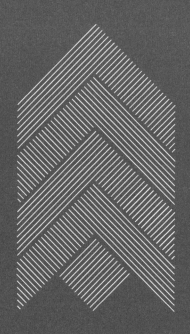

예수 믿고 구원받은 것에 머물러 있으면 안 됩니다.
세례를 받고 등록교인이 되었다는 것에 머물러 있어서도 안 됩니다.
장로, 집사, 권사 등의 직분만 받는 것으로 만족해서도 안 됩니다.
말씀을 배우고 순종하는 자리까지 나아가야 합니다.
그래야만 예수의 제자가 될 수 있습니다.

마태복음 28:18-20

18 예수께서 나아와 말씀하여 이르시되 하늘과 땅의 모든 권세를 내게 주셨으니 19 그러므로 너희는 가서 모든 민족을 제자로 삼아 아버지와 아들과 성령의 이름으로 세례를 베풀고 20 내가 너희에게 분부한 모든 것을 가르쳐 지키게 하라 볼지어다 내가 세상 끝 날까지 너희와 항상 함께 있으리라 하시니라

디사이플
메이킹

지난 세월 동안 교회의 머리가 되시는 주님이 사랑의교회를 오른손에 굳게 붙드시어 제자훈련의 기치를 높이 들고 생명력을 잃어 가고 있는 교회들에게 새로운 목회 방향을 제시하게 하셨습니다. 또한 이로써 한국 교회와 일본, 대만, 미주 지역에 있는 교포 교회, 그리고 세계 도처에 흩어져 있는 한국 선교사들을 섬기게 하셨습니다.

'평신도를 깨운다' 제자훈련 지도자 세미나를 처음 시작할 때만 해도 교회에서 제자훈련을 한다는 것은 매우 낯선 일이었습니다. 교회에서도 제자훈련을 해야 한다고 말하면 목회자들 중에는 이상한 눈초리로 쳐다보는 사람이 적지 않았습니다. 그러나 이제는 제자훈련을 모르면 오히려 이상하게 여길 만큼 목회자들의 인식이 많이 바뀌었습니다. 사실 제자훈련 목회는 부활하신 주님이 승천하시면서 제자들에게 주신 지상명령 속에 그대로 드러나 있는 목회전략입니다. 본문을 보십시오. 지상명령의 핵심은 "너희는 가서 모든 민족을 제자로 삼으라"는 것입니다.

제자훈련에 눈을 뜨다

믿는 집안에서 태어났고 어려서부터 성경을 배우며 자라난 저였지만, 신학교 3학년 졸업반이 될 때까지도 제자를 삼는다는 것이 무엇인지 잘 몰랐습니다. 누구 하나 가르쳐 주는 사람도 없었고, 제자 삼는 사역에 대해 관심을 가지고 있는 교수님조차 한 분도 안 계셨습니다. 그래서 그때까지만 해도 지상명령을 단순히 "세계 복음화를 위해 열심히 전도하라"는 말씀 정도로만 이해하고 있었습니다.

그런데 하나님께서 특별한 기회를 주셨습니다. 제가 한 명 밖에 남지 않은 어느 교회 대학부를 맡게 된 것입니다. 눈앞이 캄캄했습니다. 그러나 사실 그것은 그 교회의 문제만은 아니었습니다. 지금부터 약 30년 전만 해도 고등학교를 졸업하면 학생들이 모두 교회를 떠나버리는 바람에 교회마다 큰 고민에 쌓여 있었습니다. 그때 저는 스스로 이런 질문을 제기했습니다. '왜 젊은이들이 교회를 떠나는가? 왜 선교단체에는 젊은이들이 벌 떼처럼 몰려드는데 교회에서는 썰물 빠지듯 모두 다 떠나버리는 걸까?'

심각하게 고민하던 중에 선교단체와 교회를 비교하면서 문제점을 분석하기 시작했습니다. 그런데 거기서 한 가지 놀라운 차이를 발견했습니다. 그것은 제자훈련이었습니다. 선교단체에는 제자훈련이 있었지만 교회에는 제자훈련에 대한 개념 자체가 없었습니다. 이를 계기로 저는 제자훈련에 눈을 뜨게 되었습니다.

제자훈련, 곧 제자를 만들라는 말의 깊은 의미를 조금 알게 되자 흥분이 되어 견딜 수가 없었습니다. 그 흥분은 저를 제자훈련에 미친 사람으로 만들었습니다. 하나님은 저로 하여금 5년 동안 대학생들과 함께 제자훈련이 무엇인가를 계속 탐구하고 검증하게 하셨고, 그 후 3년 동안의 외국 유학을 통하여 제자훈련에 대해 신학적 · 성경적 정립을 하게 하셨습니다. 그리고 귀국해서 사랑의교회를 개척하고 6년 동안 제자훈련을 시험할 수 있도록 해 주셨습니다. 처음 제자훈련에 눈을 뜬 때로부터 거의 14년 동안이나 저를 준비시키셨던 것입니다.

출판과 세미나 사역 출범

그러던 어느 날, 하나님은 갑자기 제 마음에 제자훈련에 대하여 지금까지 실험하고 발견한 것을 모두 정리하여 책으로 출판하라는 부담을 주셨습니다. 사실 그 당시에는 예배당을 건축하느라 정신이 없던 때였습니다. 자금이 부족해서 아침저녁으로 뛰어다니기도 바빠서 책을 쓴다는 것은 엄두도 내지 못할 처지였습니다. 그러나 하나님께서는 계속해서 영감을 주시면서 저를 몰아붙이셨습니다. 도저히 거절할 수 없었습니다. 3개월 동안 교회 일은 교회 일대로 하면서 밤잠을 설쳐가며 죽을힘을 다해 책을 썼습니다. 그런 과정을 거쳐 1984년에 나오게 된 것이 바로 《평신도를 깨운다》라는 책입니다. 흥미를 끌 만한 요소라고는 거의 없는, 딱딱하고 이해하기도 쉽지 않은 내용이었음에도 나온 지 한 달도 채 안 되어 재판을 찍고, 두 달도 안 되어 4판을 찍어야 했을 정도로 책은 불티나게 팔렸습니다.

이런 과정들을 지켜보는 동안 제 마음속에는 이런 생각이 들기 시작했습니다. '하나님께서 이 책을 통해 무엇인가 큰 일을 계획하고 계시는 것은 아닐까?' 아니나 다를까 책이 나온 지 2년 정도 지난 어느 날, 하나님은 또 갑자기 이런 영감을 주셨습니다. '사랑의교회만 제자 훈련을 해서는 안 된다. 한국의 모든 교회마다 제자를 만드는 이 사역을 통해서 예수의 제자들이 구름 떼처럼 일어나도록 해야 한다. 그러

므로 제자훈련을 가르치는 세미나를 시작하라.'

도대체 무엇을 가지고 세미나를 하라는 말씀인지 염려가 앞섰습니다. 그러나 이 일을 이루고자 하시는 주님은 지혜를 주셨습니다. 이제까지 사랑의교회에서 실시한 제자훈련을 통해 정리되어 있는 풍성한 자료와 사랑의교회라는 공개할 만한 좋은 현장이 있기 때문에 목회자들이 보고 듣고 실습하면서 확실히 깨닫고 돌아가게 하면 되겠다는 생각이 들었습니다. 이렇게 해서 '평신도를 깨운다' 제자훈련 지도자 세미나를 시작하게 되었습니다.

실습할 다락방 수에 맞춰서 등록을 받아야 하기 때문에 처음에는 80명 정도밖에 받지 못했습니다. 처음 등록을 받던 그날의 충격을 잊을 수가 없습니다. 제자훈련 세미나를 한다고 하자 목사님들이 새벽기도를 마치고 곧장 뛰어와서 6시부터 줄을 서 있는 것이 아닙니까? 그런 일이 일어나리라고는 상상도 하지 못했습니다.

그때부터 14년간 44회의 세미나를 해 오면서 국내외 5,700여 명에 가까운 목회자들이 이 세미나를 거쳐 갔습니다. 5천 개 이상의 교회가 제자훈련을 중요하게 여기는 목회를 시작했다는 의미라고 본다면 참으로 대단한 일이 아닐 수 없습니다. 이제 사랑의교회 수양관이 지어졌고, 다락방 수도 많아졌기 때문에 세미나 때마다 360명에서 400명까지 등록을 받을 수 있게 되었습니다. 그러면 1년에 2번만 해도 거의 800명의 목회자들이 세미나를 거쳐 가게 되는 것입니다. 여기에다 일본 목회자들 백 명과 미주의 교포 교회 목회자들 백 명을 더하면 매년 천 명의 목회자들이 이 세미나를 통해 제자 만드는 사역이 무엇인가를 배우게 된다는 말입니다.

왜 하나님께서 사랑의교회로 하여금 이 일을 주도하게 하셨는지 그 깊은 뜻은 잘 모릅니다. 그러나 한 가지 분명한 사실은 하나님께서 우리에게 이 일을 맡기셨다는 것입니다. 우리는 다만 하나님께 순종할 따름입니다.

초판 이후 14년 만인 1998년 여름, 《평신도를 깨운다》라는 책을 다시 썼습니다. 그 책을 처음 쓸 때만 해도 교인 수가 7백 명 정도에 불과했는데 지금은 20배를 훨씬 넘어섰습니다. 그러니 14년 전의 책을 그대로 둘 수가 없어서 다시금 쓴 것입니다. 같은 제목이기 때문에 자칫 진부한 책이 될 가능성도 다분했습니다. 14년 정도 지나면 한물간 책으로 치부하고 들춰 보지 않을 수도 있습니다.

그런데 놀랍게도 다시 쓴 책에 대해서도 처음과 같은 반응이 나타났습니다. 전국에서 책 주문이 쇄도했습니다. 교회 지도자들이 제자 만드는 사역에 대해 얼마나 비상한 관심을 갖고 있는지 알 수 있는 좋은 증거라고 생각합니다. 현재는 이 책의 번역 작업도 활발하게 추진되고 있습니다. 5년 전에 일어판이 나왔고 중국어판은 교재로 만들어졌으며, 영어판도 곧 나올 예정입니다.

성경 원리에 가장 근접한 목회

제자를 만들라는 말씀을 실제 목회 현장에 적용할 수 있도록 돕는다는 것은 감당하기에 벅찬 일입니다. 하지만 한편으로는 그 어떤 사역보다 영광스러운 사역이라고 할 수 있습니다. 교회 지도자들이 제자를 만드는 사역에 관심을 갖는 이유는 제자훈련이 성경 원리에 가장 근접한 목회이기 때문입니다. 목회자라면 누구나 가능한 한 하나님의 말씀에 가까운 목회를 하려고 노력합니다. 그러나 방법적인 면에서 본다면 하나님 말씀에 가까운 목회가 있고, 하나님 말씀에 먼 목회도 분명히 있습니다. 하나님 말씀에 가까울수록 이상적인 목회일 것입니다. 그런 의미에서 제자 삼는 목회야말로 성경 원리에 가장 근접한 방법이라고 믿습니다. 많은 분들이 제자훈련에 관심을 갖는 것도 바로 그런 이유 때문일 것입니다.

교계에서 존경을 받는 목사님 한 분이 사석에서 이런 고백을 하시는 것을 들은 적이 있습니다. 지난 수십 년 동안 큰 집회를 인도하느라 혼신의 힘을 다해 왔다고 하시면서, 그런데 이제 와서 보니 그런 대형집회는 거품이 빠지면 남는 것이 별로 없는 것처럼 실속이 없었다는 것입니다. 그래서 그분이 내린 결론인즉, 비록 숫자는 적어도 제자를 만드는 사역이야말로 진정한 열매를 기대할 수 있는 사역인 것 같다는 말씀이었습니다.

참으로 반가운 이야기가 아닐 수 없습니다. 그분이 그동안 해 오신 목회가 잘못됐다는 말이 아닙니다. 대형집회를 통해서 수많은 영혼들이 주님 앞으로 돌아왔고, 그 덕에 한국 교회도 오늘날과 같이 부흥할 수 있었던 게 사실입니다. 그러나 많은 사람을 모아 놓고 설교하는 것만으로는 주님이 원하시는 제자를 만들지 못한다는 사실을 솔직히 인정했다는 점이 중요한 것입니다.

본문을 보십시오. 우리에게 "모든 민족을 제자로 삼으라"고 명령하시는 분은 하늘과 땅의 모든 권세를 가진 분이십니다. 그러므로 이 명령에는 그분의 절대권위가 깃들어 있습니다. 주님의 엄중하신 명령입니다. 이 명령에서 조금이라도 빗나간다면 주님 앞에 섰을 때 결코 칭찬을 들을 수 없을 것입니다.

가르쳐 지키게 하는 자리까지

제자를 만들기 위해서 할 수 있는 일이 세 가지 있습니다.

> 너희는 가서 모든 민족을 제자로 삼아 아버지와 아들과 성령의 이름
> 으로 세례를 베풀고 내가 너희에게 분부한 모든 것을 가르쳐 지키게
> 하라_마 28:19-20

여기서 주목할 것은 '가서' '세례를 베풀고(주고)' '가르쳐'라는 동사들입니다. 한글 개역성경에는 분명하게 드러나지 않지만, 헬라어 원문을 보면 이 동사들은 '제자로 삼으라'는 주동사를 수식하는 분사형으로 되어 있습니다. 제자를 만드는 데 필수적인 세 가지 방법에 대해 말하고 있는 것입니다.

먼저, 가야 합니다. 세상 사람들에게 가서 전도해야 한다는 말입니다. 전도하지 않고 어떻게 사람들이 제자가 될 수 있겠습니까? 세상에 나가 복음을 전하여 예수 믿게 해서 교회 공동체 안으로 데리고 와야 합니다. 그다음으로, 세례를 주어야 합니다. 아버지와 아들과 성령의 이름으로 세례를 주어야 합니다. 다시 말해서 등록교인이 되게 하라는 것입니다. 마지막으로, 가르쳐야 합니다. 말씀을 가르침으로써 말씀대로 순종하며 살 수 있도록 만들어야 합니다. 그럴 때 삶과 인격에서 온전히 그리스도를 닮아 가는 제자가 될 수 있습니다.

예수 믿고 구원받은 것에 머물러 있으면 안 됩니다. 세례를 받고 등록교인이 되었다는 것에 머물러 있어서도 안 됩니다. 장로, 집사, 권사 등의 직분만 받는 것으로 만족해서도 안 됩니다. 말씀을 배우고 순종하는 자리까지 나아가야 합니다. 그래야만 예수의 제자가 될 수 있

습니다. 안타깝게도 많은 교회들이, 그리고 많은 성도들이 그렇게 하지 않는 것 같습니다. 예수 믿은 것으로 만족하고 그 자리에서 10년, 20년 머무는 분들도 많고, 세례 받은 후 세월이 흘러 직분을 받는 것으로 모든 할 일을 다 끝낸 것처럼 생각하는 분들도 적지 않습니다. 더 이상의 영적인 발전을 포기해 버린 사람들입니다.

그러나 분명히 알아두십시오. 이것은 결코 말씀대로 신앙생활을 하는 것이 아니라는 사실을 말입니다. "가르쳐 지키게 하라"는 말씀은 대단히 강력한 말씀입니다. 교회가 책임 있는 교육을 하라는 말씀입니다. 말씀을 듣고 아는 정도에서 머물게 하지 말고, 그 말씀을 실제 생활에 적용할 수 있도록 책임 있게 이끌어 주라는 말입니다. 이것이 바로 제자훈련입니다.

목회자들이 제자훈련을 소홀히 한 이유

물론 모두 다 그런 것은 아니지만 많은 한국 교회 지도자들이 그동안 이러한 책임을 소홀히 여겨 온 것이 사실입니다. 두 가지 측면에서 그 원인을 찾아볼 수 있습니다.

첫째, 일주일에 한두 번 설교를 듣는 것으로 배우고 순종하는 크리스천이 될 수 있다고 생각했기 때문입니다. 즉, 설교를 듣는 것만으로도 가르쳐 지키게 하는 제자훈련이 이루어질 수 있다고 생각한다는 것입니다. 그러나 실제로 그렇게 되고 있느냐고 묻는다면 자신 있게 대답할 수 있는 사람이 과연 몇이나 되겠습니까? 설교는 교회의 심장입니다. 교회가 설교와 함께 일어설 수도 있고 쓰러질 수도 있을 만큼 설교가 차지하는 비중은 막중합니다. 그러나 설교가 가르쳐 지키게 하는 좋은 방법이기는 하지만, 설교를 만능으로 여기고 설교만으로도

다 할 수 있다고 생각해서는 안 된다는 말입니다.

과거와 같은 농경 사회라면 설교만 들어도 말씀을 배워 순종하는 자리에까지 이르는 것이 가능했을지도 모릅니다. 텔레비전이나 신문과 같은 대중매체가 없었기 때문에 정보라고는 오직 교회에 가서 듣는 말씀 밖에 없었습니다. 그러므로 한마디를 들어도 가슴에 깊이 와닿았습니다. 다른 정보들로 인해 혼동되는 일이 없기 때문에 설교를 듣고 그 말씀대로 순종하며 살 수 있고, 혹시라도 말씀대로 살지 못하면 눈물을 흘리며 회개할 수 있었습니다. 그러나 요즘같이 정보가 홍수처럼 쏟아지고 그로 인해 다양한 가치관이 기승을 부리는 세상에서는 설교 한두 편 듣고 말씀대로 순종하는 제자가 된다는 것은 지극히 어려운 일입니다. 물론 말씀을 들은 대로 사는 사람도 있을 수 있습니다. 그러나 대부분은 잘 안됩니다. 이것은 부인할 수 없는 현실입니다.

더욱이 요즘 설교의 권위가 얼마나 땅에 떨어졌습니까? 설교다운 설교를 찾기가 그리 쉽지 않습니다. 이렇게 설교가 점점 그 권위를 잃게 되자 '설교'라는 단어는 부정적인 말의 대명사처럼 되어 버렸습니다. 대화 중에 흔히 듣게 되는 말이 있습니다. "또 설교하고 있네." 어떤 의미입니까? 완벽한 체하며 남에게 교훈하지 말고, 본인이나 제대로 하라는 것입니다. 가정에서도 부모가 자녀에게 똑같은 교훈을 반복해서 계속 주다 보면 자녀들이 나중에는 신경질을 부리며 이렇게 말합니다. "아이 참, 설교 좀 그만하세요. 스트레스 받아요." 오늘날의 설교가 이처럼 부정적인 인상을 주는 말이 되어 버렸다는 건 참으로 안타까운 일입니다.

교회 안에서도 그렇습니다. 대부분의 사람들이 그 말씀대로 순종하고 살아야겠다는 절박한 심정을 가지고 설교를 듣기보다 그저 예배 순서 중의 하나 정도로 여깁니다. 설교를 수십 번 들어도 하나님의 말씀대로 살겠다는 몸부림이 나오지 않습니다. 그럼에도 많은 목회자들과 교인들이 설교만 들으면 그것으로 다 되는 줄 압니다.

둘째, 목회자들의 시간 투자에 구조적인 문제가 있기 때문입니다. 사람들을 만나거나 행정적인 업무를 처리하는 데 쏟는 시간에 비해 성도 한 사람 한 사람을 그리스도의 제자로 만들기 위해 말씀으로 땀 흘리는 일에 사용하는 시간이 상대적으로 너무 적습니다. 가르치는 일에 시간을 투자하지 않고서 어떻게 예수의 제자가 만들어지기를 기대할 수 있겠습니까?

교인들 역시 마찬가지입니다. 한국 교회 목회자들은 밤낮이 따로 없습니다. 아기 돌이나 개업 때는 물론이고 애가 아파도, 부부 싸움을 해도, 간밤에 이상한 꿈을 꿔도 "오시오", "가시오" 하면서 늘 목사를 부르는 것이 현실입니다. 목회자를 보는 시각에도 문제가 있습니다. 부르는 곳마다 바쁘게 쫓아다니는 사람은 목회 잘한다고 생각하지만, 교인들을 앉혀 놓고 예수님의 제자가 되도록 하기 위해 땀을 흘리며 열심히 가르치는 사람에게는 이상한 눈초리를 보냅니다.

이렇게 말씀을 가르쳐 지키게 하는 것을 소홀히 한 결과 오늘날 한국 교회가 어떻게 되었습니까? 양적으로는 부흥했는지 모르지만 질적으로는 아직도 만년 초보신앙 수준에 머물러 있어서 어린아이 같은 모습이 한국 교회의 현주소가 아닙니까? 세상에 나가면 예수를 믿는 사람인지 아닌지 구별이 안 될 정도로 세상적인 생각을 하고 말하고 행동하는 교인들이 얼마나 많은지 모릅니다.

○ ○ ○ ○ ○ ○
한국 교회의 위기

'한국기독교목회자협의회'라고 하는 매우 뜻깊은 모임이 있습니다. 13

개 교파 1,200여 명의 목회자들이 한국 교회가 새로워져야 한다는 데 인식을 같이하여 결성한 모임입니다. 이 모임이 지향하는 바가 몇 가지 있습니다. 지금까지 교파와 교단으로 나뉘어져 서로 싸우기에 급급하던 분열상을 청산하고 모두 화해하여 하나가 되자는 것입니다. 그리고 한국 교회 안에 있는 구조적인 비리와 부조리를 자신부터 먼저 갱신하자는 것입니다. 그동안 자기 혼자 믿음 좋은 것으로 황홀해한 나머지 사회에 대한 교회의 책임을 너무나 등한히 했는데, 이제는 이 사회에 대한 책임을 함께 지자는 것입니다.

일전에 그 모임에 세미나 강사로 오신 감리교 유원규 박사의 강의에서 충격적인 이야기를 들었습니다. 종교사회학을 전공한 유 박사님이 1997년과 1998년 한국 갤럽에서 '한국인의 종교의식과 한국 개신교의 신앙의식'에 대하여 조사한 자료를 가지고 분석하여 강의한 것인데 그 내용을 몇 가지로 정리해 보면 다음과 같습니다.

먼저 지난 몇 년 사이에 약 370만 명이 종교간 이동을 했다고 합니다. 종교간 이동이라면 불교에서 천주교로 갔다든지, 천주교에서 불교로 갔다든지, 기독교에서 천주교로 갔다든지 하는 이동을 말하는데 특기할 것은 그중에서 개신교인이었는데 천주교나 불교로 종교를 바꾼 사람의 비율이 무려 58.4%나 된다는 사실입니다. 종교간 이동을 한 사람 열 명 중 여섯 명이 기독교에서 타 종교로 갔다는 말입니다. 기막힌 사실이 아닐 수 없습니다. 왜 이런 일이 일어납니까? 제대로 되지 못한 교인이 그만큼 많다는 이야기입니다.

더 기가 막힌 건 한때 기독교든 천주교든 불교든지 간에 종교를 가졌다가 현재 무종교를 표방하고 있는 사람이 1,094만 명인데 그 가운데 기독교인이던 사람이 73%나 된다는 사실입니다. 따라서 기독교에서 다른 종교로 바꾼 사람과 기독교였지만 현재는 아무것도 믿지 않는다는 사람을 합하면, 교회와 적어도 한 번 관계를 맺었다가 떠난 사람이 무려 1천만 명이나 된다는 이야기입니다. 왜 이런 현상이 우리 주변에서 일어납니까? 예수를 믿고 교회에 등록을 하기는 했지만 그 이상의 발전이 없기 때문에 '교회도 별거 아니구나'라는 생각을 갖고 모두 떠난 것입니다. 이런 믿음은 어린아이의 믿음입니다. 어린아이는 장난감 하나를 가지고 며칠씩 놀지 못합니다. 한 장난감을 가지고 놀다가 조금 있으면 흥미를 잃고 던져 버리거나 다른 장난감을 찾습니다. 어린애와 같은 신앙 상태에 머물러 있는 교인들 역시 마찬가지입니다. 그 수준으로 만족하지 못하기 때문에 다른 곳으로 가 버리는 것입니다.

또 한 가지 이유가 있습니다. 복을 받으려고 교회에 나왔던 사람들이 원하던 복을 다 받아서 더 이상 받을 것이 없어 보이니까 교회를 떠나 버린다는 것입니다. 번듯한 자가용도 샀지, 냉장고도 두 개나 생겼습니다. 아파트도 40평짜리로 장만했고 병도 나았으니 이제 더 이상 하나님이 필요 없어졌는데 무엇 때문에 꼬박꼬박 헌금 바쳐가며 교회에 나오겠습니까?

오늘날 한국 교회가 교인 수에만 눈이 멀어 교인들을 그런 식으로 키워 놓은 것입니다. 만일 교회에서 교인들이 말씀을 배워서 그대로 실천하는 자리까지 나아갈 수 있도록 전심전력으로 밀어주었더라면 1천만 명이나 되는 사람들이 교회를 떠나 다른 종교로 갔겠습니까? 요즘 "교회가 부흥이 안 된다. 침체기다"라고 걱정하는 소리를 자주 듣는데, 어쩌면 이것은 당연한 결과인지도 모릅니다. 1천만이나 되는 수가 교회를 떠났는데 어떻게 교회가 침체되지 않을 수 있습니까?

아무 종교도 갖고 있지 않은 2천2백여만 명에게 만일 앞으로 종교를 가진다면 어떤 종교를 가질 것인지 물었더니 기독교라고 답한 사람은 겨우 20%에 불과했다고 합니다. 왜 오늘날 한국 교회가 이 지경이 되었습니까? 왜 이토록 사회에서 공신력을 잃어버렸습니까? 말씀 대로 순종하는 데까지 자라지 못한 크리스천들이 모인 집단이었기 때 문에 그렇습니다. 오늘날 교회의 성장을 가로막고 있는 장본인은 세 상이 아니라 바로 예수 믿는 사람들 자신입니다. 세상이 악해졌다고 탓하지 마십시오. 문제는 바로 말씀에 순종하는 경지에 이르지 못한 우리에게 있습니다.

제자훈련만이 타개책이다

그러므로 주님의 말씀을 가르쳐 지키게 하는 제자 삼는 사역, 바로 이 것만이 오늘의 위기를 타개하는 길임을 명심해야 합니다. 제자훈련이 야말로 한국 교회가 침체를 벗어나 성장의 가도로 달려갈 수 있는 지 름길입니다. 사랑의교회는 이런 면에서 한국의 모델 교회로 자리를 잡았습니다. 그리고 사랑의교회에 와서 보고 도전을 받고 돌아간 목 사님들 가운데는 사랑의교회보다 더 아름다운 교회를 만든 분들도 많 이 계십니다. 그분들 중에 한 목사님이 이런 말씀을 하셨습니다. "제 자훈련을 3년 정도 했더니 교회를 보는 교인들의 시각이 완전히 달라 졌습니다. 자신이 교회의 주체라는 걸 깨닫고 정말 예수님처럼 살아 보려고 몸부림치면서 봉사하는 분위기로 바뀌었습니다. 그러자 교회 가 살아났습니다."

어떤 교회에서는 제자훈련을 통해 평신도 지도자들이 계속 배출되 었습니다. 그들이 자발적으로 교회 근처의 공단에 나가 일을 끝내고 유흥가에 가서 술이나 먹던 젊은이들에게 복음을 전하고 그들과 함께 살면서 그들을 그리스도의 사람으로 만들어 보려고 애를 쓰고 있다고 합니다.

또 어떤 교회에서는 제자훈련을 통해 새로운 스타들이 등장했다고 합니다. 지금까지 교회에서 스타라고 하면 장로와 권사를 떠올렸습니다. 장로와 권사는 교회 안에서 제일 권위 있고, 존경받는 자리와 직분으로 인식되어 왔습니다. 그러나 직분도 없고 사회적인 신분이 신통치 않은 사람이라도 제자훈련을 받고 나서 변화되어 많은 사람들을 전도하여 교회로 데려오다 보니, 교회의 영적 질서까지 재편되더라는 것입니다. 과거에는 직분을 가진 사람이 중심적인 인물이었는데, 이제는 영적으로 성숙해서 열매를 맺는 사람이 교회의 새로운 주체가 되었다는 말입니다. 이 얼마나 엄청난 사건입니까?

감사하게도 이렇게 교회의 체질이 바뀌는 교회들이 전국 각처에서 계속 늘어나고 있습니다. 만일 사랑의교회의 '평신도를 깨운다' 제자훈련 지도자 세미나를 받은 목회자들이 목회하는 교회마다 이런 아름다운 열매를 계속해서 맺고 좋은 소문이 사방으로 퍼진다면 한국 교회는 분명히 다시 살아날 것입니다. 사회에서 잃어버렸던 공신력을 다시 회복할 것입니다. 앞으로 종교를 선택한다 할지라도 기독교는 아니라고 대답한 80%에 해당되는 사람들이 자기들의 생각이 잘못되었다는 것을 깨닫고 기독교를 믿겠다고, 교회에 나가겠다고 말하는 상황으로 바뀔 것입니다.

○ ○ ○ ○ ○
제자의 자세

그러므로 우리는 하나님께서 주신 이 귀한 사명을 잘 감당해야 합니다. 그러기 위해 반드시 명심해야 할 것이 두 가지 있습니다.

첫째, 하나님의 말씀을 지키는 데까지 성장하기 위하여 배우고 노력하는 사람이 되어야 합니다. 배우는 것으로 끝나면 그것은 죽은 지식입니다. 말씀을 배웠다면 그 말씀에 순종하여 인격과 삶이 변화되고 가치관과 세계관이 달라지며, 그래서 예수님을 닮은 제자가 되기까지 끊임없이 노력하는 성도가 되어야 합니다. 그럴 때 우리는 그리스도의 제자로서 큰 몫을 감당할 수 있습니다.

아무리 이 나라가 소망이 없고, 한국 교회가 병을 앓고 있다 해도 우리 모두가 하나님의 말씀대로 살려는 성숙한 제자가 되기만 하면 가는 곳마다 기적이 일어납니다. 우리 가정이 변화되고, 직장이 변화됩니다. 우리가 만나는 수많은 사람들이 우리를 통해 새로운 세계에 눈뜨게 됩니다. 그런 의미에서 우리부터 잘하자는 이야기입니다.

> 그러므로 예수께서 자기를 믿은 유대인들에게 이르시되 너희가 내 말에 거하면 참으로 내 제자가 되고 진리를 알지니 진리가 너희를 자유롭게 하리라 _요 8:31-32

이 말씀에 주목하십시오. 지금 수많은 사람들이 예수님을 믿는다고 하면서 예수님을 따라옵니다. 예수님은 소위 예수 믿는다는 사람들에게 매우 중요한 진리를 말씀하십니다. "너희가 내 말에 거하면 참으로 내 제자가 된다." 여기서 '내 말에 거한다'는 말은 하나님의 말씀을 아는 것만큼 순종하는 사람이 되는 것을 의미합니다.

우리는 믿음을 너무 강조한 나머지 순종에 대해서 조금은 등한히 여기는 경향이 생겼습니다. "믿기만 하면 된다!" 옳은 말입니다. 우리는 오직 믿음으로 구원을 얻습니다. 그러나 우리가 놓쳐서는 안 될 사실이 있습니다. 성경이 말씀하는 믿음은 순종과 떼려야 뗄 수 없는 관계에 있다는 것입니다. 예수님도 모래 위에 지은 집의 비유를 통해 이 사실을 분명히 교훈하십니다.

나의 이 말을 듣고 행하지 아니하는 자는 그 집을 모래 위에 지은 어
리석은 사람 같으리니 비가 내리고 창수가 나고 바람이 불어 그 집
에 부딪치매 무너져 그 무너짐이 심하니라_마 7:26-27

말씀을 듣고도 순종하지 않으면 결국 그 믿음도 뿌리가 뽑히게 된
다는 말씀입니다. 신앙생활이란 다른 것이 아닙니다. 하나님의 말씀
을 배운 만큼 그대로 살려고 노력하는 것이 바로 신앙생활입니다. 우
리가 아무리 많이 배웠다고 해도 그것을 자기 삶에 적용하는 능력이
없으면, 그리고 순종하는 태도가 없으면 예수님 안에 거한다고 말할
수 없습니다. 예수님의 참 제자가 될 수 없습니다. 우리부터 이 사실
을 분명히 명심해야 합니다. 그러면 하나님께서 앞으로도 우리를 아
름답게 사용하실 것입니다. 그러나 만일 입으로만 제자훈련을 떠벌리
고 실제 삶 속에서는 하나님의 말씀대로 순종하려고 하는 겸손한 자
세가 없다면 하나님께서 우리를 떠나실 것입니다.

둘째, 모든 민족을 가슴에 품어야 합니다. 주님은 모든 민족을 제
자로 삼으라고 말씀하셨습니다. 사랑의교회만 잘되면 안 됩니다. 사
랑의교회의 세미나를 다녀간 몇 분의 목사님만 잘되어서도 안 됩니
다. 우리 하나님은 전 세계에 있는 모든 족속의 교회를 통해 영광을 받
으셔야 합니다. 우리가 다른 형제 교회들을 섬기는 것은 주님께서 모
든 민족을 제자로 삼으라고 명령하셨기 때문입니다. 주님은 모든 민
족이 그리스도의 제자가 되길 원하고 계십니다. 우리가 모든 민족을
가슴에 품어야 하는 이유가 바로 여기에 있습니다.

지금까지 세미나를 마치고 간 5천여 명의 목회자들이 각 교회에서
말씀대로 순종하는 제자 백 명씩만 만들어도 이 땅에는 50만 명의 제
자가 일어나게 됩니다. 매년 국내외에서 1천 명의 목회자들이 이 세미

나를 거쳐 간다면 천 개의 교회에서 예수의 제자를 만드는 작업이 시작되는 것입니다. 우리의 작은 헌신과 노력이 맺는 그와 같은 열매들을 한번 상상해 보십시오. 얼마나 놀랍고 가슴 벅찬 일입니까?

그러므로 우리는 모든 교회를 가슴에 품고 기도해야 합니다. 기도할 때 세계 도처의 모든 민족 가운데 예수님을 닮은 제자들이 벌 떼처럼 일어나서 "아멘! 주 예수여, 어서 오시옵소서"라며 주님을 맞이하는 영광의 날이 속히 임하게 될 것입니다.

2

파워
전도

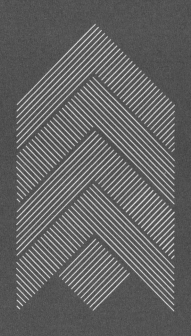

지금 우리에게 필요한 것은 성령을 달라고 간구하는 것이 아니라
성령의 선물을 기대하는 일입니다. 성령을 달라고 구할 필요는 없습니다.
성령은 이미 우리 가운데 임하여 계시기 때문입니다.
성령을 소유한 우리가 해야 하는 것은
성령이 주시는 선물을 기다리며 구하는 것뿐입니다.
성령의 선물이란 무엇입니까? 능력입니다. 힘입니다. 은사이고, 치유하심입니다.
성령의 선물이 무엇입니까? 우리를 높이 들어
하나님의 나라를 위해 사용하시는 역사입니다.

사도행전 2:1-4

1 오순절 날이 이미 이르매 그들이 다같이 한 곳에 모였더니 2 홀연히 하늘로부터 급하고 강한 바람 같은 소리가 있어 그들이 앉은 온 집에 가득하며 3 마치 불의 혀처럼 갈라지는 것들이 그들에게 보여 각 사람 위에 하나씩 임하여 있더니 4 그들이 다 성령의 충만함을 받고 성령이 말하게 하심을 따라 다른 언어들로 말하기를 시작하니라

파워
전도

현대 사회를 주도하는 컴퓨터 분야에서 세계적으로 부동의 선두주자 자리를 지키고 있는 회사가 있습니다. 바로 마이크로소프트(Microsoft)사입니다. 이 회사의 창업주 빌 게이츠(Bill Gates)가 쓴 책 《빌 게이츠@생각의 속도》(*Business@The Speed of Thought*)는 이미 베스트셀러가 되었습니다. 이 책이 그렇게 세인들의 관심을 끄는 이유는 컴퓨터, 인터넷과 결합된 변화를 모르면 세상을 이해할 수 없다는 생각이 이미 보편화되었기 때문입니다. 그러므로 가장 최첨단의 영역일 뿐만 아니라 일종의 미래학 영역이라고 볼 수 있는 이 분야에 관심을 갖고 주의를 기울이는 것은 목회에도 필수적인 일이라고 할 수 있습니다. 이런 책을 통해 비즈니스 분야에서는 지금 어떤 일이 일어나고 있는가에 대한 정보를 얻고, 21세기에는 어떤 변화가 있을 것인가를 내다봄으로써 목회 차원에서 여러 가지로 심사숙고하고 계획을 세울 수 있게 됩니다.

이 책이 독자에게 계속해서 주지시키고 있는 것은 '정보가 곧 힘'이라는 사실입니다. 이미 진부하게 들리는 이 말이 얼마나 무서운 현실이 되었는지, 이 책을 읽은 사람이라면 새삼 발견할 수 있습니다. 지금 우리가 살고 있고, 또 앞으로 살아가야 할 사회는 그야말로 정보가 힘이 되는 사회입니다.

그렇다고 해서 온갖 정보를 마치 잡동사니처럼 많이 모은다고 힘이 되는 것은 아닙니다. 유효한 정보를 빠른 속도로 소통하는 것이 중요합니다. 그래서 정보는 그 속도가 얼마나 빠른가에 따라 값어치가 결정됩니다. 어떤 정보는 능력이나 힘이 되는 반면에 어떤 것은 결국 쓰레기통에 들어가고 마는 쓸모없는 것이 될 수도 있습니다. 중요한 것은 속도입니다. 디지털 형식을 이용하여 새롭고 비상한 방식으로 정보를 얻고, 이를 공유하여 활용하는 정보의 속도가 현대 사회를 주도하는 힘이요 미래 사회를 여는 힘이라는 말입니다.

21세기로 접어들면서 세상은 더욱 살벌해졌습니다. 조금만 방심하면 한없이 뒤쳐지게 됩니다. 조금만 게으름을 피워도 아주 무식한 인간이 되어 버릴 가능성도 상당히 높습니다. 앞으로 우리를 깜짝 놀라게 할 일들이 많이 일어날 것입니다. 그 가운데서도 가장 무서운 현상은 수많은 사람들이 정신병자가 되리라는 사실입니다. 끊임없이 쏟아져 나오는 새로운 지식과 정보의 변화 속도를 따라가지 못하면 결국 정신병자가 되고 맙니다. 변화의 속도를 따라가지 못하면 사회에서 낙오되고, 그 위기감과 불안이 계속 악순환되면서 결국에는 인격이 파괴되는 위기가 찾아오는 것입니다. 얼마나 많은 사람들이 도태되고, 얼마나 많은 사람들이 상처를 입을지 생각하면 눈앞이 캄캄해집니다. 하나님의 은혜가 아니면 도무지 살아갈 수 없는 살벌한 세상이 바로 21세기라는 생각이 듭니다.

흔히 이 시대를 가리켜 '무한경쟁의 시대'라고 말하지 않습니까? '무한경쟁'이 무엇입니까? 눈에 핏발을 벌겋게 세우고 악착같이 매달리지 않으면 살아남기 어려운 것이 바로 무한경쟁입니다. 세상에서 살아남을 수 있는 힘의 양태는 시대에 따라 다양하게 변해 왔습니다. 원시 시대에는 육체적·물리적인 힘이 '힘'이었습니다. 또 부동산과 군사력이 힘이 되는 때가 있었고, 다음으로 1차 산업에서 나오는 생산량이 힘이 되던 시기가 있었습니다. 21세기의 힘은 바로 정보입니다. 그것도 가속도가 붙은 정보입니다. 정보의 힘이 없다면 생존하기 힘든 삼류 인생으로 밀려날 수밖에 없는 시대가 바로 21세기입니다.

유일 불멸의 힘

그렇다면 교회의 힘은 무엇입니까? 예수 믿는 사람의 힘은 무엇입니까? 세상에서 말하는 정보입니까? 성경에 대한 정보의 양입니까? 아닙니다. 교회의 힘은 바로 '성령'입니다. 우리는 이 세상의 힘을 다 가질 수는 없지만 이 세상이 가질 수 없는 단 한 가지의 힘을 가질 수 있습니다. 이 세상을 능히 다스릴 수 있고 이 세상의 모든 고통과 인생고의 문제를 해결할 수 있는 하나님의 힘, 성령을 우리 모두가 가지고 있습니다. 하나님이 교회와 믿는 자들에게 주신 이 성령은 시대를 초월하여 변함이 없습니다. 세상의 힘은 시대가 바뀔 때마다 끊임없이 변화하지만 성령은 하나님이 주신 유일한 불멸의 힘입니다.

> 이는 힘으로 되지 아니하며 능력으로 되지 아니하고 오직 나의 영으로 되느니라_슥 4:6

그렇습니다. 몇천 년 전 성령으로 스가랴 선지자 시대의 문제를 해결할 수 있었던 것처럼 21세기에 우리가 당면하는 모든 문제들도 성령으로 해결할 수 있습니다. 하늘로부터 오는 변함이 없고 유일한 힘을 덧입으면 21세기가 아무리 무한경쟁 시대라 할지라도 우리는 살아남을 수 있을 뿐만 아니라 연약한 사람들을 붙들어 일으켜 세울 수 있습니다. 그만큼 성령의 능력은 우리에게 중요합니다.

신앙생활이라는 것은 내 힘으로 하는 것이 아닙니다. 물론 이 세상도 내 힘으로 사는 것이 아닙니다. 하나님의 힘으로 사는 것입니다. 이에 관한 릭 워렌(Rick Warren) 목사님이 한 좋은 예화가 있습니다. 한때 세계를 주름잡았던 권투 왕 무하마드 알리(Muhammad Ali, 1942-2016)를 잘 알 것입니다. 그는 현재 파킨슨병에 걸려 투병 중에 있습니다. 그가 지난번 애틀랜타 올림픽 때 성화 점화를 위해 단상에 올라섰을 때, 점화를 제대로 못할 정도로 손을 덜덜 떠는 것을 우리는 목격했습니다. 그가 누구입니까? 전성기 시절 "내가 가장 힘이 세다. 세상에서 제일 강한 자다"라면서 큰소리치던 사람이 아닙니까? 그런 그가 떨리는 손으로 겨우겨우 성화를 점화할 수 있을 정도로 약한 자가 되었습니다. 그는 기자회견에서 이런 의미 있는 말을 했다고 합니다. "사람보다 하나님이 더 강하시다는 것을 입증하기 위해 제가 이 병에 걸렸습니다."

백 번 옳은 말입니다. 인간의 힘이 무슨 의미가 있습니까? 사람이 만든 힘은 다 유한합니다. 정보의 힘이 아무리 강해도 세월이 흐르면 바뀌게 됩니다. 그러나 성령을 통해서 우리에게 주신 하나님의 능력은 변함이 없습니다. 아무리 세월이 가도, 아무리 세상이 급변해도 하나님이 주시는 성령의 힘은 변하지 않습니다. 이 성령의 힘은 힘 중의 힘이요 유일한 힘입니다. 이 힘이 급변하는 세상을 이깁니다. 이리저리 엉켜 있는 문제를 간단하게 해결합니다. 이 세상에서 꺾이지 않고, 거꾸러지지 않도록 우리를 굳게 붙들어 줍니다. 이 성령의 힘을 소유해야 합니다.

혹시 아직도 예수님이 누구신지 잘 모르는 분이 있습니까? 세상살이에 이런 저런 상처를 입고 마음이 무거워져서 '교회나 가 보자!'는 마음을 갖은 분이 있습니까? '그래도 가정에서는 내 권위가 인정되었는데 이제는 집안 식구들 앞에서도 힘을 쓸 수가 없다'는 생각에 어깨가 축 쳐져 있거나 심적으로 몹시 위축되어 있는 형제들이 혹 있습니까? 그러나 소망이 있음을 기억하십시오. 하나님이 우리에게 성령의 힘을 주시면 우리는 일어납니다. 우리는 웃으면서 살 수 있습니다. 이 세상을 두려워하지 않고 살아갈 수 있습니다.

○ ○ ○ ○ ○ ○
원판 필름 교회

성령의 능력을 바로 알기 위해서는 그 원류를 찾아가야 합니다. 사진으로 말하면 원판 필름을 찾아보는 일입니다. 사도행전 2장에서 보듯이 성령 강림과 함께 탄생한 예루살렘교회가 바로 그곳입니다. 흔히 이 교회를 가리켜 이상적인 교회, 가장 건강한 교회라고 말합니다. 따라서 우리 교회가 성령의 능력으로 든든하게 서 있는 교회인지 알려면 이 원판을 가져와서 비춰 보면 됩니다.

우리 각자가 진정으로 성령 충만한 가운데, 성령이 주시는 능력을 가지고 살고 있는가를 점검해 보려면 예루살렘교회의 성도들과 비교해 보면 됩니다. 성령의 충만함을 받자 그들이 얼마나 강하고 놀라운 사람으로 변화되었는지, 그런 그들을 통하여 세상에 어떤 일들이 일어났는지 비교해 보십시오. 그러면 자신이 성령 충만한 사람인지 아닌지 분별할 수 있게 됩니다. 그리고 이러한 반성을 통하여 좀 더 주님 앞에 기도해야 되겠다거나 좀 더 능력을 얻어야 되겠다는 결심도 하게 되는 것입니다.

예수님은 유월절 십자가에서 세상 죄를 지고 돌아가셨습니다. 그리고 사흘 뒤 첫 열매를 드리는 초실절, 죽음을 이기고 부활하셨습니다. 그 후 50일이 지난 오순절에 그분은 약속하신 대로 성령을 보내주셨습니다. 사실 '오순절'(五旬節)이라는 말은 '50일째 되는 날'이라는 뜻입니다. 성령이 오신 그날은 유대의 요일로 치면 안식일 다음 날이 되지만 오늘날로 말하면 주일입니다. 성령이 임하신 날이기 때문에 우리 모두가 주일에 함께 모여서 예배를 드리며 하나님 앞에 경배 드리는 것입니다. 그러므로 주일예배에 참석하여 하나님께 경배 드리는 우리는 모두 성령의 은혜를 받을 수 있다는 점을 기억하고, 그것을 기대하는 마음으로 예배드려야 합니다.

120여 명의 제자들은 승천하신 예수님을 전송하고 나서 다락방에 모여 10일 동안 기도하고 있었습니다. 그들이 모이던 아침 9시경은 아마도 매일 기도하고, 찬송하고, 예배를 드리기로 정해 놓은 시간이었던 것 같습니다. 그날도 다른 날과 마찬가지로 열심히 기도하고 있는데, 갑자기 큰소리가 들렸습니다. 엄청난 바람 소리 같았습니다. 사실 한국에서는 바람 소리가 얼마나 무서운지 잘 경험할 수 없습니다. 그러나 가끔 토네이도로 큰 어려움을 겪곤 하는 미국 중부 지역에 사는 사람들은 바람 소리가 얼마나 무서운지 잘 안다고 합니다. 지축을 흔들며 돌진하는 토네이도는 그야말로 상상을 초월하는 전율을 느끼게 하는 무섭고 강력한 소리를 냅니다. 영화 〈트위스터〉를 본 사람들은 토네이도의 위력을 잘 알 것입니다.

바로 그와 같은 바람 소리가 났던 겁니다. 성경에는 '급하고 강한 바람 같은 소리'(2절)라고만 기록되어 있고 자세한 설명이 없기 때문에 그 강도가 어느 정도였는지 정확하게 파악하기는 힘듭니다. 그러나 예루살렘에 있는 수많은 사람들이 그 소리를 듣고 큰일이 터진 줄 알고 몰려들 정도였다는 것을 감안한다면 그 소리가 얼마나 강했는지 짐작해 볼 수 있습니다.

학자들은 당시 예루살렘의 상주 인구를 2만 5천에서 3만 명 정도로 추정합니다. 더욱이 그날은 오순절날입니다. 오순절경에는 중동 지역의 기후가 아주 좋습니다. 뿐만 아니라 지중해 연안과 당시 세계 각지로 흩어져 있던 교포 유대인들이 이 절기를 지키기 위해 모여들었습니다. 그래서 그 무렵이 되면 예루살렘의 인구가 10만에서 30만 명 정도 되었으리라고 봅니다. 10만에서 30만 명 정도의 사람들이 심상치 않은 바람 소리를 듣고 무슨 일이 벌어진 줄 알고 소리 나는 쪽으로 달려왔으니, 그 소리가 얼마나 대단했을지 짐작이 가는 일입니다.

바람 소리와 함께 하늘에서 불이 내려와 120여 명의 사람들 각자의 머리 위에 마치 혀처럼 날름거리는 불꽃으로 머물러 있었다고 합니다. 그 자리에 있던 남녀노소 모두에게 성령이 예외 없이 임하신 것입니다. 이와 같이 성령은 모든 믿는 자에게 충만히 임재하십니다. 이 사실을 믿습니까? 이 불꽃은 하나님의 임재를 상징하는 징표입니다. 구약성경은 하나님께서 모세를 부르실 때 불꽃 가운데서 나타나셨고 엘리야에게 응답하실 때도 불로 응답하셨다고 기록하고 있습니다.

이처럼 오순절날 제자들에게 임한 이 불의 임재는 곧 하나님의 임재를 상징하는 것입니다. 이 얼마나 놀랍고 황홀한 사건입니까? 그뿐만이 아닙니다. 성령께서 입을 열게 하시니 모든 사람이 방언으로 하나님을 찬양하기 시작했습니다.

성령 임재에 대한 잘못된 태도

성경에서의 이런 장면을 보면서 주의해야 할 것이 있습니다. 잘못된 환상을 가지면 안 된다는 것입니다. '오늘날도 이런 현상이 일어났으면 좋겠다. 급하고 강한 바람 소리가 나면서 앉아 있는 우리 모든 사람들 머리 위에 성령이 불꽃처럼 임하면 얼마나 좋을까? 얼마나 황홀할까?' 하지만 이런 기대는 절대 금물입니다. 오순절 성령 강림과 같은 사건은 반복되지 않습니다. 예수님의 십자가 사건이 반복되지 않는 것처럼 성령이 지상 교회에 처음으로 임하시는 그 드라마 같은 사건은 절대 반복되지 않습니다. 그러므로 우리는 잘못된 환상을 갖지 말아야 합니다.

그때로부터 성령은 이미 교회에 임하여 지금까지 우리와 함께 계십니다. 그러므로 더 이상 그런 일이 반복될 필요도 없습니다. 성령은 이미 교회와 우리 각자에게 임하셨습니다. 그렇기 때문에 오순절에 대한 잘못된 환상을 가지면 안 됩니다. 역사적인 기록에 따르면, 그런 환상에 사로잡혀 열심히 기도하던 사람들 중에 이상하게 된 사람들이 많다고 했습니다. 하나님이 주시지 않는 것을 억지로 달라고 떼를 쓰면서 자꾸만 이상한 공상을 하기 때문에 잘못되는 것입니다. 마귀가 틈을 타서 시험에 빠뜨리는 것입니다.

또한 예루살렘교회에 성령이 임하시는 사건을 보면서 이상한 병적 열등감을 가져서도 안 됩니다. 어떤 사람들은 이런 식으로 자기를 자책합니다. '처음 성령 받은 사람들은 입이 열려 방언을 말하고, 성령이 불같이 임해서 머리가 뜨겁고 가슴이 후끈후끈 달아오르는 체험을 했다는데 왜 나에게는 그런 것이 없을까? 아무래도 내 안에는 성령이 계시지 않는 것 같다. 나는 성령을 아직 모르고 있는 것이 분명하다.'

아예 이런 식으로 가르치는 교회도 있습니다. 어떤 방식으로든지 가슴이 한 번 후끈해져야 성령 받은 사람이라고 합니다. 하지만 이렇게 생각하는 것은 잘못입니다. 그와 같은 소리에 귀를 기울이면 안 됩니다. 그런 병적인 열등감을 가질 필요가 없습니다.

예수를 믿으면 이미 우리 안에 성령께서 거하십니다. 그분은 결코 우리를 떠나지 않으십니다. 하나님 앞으로 우리를 인도하시고 예수를 주와 그리스도로 시인하게 하시는 성령님은 들락날락하시는 분이 아닙니다. 우리 안에 거하시는 성령은 자신의 능력으로 오늘도 우리를 붙들고 계십니다. 지금의 내가 존재하는 것도 성령께서 나를 붙들어 주시고 힘을 주시기 때문에 가능한 것이지, 내 힘으로 존재하는 것이 아닙니다. 그러므로 어떤 열등감이나 잘못된 환상을 가지고 성령을 오해하는 일이 없어야 하겠습니다.

○ ○ ○ ○ ○ ○ ○ ○
성령의 선물을 구하라

지금 우리에게 필요한 것은 성령을 달라고 간구하는 것이 아니라 성령의 선물을 기대하는 일입니다. 성령을 달라고 구할 필요는 없습니다. 성령은 이미 우리 가운데 임하여 계시기 때문입니다. 성령을 소유한 우리가 해야 하는 것은 성령이 주시는 선물을 기다리며 구하는 것뿐입니다. 성령의 선물이란 무엇입니까? 능력입니다. 힘입니다. 은사이고, 치유하심입니다. 성령의 선물이 무엇입니까? 우리를 높이 들어 하나님의 나라를 위해 사용하시는 역사입니다. 이것을 믿으시기 바랍니다.

사도행전 2장 41절을 보십시오. 베드로의 전도 설교를 듣고 한꺼번에 남자만 3천여 명이 회개하고 돌아오는 놀라운 대부흥이 일어났습니다. 얼마나 놀랍고 대단한 일입니까? 그것도 여자와 아이들은 제외하고 성인 남자만 3천 명입니다. 구름 떼처럼 모여든 이 사람들이 베드로의 말을 듣고 마음에 찔려 "형제들아 우리가 어찌할꼬?"(행 2:37)라고 묻자 베드로가 뭐라고 선포했습니까?

> 베드로가 이르되 너희가 회개하여 각각 예수 그리스도의 이름으로
> 세례를 받고 죄 사함을 받으라 그리하면 성령의 선물을 받으리니
> _행 2:38

그러나 이 구절을 "성령을 선물로 받으리니"라고 번역할 수도 있습니다. '성령을 선물로 받으리니'와 '성령의 선물을 받으리니'는 의미상 대단히 큰 차이가 있습니다. 그래서 요즘 미국의 저명한 권위 있는 성경은 이것을 '성령의 선물을 받으리니'라고 번역하는 것으로 알고 있습니다.

중요한 것은 이미 교회에 임하신 성령께서 우리에게 주시는 선물입니다. 이 선물을 사모해야 합니다. 성령의 선물이 우리 가운데 임할 때 어떤 일이 일어나는지 알려면 성령의 역사가 처음으로 시작된 초대 예루살렘교회를 주목해서 보아야 합니다.

부부가 결혼하고 거센 파도가 치는 험난한 세상을 5년, 10년 함께 살다 보면 은근히 이런 생각이 들게 됩니다. '왜 우리는 신혼 때처럼 그렇게 달콤한 결혼 생활을 못하는 걸까? 왜 우리는 황홀하지 못할까? 그때는 가슴이 두근거리고 행복에 겨워 노래가 절로 흘러나왔는데, 왜 지금은 그런 감정들이 다 사그라진 걸까? 혹시 결혼 생활이 잘못되어 가고 있는 것은 아닌가? 부부관계에 이상이 생긴 건 아닐까?' 그러나 그렇다고 '지금은 황홀하지도 않고 가슴이 뛰지도 않으니 우리

는 서로 사랑하지 않는 것이 분명해'라고 생각한다면 그런 남자나 여자가 정상이라고 볼 수 있겠습니까?

세월이 흐르면서 가끔 신혼 시절에 찍었던 사진도 꺼내 보고, 그때 찍은 비디오를 손잡고 같이 보기도 합니다. 그렇게 한번씩 사진을 꺼내 보는 이유가 무엇입니까? 신혼 때처럼 가슴이 두근거리고, 황홀하고, 꿈꾸는 것 같은 생활로 돌아가기 위해서가 아닙니다. 그 모습을 보고 그때를 회상하면서 '처음 사랑이 우리에게 아직도 건재한가? 우리는 그때 서약한 것을 지금도 성실하게 지키고 있는가? 그때에 비해서 얼마나 성숙한 부부가 되었나? 그때 그 풋풋한 사랑이 이제는 얼마나 많은 열매를 맺었나?' 하는 것을 점검하기 위해서입니다.

예루살렘교회에 임한 성령의 원본을 보는 이유도 이와 같습니다. 그때 일어났던 그 현상이 나에게도 똑같이 있어야 한다고 생각해서가 아닙니다. '예루살렘 성도들이 성령을 받고 얼마나 달라졌나? 그들을 통해 어떤 일이 일어났나? 그들이 갖고 있던 성령의 특별한 능력과 역사는 어떤 것이었나?' 이런 점들을 살펴보면서 나에게 있는 것과 없는 것을 평가하려는 것입니다. 우리는 그런 비교를 통해 기도 제목도 생기고, 성령에 대해서 더 많은 이해를 가질 수도 있습니다. 이런 의미에서 예루살렘교회와 우리 자신을 비교해 볼 수 있기를 바랍니다.

성령 충만은 찬양 충만이다

성령을 받은 예루살렘 성도들에게는 어떤 특징이 있었습니까? 가장 큰 특징은 하나님을 찬양하기 시작했다는 것입니다. 그들은 모두가 한마음과 한입으로 하나님을 찬양하기 시작했습니다.

그들이 다 성령의 충만함을 받고 성령이 말하게 하심을 따라 다른

언어들로 말하기를 시작하니라_행 2:4

성령은 오셔서 제일 먼저 그들의 입을 여셨습니다. 그러자 그들의 입에서는 찬양이 터져 나오기 시작했습니다. 그것이 찬양이었음을 11절 하반절을 통해 알 수 있습니다. 그들은 "하나님의 큰 일을 말하고 있었다"고 기록하고 있는데, 여기서 '말하다'는 '찬양하다'라는 뜻입니다. '전도했다'라는 말과는 뉘앙스가 다릅니다.

사람들이 몰려와서 보니 그들은 하나님의 큰 일을 말하고 있었습니다. 더욱 놀라운 것은 그들이 유대인의 언어로만 찬양하는 것이 아니라 15개의 각각 다른 지방 방언으로 말하고 있었다는 사실입니다. 그들이 말하는 방언은 요즘 이야기하는 이상한 방언이 아니라 15개의 각기 다른 지방의 언어입니다. 각 지역에서 온 사람들은 전부 자기가 사는 곳의 말로 찬양하는 것을 들을 수 있었습니다. 모인 사람들이 15개 이상의 부족이나 나라의 언어로 하나님을 찬양하는 제자들의 모습을 본 것입니다.

그들은 무엇을 찬양했습니까? 십자가에서 죽음을 이기고 승리하신 예수님의 이름을 찬양했습니다. 나 같은 죄인을 구원해 주신 하나님의 사랑을 찬양했습니다. 예수 그리스도께서 오늘도 살아 계시고, 만유의 주가 되심을 찬양했습니다. 성령이 임하자 그들은 예수님을 생각하면 가만히 앉아 있을 수 없었습니다. 가슴이 뜨거워져 견딜 수가 없게 되었습니다. 예수님의 사랑에 대한 감동이 해일처럼 밀려오기 때문에 가만히 입을 다물고 있을 수가 없었습니다. 마치 범람하는 강물을 이기지 못하여 제방이 터지듯, 주님을 찬양하는 함성이 터져 나왔습니다.

성령 충만한 교회에 가면 찬양이 살아 있습니다. 성령 충만한 성도는 슬플 때나 기쁠 때나 항상 그 입에서 찬양이 떠나지 않습니다. 가슴에서 성령의 샘물이 터져 나와 입 안에 가두어 둘 수가 없는 것입니다. 해일을 막지 못하듯 사랑의 감동의 해일을 막을 수가 없었습니다. 용암이 산을 뚫고 분출하듯이 찬양이 활화산처럼 흘러넘쳤습니다. 혼자 흥얼거리기도 하고, 성도들과 함께 기쁨으로 찬양을 부르기도 합니다. 찬양이 그 사람의 가슴에 가득 차 있기 때문입니다.

찬송을 부르는데 도무지 따라갈 힘이 없고 게다가 두세 번씩 반복해서 부르면 짜증이 나 입을 꾹 다문다면, 그가 과연 성령을 모신 사람이라고 할 수 있습니까? 어떤 사람이 성령을 모시고 사는 사람인지 아닌지 단적으로 말하기는 힘들지 모릅니다. 하지만 예수님을 주와 그리스도로 믿는 자라면 성령을 모신 사람이라고 봐도 무방합니다. 그 사람이 지금 비록 찬양을 따라 하지 못하고 입을 다물고 있어도 말입니다.

그러나 또 다른 측면을 생각해 볼 필요가 있습니다. 만일 우리에게 찬양하는 은혜가 메말라 있다면, 그렇기 때문에 찬양하는 것이 지겹고 곤혹스럽다면 우리는 성령 충만하다고 말할 수 없을 겁니다. 이것은 심각한 기도 제목입니다. 내 영혼이 성령의 깊은 감동과 사랑의 격정으로 다시 달구어지도록 기도해야 합니다. 예수의 사랑에 대한 황홀한 감격이 솟구쳐 오르도록 성령의 충만을 위해 기도해야 합니다. 미지근하거나 냉랭한 가슴은 결코 성령이 주시는 마음이 아닙니다.

세상 살기가 얼마나 고달픕니까? 그러나 성령을 받은 우리는 고달픈 세상에서도 노래하며 살 수 있습니다. 찬양으로 세상을 헤쳐 나갈 수 있습니다. 세상 사람들을 보십시오. 스트레스가 쌓이면 보통 노래방에 갑니다. 마이크를 잡고 몸을 흔들면서 한참 동안 목이 터져라 신나게 노래를 부릅니다. 우리에게도 그런 경험들이 있을 것입니다. 그런데 하나님 앞에서 찬양할 때는 입이 떨어지지 않고 지겹다는 생각만 든다면 성령 충만한 사람이 아닙니다. 그래서야 세상을 이길 수 없습니다. 성령의 은혜를 달라고 기도하십시오. 성령의 충만을 달라고 기도하십시오. 무엇보다 찬양하는 은혜를 달라고 기도하십시오.

근심 걱정이 짙게 드리운 가정은 자녀들이 먼저 그것을 감지합니다. 부모가 자세한 이야기를 해 주지 않아도 어려운 일이 있어서 엄마 아빠가 고민하고 있다는 걸 자녀들이 압니다. 집안을 감싸고 흐르는 분위기는 감출 수가 없습니다. 그러나 그런 분위기임에도 설거지하는 어머니 입에서 자기도 모르게 찬양이 흘러나온다고 가정해 봅시다. 아이가 엄마의 찬양하는 소리를 들을 때, 그 찬양이 어린 자녀에게 얼마나 큰 영향을 줄지 상상해 보십시오.

엄마의 찬양 한 소절이 아이의 마음에 깔려 있던 무거운 먹구름을 확 걷히게 합니다. 그 찬양이 아이의 마음에 믿음의 뿌리를 내리게 합니다. 엄마의 잔잔한 찬양 소리가 집안에 생기가 돌게 합니다. 막혔던 사랑과 평안의 강물이 다시금 흐르기 시작합니다. 찬양은 마귀를 쫓아냅니다. 찬양은 근심을 몰아냅니다. 찬양은 주저앉아 있는 사람을 일으킵니다. 성령 충만하면 누구든지 찬양 충만함을 받습니다. 때로는 춤을 추기도 하고, 때로는 울기도 하면서 찬양하게 됩니다.

○ ○ ○ ○ ○ ○ ○ ○ ○
마귀를 쫓는 최고의 수단

한번은 남가주 사랑의교회를 방문했는데, 찬양이 참으로 은혜롭고 힘이 있는 것을 느꼈습니다. 장로님들도 찬양을 하다가 두 손을 높이 들기도 하고, 일어서기도 하는 것이었습니다. 성도들의 찬양하는 모습을 보고 그 교회가 성령 충만한 교회임을 알 수 있었습니다.

> 구원하심이 보좌에 앉으신 우리 하나님과 어린양께 있도다
> 구원하심이 보좌에 앉으신 우리 하나님과 어린양께 있도다
> 은혜 주심이 보좌에 앉으신 우리 하나님과 어린양께 있도다
> 은혜 주심이 보좌에 앉으신 우리 하나님과 어린양께 있도다

이 찬송을 부르면서 우는 사람도 있고, 손을 들고 기뻐서 어쩔 줄 몰라 하는 사람도 있었습니다. 모습은 달라도 모두가 천국으로 두둥실 떠올라가는 것 같은 충만함이 넘치고 있었습니다. 그렇게 생동감 넘치는 모습을 보면 그 교회가 성령 충만한 교회임을 금방 알게 됩니다.

사랑의교회에서 릭 워렌 목사님과 일행 9명이 함께 주일예배를 드린 적이 있습니다. 그 목사님이 제게 이런 말을 해 주었습니다. "목사님, 이 교회의 찬양이 정말 대단합니다. 아주 좋습니다. 주기도문 찬양 부르는 것부터 시작해서 너무나 감동적이었습니다." 아마 그들의 가슴에도 성도들이 드리는 찬양이 강한 감동으로 다가왔나 봅니다. 저는 속으로 감사를 드렸습니다. '아! 역시 성령이 살아 계십니다. 충만히 임재해 계십니다. 감사합니다, 하나님. 할렐루야!'

찬양을 회복하기 바랍니다. 성령의 은혜를 구하십시오. "주여, 내 입을 벌려서 하나님을 찬양하게 하옵소서." 이렇게 부르짖으십시오. 성령이 우리 안에 터지게 하시는 그 찬양은 세상에서 승리하며 살 수 있게 하는 능력이 있습니다. 마귀를 이길 힘이 찬양을 통해 흘러나옵니다. 아무리 큰 고통 가운데서 씨름하다가도 나도 모르게 찬양이 나오면 마귀는 금방 "나 살려라!" 하면서 줄행랑을 놓습니다. 루터(Martin Luther, 1483–1546)가 이렇게 말했습니다. "찬양이란 마귀를 쫓는 최고

의 수단이다."

만일 성령 충만해야 할 가정에 마귀가 자리를 펴고 앉아 있다면 어떻게 되겠습니까? 우리의 입에서 찬양의 향기가 언제나 퍼지게 하십시오. 그러면 마귀는 우리 가정에서 결코 그 추악한 악취를 피울 수 없을 것입니다. 우리가 대단히 사랑하는 찬양, 자주 부르는 영감 넘치는 찬양이 하나 있습니다.

> 나 주님만을 섬기리 헛된 마음 버리고
> 성령이여 내 영혼 충만하게 하소서
> 주님 앞에 내 생명 드리리라

무릎 꿇고 기도하다가 이 찬송을 불러 보십시오. 천사가 내려와서 우리 손을 꼭 잡아 줄 것입니다. 근심과 걱정을 안고 직장에 갈 때에도, 핸들을 잡고 있을 때에도 이 찬송을 불러 보십시오. 주님께서 우리 어깨를 포근히 안아 주실 것입니다.

성령 충만은 바로 찬양 충만입니다. 그런데 왜 입을 다물고 있습니까? 성령께서 우리 마음속에 찬양하라는 감동을 주시는데도 왜 입을 꽉 다물고 있습니까? 찬양에는 나이가 상관이 없습니다. 아무리 나이가 많이 들었어도 즐겨 찬양할 수 있습니다. 괜히 고상한 척하지 마십시오. 노래방에 가서는 남에게 뒤질세라 고함을 지르면서 왜 하나님 앞에 찬양할 때는 입을 다물고 있습니까? 그것은 결코 바른 태도가 아닙니다. 하나님 앞에서 전심으로 찬양하십시오. 어린아이처럼 찬양하도록 성령 충만하게 해 달라고 간구하기 바랍니다.

성령 받은 예루살렘교회의 두 번째 특징은 예수 그리스도를 증거하는 일이었습니다. 베드로가 한 번 증거하자 3천 명이 회개하고 돌아왔습니다. 사도행전을 계속 읽어 나가다 보면 그다음에는 5천 명이 예수 믿고 돌아왔다는 말씀을 발견할 수 있습니다. 5장 14절에는 "믿고 주께로 나아오는 자가 더 많으니 남녀의 큰 무리더라"라고 기록하고 있습니다. 이는 더 이상 셀 수 없을 정도의 큰 무리가 회개하고 돌아왔음을 의미합니다.

어떻게 이런 일이 일어날 수 있었습니까? 그것은 베드로를 비롯한 다락방에 함께 모여 기도했던 120명의 성도들과 이들의 전도를 받고 그리스도인이 된 3천 명, 5천 명의 예루살렘교회 교인들 모두가 성령 충만하여 나가서 예수를 전한 결과였습니다. 성령 충만한 교회가 계속적으로 전하는 복음을 듣고 하나님께로 돌아오는 사람들이 기하급수적으로 늘어난 것입니다. 이처럼 성령 충만한 사람들은 복음을 전합니다. 나의 구원자이시고, 내 인생의 유일한 소망이신 예수 그리스도를 다른 이에게 말하지 않고는 견딜 수 없었던 것입니다. 이렇게 증거하는 삶이 바로 성령 충만함의 표징입니다.

한번은 강남역 부근에서 초파일 행사를 크게 하는 것을 보았습니다. 많은 사람들이 연등을 들고 행진하고 있었습니다. 그 모습을 가만히 지켜보면서 너무나 안타까워 가슴이 마구 저며 오는 듯한 느낌을 받았습니다. '아무것도 아닌 우상을 어깨에 메고 거기에 무슨 구원이나 복이 있는 것처럼 믿고 있으니 얼마나 가련하고 불쌍한 사람들인가? 만약 우리 교회가 좀 더 능력이 있다면 어떻게 저 사람들을 가만히 내버려 두었을까? 한국 교회가 좀 더 성령 충만하다면 어떻게 불교에 심취한 사람들이 아직도 저렇게 많을까?' 이런 탄식이 절로 나왔습니다.

성령 충만한 사람은 복음을 전합니다. 복음을 전하면 놀라운 열매가 있습니다. 믿지 않을 것만 같은 사람이 예수 믿고 하나님께 돌아오는 역사가 일어납니다. 이 모든 것이 성령의 능력입니다. 복음을 전하고자 하는 뜨거운 마음이 있습니까? 그렇다면 성령 충만한 사람입니다. 전도에 별 관심이 없습니까? 예수님을 알지 못한 채 헛된 것에 목숨을 걸고 살아가는 이웃을 보아도 예수 믿으라는 말을 하는 것 자체가 부끄럽게 생각됩니까? 이 시간에 땅바닥에 무릎을 꿇고 기도하십시오. 하나님의 보좌를 향해 성령의 선물을 구하십시오. "주여! 나에게 성령의 충만을 주옵소서. 성령의 능력과 담대함을 주옵소서. 지금 나의 상태는 정상이 아닙니다. 저를 성령으로 충만케 하옵소서."

말씀에 헌신함

성령을 받은 예루살렘교회의 세 번째 특징은 말씀 배우기를 힘쓰는 것이었습니다. 사도행전 2장 42절에는 예수를 믿고 돌아온 3천 명에 대한 기사가 나옵니다.

> "그들이 사도의 가르침을 받아 서로 교제하고 떡을 떼며 오로지 기도하기를 힘쓰니라"

그들이 가장 먼저 힘쓴 것이 무엇입니까? 사도의 가르침을 받는 일이었습니다. 그들은 성경 말씀을 배우기 원했습니다. '오로지 힘쓰니라'는 '프로스카르테룬테스'라는 헬라어로 아주 긴 단어인데, 끈기 있게 계속 노력한다는 뜻입니다. 성령 충만함을 받은 예루살렘 교인들은 끈기 있게 하나님의 말씀을 배우기 원했습니다. 만사를 제쳐 놓고 하나님의 말씀을 배우고, 그 말씀을 먹고, 그 말씀을 통해서 믿음이 자라기를 원했습니다.

성령이 함께하시는 사람들은 하나님의 말씀에 대한 갈급함이 있습니다. 말씀을 배우고 또 배우기 원합니다. 그렇다고 말씀 중독증에 걸린 것은 아닙니다. 하나님의 말씀을 공부하는 것을 능사로 알거나 성경 지식만 추구하는 것도 아닙니다. 배우고 깨달은 말씀에 자신을 온전히 순종하며 사는 것을 기쁨으로 여기는 것입니다. 이런 사람이 바로 성령 충만한 사람입니다.

성령은 진리의 영입니다. 성령은 모든 사람으로 하여금 하나님의 말씀에 귀를 기울이도록 만듭니다. 들을 때 깨닫게 만듭니다. 깨달을 때 그 영혼에 놀라운 변화가 일어납니다. 변화가 일어날 뿐만 아니라 그 말씀대로 사는 능력을 얻습니다. 말씀대로 순종하며 살 때 하나님의 놀라운 은혜가 삶 속에 따라오는 것을 체험합니다. 이것이 성령 충만이요, 성령 충만한 사람의 모습입니다.

그러므로 건강한 신앙생활은 말씀에 그 기초를 두어야 합니다. 예루살렘교회의 성령의 역사가 그렇게 강하고 대단했지만 어떤 종류의 성령 집회도 있지 않았습니다. 그들은 오직 하나님의 말씀을 배우려고 노력했습니다. 말씀의 기초가 바로 되어야 교회가 건강하고, 개인의 신앙이 바로 설 수 있습니다.

그런데 오늘날 한국 교계를 보면 성령은 많이 강조하면서 하나님의 말씀은 등한히 하는 교회가 참으로 많습니다. 그로 인해 결국 교회가 심각한 어려움에 빠지는 경우도 자주 보게 됩니다. 이상하게도 성령을 많이 강조하는 교회일수록 그 끝이 좋지 않은 경우가 많은데, 그 이유가 무엇입니까? 바로 하나님의 말씀을 배우는 일을 등한히 했기 때문입니다.

○ ○ ○ ○ ○ ○
잘못된 은사들

성령 집회를 많이 했던 어느 교회의 예를 들어 보겠습니다. 그 교회에는 성령의 은사를 받은 사람들이 많았습니다. 거기까지는 좋았습니다. 그런데 목사 사모가 예언의 은사를 받았다고 하면서 한 번은 이런 예언을 한 적도 있다고 합니다. 교인 중에 모 회사의 사장이 있었는데 그에게 "당신은 사장을 그만두고 교회에 와서 사찰을 하라고 하나님께서 말씀하셨다"고 말했습니다. 하나님께서 그렇게 말씀하셨다는데 어떻게 감히 거부합니까? 그래서 그 사람이 정말 사장을 그만두고 교회에 와서 사찰 일을 했다고 합니다. 이것이 어떻게 예언입니까? 성령의 은사가 이렇게 왜곡되어 나타나면 교회가 굉장히 어려워집니다. 지금 이 교회가 얼마나 말로 다할 수 없는 어려움을 겪고 있는지 모릅니다.

신문에 자주 오르내렸던 모 교회 역시 마찬가지입니다. 문제의 그 담임목사는 설교 시간에 이런 말까지 했습니다. 자신이 목사지만 라스베가스 카지노에 들어가서 노름으로 돈을 벌려고 했던 것은 재정적으로 어려운 교회에 조금이라도 보탬이 되기 위해서였다고 말입니다. 참으로 기가 막힌 이야기입니다. 그러나 더욱 말문이 막히게 하는 것은 그 이야기를 듣고 있던 사람들이 큰 소리로 "아멘! 아멘!" 했다는 그 반응이었습니다. 상상도 할 수 없는 일이 벌어지고 있는 것입니다. 어떻게 이렇게 기가 막힌 일들이 벌어지게 되었습니까? 도대체 왜 이런 현상이 일어났습니까? 병을 잘 고친다고 소문이 난 교회, 하나님의

전도자
●
352

능력이 역사한다고 소문난 교회가 왜 이토록 잘못되어 버렸습니까? 하나님의 말씀에 대한 기초가 약하기 때문입니다.

성령 충만하기를 원합니까? 하나님의 말씀 앞으로 돌아오십시오. 그러나 배우는 것만을 능사로 아는 문제아가 되어서는 안 될 것입니다. 배우는 것만 능사로 아는 사람만큼 무서운 사람이 없습니다. 배운 말씀을 지킬 때까지 배우는 사람이 되십시오. 하나님의 말씀에 완전히 사로잡혀서 그 말씀에 순종하지 않고는 견디지 못할 때까지 배우기 바랍니다. 이 정도로 하나님의 말씀을 사모해야 성령 충만한 사람입니다.

세상에서 승리하기까지

성령 받은 교회와 성령 받은 사람의 특징이 무엇입니까? 첫째, 찬양이 충만한 사람입니다. 둘째, 복음 전하기를 기뻐하는 사람입니다. 셋째, 말씀 배우기에 힘쓰는 사람입니다. 그 외에 나머지 특징들은 다음과 같습니다. 넷째, 성도끼리 교제하는 일을 힘쓰는 사람입니다. 다섯째, 떡을 떼는 일에 힘쓰는 사람입니다. 다시 말해 예수님의 죽음을 기념하는 성만찬을 항상 마음에 되새기며 주님의 십자가를 기뻐하고 감사하는 사람이라는 말입니다. 여섯째, 기도하기를 힘쓰는 사람입니다. 일곱째, 표적과 기사가 일어나는 역사가 있는 사람입니다. 여덟째, 헌금에 인색하지 않은 사람입니다. 성령 충만한 사람들은 땅을 팔아서 교회와 하나님 나라를 위해 아낌없이 내놓는 사람들이었습니다. 아홉째, 세상 사람들에게 좋은 이미지를 주는 사람입니다. 마지막으로, 삶 자체가 활짝 열린 전도의 문이 되는 사람입니다. 성령 충만한 사람들은 "저 사람 때문에 교회 안 나간다"는 말을 듣지 않습니다. 도리어 "저 사람을 보니까 나도 교회에 나가고 싶다"는 소원을 불러일으 킵니다.

교회가 이와 같이 삶으로 덕을 끼치는 모습을 세상에 보이면 놀라운 일이 일어납니다. 사도행전 2장 47절을 보십시오. 예루살렘교회 성도들은 사람들로부터 칭찬을 받았습니다. 그들의 영향으로 많은 사람들이 구원을 받고 날마다 교회로 밀려들었습니다.

지금까지 성령 충만한 사람들의 10가지 특징을 살펴보았습니다. 우리 모두 이런 특징을 소유한 사람이 되면 얼마나 좋겠습니까? 만일 우리가 성령 충만하여 이와 같은 특징을 가지고 산다면 우리는 이 세상을 두려워할 이유가 전혀 없을 것입니다. 아무리 정보의 속도가 우리를 놀라게 하고, 위축시키고, 낙심하게 한다고 해도 성령이 주시는 능력을 입기만 하면 우리는 이 세상을 이깁니다. 성령이 주시는 능력을 입으면 우리는 날마다 감사와 찬송이 넘치는 삶을 살 수 있습니다. 어떤 원수가 우리 성문을 에워싼다 해도 우리는 평안히 잠을 잘 수 있으며, 승리를 선포할 수 있습니다. 예수님의 승리와 능력을 우리 것으로 누리며 살 수 있습니다. 이 모든 것은 성령의 능력으로 가능합니다. 우리 모두 이 성령의 능력을 가지고 세상에서 승리하며 살 수 있기를 간절히 바랍니다.

3

가장
부가가치가
높은 사업

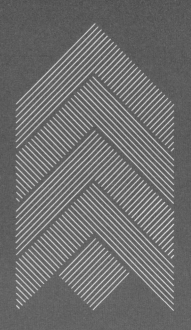

우리가 받은 달란트를 가지고 주님의 나라를 위해 투자할 일들이 많이 있지만
그 가운데서 특별히 부가가치가 높은 사업이 하나 있습니다.
하나님께 큰 유익을 가져다 드릴 수 있는 부가가치가 높은 사업은 바로 전도입니다.
선교입니다.

마태복음 25:14-30

14 또 어떤 사람이 타국에 갈 때 그 종들을 불러 자기 소유를 맡김과 같으니 15 각각 그 재능대로 한 사람에게는 금 다섯 달란트를, 한 사람에게는 두 달란트를, 한 사람에게는 한 달란트를 주고 떠났더니 16 다섯 달란트 받은 자는 바로 가서 그것으로 장사하여 또 다섯 달란트를 남기고 17 두 달란트 받은 자도 그같이 하여 또 두 달란트를 남겼으되 18 한 달란트 받은 자는 가서 땅을 파고 그 주인의 돈을 감추어 두었더니 19 오랜 후에 그 종들의 주인이 돌아와 그들과 결산할새 20 다섯 달란트 받았던 자는 다섯 달란트를 더 가지고 와서 이르되 주인이여 내게 다섯 달란트를 주셨는데 보소서 내가 또 다섯 달란트를 남겼나이다 21 그 주인이 이르되 잘하였도다 착하고 충성된 종아 네가 적은 일에 충성하였으매 내가 많은 것을 네게 맡기리니 네 주인의 즐거움에 참여할지어다 하고 22 두 달란트 받았던 자도 와서 이르되 주인이여 내게 두 달란트를 주셨는데 보소서 내가 또 두 달란트를 남겼나이다 23 그 주인이 이르되 잘하였도다 착하고 충성된 종아 네가 적은 일에 충성하였으매 내가 많은 것을 네게 맡기리니 네 주인의 즐거움에 참여할지어다 하고 24 한 달란트 받았던 자는 와서 이르되 주인이여 당신은 굳은 사람이라 심지 않은 데서 거두고 헤치지 않은 데서 모으는 줄을 내가 알았으므로 25 두려워하여 나가서 당신의 달란트를 땅에 감추어 두었었나이다 보소서 당신의 것을 가지셨나이다 26 그 주인이 대답하여 이르되 악하고 게으른 종아 나는 심지 않은 데서 거두고 헤치지 않은 데서 모으는 줄로 네가 알았느냐 27 그러면 네가 마땅히 내 돈을 취리하는 자들에게나 맡겼다가 내가 돌아와서 내 원금과 이자를 받게 하였을 것이니라 하고 28 그에게서 그 한 달란트를 빼앗아 열 달란트 가진 자에게 주라 29 무릇 있는 자는 받아 풍족하게 되고 없는 자는 그 있는 것까지 빼앗기리라 30 이 무익한 종을 바깥 어두운 데로 내쫓으라 거기서 슬피 울며 이를 갈리라 하니라

가장
부가가치가
높은 사업

　　　　　　　　　예수님이 항상 생각하시는 가장 큰
관심사가 무엇일까 깊이 묵상해 본 적이 있습니까? 그것은 거짓되고
음란하고 허무한 이 세상을 어떻게 하면 빨리 치유할까 하는 것입니
다. 성경적인 표현을 빌리자면 모든 죄악과 비참함과 허무로부터 세
상을 구원하는 것입니다. 하나님 나라를 완성하는 것입니다. 다시는
죄가 우리를 괴롭히지 못하게 하여 더 이상 아픔이나 늙음이나 고통
이나 죽음이 존재하지 않는, 영원하고 완전한 하나님 나라를 완성하
는 것이 예수님의 최고 관심사입니다.

　　예수님은 부활하신 후 40일 동안 지상에 계시면서 제자들과 수차
례 만나셨습니다. 그런데 그때마다 나누었던 대화의 주제도 하나님
나라의 완성이었습니다. 사도행전 1장 3절은 이러한 사실을 잘 증언
하고 있습니다.

　　그가 고난받으신 후에 또한 그들에게 확실한 많은 증거로 친히 살아
　　계심을 나타내사 사십 일 동안 그들에게 보이시며 하나님 나라의 일

주님의 관심은 하나님 나라에 고정되어 있었습니다. 하나님 나라는 영적인 실체이기 때문에 육신을 가지고 있고 시간과 공간의 한계 속에 갇혀 있는 우리로서는 지금도 계속 발전하고 완성되어 가는 하나님 나라에 대해 깨닫거나 실감하는 일이란 참으로 어렵습니다. 그래서 하나님 나라에 대한 이야기를 하면 무슨 말인지 이해하지 못하는 사람들이 많습니다.

예수님 당시의 사람들도 이와 비슷한 형편이었습니다. 말씀을 듣는 사람 중에는 하나님 나라에 관한 개념조차 파악하지 못하고 있는, 영적으로 어두운 자들이 많았습니다. 이런 자들을 불쌍히 여기신 예수님은 그들이 하나님 나라를 좀 더 쉽게 이해할 수 있도록 하는 독특한 표현 방식을 사용하셨습니다. 바로 '비유'입니다. 예수님이 사용하신 비유는 사복음서를 통틀어서 약 47가지 정도가 나옵니다. 그리고 그 비유의 대부분이 바로 하나님 나라에 관한 것입니다. 본문 말씀도 하나님 나라에 관한 비유 가운데 하나입니다. "천국(하나님 나라)은 마치 무엇 무엇과 같으니…" 비유란 하나님 나라를 효과적으로 설명하고 표현하기 위해서 그것과 비슷한 다른 사물이나 현상에 빗대어 표현하는 양식입니다. 영적인 하나님 나라를 잘 깨닫지 못하기 때문에 세상에서 일어날 수 있는 비슷한 상황들을 사용하여 하나님 나라에 관한 부분적인 진리를 설명하는 것입니다. 그러므로 비유는 하나님 나라에 관한 진리를 모두 다 설명하지는 못하지만 중요한 진리 한두 개씩은 꼭 담고 있습니다.

○ ○ ○ ○
주인과 종

본문은 '달란트 비유'라고도 하고 '충성된 종과 불충한 종의 비유'라고
도 합니다. 이 비유에도 한 가지 중요한 진리가 담겨 있습니다. 바로
'하나님 나라의 백성인 우리가 세상에서 어떻게 살아야 되는가?' 하는
것입니다. 즉, 그리스도인이 짧은 한 생을 어떻게 살아야 하는지 가르
쳐 주고 있습니다. 교훈의 내용은 예수님처럼 하나님 나라의 완성에
궁극적인 관심을 두라는 것입니다. 그 나라를 위해서 헌신하고 충성
하며 살라는 것입니다.

먼저 본문의 전체적인 줄거리를 정리해 보겠습니다. 상당히 많은
재산을 소유한 부자가 있었습니다. 어느 해인가 그는 장기 외유를 계
획하고 오랫동안 집을 비울 생각을 하게 되었습니다. 종들에게 집안
일을 맡기고 자기가 돌아올 때까지 별 문제가 없도록 잘 관리하라고
지시만 해도 되었지만, 이 부자는 색다른 계획을 구상해 보았습니다.
자신의 부재 기간 동안에 재산을 묵혀 두기보다는 종들에게 사업 밑
천을 대 주고 장사를 시킨다면 더 좋으리라고 생각했던 것 같습니다.
떠나기 며칠 전, 평소에 쓸 만하다고 생각하던 종 세 사람을 불렀습니
다. 그들에게 이와 같은 자기의 뜻을 전하고 세 사람 중에서 가장 유능
하다고 평가한 종에게 다섯 달란트를 주었습니다. 그럭저럭 안심하고
맡길 수 있겠다 싶은 종에게 두 달란트를 주었습니다. 마지막으로 한
편으로는 괜찮아 보이기도 하고 한편으로는 마음이 놓이지 않는 종에
게 한 달란트를 맡겼습니다.

여기서 한 달란트는 6천 데나리온이라고 합니다. 1데나리온은 일
꾼들의 하루 품삯입니다. 우리나라의 경우로 따지자면 대략 3만 원에
서 5만 원 정도입니다. 3만 원씩만 잡아도 다섯 달란트는 9억 원입니

다. 결코 적은 액수가 아닙니다. 두 달란트는 3억 6천만 원, 한 달란트
는 1억 8천만 원입니다. 주인은 세 종에게 이처럼 큰 자본금을 대 주
면서 원하는 대로 사업을 해 보라고 한 것입니다.

예수님이 주인과 종의 비유를 말씀하신 이유는 무엇입니까? 예수
님은 주인이시고 우리 모두는 그분의 종이기 때문입니다. 어떤 사람
은 '종'이라는 말 대신에 '제자'라는 말을 써야 한다고 고집할지도 모르
겠습니다. 그러나 성경에서 사용되고 있는 제자의 개념은 결국 종의
개념입니다. 예수님은 창조자요 하나님이십니다. 하늘과 땅의 권세를
가진 최고의 존재입니다. 그분은 만물의 통치자이며 믿는 자의 왕이
십니다. 우리는 전부 그분의 신하이며 종입니다. 종이라는 말도 너무
호사스러운 표현입니다. 성경에는 우리를 지렁이 같은 존재라고 표현
한 곳도 있습니다.

우리는 다 예수님의 종입니다. 예수님은 지금 하늘나라에 계십니
다. 장기 외유를 하고 계신 셈입니다. 그러면서 세상에 남은 우리 모
두에게 각각의 달란트를 맡기셨습니다. 어떤 사람에게는 9억 원을,
어떤 사람은 3억 원을, 어떤 사람에게는 1억 원을 맡기셨습니다. 우리
는 모두 달란트를 받은 종입니다.

○ ○ ○ ○ ○ ○ ○ ○ ○
목사만 달란트 받았는가?

이 비유를 읽으면서 오해가 있어서는 안 됩니다. 달란트 이야기만 나
오면 자신과는 전혀 상관없는 말씀으로 여기고 귀를 막아 버리는 사
람이 있는데, 이것은 대단히 잘못된 자세입니다. 이 비유를 목사나 선
교사에게만 주시는 특별한 말씀이라고 생각하고, 사역자가 아닌 사
람은 부담스러운 나머지 아예 신경쓰지 않아도 되는 것처럼 생각하는

사람이 있다면 그것은 너무나 큰 오해이고 잘못입니다. 본문을 자세히 살펴보십시오. 어느 한 절이라도 목사나 선교사들을 위해 특별히 하시는 말씀이라고 적혀 있는 구절은 전혀 없습니다. 이 말씀은 예수님의 종 된 모든 하나님의 자녀들에게 하시는 말씀입니다. 어느 누구도 예외가 없습니다.

이 비유가 예수 그리스도를 나의 구주, 나의 하나님, 나의 주인으로 모신 모든 사람에게 해당되는 것이라고 인정하긴 해도 다섯 달란트를 받은 사람은 목사일 것이고 두 달란트나 한 달란트를 받은 사람은 평신도일 것이라고 생각할지도 모릅니다. 그러나 목사, 선교사, 평신도를 구분하여 달란트의 양이 다르게 결정되지 않는다는 것을 명심하기 바랍니다. 달란트의 차이는 직분이나 직책에 따라 달라지는 것이 아닙니다.

하나님께서 각자의 능력에 따라 다양하게 주셨습니다. 평신도 가운데 다섯 달란트를 받은 사람들이 얼마나 많은지 모릅니다. 목사들 중에서 한 달란트를 받은 사람도 많습니다. 그러므로 액수를 가지고 목사다, 평신도다 하고 생각하지 맙시다. 우리 모두는 예수께서 각자에게 맡기신 달란트가 있습니다. 개인마다 다 다르며 고유합니다. 모든 사람들은 다 제각기 다양한 달란트를 받았습니다.

○ ○ ○ ○ ○ ○ ○ ○ ○ ○
달란트의 독특성과 다양성

이런 다양성과 차별성이 나타나는 것은 창조주 하나님의 지혜에 기인합니다. 하나님이 기뻐하시기 때문에 이런 다양한 달란트를 주신 것입니다. 그분은 꽃을 만들어도 다양하게 만드십니다. 산을 만들어도 높낮이가 다양한 봉우리를 만드시는 하나님이십니다. 결코 획일적인 한 가지 형태로 만족하지 않으시는 창조주 하나님은 우리를 세상에 내보내실 때도 각각의 달란트를 주어서 보내셨습니다. 어떤 사람에게는 많이 주시고, 어떤 사람에게는 적게 주시고, 어떤 이에게는 대여섯 가지를 주시기도 하고, 어떤 이에게는 한두 가지만 주시는 등 다양하게 주십니다. 그러므로 남과 비교할 필요가 없습니다. 내가 하나님께로부터 받은 달란트가 최고인 것입니다. 자기 달란트를 존귀하게 여기고 감사하며 동시에 다른 사람의 달란트의 소중함을 인정하고 더불어 기뻐하면 됩니다.

그러면 무엇이 달란트입니까? 하나님 나라를 완성하는 데 조금이라도 기여할 수 있는 것이면 무엇이든지 다 달란트입니다. 이 세상을 사는 시간도 달란트입니다. 어떤 사람은 30년을 살다가 가고 어떤 사람은 100살이 넘도록 삽니다. 하나님께서 각자에게 주신 시간의 달란트가 있기 때문입니다. 어떤 사람에게는 특별한 재능을 주신 반면 어떤 사람에게는 평범한 재능을 주셨습니다. 물질의 부요함을 주시는가 하면 일용할 양식만 주시기도 합니다. 건강을 주시기도 하고 병약한 몸을 허락하시기도 합니다. 어떤 가정에는 특출한 자녀를 주셨지만 그렇지 못한 가정도 있습니다.

이 모든 것이 하나님께서 맡기신 달란트입니다. 하나가 있으면 다른 하나가 없습니다. 이 사람에게 있으면 저 사람에게는 없습니다. 하나님께서 이렇게 하심은 우리 모두를 통해서 하나의 큰 목적을 달성하시기 위함입니다.

하나님은 각 사람마다 독특하고 다양한 최고의 달란트를 주셨습니다. 서로 각자 가진 것이 있고 갖지 못한 것이 있는 우리 모두가 연합하면 하나가 되도록 만드셨습니다. 바로 이것이 우리 모두를 통해 이루고자 하신 목적입니다. 그러므로 하나님께서 나에게 주셨다고 생각되는 달란트를 소중히 여기며 감사해야 합니다. 하나님이 우리를 위해서 최고의 것을 주셨기 때문입니다. 달란트를 받지 못한 사람은 아무도 없습니다. 모두가 다 받아서 가지고 있습니다. 마음속으로 내가 받은 달란트는 무엇일까 조용히 헤아려 보십시오.

○ ○ ○ ○ ○
주인의 칭찬

수년이 흐른 후에 드디어 주인이 여행을 마치고 돌아왔습니다. 돌아오는 길에 종들이 사업을 제대로 했는지가 무척 궁금해졌습니다. 도착하자마자 급하게 종들을 불렀습니다. 그리고 그동안의 실적을 계산하자고 했습니다. 그러자 다섯 달란트를 받은 종이 나와서 살짝 웃으며 말했습니다. "주인님, 저에게 다섯 달란트를 맡기셨지요. 제가 열심히 일해서 다섯 달란트를 더 남겨 모두 열 달란트가 됐습니다. 주인님, 여기 있습니다. 받으십시오." 이 종의 결산 보고를 들은 주인은 너무나 기뻐하면서 그에게 칭찬을 아끼지 않았습니다.

> 그 주인이 이르되 잘하였도다 착하고 충성된 종아 네가 적은 일에 충성하였으매 내가 많은 것을 네게 맡기리니 네 주인의 즐거움에 참여할지어다_마 25:21

주인은 세 가지 칭찬을 하고 있습니다. 첫째는 주인이 이제 진심으로 그 종을 신뢰할 수 있게 되었다는 점입니다. "충성된 종아, 내가 이제 너를 전적으로 신뢰한다." 첫 번째 종은 주인의 신뢰를 완전히 회복했습니다. 물론 과거에도 신뢰를 받았지만 이제는 주인으로부터 전적인 신뢰를 받는 사람이 되었습니다. 둘째는 더 큰 일, 더 많은 일을 맡긴다는 약속을 받은 것입니다. 지금의 일보다 더 중요한 일, 더 많은 일을 맡기겠다고 합니다. 종의 입장에서는 엄청난 영광이었습니다. 셋째는 주인의 즐거움에 참여하라고 했습니다. 그 말은 주인이 즐거워하는 자리에 그 종을 초대하겠다는 뜻입니다. 종으로서가 아니라 친구로서, 한 식구로서 대하겠다는 말입니다. 종에게 이것만큼 큰 칭찬과 보상이 없었을 것입니다.

두 번째 종이 보고했습니다. 두 달란트 주신 것으로 열심히 일하여 네 달란트가 되었다는 내용이었습니다. 주인은 그 종의 등을 두드리면서 칭찬합니다. 23절에 그 칭찬의 내용이 나옵니다. 그런데 첫 번째 종을 칭찬한 21절과 한번 비교해 보십시오. 매우 중요한 특징을 발견할 수 있습니다. 다섯 달란트 받은 종이나 두 달란트 받은 종이나 칭찬의 내용이 똑같다는 것입니다. 한마디도 틀리지 않고 똑같습니다. 내용도 같고 칭찬의 강도도 동일합니다. 아무런 구별이나 차별이 없습니다.

우리는 여기서 우리 삶의 질을 결정하는 데 대단히 중요한 원리 한 가지를 배울 수 있습니다. 어떤 진리입니까? 달란트를 얼마 받았든지 그것을 가지고 주님을 위해 '충성'하기만 하면 주님의 칭찬과 상급은 주어진 달란트의 양에 관계없이 똑같다는 것입니다. 전혀 차별이 없습니다. 목사가 하나님 앞에 가면 교인들보다 훨씬 더 많은 칭찬을 들을 거라고 생각합니까? 결코 그렇지 않습니다. 날마다 찬송을 부르며 교회 안팎을 청소하는 아주머니가 천국에 가면 주님이 몰라라 그냥 스쳐 지나가실지 모른다고 생각합니까? 그것은 너무나 잘못된 생각입니다. 주님 앞에 가면 충성된 종이 듣는 칭찬은 똑같습니다.

사실 열 달란트 가진 사람과 네 달란트 가진 사람의 돈의 양은 엄청나게 차이가 납니다. 그들이 남긴 이윤도 배 이상 차이가 나고 있습니다. 그럼에도 그 종들에게 주님이 주시는 칭찬과 보상은 똑같습니다. 그러므로 누구든지 자신이 받은 달란트에 충성한다면 그 달란트가 얼마든지, 남긴 이윤이 어느 정도든지 똑같이 칭찬받고, 똑같은 영광을 누리게 됩니다.

중요한 것은 달란트의 양이나 이윤의 양이 아닙니다. '자신의 달란트를 가지고 얼마나 충성했느냐?'입니다. 이 사실을 제대로 알고 가슴에 새기기만 하면 삶의 자세가 완전히 달라질 것입니다.

○ ○ ○ ○ ○ ○
주인의 노여움

드디어 한 달란트를 받은 종이 앞으로 나왔습니다. 이 사람은 주인에게 받은 한 달란트를 어떻게 했습니까? 그가 주인에게 보고한 내용은 무엇입니까? 받은 돈을 그대로 수건에 싸서 녹이 슬지 않도록 땅에 묻어둔 일이었습니다. 어떤 사업을 벌여 볼 계획이나 시도마저 전혀 해 보지 않고 받은 즉시 땅에 묻었던 것 같습니다. 주인이 돌아오자 땅에 묻어 두었던 것을 다시 파서 고스란히 내놓았습니다. 그러면서 자신을 변호하기 위해 변명을 늘어놓기 시작했습니다.

"주인이여, 당신은 굳은 사람이라"(24절)고 하면서 주인을 비난하기 시작합니다. '굳은 사람'이란 고약하고 인색한 사람이라는 뜻입니다. "당신은 손수 심지도 않은 데서 거두어 창고에 들이고, 씨를 뿌리지 않은 데서 모아 자신의 부만 축적하는 사람입니다. 당신만 생각하면 비위가 상해서 일하고 싶은 생각이 나지 않았습니다. 그래서 당신이 주는 돈을 땅에 묻어 놓았다가 가지고 왔습니다. 본전이라도 돌려주는 게 양심에 거리끼지 않겠다고 생각했기 때문입니다." 요사이 사용하는 표현대로 하자면 "당신은 착취자요, 나는 희생자"라는 것입니다. 그러므로 "나는 당신을 위해서 아무것도 하고 싶지 않았습니다. 그러나 나는 양심이 있고 당신처럼 고약한 사람이 아니기 때문에 본전이라도 돌려주어 당신에게 손해는 끼치지 않게 하겠다는 생각에 묻어 두었다가 다시 가져왔습니다. 받으십시오"라고 말하고 있습니다(24-25절 참조).

주인이 그 말을 듣고 이렇게 꾸짖었습니다. "악하고 게으른 종아!" 악하면 게으르게 되고, 게으르면 악하게 된다는 것입니다. 주인은 그로부터 한 달란트를 빼앗아 열 달란트 가진 사람에게 주면서 말했습니다. "무릇 있는 자는 받아 풍족하게 되고 없는 자는 그 있는 것까지 빼앗기리라"(29절). 이것이 하나님의 법칙입니다.

하나님 나라의 법칙은 공산주의가 아닙니다. 자신이 열심히 일하지 않고 남의 덕만 보고 살려는 적당주의가 통하지 않습니다. 철저하게 자신의 행위대로 검증받습니다. 하나님은 공의와 정의로 우리의 삶의 무게를 달아 보실 것이고 그것에 따라 우리는 상급을 받게 될 것입니다. 그것이 하나님 나라의 법칙입니다. 열심히 일해서 많이 소유한 사람에게는 주님께서 사랑과 신뢰를 더하시어 그 가진 것 위에 더 많은 것을 안겨 주시지만, 한 가지 작은 것에도 충성하지 못하고 불평하는 사람에게서는 있는 것까지 빼앗아 버립니다. 이것이 영적인 원리이며 하나님 나라의 원리입니다.

○ ○ ○ ○ ○ ○ ○ ○ ○ ○ ○ ○
주인이 무엇이라고 명령합니까?

이 무익한 종을 바깥 어두운 데로 내쫓으라 거기서 슬피 울며 이를 갈리라_마 25:30

바깥 어두운 곳이 꼭 지옥이라고 보기는 어렵습니다. 비유이기 때문에 그렇습니다. 그러므로 이 사람이 쫓겨나서 지옥에 떨어져 멸망을 받았다는 식으로 단정짓는 일은 피해야 할 것입니다.

여기서 배워야 할 진리는 이것입니다. 우리 모두에게는 언젠가 계산할 때가 있다는 것입니다. 예수님이 재림하시면 일생 동안 가지고 있던 달란트를 주님과 그 나라를 위해 어떻게 사용했는지 계산해야 합니다. 주님은 얼마나 많은 이윤을 남겼는지를 보시지는 않을 것입니다. 주님의 저울은 그것을 잴 수 없습니다. 주님의 관심은 오직 얼마만큼 충성했는가에 있습니다. 한 달란트 받았어도 충성하기만 하면 다섯 달란트 받아서 충성한 종과 똑같이 대접해 주시고 축복해 주십니다. 우리는 이 진리를 분명히 알아야 합니다.

그러므로 우리 자신이 지금 어느 편에 속한 사람인지 스스로 판단해 보십시오. 수십 년 신앙생활 해 오면서, 하나님이 주신 많은 달란트를 가지고 다른 사람에게 손가락질 당하지 않을 만큼 처자식 부양하며 살게 되었지만, 주님께서 지금 재림하신다면 나는 주님 눈에 세상을 어떻게 산 사람으로 비칠 것인가 생각해 보아야 합니다. 주님께 어느 정도나 충성했다고 자신 있게 보고할 수 있습니까? 최선을 다해 수고하고 애써서 얼마를 남겼다고 주님께 보고할 수 있습니까? 우리 자신을 깊이 반성해 보아야 합니다.

○ ○ ○ ○ ○ ○ ○ ○ ○ ○
교회 안에 있는 두 부류의 종

교회 안에는 두 부류의 사람이 존재합니다. 한 부류는 주님이 주신 달란트를 가지고 충성하는 사람입니다. 또 한 부류는 그렇지 못한 사람입니다. 받은 것은 많은 것 같은데 주님에게 마음이 없는 사람들이 있습니다. 그러나 충성하는 사람을 가만히 살펴보십시오. 자식은 하나님이 주셨다는 사실을 말씀을 통해 깨달으면 그 자녀를 하나님의 마음에 꼭 드는 사람으로 만들기 위해 뒤에서 눈물과 피땀으로 기도합니다. 자녀들에게 세상적으로 출세하라고 교훈하기보다 하나님의 마음에 드는 사람이 되라고 가르칩니다. 그들이 그렇게 세상 방식과 다르게 자녀들을 양육하는 이유는 무엇입니까? 하나님이 자식을 나에게 달란트로 주셨다는 것을 알고 있기 때문입니다.

다른 사람들에 비해 물질을 여유 있게 주신 사람들이 있습니다. 그 중에 충성스러운 사람들을 보십시오. 그들은 다른 사람들처럼 주식투자나 각종 투기를 통해서 더 큰 돈을 손에 넣으려고 혈안이 되어 있는 돈의 노예 같은 사람이 아닙니다. 물질이 주님께서 주신 달란트라는 것을 알고 어떻게 하면 주님의 최고 관심사인 하나님 나라를 완성하는 일에 그 물질을 사용할지 늘 생각하면서 돈을 씁니다. 남모르게 씁니다. 충성된 사람의 자세는 다릅니다. 제자훈련과 사역훈련을 마치고 내가 누구라는 것을 발견한 뒤, 한 번 밖에 없는 짧은 인생을 어떻게 살아야 가장 보람되고 아름다운 삶인가를 깊이 생각하는 사람들은 삶의 패턴이 달라집니다.

전에는 이 젊음이 가기 전에 어떻게 하면 좀 더 즐길 수 있을지 늘 생각하면서 교회는 그저 형식적으로 드나들던 사람도, 날마다 친구들과 어울려 다니며 골프며 취미생활에 몰두해 보지만 가슴 한구석 허한 곳을 채우지 못하고 만족을 줄 만한 것을 찾아 사방을 두리번거리던 사람도 자신이 예수님의 종이라는 것을 깨닫고 남다른 달란트를 많이 받았다는 것을 확인한 다음에는 그 삶이 완전히 달라지는 것을 봅니다. 시간을 쪼개어 주님께서 기뻐하시는 일을 하려고 노력하고, 돈도 쪼개어 주님이 원하시는 일에 더욱 많이 쓰려고 애씁니다. 젊음이 다 지나가기 전에, 재능이 굳어지기 전에 주님을 위해서 할 수 있는 일이 무엇일까 관심을 가지고 기웃거리는 사람으로 변화합니다. 이 사람이 바로 충성된 사람입니다.

그러나 불행하게도 한 달란트 받은 사람과 같은 생각을 하면서 신앙생활을 하는 분들도 적지 않습니다. 그들은 언제나 마음에 불만이 남아 있습니다. 교회를 다니면서도 불만에 가득 차 있습니다. 마치 교회가 자기를 착취하는 것 같은 느낌을 갖고 있기도 합니다. 헌금, 충성, 헌신, 전도 등과 같은 말만 들어도 저절로 불평이 나올 정도로 마음이 꼬여 있습니다. 이 사람들은 자신이 희생당했다거나 억압받았다고 생각합니다. 그러므로 이런 사람은 절대로 주인을 위해서 모험을 하려고 들지 않습니다. 희생하기를 거부합니다.

○ ○ ○ ○
벤처 신앙

다섯 달란트의 자금으로 사업을 하는 사람은 모험하는 사람입니다. 요즘 '벤처'(venture)라는 말을 많이 쓰는데 벤처란 무엇입니까? 위험부담을 무릅쓰고 투자해 보는 사업입니다. 성공할 수도 있고 실패할 수도 있지만 투자하고 개발하는 것입니다. 만약 9억 원을 들여 사업하는 사람이 있다고 생각해 보십시오. 돈을 투자해 놓고 밤낮으로 얼마나 신경이 쓰이겠습니까? 잠도 제대로 자지 못하고 열심히 뛰어다니면서 어떻게든 성공하려고 온갖 고생을 마다하지 않을 것입니다. 그러므로 남다른 고생이나 희생도 기꺼이 감수합니다. 이것이 벤처 사업입니다.

주님께 받은 달란트로 주님을 기쁘시게 하고 이를 주의 나라를 위해 사용하려고 하는 것은 하나의 모험입니다. 하나님 나라를 위해 벤처 사업을 경영하는 것과 같습니다. 그러므로 항상 신경을 씁니다. 시간을 뺏길 때도 있고 돈을 뺏길 때도 있습니다. 어떤 때는 손해도 보고 어떤 때는 무거운 십자가를 지고 고통을 당하기도 합니다. 그럼에도 이것은 꼭 해야 되는 일이라고 생각하기 때문에 뒤를 돌아보지 않고 앞으로 밀고 나가는 것입니다. 그러나 한 달란트 받은 사람과 같이 충성하고 싶은 마음이 없는 사람은 이런 부담감을 안고 살고 싶어 하지 않습니다. 신앙생활 하는 것에 대해 불평이 가득합니다. 마음이 편치 않습니다. 영원한 나라의 영원한 왕이 되신 그분께 마음을 줄 수가 없습니다.

주님을 위해서 산다는 것은 모험입니다. 세상 사람이 볼 때는 웃음이 나올 정도로 허무맹랑한 이야기입니다. 하나님 나라가 눈에 보입니까? 예수님을 확인하고 볼 수 있습니까? 영적인 것이기에 보이지 않습니다. 보이지 않는 것을 보이는 것보다 더 중요시하고 그것을 위해 산다는 것은 구름을 잡는 것같이 허황되게 비칠 수도 있습니다. "하나님 나라를 위해 생명을 바친다. 모든 것을 드린다. 한평생을 그분을 위해 산다." 이렇게 사는 것이 세상 사람들에게는 미친 짓으로 보일 수 있습니다.

구약성경에 온 세상 사람들이 다 미친 사람이라고 손가락질을 했던 인물이 나옵니다. 노아입니다. 하나님께서 노아에게 방주를 만들라고 명령하셨습니다. 하나님은 그것도 지중해 연안이 아니라 산꼭대기에 만들라고 하셨습니다. 하늘은 맑기만 하고 비라고는 도무지 올 것 같지 않았습니다. 1년, 2년, 10년이 가도 이 배를 띄울 만한 큰 비는 내리지 않았습니다. 그럼에도 노아는 "이 세상을 홍수로 멸할 것이니 산에다 방주를 만들라"는 하나님의 말씀에 순종하여 자신의 전 재산과 시간을 바쳤습니다. 가족들까지 모두 동원되어 전력을 다했습니다.

전도자

370

사람들은 실소를 금치 못했습니다. 하나님께서 지금 우리에게 방주를 만들라면 하신다면 노아처럼 오랜 세월 땀 흘릴 사람이 과연 몇이나 있겠습니까?

하나님에 대해 불만이 있거나 피해 의식을 가지고 있는 사람은 결코 모험을 하지 못합니다. 힘들게 신앙생활 하려고 하지 않습니다. 그러나 충성스럽게 살려는 사람은 하나님 나라가 다가오고 있음을 영의 눈으로 보기 때문에 그 나라가 완전하게 모습을 드러내는 날에는 이 세상의 모든 것이 온데간데없이 다 사라지고 오직 그분을 위해 충성한 공력만이 영원히 남아 횃불처럼 타오르리라는 것을 알고 있습니다. 그렇기 때문에 사람들에게 비웃음을 사도, 핍박을 받아도, 손해를 보아도 변함없이 그 나라를 위해 충성하는 것입니다. 가지고 있는 자그마한 달란트를 가지고 충성합니다. 생명까지 바치며 헌신합니다. 이것이 바로 다섯 달란트 받은 사람의 모습이요, 정신입니다.

○ ○ ○ ○ ○ ○ ○ ○ ○ ○ ○
잭 웰치보다 더 무서운 평가자

만일 오늘 당장이라도 예수님이 재림하셔서 계산하자고 하시면 어떤 결과가 나올지 생각해 봤습니까? 냉정하게 한번 평가해 보십시오. 예수님은 지금은 아주 너그러우신 분입니다. 충성하지 않는다고 해서 당장 때리거나 징계하거나 일이 잘되지 않게 방해하거나 하시지 않습니다. 지금은 너그럽게 기다리고 참으십니다.

그러나 주님이 재림하시는 날, 마지막으로 이 썩어 냄새나는 세상을 쓸어버리고 하나님의 새로운 나라를 완성하시는 그날, 그분이 왕좌에 앉으셔서 우리를 불러 계산하실 때에는 대단히 공정하며 정확하십니다. 공법과 정의로 판결하십니다. 그때는 사정을 봐 주는 것도 없고 연기도 없습니다. 이편과 저편을 빈틈없이 냉정하고 정확하게 갈라놓습니다. 31절부터 46절까지 나오는 '양과 염소의 비유'처럼 분명하게 갈라놓습니다. 절대로 적당히 하지 않을 것입니다. 이 세상의 가장 정확한 잣대로 재는 것보다 정확하게 잴 것이며, 이 세상에서 가장 정확한 전자저울로 다는 것보다 더 정확하게 달아서 판결하실 것입니다.

얼마 전 모 신문에 실린 미국의 제너럴 일렉트릭(General Electric, 약자로 GE)사의 회장인 잭 웰치(Jack Welch, 1935~2020)의 경영철학에 대해 읽고 깊이 생각되는 바가 있었습니다. GE는 문어발 식으로 사업을 늘려서 많은 이익을 얻은 회사 중에 하나입니다. 1999년 〈포춘〉 FORTUNE지에 따르면 미국 500대 기업 중에서 순이익 순위 2위에 꼽힌 회사입니다. 신문의 기사는 잭 웰치 회장이 어떻게 이 거대한 기업 집단을 우량 기업으로 운영하고 있는가, 그 비결이 무엇인가, 그만의 독특한 경영철학이 무엇인가에 대해 간단히 정리했습니다.

잭 웰치 회장은 자신의 경영철학을 이렇게 소개하고 있었습니다. "양손에 비료와 물을 들고 꽃을 가꾸되 열심히 물을 주고 비료를 주어서 아름다운 정원이 되면 좋지만, 만약 아무리 해도 아름다운 정원이 안 되면 가차없이 잘라 버린다." 쉽게 말해서 정원을 잘 가꿔서 성공하면 괜찮지만 그렇지 않으면 아예 뿌리째 다 뽑아 버리고 미련 없이 갈아엎어 버린다는 것입니다. 얼마나 냉정합니까?

그는 어떤 꽃이 제대로 자랄 것인지 알기 위해서 매일 거의 하루의 반 이상의 시간 동안 8만 5천여 명의 관리직과 전문직 사원들의 명단을 펴놓고 평가한다고 합니다. 이를 근거로 사원들을 분류하여 새로이 명단을 작성해 두고 계속적으로 평가, 관리하고 있다고 합니다. 1등급, 2등급에 해당하는 유능하고 충성된 사원에게는 스톡 옵션(stock option : 주식을 발행할 당시의 가격으로 싸게 살 수 있는 권리를 주는 포상 제도)을 주면서 철저하게 보상해 줍니다. 그러나 하위 15%, 4등급에 해당하는 사람들은 그 이름에 '요주의 인물'이라고 적어 놓고 매일 감시합니다. 맨 아래 10%, 즉 5등급에 속하는 약 8천5백 명의 사람들은 한마디로 '다시 보고 싶지도 않은 존재들'로 낙인찍습니다. 기회만 생기면 해고할 사람들이라는 것입니다. 너무나 살벌하고 냉정한 회사입니다.

만일 우리가 이런 회사에 몸담고 있다면 하루도 편히 발 뻗고 지낼 수 없을 것입니다. 적당하게 하루하루를 넘길 엄두는 내지도 못할 것입니다. 회장에게 인정을 받거나 그만한 보상을 받기 위해서, 또 살아남기 위해서라도 머리를 싸매고 있는 힘을 다하여 발버둥쳐야만 하는 긴장 속에서 살아가게 될 겁니다. 그러나 예수님이 이 세상에 재림하시면 잭 웰치 회장보다 더 무서운 심판주로서 우리를 달아보실 것이라는 점을 알아야 합니다.

만약 우리가 1등급에 해당하는 충성된 종으로 대우받을 수 있다면 너무나 감사하고 기쁜 일입니다. 그러나 5등급에 속해서 '다시는 보고 싶지 않은 사람'이라는 딱지를 붙인 채 바깥으로 내쫓기는 인생이라면 너무나 부끄럽고 괴로울 것입니다. 그러므로 신앙생활을 취미생활처럼 적당히 하면 안 됩니다.

○ ○ ○ ○
늦기 전에

교회 안에도 구원에서 탈락할 위험이 있는 사람들이 상당수 있습니다. 우리의 생명은 하나님이 주신 생명이며, 우리의 젊음은 하나님이 주신 젊음입니다. 내가 얻은 것이 아닙니다. 하나님이 주신 자녀요, 하나님이 주신 가정이요, 하나님이 주신 재능이요, 하나님이 주신 재물이요, 하나님이 주신 출세이며 성공입니다.

이 모든 것을 다 하나님께서 주셨는데, 정작 주님의 최고 관심사인 하나님 나라를 위해서는 쥐꼬리만큼만 쓰고 나머지는 전부 자신을 위해서 썼던 사람이 천국에 갔다고 가정해 봅시다. 그 사람이 거기서 마음 편하게 살 수 있을까요? 주님을 위한 사람들이 하늘의 별과 같이 빛나는 찬란한 영광에 둘러싸여 사는 곳이 천국인데, 세상에서 적당히 자기를 위해 살던 사람이 그곳에서 제정신으로 살 수 있을 것 같습니까? 그런 사람은 억지로 들어가라고 해도 안 들어가는 것이 훨씬 나을 것입니다. 그래서 주님은 자기만 아는 부자가 천국에 들어가는 것이 낙타가 바늘귀를 통과하는 것보다 더 어렵다고 말씀하셨습니다(마 19:24 참조).

'혹시 내가 그런 사람은 아닐까?' 이런 가책이 든다면 그것은 성령께서 우리를 사랑하기 때문에 들려주시는 음성입니다. 그 음성에 따라 마음을 열고 삶을 바꾸십시오. 당신의 관심사를 바꾸고 궁극적인 인생의 목적을 바꾸십시오. 재림하시어 나와 결산하실 주님 앞에 부끄럽지 않은 삶을 살아야 합니다.

○ ○ ○ ○ ○ ○ ○ ○ ○
최고의 부가가치 사업

우리가 받은 달란트를 가지고 주님의 나라를 위해 투자할 일들이 많이 있지만 그 가운데서 특별히 부가가치가 높은 사업이 하나 있습니다. 하나님께 큰 유익을 가져다 드릴 수 있는 부가가치가 높은 사업은 바로 전도입니다. 선교입니다. 전도는 하나님 나라를 완성하는 유일한 수단입니다. 예수님은 전도하기 위해서 세상에 오셨습니다. 성령님도 우리 모두를 전도하는 증인으로 만들기 위해서 세상에 오셨습니다. 예수님이 지상에 교회를 세우신 목적도 이 땅에 있는 사람에게 복음을 전하기 위해서였습니다. 그렇기 때문에 주님은 안디옥교회에서 가장 유능한 지도자인 바나바와 바울을 뽑아 지중해에 있는 나라들에 선교하라고 파송하셨습니다. 그만큼 전도는 주님의 나라를 위해서 가장 중요한 일입니다. 그 일을 위해서 돈을 쓰고 있습니까? 부가가치가 가장 높은 사업에 투자하고 있습니까? 그 일을 위해서 젊음을 바치고 있습니까?

전도가 부가가치가 높다고 말할 수 있는 증거가 있습니다. 마가복음 10장 28절에서 베드로는 이렇게 말합니다. "베드로가 여짜와 이르되 보소서 우리가 모든 것을 버리고 주를 따랐나이다." 베드로는 자기가 갖고 있던 모든 것을 주님의 나라를 위해 투자했다고 말하고 있습니다. 그는 계속해서 "주님, 그러면 우리는 어떻게 됩니까?"라고 묻습니다. 29-30절에서 주님은 이렇게 대답하십니다.

> 예수께서 이르시되 내가 진실로 너희에게 이르노니 나와 복음을 위하여 집이나 형제나 자매나 어머니나 아버지나 자식이나 전토를 버린 자는 현세에 있어 집과 형제와 자매와 어머니와 자식과 전토를 백 배나 받되 박해를 겸하여 받고 내세에 영생을 받지 못할 자가 없느니라

자기가 갖고 있는 달란트 중에서 가장 귀한 것 중의 하나가 가족이요, 재산입니다. 이것을 아낌없이 드릴 정도로 주님께 충성하는 자에게 주님은 '백 배나 받는다'고 분명히 약속하셨습니다. 백 배 정도의 이익을 남기는 사업이라면 엄청나게 부가가치가 큰 사업임에 틀림없습니다. 그리고 약속하셨습니다. "내세에 영생을 받지 못할 자가 없느니라." 영생을 얻는 것, 구원을 얻는 것은 따 놓은 당상입니다. 그렇기

때문에 부가가치가 가장 높은 사업이 바로 전도라고 분명하게 말할 수 있습니다.

하나님 나라에 미친 사람들

이런 사실을 일찍부터 깨달은 사람들은 세상이 보기에 미친 것처럼 살다 갑니다. 우리나라에 처음으로 복음을 들고 왔던 토마스(Robert Jermain Thomas, 1840-1866) 선교사는 대동강변에 성경을 들고 서서 복음을 전하려다가 20대의 젊은 나이에 희생되었습니다. 그의 주검이 장사나 제대로 치러졌겠습니까? 시체가 어디로 갔는지 누가 알겠습니까? 그는 인생을 미친 것처럼 살았습니다. 왜냐하면 그 생명을 바칠 때 하늘로부터 오는 놀라운 축복이 있다는 것을 믿었기 때문입니다.

아펜젤러(Henry Gerhart Appenzeller, 1858-1902) 선교사는 전라도에 복음을 전하기 위해 내려갔다가 돌아오는 길에 서해에서 풍랑을 만나 익사했습니다. 세상 사람이 보면 미친 짓이라고 생각할 것입니다. 그는 유능한 의사요, 학자였습니다. 그에게는 분명히 안전하고 편한 길이 있었습니다. 사람들은 그 길을 마다하고 성경을 들고 전도하러 다니다가 물에 빠져 허망하게 죽었다고 말할지 모릅니다.

허드슨 테일러(James Hudson Taylor, 1832-1905)는 현재 폭발적으로 부흥하고 있는 중국 교회에 복음의 씨를 뿌린 사람입니다. 그러나 그의 삶은 너무나 불행해 보였습니다. 가족을 이끌고 그 땅에 가서 복음을 전하다가 33세의 꽃다운 나이에 풍토병으로 아내를 먼저 보냈습니다. 첫딸도 죽었습니다. 둘째, 셋째도 다 죽었습니다. 나중에는 자녀들이 그리운 나머지 일기장에 이렇게 썼습니다. "낮에도 온종일, 그리고 저녁에도 내 딸 음성이 그립다. 그러나 그 아이를 심은 정원사가 오시어 그 예쁜 장미꽃을 뽑아가셨으니….'' 그럼에도 그는 평생 복음을 위해 살았습니다.

《빙점》의 저자 미우라 아야코(三浦綾子, 1922-1999)는 병상에서 수년 간 고생한 사람이지만, 병상에서도 복음 전할 길을 생각했습니다. '내 가 비록 몸은 병들어 있지만 병든 몸을 가지고 복음을 위해서 할 수 있 는 일이 없을까?' 이런저런 생각 끝에 종이를 잘라서 병상 옆에 놓아 두었다가 기도하고 성경을 읽으면서 은혜받는 구절이 있으면 얼른 적 어서 창문 밖으로 던지고 또 던졌다고 합니다. 지나가던 사람이 그 종 이 조각을 주워 보고 예수 그리스도를 영접할 수 있다고 믿었기 때문 입니다.

모두가 다 정신 나간 사람처럼 살았습니다. 미친 사람처럼 살았습 니다. 이 부패하고 병든 세상과 민족으로부터 생명을 건지는 일보다, 영혼을 구원하는 일보다, 하나님 나라의 백성을 만드는 일보다 더 귀 중한 일이 없음을 알았기 때문입니다. 그 일이 하나님께서 가장 원하 시는 것임을 알았기 때문입니다. 하나님의 보좌 앞에서, 그 모든 눈물 과 노고의 대가를 백 배나 받게 되리라는 것을 확신했기 때문입니다.

○ ○ ○ ○ ○ ○ ○ ○ ○
당신은 무슨 희생을 하는가

얼마 전에 사랑의교회 한 집사님이 수술을 집도했습니다. 30시간이 넘는 대수술이었습니다. 생명 하나를 살리기 위해 그 의사는 자기의 모든 실력을 총동원하였습니다. 땀방울 맺힌 얼굴로 30시간이나 메스 를 들고 버틴 것입니다. 간호사들도 모두 둘러서서 잠시도 환자를 혼 자 두지 않고 30시간 동안 함께 씨름했습니다. 환자의 가정은 가진 돈 을 다 써가면서 수술을 했습니다. 왜 이렇게 애를 씁니까? 생명 하나를 살리는 것만큼 귀한 일이 없기 때문입니다.

하나님도 마찬가지입니다. 내버려두면 영원히 멸망 받을 수밖에 없는 사람들의 영혼을 건지는 전도와 선교만큼 귀한 일은 없습니다. 그러므로 우리가 그 일을 위하여 우리에게 있는 것을 바치면서 충성하면 주님을 그만큼 기쁘게 해 드릴 수 있고 하나님 나라에 영광을 돌릴 수 있습니다.

영혼을 구원하기 위해서는 시간을 내야 됩니다. 어떤 때는 돈을 써야 됩니다. 자존심도 접어 두고 접근해야 할 때도 있습니다. 그러나 그것만큼 가치 있는 일은 없습니다. 자신의 지위를 이용하십시오. 성공한 환경을 이용하십시오. 젊음과 아름다움을 이용하십시오. 모든 것을 동원하여 한 사람을 위해 투자하면 그것이 바로 하나님 나라를 위한 일이고, 하나님 나라의 완성을 앞당기는 가장 보람 있고 가치 있는 일이 됩니다. 한 사람이 세 명의 태신자를 선정해서 기도로 준비하고 전력하여 전도합시다. 이렇게 드린 우리의 기도는 결코 헛되지 않을 것입니다. 그 세 사람 중에 한두 사람에게라도 복음을 전할 수 있는 기회를 만들기 위해 전도 계획을 짜고 기도하면, 하나님께서 아이디어를 주실 것입니다.

○ ○ ○ ○ ○ ○ ○ ○
주님 앞에서의 망신

어떤 자매가 이렇게 이야기하는 것을 들은 적이 있습니다. "목사님, 전도는 일생 중에 가장 즐겁고 행복하고 쉽고 수지 맞는 일입니다. 그런데 사람들은 전도가 가장 힘들고 제일 기분 나쁘고 제일 손해 보는 일이라고 생각합니다. 사람들의 의식을 좀 바꿔 주세요. 사실이 아니잖아요." 교회 안에 이런 형제자매가 있다는 것이 얼마나 감사했는지 모릅니다. 우리는 하나님 나라의 가장 부가가치가 높은 일에 얼마만큼 관심을 가지고 있으며, 우리가 가진 달란트를 얼마만큼 쓰고 있습니까?

제 마음에 은근한 불안이 있습니다. 저의 집 바로 맞은편에 모 제약회사 간부가 살고 있는데, 아직 예수님을 믿지 않습니다. 천주교인이라고는 하지만 실제로 성당에 나가는 것 같지도 않습니다. 목사가 앞집에 살기 때문에 혹시 예수 믿으라고 자꾸 귀찮게 할지 모른다고 생각해서 천주교 교패를 붙여 놓은 것 같습니다. 접근하지 말라는 뜻입니다.

그러나 한번 상상해 보십시오. 예수님이 재림하시어 제가 주님 앞에 서서 결산을 하는데 기분 나쁘게도 그 남자가 제 옆에 서 있습니다. 예수님이 그 남자에게 어디 살았는지 물으십니다. 그러자 서초동 진흥아파트에 살았다고 대답합니다. 그때 주님께서 왜 예수를 믿지 않고 살았는지 다시 물으십니다. 그 남자는 아무도 자기에게 전도하는 사람이 없어서 예수 믿으라는 말을 한 번도 들어보지 못했다고 대답합니다. 그러자 이번에는 주님이 이렇게 추궁하십니다. "도대체 무슨 소리를 하고 있는 건가? 네 앞집에 누가 살았는데?" 그는 그래도 꽤 유명하다는 옥 목사라는 사람과 10년 정도 마주보며 같이 살았노라고 대답합니다. 이에 주님께서 "아니, 그런데도 옥 목사가 한마디도 안 했단 말인가?"라고 하십니다. 그 남자가 대답합니다. "예, 한마디도 하지 않았습니다." 그 옆에 서서 대화를 듣고 있는 제가 얼마나 민망하고 송구스럽겠습니까?

그런데 가만히 생각해 보니 제가 정말 그 집의 남편을 정식으로 전도한 일이 없습니다. 그 사람을 보면서 '어떻게 하면 전도할 수 있을까?' 하고 생각은 했지만, 상대방이 너무 부담스러워할까 봐 아직 뜸만 들이고 있었습니다. 뜸만 들였지 한 번도 솥뚜껑을 열어 본 일이 없습니다. 그러다가 갑자기 예수께서 재림하시면 제가 어떻게 되겠습니까?

○ ○ ○ ○ ○
영광의 상급

저와 같은 처지에 있는 형제자매들이 한두 명이 아닐 거라고 생각합니다. 주님 앞에 가서 망신당하기 딱 좋은 상황이 우리 주변에 많습니다. 사람들이 주님 앞에 가서 왜 예수를 믿지 않았는지 추궁당할 때 아무도 예수 믿으라는 말을 하지 않았기 때문이라고 대답한다면 주님은 뭐라고 말씀하시겠습니까?

우리 모두 주님 앞에 너무나 귀한 달란트를 받았습니다. 이것을 사용합시다. 가장 부가가치가 높은 사업에 우리의 달란트를 아낌없이 투자합시다. 전도야말로 가장 주님을 기쁘시게 할 수 있는 일입니다. 그러므로 우리의 시간과 재물을 쓰고, 관심을 기울이면서 영혼을 구원하는 일에 앞장섭시다. 그래서 모든 민족이 주님의 백성으로 태어나는 영광스러운 그날의 환상을 가지고 우리의 인생을 멋지게 살아봅시다. 그러면 주님께서 우리를 보시고 "잘하였도다 착하고 충성된 종아"라며 칭찬하시고 아낌없는 영광의 상급을 주실 것입니다. 이 칭찬을 받는 멋진 우리의 삶이 되기를 바랍니다.

4

하나님을
아는지식

예수님을 통해 하나님을 아는 지식을 갖게 되면 사람의 심령이 근본적으로 변화됩니다.
심령이 변하면 그의 삶도 바뀝니다.
이런 사람이 온 천지에 가득해서 물이 바다를 덮음같이 충만해지면
예수 그리스도가 다스리시는 하나님의 나라가 우리 눈앞에 나타납니다.

이사야 11:1-10

1 이새의 줄기에서 한 싹이 나며 그 뿌리에서 한 가지가 나서 결실할 것이요 2 그의 위에 여호와의 영 곧 지혜와 총명의 영이요 모략과 재능의 영이요 지식과 여호와를 경외하는 영이 강림하시리니 3 그가 여호와를 경외함으로 즐거움을 삼을 것이며 그의 눈에 보이는 대로 심판하지 아니하며 그의 귀에 들리는 대로 판단하지 아니하며 4 공의로 가난한 자를 심판하며 정직으로 세상의 겸손한 자를 판단할 것이며 그의 입의 막대기로 세상을 치며 그의 입술의 기운으로 악인을 죽일 것이며 5 공의로 그의 허리띠를 삼으며 성실로 그의 몸의 띠를 삼으리라 6 그때에 이리가 어린양과 함께 살며 표범이 어린 염소와 함께 누우며 송아지와 어린 사자와 살진 짐승이 함께 있어 어린아이에게 끌리며 7 암소와 곰이 함께 먹으며 그것들의 새끼가 함께 엎드리며 사자가 소처럼 풀을 먹을 것이며 8 젖 먹는 아이가 독사의 구멍에서 장난하며 젖 뗀 어린아이가 독사의 굴에 손을 넣을 것이라 9 내 거룩한 산 모든 곳에서 해 됨도 없고 상함도 없을 것이니 이는 물이 바다를 덮음같이 여호와를 아는 지식이 세상에 충만할 것임이니라 10 그날에 이새의 뿌리에서 한 싹이 나서 만민의 기치로 설 것이요 열방이 그에게로 돌아오리니 그가 거한 곳이 영화로우리라

하나님을
아는 지식

청소년 사역을 하는 이찬수 목사님이 지난 7, 8년간의 사역을 정리하여 펴낸 《YY 부흥보고서》라는 책이 있습니다. YY란 'Yaho Youth'(야호 유스)의 첫 글자를 딴 것인데 '예수님 때문에 함성을 지르는 청소년'이라는 뜻이라고 합니다. 저는 이 책을 읽으면서 때로는 가슴이 아프게 저며 오기도 하고, 감격으로 눈시울이 뜨거워지기도 했습니다. 책 내용 중에 어린 중학생이 이 목사님에게 보낸 편지가 실려 있었습니다.

"목사님, 세상 사는 것이 너무 힘들고 복잡해서 편지를 드립니다. 요즘 유명하다, 똑똑하다, 훌륭하다는 어른들이 많지요. 하지만 이 어른들이 잘못을 저지르는 것을 바라보는 저희들 마음은 착잡할 따름입니다. 사는 게 무언지 정말로 미쳐 버릴 것만 같습니다. 주님께서는 저를 왜 이 험악한 세상에 보내셨는지 모르겠어요. 저는 이 세상이 너무너무 싫습니다. 미쳐 버릴 것만 같아요. 터져 버릴 것만 같아요. 때로 방 안에 틀어박혀 울어도 보고 소리도 질러 보지만 제겐 아무런 변화도 오지 않았어요. 특히 우리나라가 싫습니다. 운이 너무 없었나 봅니다. 많고 많은 나라 중에서 한국에 태어난 게 원망스럽기만 합니다. 이렇게 썩어 빠진 나라가 어디에 있겠습니까?"

이 글을 읽으면서 제 마음이 얼마나 아팠는지 모릅니다. '인생을 얼마나 살았다고 벌써부터 이런 생각을 다할까?' 생각하니 마음이 무거웠습니다. 그리고 이 중학생의 마음속에 있는 고통과 절망이 수십 년 인생을 산 저에게도 동일하게 있다는 것을 새삼 실감했습니다. 우리 모두는 이 어린 중학생의 탄식을 들으면서 동일한 절망을 느낍니다.

뉴스 시간에 잠깐 나온 이야기입니다. 여름방학 동안 여고생들이 봉사활동을 하고서 그 활동기록을 학교에 제출했습니다. 그 기록은 성적에도 반영되고, 대학입시에도 영향을 줍니다. 그런데 학교에 보고서를 제출한 15명의 학생 중 놀랍게도 10명이나 허위보고를 했다고 합니다. 선생님이 왜 하지도 않은 봉사를 20여 시간이나 했다고 거짓으로 기록하고 도장까지 찍어왔는지 학생들에게 물었습니다. 그러자 그 학생들의 입에서 기가 막힌 대답이 나왔습니다. "어머니가 봉사 기관에 가서 도장을 찍어다가 만들어 줬어요." 이처럼 어린 딸에게 눈하나 깜짝하지 않고 거짓말을 가르치는 현실, 이런 현실을 대할 때면 우리는 절망합니다.

19명의 어린 생명을 앗아간 씨랜드 참사는 업주와 공무원, 시공 회사가 결탁한 총체적 부조리라고 합니다. 서로 몰래 주고받은 몇십만 원, 몇백만 원의 불의한 돈이 19명의 어린 생명을 앗아가고, 많은 가정에 평생토록 싸매지 못할 깊은 상처를 안겨 주었습니다. 이 사고로 아이를 잃은 필드하키 국가대표를 지낸 어느 엄마는 너무나 화가 나서 자신의 젊음을 바쳐 받은 훈장까지 국가에 반납하고 뉴질랜드로 이민을 떠났다고 합니다. 한국이 싫다는 것입니다. 무책임한 지도자들에게 더 이상 자기 자식을 맡기고 싶지 않고, 이 거짓된 세상에 자녀를 남겨 놓을 수가 없다는 것입니다. 우리는 이런 이야기들을 들으면서 또 한 번 절망하게 됩니다.

그러나 우리가 꼭 잊지 말아야 할 중요한 사실이 있습니다. 절망 중에서도 꿈은 싹트고 꽃피운다는 것입니다. 절망은 꿈을 잉태하는 요람입니다. 저도 세상이 싫습니다. 살면 살수록 더 역겹습니다. 그러나 저에게는 다른 세상에 대한 꿈이 있습니다. 세상에 대해 절망하기 때문에 하나님 나라에 대한 꿈이 있습니다.

나에게는 꿈이 있습니다

절망하였기 때문에 꿈을 가졌던 사례는 많이 찾아볼 수 있지만, 제 마음에 가장 먼저 떠오르는 사람은 마틴 루터 킹(Martin Luther King, 1929-1968) 목사입니다. 노예의 자유를 선언한 선언문이 발표된 지 백 년이 지난 그 시절에도 당시 미국 사회 곳곳에서는 여전히 피부 색깔이 다르다는 이유 하나만으로 대부분의 흑인들이 정당한 사람 대접을 받지 못했습니다. 킹 목사는 흑인들이 사회의 천덕꾸러기로 전락하고 빈민굴에서 뒹굴며 범죄에 빠지는 것을 보고 매우 절망했습니다. 그는 그런 현실에 너무나 절망하고 또 절망하다가 그 절망 속에서 꿈을 갖기 시작했습니다. 그는 그 꿈을 '나에게는 꿈이 있습니다'라는 감동적인 연설 속에 담아냈습니다.

> "나에게는 꿈이 있습니다. 언젠가는 피에 물든 조지아의 언덕에서 옛적 노예의 아들과 노예 주인의 아들들이 형제처럼 사랑을 나누며 한 밥상에 둘러앉아 같이 식사를 할 날이 올 것이라는 꿈이 있습니다. 언젠가 나의 어린 네 자녀들이 피부 색깔이 다르다고 차별대우

받지 않고 그들의 인격으로 판단 받는 세상이 올 것이라는 꿈이 있습니다."

절망 가운데서 꿈을 가진 사람의 외침입니다. 이 연설을 읽을 때마다 감동으로 가슴이 저밉니다.

○ ○ ○ ○ ○
그날이 오면

이사야도 절망 속에서 새로운 꿈을 보고 있습니다. 본문을 기록할 때의 이사야는 아직 젊은 청년이었습니다. 젊은 청년 시절의 조국 유대는 한마디로 소망이 없는 나라였습니다. 앞을 보나 뒤를 보나 위를 보나 아래를 보나 나라가 온통 썩을 대로 썩어서 소망이라고는 찾아볼 수 없었습니다. 이사야 5장 8절 이하를 보면 소위 '화 있을진저 시리즈'라고 불리는 저주와 심판의 내용이 기록되어 있습니다. 여기에는 그 당시의 사회상이 적나라하게 나타나 있습니다. 지도층은 부동산을 통한 축재에 혈안이 되어 있었고, 부유층은 아침부터 저녁까지 술과 여자에 빠져서 정신을 못 차리고 있었습니다. 거짓이 판을 치고 공의가 뒤틀려 선악을 제대로 분별할 수 없을 정도로 사회는 혼탁했고, 이로 인하여 힘없는 사람들은 짓밟히고 착취당하여 고통과 절망 속에 있었습니다. 의롭게 살기를 원하는 소수의 사람들은 이미 세상을 등지고 입을 다물고 침묵하는 세상이었습니다. 엄청난 고통의 강물이 사회 밑바닥을 흐르고 있는 시기였습니다.

하나님은 이러한 사악함을 보시고 진노하셔서 앗수르를 들어 북쪽 이스라엘을 징계하시고, 남쪽 유대는 바벨론을 사용하여 징계하려고 준비하고 계시는 것을 젊은 청년 이사야가 보았습니다. 유대 나라는 마치 도끼로 가지가 잘리고 나무 둥치가 찍혀 이제는 앙상한 그루터기만 남은 형국이었습니다.

쇠로 그 빽빽한 숲을 베시리니 레바논이 권능 있는 자에게 베임을 당하리라_사 10:34

여기서 레바논이나 빽빽한 숲은 유대 나라를 비유하는 말입니다. 빽빽한 숲처럼 요란하게 서 있었던 유대 나라이지만 하나님께서 쇠로, 도끼로 한 번 찍어서 베시니 그루터기만 남게 되었습니다. 이제 완전히 썩어 없어지는 일만 남게 된 것입니다. 아무런 소망이 없습니다. 이사야는 이런 조국의 현실을 보면서 절망하고, 가슴을 치면서 탄식하고 있었습니다.

그러나 이사야는 절망 가운데서도 꿈을 꾸는 사람이었습니다. 하나님께서 그에게 꿈을 보여 주셨습니다. 11장 1절에 그가 보고 있는 꿈이 나옵니다. 썩어 들어가던 앙상한 그루터기에서 싹이 납니다. 그 싹이 가지가 되고, 그 가지에서 잎이 납니다. 꽃이 피고 열매가 열립니다. 하나님은 이사야에게 이 꿈의 비밀을 가르쳐 주십니다. "네가 이것을 보느냐? 잎이 나고 꽃이 피고 열매 맺는 이 가지가 무엇인지 아느냐? 다윗의 후손으로 이 세상에 태어날 메시아, 곧 나의 아들 예수 그리스도니라." 하나님이 계속해서 말씀하십니다. "예수 그리스도가 다스리는 그 나라가 임하면 네 눈앞에 펼쳐진 이 혼탁하고 부패한 나라는 사라진다. 그리고 유대 나라뿐만 아니라 온 세계가 예수 그리스도로 인하여 신천신지(新天新地)로 바뀔 것이다."

이런 내용이 10절에 기록되어 있습니다. "그날에 이새의 뿌리에서 한 싹이 나서"라는 말의 뜻은 "예수 그리스도가 이 세상에 오시면"

입니다. 이새의 후손, 즉 다윗의 후손이신 예수님이 이 세상에 오시면 그분이 깃발을 높이 세울 것입니다. 구원의 깃발, 복음의 깃발, 하나님 나라의 깃발을 높이 세울 것입니다. 그분이 깃발을 높이 세우면 "열방이 주에게로 돌아오리라"고 합니다. 즉, 온 세계, 모든 나라, 모든 민족이 예수 그리스도의 깃발을 보고 다 찾아온다는 말입니다. 예수 그리스도가 다스리는 나라가 드디어 눈앞에 펼쳐진다는 말입니다. 이것이 하나님께서 이사야에게 주신 환상과 꿈이었습니다.

완전한 통치자, 완전한 나라

하나님의 나라를 다스리시는 분은 예수 그리스도입니다. 하나님은 이사야에게 이 왕이 어떤 통치자인지 이사야서 11장 2-4절에서 가르쳐 주십니다. 그분은 완벽한 통치자입니다. 여호와의 영에 감동된 분입니다. 그분은 하나님이시며 지혜와 총명을 가진 분이요, 모략과 재능을 가진 분이요, 온전한 지식을 소유한 분이요, 여호와를 경외하는 완벽한 통치자입니다. 그런 통치자가 다스리는 나라이기에 백성들이 지도자를 잘못 만나 고통을 당하거나, 상처를 입거나, 억울한 일을 만나는 일이 더 이상 없으리라고 말씀하십니다. 이 말씀을 들을 때 이사야는 너무나 황홀했을 것입니다.

뿐만 아니라 5절에서는 이렇게 모든 것을 완전하게 갖춘 통치자가 다스리는 나라이기 때문에 그 다스림 자체가 완전할 수밖에 없다고 말씀하고 있습니다. 예수님은 자기 나라를 다스릴 때 공의로 그 허리띠를 삼으며, 성실로 몸의 띠를 삼으리라고 합니다. 지도자의 가장 중요한 자질은 선과 악을 정확하게 구별하여 선은 선대로, 악은 악대로 다스리는 지혜와 능력입니다. 이것이 공의입니다.

그러나 공의만으로는 부족합니다. 성실이 함께 따라와야 합니다. 예수 그리스도는 공의와 성실을 허리띠처럼 매고 나라를 다스리는 분입니다. 공의와 성실로 다스리기에 그의 판단은 언제나 공정하며 치우침이 없다고 말씀합니다.

> 그의 눈에 보이는 대로 심판하지 아니하며 그의 귀에 들리는 대로
> 판단하지 아니하며_사 11:3

오늘날 우리의 현실은 어떻습니까? 인정, 학연, 지연, 뇌물 등에 의해 판단이 굽어지는 것을 자주 목격할 수 있습니다. 유전무죄 무전유죄(有錢無罪 無錢有罪)라는 말이 진리처럼 받아들여지는 것이 오늘날 우리의 현실입니다. 공의를 찾아보기가 힘들어졌고 선이 악이 되고 악이 선이 되는 것을 자주 봅니다. 그러나 예수님이 다스리시는 나라에는 이와 같은 일이 절대로 일어나지 않습니다. 예수님은 악한 자는 악한 대로 다루시고, 선한 자는 선한 대로 대하십니다. 억울하게 고통을 당하고 해를 입어 그 한을 풀지 못해서 하늘을 향하여 하소연하는 사람들이 없는 나라를 만드십니다.

이처럼 주님이 완벽하게 통치하시므로 그분의 나라에는 놀라운 일들이 일어납니다. 6절 이하에 나오는 놀랍도록 아름다운 서사시를 보십시오. 그때, 즉 예수님이 다스리시는 그 나라가 임하게 되면 이리가 어린양과 함께 살며 표범이 어린 염소와 함께 눕고 송아지와 어린 사자와 살진 짐승이 함께 있어 어린아이와 장난하는 동화 같은 세계가 펼쳐집니다. 이리처럼 간사한 인간, 사자나 표범처럼 사나운 인간, 곰처럼 미련한 인간, 독사처럼 악독한 인간이 발을 붙일 수 없는 나라가 예수님이 다스리시는 하나님의 나라입니다. 아무리 독사같이 악한 사

람도 변화를 받아 어린아이처럼 순진한 자가 되는 곳이 바로 하나님 나라입니다. 그뿐 아니라 독사가 어린아이의 손을 깨물어 죽이거나 사자가 어린양을 덮쳐서 찢어 놓는 것과 같은, 자연이 인간을 공격하는 따위의 일은 그 나라에서 더 이상 일어나지 않습니다. 하나님의 나라가 임하면 자연과 인간, 인간과 자연이 서로 화목하게 되고 함께 손잡고 푸른 초장에서 하나님을 찬송합니다. 그 나라에서는 얼마 전 터키에서 발생하여 수만 명의 목숨을 앗아간 지진과 같은 살벌한 저주들은 더 이상 일어나지 않습니다. 그리하여 놀라운 결과가 나타납니다.

> 내 거룩한 산 모든 곳에서 해 됨도 없고 상함도 없을 것이니 이는 물
> 이 바다를 덮음같이 여호와를 아는 지식이 세상에 충만할 것임이
> 라_사 11:9

하나님이 다스리시는 신천지가 임하면 그 나라에는 해를 입는 자와 해를 주는 자, 상처를 입는 자와 상처를 주는 자는 없습니다. 악한 자들이 선하게 바뀝니다. 자연과 인간이 화목하게 됩니다. 완전한 통치가 이루어지는 그 나라가 임합니다. 이것이 하나님 나라이며 젊은 청년 이사야가 가진 꿈이었습니다. 이것은 또한 우리의 꿈이기도 합니다. 이것이야말로 현실에 대해서는 절망하더라도 하나님의 자녀들이 가져야 되는 꿈이요, 비전인 것입니다.

○ ○ ○ ○ ○ ○ ○ ○
하나님을 아는 지식

하나님 나라가 빨리 왔으면 좋겠다는 조바심이 일어나 이런 기도를 자주 드립니다. "하나님, 하루 속히 이런 나라가 임했으면 좋겠습니

다." 그러나 그 나라가 임하기 위해서는 매우 중요한 조건이 먼저 채워져야 합니다. 9절에서 그 나라가 임하기 위해 갖추어져야 하는 중요한 한 가지 요건을 발견하게 됩니다. 즉, '물이 바다를 덮음같이 여호와를 아는 지식이 온 세상에 충만하게 될 때' 하나님의 나라가 임한다는 것입니다. 비행기를 타고 태평양을 건널 때 아래를 내려다보면 물만 보입니다. 태평양을 가득히 채우고 있는 망망대해의 물을 생각해 보면 이 말씀의 의미가 정확히 다가옵니다. 바로 이와 같이 하나님을 아는 지식이 온 세상에 가득할 때 예수께서 다스리시는 그 나라가 우리 눈앞에 펼쳐진다는 것입니다.

'하나님을 아는 지식'이란 막연히 모든 사람들이 가지고 있는 신에 대한 지식이 아닙니다. 그런 것은 마귀도 갖고 있습니다. 야고보는 이런 지식을 가지고 하나님을 안다고 말하는 사람들을 비꼬며 책망했습니다.

> 네가 하나님은 한 분이신 줄을 믿느냐 잘하는도다 귀신들도 믿고 떠느니라_약 2:19

'여호와를 아는 지식'이란 입으로만 "주여, 주여" 하는 믿음이 아닙니다. 주님이 말씀하시는 여호와를 아는 지식은 다음 말씀에 기록된 바로 그 지식입니다.

> 영생은 곧 유일하신 참 하나님과 그가 보내신 자 예수 그리스도를 아는 것이니이다_요 17:3

'여호와를 아는 지식'이란 먼저 예수 그리스도가 나의 구주요, 나의 하나님이라는 사실을 믿는 '고백적 지식'입니다. 두 번째는, 예수 그리스도가 나 같은 죄인을 위하여 십자가에 죽으시고 사흘 만에 부활하셔서 하늘과 땅의 모든 권세를 가지신 만유의 주가 되셨다는 것을 믿는 '교리적 지식'을 말합니다. 세 번째는, 성령을 통해서 살아 계신 예수 그리스도가 내 안에 거하시며 나는 그분과 함께 동행하고 있다는 것을 믿는 '경험적 지식'을 말합니다. 네 번째는, 이렇게 영광스러우신 예수 그리스도를 발견하고 그 은혜에 너무 감격하여 주님의 말씀에 전적으로 순종하며 일평생 주님께 헌신하겠다는 결의를 보이는 '실천적 지식'입니다.

이와 같이 예수 그리스도를 통해서 고백적, 교리적, 경험적, 실천적으로 하나님을 아는 지식이 바로 여호와를 아는 지식입니다. 이 지식은 너무나 중요합니다. 이 지식이 있느냐 없느냐에 따라 한 사람과 한 사회의 운명이 결정됩니다. 예수님을 통해 하나님을 아는 지식을 갖게 되면 사람의 심령이 근본적으로 변화됩니다. 심령이 변하면 그의 삶도 바뀝니다. 이런 사람이 온 천지에 가득해서 물이 바다를 덮음같이 충만해지면 예수 그리스도가 다스리시는 하나님의 나라가 우리 눈앞에 나타납니다.

○ ○ ○ ○ ○ ○ ○
하나님을 멸시하면

20세기를 지나오면서 우리는 엄청난 대가를 지불하고 한 가지 진리를 배웠습니다. 하나님을 아는 지식이 없으면 세상은 지옥이 되고, 하나님을 아는 지식을 거부하면 인간은 마귀가 된다는 것입니다. 우리나라도 예외가 아니었습니다.

러시아가 낳은 문호 솔제니친(Aleksandr Solzhenitsyn, 1918-2008)을 잘

알고 있을 것입니다. 러시아 공산혁명이 진행 중이던 1920년대에 그는 어린아이였습니다. 매일 수십, 수백 명씩 끌려가 학살을 당하고, 온 나라가 공포 분위기에 빠지면서 아수라장으로 변했습니다. 어린 솔제니친은 어른들이 이 끔찍한 재난들에 대해서 주고받는 대화를 들었습니다. 너무나도 인상 깊었기에 어른이 된 다음에도 그 말들을 잊어버릴 수 없었습니다. 1983년, 미국의 템플턴 강연에서 솔제니친은 어릴 적 들었던 그 대화 내용에 대해 말했습니다. "왜 우리에게 이 끔찍한 재난이 왔을까? 사람들이 하나님을 잊었기 때문이다. 그래서 이런 일들이 우리에게 일어난 것이다." 이 대화 내용은 피비린내 나는 끔찍한 공산혁명이 왜 러시아에서 일어나게 되었는지를 생각해 보게 합니다.

솔제니친은 대학에서 러시아 공산혁명사를 전공했습니다. 수십 년 동안 수많은 책을 읽고 연구하며, 8권이 넘는 관련 서적들을 저술했습니다. 오늘날 그는 그 분야에서 최고의 권위자로, 최고의 지성으로 존경받고 있습니다. 그가 수십 년 동안 러시아 공산혁명사를 연구한 끝에 내린 결론이 있습니다. 반세기 동안 6천만 명이 넘는 인명을 앗아갔던 이 참담하고 악마와 같은 공산주의 혁명, 이 비극이 왜 러시아에서 일어났는가에 대한 답은 의외로 간단했습니다. 그가 어렸을 때 들었던 어른들의 대화가 유일한 대답이었습니다. "사람들이 하나님을 잊어버렸기 때문이다." 이것이 템플턴 강연에서 그가 들려준 결론이었습니다.

지난 백 년 동안 무수한 사람들의 핏값을 지불하고서야 우리는 하나님을 아는 지식이 얼마나 소중한지 배웠습니다. 너무나 엄청난 대가를 지불했습니다. 하나님을 아는 지식을 멸시하는 나라는 지옥이 되었습니다. 공산주의는 사람들의 뇌리에서 하나님에 대한 의식조차

말끔히 쓸어 내려고 온갖 악랄한 방법을 다 동원했습니다.

그들은 근본적으로 거짓된 인간론을 내세워 하나님의 말씀을 말살하려 했습니다. 하나님이 말씀하시는 인간의 범죄와 타락을 인정하지 않았습니다. 우리들이 회개하고 하나님 앞으로 돌아가야 할 존재임을 철저하게 부정했습니다. 그리고 하나님의 형상인 인간을 사람의 형상을 가진 하나님으로 바꿔 버렸습니다. 하나님을 몰아내고 그 자리에 레닌(Lenin, 1870-1924)과 스탈린(Stalin, 1878-1953)을 대신 앉혔습니다.

1950년 어느 날 〈프라우다〉(모스크바에서 발행되는 일간신문)에 이런 기사가 실렸습니다.

"공장에서 일을 할 때 너무나 힘이 들어 더 이상 할 수 없다는 좌절감이 생기면 그때마다 그분, 스탈린을 생각하십시오. 회사에서 일을 하다가 과연 그 일을 할 수 있을지 의구심이 생겨 마음의 갈피를 잡지 못하고 답답할 때면 그분을 생각하십시오. 그러면 여러분의 마음에 새 힘이 솟구칠 것입니다."

얼마나 무서운 내용입니까? 레닌과 스탈린이 백성들을 어떻게 다스렸습니까? 무수한 피의 희생을 요구하는 철권으로 악마처럼 그들을 억압하며 다스렸습니다. 지금 우리는 이와 같은 모습을 북한에서 볼 수 있습니다. 하나님을 아는 지식을 부정하고 거부하는 인간이 얼마나 악마같이 무서운 존재가 될 수 있는지 보여 주고 있습니다. 하나님을 아는 지식을 우습게 여기고 멸시하는 사회가 얼마나 지옥같이 끔찍한 세상이 될 수 있는지 증거해 주고 있습니다.

○ ○ ○ ○ ○ ○ ○ ○
부패하지 않는 나라

하나님을 아는 것이 얼마나 중요한지 마음속 깊이 새겨 두어야 합니다. 여호와를 아는 지식이 온 땅에 충만하게 되는 것, 그 자체만으로도 하나님의 나라가 되는 것입니다. 어떤 사람은 이런 말씀을 들으면서 '하나님을 잘 믿는다는 사람들도 별수 없더라'고 생각할지도 모릅니다. 옷로비 청문회 사건이 사람들에게 그런 생각을 갖게 한 대표적인 예입니다. 청문회에 증인으로 출석한 사람들 모두가 집사, 권사였습니다. 그들은 성경 위에 손을 얹고 다들 진실만을 증언하겠다고 서약했습니다. 그러나 그들의 증언은 도무지 진위를 가릴 수 없을 정도로 모순투성이, 거짓투성이였습니다. '옷로비 청문회'가 아니라 '교회 청문회'라 불릴 지경으로 교회에 대한 이야기들이 난무했습니다. 너무나 부끄럽고 가슴 아픈 사건입니다. '지금 예수 믿는 사람의 수가 많아도 나라가 이렇게 혼탁한데 하나님을 아는 지식이 온 땅에 충만해진다고 해서 무엇이 달라지겠나?' 하는 생각이 들 수도 있습니다.

그러나 분명히 알고 있어야 할 것은 성도는 잘못할 수 있지만 예수님은 절대로 변하지 않으신다는 점입니다. 교회가 세상에서 부패하고 혼탁할 수 있습니다. 그러나 하나님의 나라는 절대로 부패하지 않습니다. 이러한 본질을 정확하게 이해하여야 합니다. 아무리 교회가 냄새를 피우고, 아무리 예수 믿는 사람이 잘못하는 부분이 있어도 이 사회의 소망은 하나님의 교회 밖에 없습니다. 하나님은 이 소망을 이루기 위해 이 세상에 교회를 세우셨습니다.

사실 자타가 믿음이 좋다고 인정하던 사람들이라도 한순간 잘못하여 거짓말할 수 있는데, 하나님을 모르는 사람들은 얼마나 많이 거짓말하고, 얼마나 잘 속이겠습니까? 아무리 교회가 불완전해도 이 땅의 소망은 교회 밖에 없습니다. 모든 사람이 하나님을 알아야 이 사회에 소망이 있습니다. 하나님은 세상 사람들이 자신을 알 수 있는 도구로써 교회를 이 땅에 두셨습니다.

신지식(神知識)의 월드 와이드 웹 구축

하나님을 아는 지식이 온 땅에 충만해지기 위해서 성도가 꼭 해야 할 일이 있습니다. 교회만이 감당할 수 있는 사명이 있습니다. 바로 복음을 전하는 일입니다. 선교하는 일입니다. 우리가 예수님을 전해 주어야만 사람들은 예수님을 믿을 수 있습니다. 예수님을 믿어야 하나님이 어떤 분이신지 알게 됩니다. 하나님을 아는 길은 오직 예수님을 통해서만 가능하기 때문입니다. 그러므로 우리가 복음을 전하지 않으면 세상 사람들은 하나님을 알 수 없습니다. 우리가 입을 다물고 있으면 물이 바다를 덮음같이 여호와를 아는 지식이 이 땅에 충만하게 되는 것이 불가능합니다.

앞에서 얘기한 어린 중학생처럼 이 세상 현실에 대하여 절망하고 있습니까? 이 세상에 대해 절망하므로 우리는 오히려 하나님 나라에 대한 꿈을 가질 수 있습니다. 그 꿈이 한낱 몽상이 아니라 현실로 완성되기를 원한다면 전도해야 합니다. 복음을 전해야 합니다. 믿지 않는 형제와 친구들에게 예수님을 믿으라고 강권해야 합니다. 우리 사회가 예수님이나 기독교에 대해 잘 알고 있는 것처럼 보여도 실상은 그렇지 않습니다. 아직도 우리 주변에는 복음을 모르는 사람들이 많이 있습니다.

아침에 어떤 부인과 같이 엘리베이터를 타게 되었습니다. "교회 다니십니까?"라고 물었더니 다니지 않는다고 했습니다. 그래서 "예수님을 꼭 믿으십시오"라고 했더니 "예?" 하고는 놀라서 저를 쳐다보았습니다. 마치 '아침부터 재수 없게 이 무슨 소린가?' 하는 눈치였습니다. 이처럼 우리 주변에는 '예수' 소리만 들어도 놀라는 사람들이 아직 많습니다. 이런 사람들에게 복음을 전하여 그들이 하나님을 알도록 해

전도자

●

396

야 합니다. 이것이 교회의 목적입니다.

저에게는 매우 귀중한 책이 한 권 있습니다. 책의 제목은《마우니 마망아 이방아》입니다. 낯선 말일 것입니다. 겉표지에는 십자가가 새겨져 있습니다. 저는 이 책을 단 한 줄도 읽을 줄 모릅니다. 그럼에도 이 책을 받았을 때 얼마나 감사하고 감격했는지 모릅니다. 이 책은 정제순 선교사님이 메께오 부족의 언어로 번역한 신약성경입니다. 그는 약 12년 전, 가족과 함께 선교사역을 위하여 파푸아뉴기니(Papua New Guinea)로 들어갔습니다. 그곳에서 식구들이 밤마다 모기떼와 싸우느라고 잠 못 이루던 날이 부지기수였고, 말라리아에 걸려 사선을 넘나들던 것이 몇 번인지 모릅니다. 건기가 되어 비가 오지 않으면 물 한 바가지로 버티며 온 식구가 며칠씩 살아야 했습니다. 악취를 풍기는 돼지우리 옆에 집을 짓고 메께오 부족들과 같이 살면서 그들의 말을 배웠습니다. 문자가 없는 그들을 위해 문자를 만들고, 10년 만에 드디어 신약성경을 메께오 언어로 완전히 번역했습니다. 우리나라 선교사가 타 민족의 부족을 위해 신약성경을 완역한 것은 처음 있는 일이었습니다.

'마우니 마망아 이방아', 이 말은 '새롭게 태어난 말씀'이란 뜻입니다. 이 성경을 손에 들 때마다 말할 수 없는 감동과 흥분을 느낍니다. 이제까지 하나님을 알지 못했던 메께오 부족들이 드디어 이 성경을 읽어서 예수 그리스도를 알고 믿게 되어 여호와를 아는 지식이 물이 바다를 덮음같이 이 땅에도 충만하게 될 것을 생각하면 억제할 수 없는 감격과 찬양이 쏟아져 나옵니다.

하나님 나라 임재의 비전

가족 중에 아직도 믿지 않는 사람이 있습니까? 직장이나 학교의 친구 중에 아직 하나님을 아는 지식이 없는 사람들이 있습니까? 그들에게 예수를 증거하여 모두가 예수 믿고 하나님을 아는 경건한 사람이 되게 해야 합니다. 방관자가 되어서는 안 됩니다. 혹시 이 세상이 마냥 매력적으로 보이고 좋아 보이는 사람이 있다면 그는 영적으로 맹인입니다. 이 세상은 어린 중학생의 눈으로 보아도 너무나 절망스러운 곳입니다. 만일 이런 세상에 마음을 빼앗긴 채 하나님 나라의 비전을 갖지 못한다면 그 사람은 영적인 맹인입니다. 아무런 소망도 안겨 주지 못하는 이 세상을 바라보면서 우리 모두는 하나님 나라를 향한 불타는 꿈을 일구어야 합니다. 젊은 청년 이사야가 바라보았던 영광스러운 하나님 나라가 임재하는 꿈을 소유해야 합니다. 그 나라가 임하면 "하나님의 거룩한 산 모든 곳에서 해 됨도 없고 상함도 없을 것이니 이는 물이 바다를 덮음같이 여호와를 아는 지식이 세상에 충만할 것"입니다(9절).

그 나라가 이 땅에 속히 임하도록 우리 모두 복음을 들고 나가야 합니다. 하나님을 아는 지식이 없어서 절망하는 이 땅의 모든 사람들에게 하나님 나라의 생명과 풍성함을 전해야 합니다. 고형원 형제가 지은 감동적이고 영감 넘치는 노래가 있습니다. 이사야의 환상이 살아 숨쉬는 찬양이 있습니다. 이 찬양 속에 들어 있는 간절한 심정과 동일하게 하나님 나라에 대한 소망을 소유하기 바랍니다.

세상 모든 민족이 구원을 얻기까지 쉬지 않으시는 하나님

주의 심장 가지고 우리 이제 일어나 주 따르게 하소서

세상 모든 육체가 주의 영광 보도록 우릴 부르시는 하나님

주의 손과 발 되어 세상을 치유하며 주 섬기게 하소서

물이 바다 덮음같이

여호와의 영광을 인정하는 것이 온 세상 가득하리라

물이 바다 덮음같이

물이 바다 덮음같이

물이 바다 덮음같이

보리라 그날에 주의 영광 가득한 세상

우리는 듣게 되리 온 세상 가득한 승리의 함성

물이 바다 덮음같이

여호와의 영광을 인정하는 것이 온 세상 가득하리라

물이 바다 덮음같이

물이 바다 덮음같이

물이 바다 덮음같이

Part

03

불타는 열정의 전도자

I

지피지기
백전백승

물이 바다를 덮음같이 하나님을 아는 지식이 세상에 충만해지게 하기 위해서
우리는 예수 그리스도의 복음을 전해야 합니다.
적을 바로 알면 백전백승(百戰百勝)이라는 말도 있듯이,
우리가 전도 대상자들이 어떤 유형의 사람인가를 어느 정도 분별할 줄 아는
안목을 갖는다면 복음을 더욱 효과적으로 전할 수 있을 것입니다.

사도행전 26:24-29

24 바울이 이같이 변명하매 베스도가 크게 소리 내어 이르되 바울아 네가 미쳤도다 네 많은 학문이 너를 미치게 한다 하니 25 바울이 이르되 베스도 각하여 내가 미친 것이 아니요 참되고 온전한 말을 하나이다 26 왕께서는 이 일을 아시기로 내가 왕께 담대히 말하노니 이 일에 하나라도 아시지 못함이 없는 줄 믿나이다 이 일은 한쪽 구석에서 행한 것이 아니니이다 27 아그립바 왕이여 선지자를 믿으시나이까 믿으시는 줄 아나이다 28 아그립바가 바울에게 이르되 네가 적은 말로 나를 권하여 그리스도인이 되게 하려 하는도다 29 바울이 이르되 말이 적으나 많으나 당신뿐만 아니라 오늘 내 말을 듣는 모든 사람도 다 이렇게 결박된 것 외에는 나와 같이 되기를 하나님께 원하나이다 하니라

지피지기
백전백승

과거 폭압적 군사정권이 들어선 후에 정치적 혹은 사상적인 문제로 끌려가서 포승줄을 차고 재판을 받는 사람들의 얼굴을 텔레비전으로 본 일이 있습니다. 이제 그 많은 사람들의 이름이나 얼굴들은 다 잊었지만 몇몇 사람들이 남긴 강한 인상은 아직도 제 가슴에 남아 있습니다. 결박당했지만 전혀 위축되지 않은 당당한 태도, 평안한 얼굴, 활짝 웃는 웃음, 이런 모습들은 아주 깊은 인상으로 남았습니다. 그들을 보면서 저 정도로 소신 있는 인생을 사는 사람이면 존경할 만하다는 생각을 했습니다.

일본은 우리나라를 강점한 후 천황을 하나님이라고 추켜세우면서 신사참배를 강요했습니다. 그때 많은 성도와 목사님들이 생명을 걸고 이를 거부하며 투쟁했습니다. 그들 중 많은 목회자들은 일제에 잡혀 수년 동안 옥고를 치르면서 온갖 회유와 협박, 모진 고문 등으로 극도의 고통을 당했습니다. 그들 가운데 순교한 분들도 많았습니다.

지금 생존해 계시는 분들의 그때 이야기를 들어보면, 형무소 안에서 목사님들이 서로 가끔 마당에서 만나는 경우가 있었다고 합니다.

그러면 서로를 이렇게 위로하고 격려하며 기뻐했다고 합니다. "예수님은 우리를 위해 홍포를 입으셨는데, 우리는 주님을 위해 청포를 입고 있으니 얼마나 영광스러운 일입니까? 우리 이 믿음 흔들리지 맙시다." 죽음과 고문 앞에서도 두려워하지 않고 신앙과 믿음의 절개를 지킨 그들의 모습은 우리에게 무한한 감동과 도전을 줍니다.

○ ○ ○ ○ ○

당당한 죄수

우리는 이보다 더 강한 인상, 더 진한 감동을 주는 한 사람을 본문(행 26:24-29)에서 만날 수 있습니다. 그는 재판정에 서서 재판을 받고 있는 사도 바울입니다. 그의 앞에는 왕과 총독이 앉아 있고, 그 옆으로는 당대의 권력가와 유명인사들이 배석해 있습니다. 이 자리에서 사도 바울은 그들을 향하여 엄청난 도전을 합니다. 초라해 보이는 죄인의 신분이지만 그는 조금도 위축되거나 기죽지 않고 자기 앞에 앉아 있는 어떤 사람들보다 더 당당하게 선포합니다.

아그립바 왕이 짧은 몇 마디로 자신을 예수 믿게 하려는 바울을 가소롭다며 비웃는 투로 조롱했을 때 바울은 이렇게 외칩니다.

> 말이 적으나 많으나 당신뿐만 아니라 오늘 내 말을 듣는 모든 사람
> 도 다 [쇠고랑을 찬 두 손을 번쩍 치켜들어 보이며] 이렇게 결박된
> 것 외에는 나와 같이 되기를 하나님께 원하나이다_행 26:29

사도 바울은 그 자리에 앉아 있던 모든 사람들이 깜짝 놀랄 만한 큰 소리로 당당하게 외쳤습니다. 누가 재판장이고 누가 죄수인지 모를 정도로 그는 법정의 분위기를 완전히 압도하고 있습니다. 쇠사슬이

사도 바울의 자유를 빼앗지 못하고 있습니다. 왕과 총독의 위엄과 권세가 그의 용기를 꺾지 못하고 있습니다. 왕과 총독의 권위가 바울의 권위 앞에서 초라해 보입니다.

바울은 지금 매우 중요한 재판을 받고 있습니다. 그가 투옥된 것은 유대인들의 모함 때문이었습니다. 바울이 전도여행을 하면서 가는 곳마다 예수님이 세상의 구원자요 메시아라고 전하자, 유대인들이 그를 모함하여 가이사랴에 있는 감옥에 집어넣었던 것입니다. 감옥에 들어간 지 2년이 다 되었는데도 유대인들의 손에서 벗어나는 것은 불가능해 보였고, 설사 석방되더라도 유대인들이 자신을 죽이려고 벼르고 있었기 때문에 바울은 다른 방법을 강구했습니다. 바로 로마 황제에게 상소하는 것입니다. 이 팔레스타인 땅에서 벗어나면 유대인들의 손에서도 벗어날 수 있고 로마에 가서도 복음을 전할 수 있기 때문이었습니다.

바울이 상소하자 총독은 매우 곤란한 상황에 놓이게 되었습니다. 죄수를 로마에 보내려면 확실한 범법 사유가 있어야 하는데 바울을 아무리 심문해 보아도 특별한 혐의 사실을 발견할 수 없었던 것입니다. 황제의 재판정에 보낼 만한 잘못이 없었습니다. 이렇게 며칠을 고민하고 있을 때 마침 아그립바 왕이 방문했습니다. 베스도 총독은 왕에게 자기의 고민을 이야기하며 한번 심문해 볼 것을 넌지시 제안하였고 왕이 승낙하여 이 재판이 열린 것입니다.

○ ○ ○ ○ ○ ○ ○

전도 대상자의 유형

먼저 재판석에 앉아 있는 사람들을 주목할 필요가 있습니다. 왜냐하면 재판석에 앉아서 심문하고 있는 베스도 총독, 아그립바 왕, 그리고 버니게라고 하는 여자, 이 세 사람은 우리가 복음을 들고 세상에 나가서 전도할 때 흔히 만나게 되는 세 가지 유형의 사람이라고 할 수 있기 때문입니다.

물이 바다를 덮음같이 하나님을 아는 지식이 세상에 충만해지게 하기 위해서 우리는 예수 그리스도의 복음을 전해야 합니다. 적을 바로 알면 백전백승(百戰百勝)이라는 말도 있듯이, 우리가 전도 대상자들이 어떤 유형의 사람인가를 어느 정도 분별할 줄 아는 안목을 갖는다면 복음을 더욱 효과적으로 전할 수 있을 것입니다. 이렇게 전도 대상자를 분석하는 데 재판석에 앉아 있는 세 사람은 우리에게 매우 큰 시사점을 던져 주고 있습니다.

베스도 - 오해와 편견의 소유자

베스도는 유대의 현직 총독입니다. 그는 로마 황제로부터 임명을 받은 사람이기 때문에 로마에 충성하는 황제의 대리자이며, 식민지의 정치와 군사, 사법의 모든 통치권을 감독하고 행사하는 막강한 권력을 가진 인물입니다. 그가 재판석에 앉아서 바울의 말에 귀를 기울이고 있습니다. 바울은 앞에 있는 왕들과 재판관들에게 예수 그리스도의 복음이 전달될 수 있기를 바라면서 예수님이 십자가에 죽으시고 사흘 만에 부활하셨다는 복음의 진수를 전하고 있습니다(23절 참조). 그런데 예수님이 죽으셨고 사흘 만에 부활하셨다는 이야기를 듣자마자 베스도 총독은 더 이상 참지 못하고 크게 소리를 질렀습니다.

> 베스도가 크게 소리 내어 이르되 바울아 네가 미쳤도다 네 많은 학문이 너를 미치게 한다 하니_행 26:24

베스도는 바울에게 '미쳤다'고 말하고 있습니다. 바울이 전하는 복음을 듣자마자 그는 주위에 앉아 있는 많은 사람들을 개의치 않고 고함을 치고 있습니다. 우리는 이러한 베스도의 행동을 보면서 그의 성향을 분석해 볼 수 있습니다.

예수 믿는 사람을 보고 '미쳤다'고 말하는 사람들은 기독교나 신자나 교회에 대하여 오해가 많은 사람들입니다. 편견을 가지고 있는 사람들입니다. 그들은 교회에 열심히 다니는 사람을 광신자 취급하고, 예수는 가난하고 의지할 것 없는 사람이나 믿는 것이고, 교회는 나약한 자들이나 가는 곳이며, 게다가 교인이란 사람들은 죄다 이중인격자라고 비웃듯이 말합니다. 그들 대부분은 기독교와 교회, 성도에 대해 자기 나름의 편견과 오해를 가지고 있습니다. 베스도 총독이 바로 그와 같은 유형입니다.

우리도 복음을 전할 때 베스도 같은 사람을 자주 볼 수 있습니다. 오해하는 사람들이 많이 있습니다. 근거 없는 편견에 사로잡혀 있는 사람들이 많습니다. 이들은 우리를 괴롭히기도 하고 대적하기도 하고 궁지에 몰아붙이기도 하면서 재미있어 합니다.

일련의 불미스런 사건들 때문에 기독교에 대한 편견과 오해가 봇물 터지듯이 쏟아지는 것을 봅니다. 얼마 전 모 일간지 신문기자와 만난 적이 있었는데, 기자이기 때문에 세상 여론에 대해 밝으리라는 생각에 제가 먼저 물었습니다. "옷로비 청문회 사건 이후로 세상 사람들이 교회를 어떻게 봅니까?" 기자가 씩 웃으면서 대답했습니다. "생각했던 대로 예수 믿는 사람들은 말과 행동이 다르더라는 말을 많이 듣고 있습니다." 원래 믿는 사람들이란 신앙과 행동이 별개인 이중성을 가지고 있다고 생각하던 차에 청문회에 나온 사람들이 한 손은 성경 위에 얹어 맹세하고 다른 한 손으로는 고급 옷을 걸치는 모습을 보면서,

또 한입으로 어느 때는 하나님을 부르면서 다른 때는 거짓말하는 모습을 보면서 자기들의 생각이 옳았다고 판단한다는 것입니다. 너무나 부끄럽고 통탄할 일입니다.

세상 사람들이 보고 있는 사람들은 소수의 교인에 불과한데 그 소수를 보고 전체 기독교와 교회와 성도들을 똑같은 부류로 판단하고 매도하는 것입니다. 드러나지 않은 많은 신실한 성도들이 있음에도 몇 사람을 보고서 기독교 전체에 대해 이야기하고 있습니다.

종말론 신앙 때문에 집단 가출을 한 사람들처럼 잘못되고 거짓된 신앙을 가진 사람은 소수임에도 세상 사람들은 한국 교회 전체가 그런 신앙에 빠져 있다는 듯이 이야기합니다. 사람들은 이러한 오해와 편견으로 기독교에 대항하여 자신을 무장하고는 그것을 바꾸려고 하지 않습니다. 우리 주변에도 이러한 오해와 편견을 가지고 기독교를 공격하고 대적하는 사람들이 의외로 많다는 것을 자주 경험합니다.

아그립바 왕 - 관심은 가지나 거부하는 사람

아그립바 왕은 이 재판에서 주심입니다. 그는 예수님이 탄생할 때 그를 핍박하던 악명 높은 헤롯 대왕의 증손자입니다. 스무 살 내외로 아주 젊은 왕입니다. 그는 유대 나라에서 자랐기 때문에 유대의 모든 물정과 종교에 밝습니다. 유대교의 율법이나 전통에 대해서도 익숙합니다. 그리고 지금 유대 지역에서 일어나고 있는 예수에 대한 종교적 논쟁에 대해서도 알고 있었고, 그로 인하여 어려운 사건이 생긴다는 것도 잘 알고 있었습니다.

그래서 바울은 아그립바 왕에 대하여 매우 진지하고 세심하게 접근하고 있습니다. "아그립바 왕이여 선지자를 믿으시나이까 믿으시는 줄 아나이다"(27절). 그러나 바울의 말을 들은 왕의 반응은 매우 냉담했습니다. 아그립바 왕은 이렇게 말하고 있습니다. "네가 적은 말로 나를 권하여 그리스도인이 되게 하려 하는도다"(28절). 여기서 '적은 말로'는 '짧은 시간에'와 동일한 뜻입니다. 즉, 아그립바 왕은 바울을 향하여 가소롭다는 듯이 이렇게 말하는 것입니다. "네가 짧은 시간에 나를 예수 믿게 만들려고 설득하느냐?"

아그립바 왕은 겉으로는 상당히 관심을 갖고 귀를 기울이는 것 같지만 속으로는 복음을 거부하고 있습니다. 관심 있어 보이고 믿을 것같아서 가까이 접근을 하면 거부 반응을 보이면서 뒤로 빼는 사람들이 아그립바 왕 유형입니다.

전도하다 보면 이런 사람들을 자주 만날 수 있습니다. "그래요. 맞아요" 하면서 고개도 끄덕여 주고 "믿으면 좋죠"라며 수긍하기도 합니다. 그래서 "말씀을 조금 더 드려도 되겠습니까?" 하고 물으면 "예, 하십시오"라면서 기분 좋게 한참이나 들어줍니다. 그러면 전도하는 사람이 신이 나서 이제 곧 좋은 형제 한 사람이 예수 믿게 되리라고 잔뜩 기대를 하게 됩니다. 그런데 이게 웬일입니까? 속으로 열심히 기도하면서 정성을 다하여 복음을 전했는데 맨 마지막에 가서는 갑자기 태도를 확 바꾸는 것입니다. 자신을 너무 설득하려 하지 말라고 하면서 말입니다. 스트레스를 주지 말라고 합니다. 때가 되면 자연히 믿게 될 것이니 오늘은 이 정도만 하자고 합니다. 이렇게 꽁무니를 빼는 사람들이 아그립바 왕 유형의 사람들입니다.

버니게 - 무반응과 냉소주의

버니게는 아그립바 왕의 누이입니다. 성격상 어떤 결함이나 고약한 기질이 있었는지 이 여자는 여러 번 결혼했지만 번번이 실패했습니다. 지금은 동생에게 와서 얹혀 살고 있는데, 자기가 마치 왕비나 되는 것처럼 행세하고 있습니다. 또 이 오누이에 대한 이상한 소문, 즉 두 사람이 불륜 관계라는 소문이 세간에서 가십 거리가 되고 있었습니다. 이 여자는 훗날 유대 나라에 여행 온 로마 황제의 아들 티투스를 유혹하여 그의 정부로서 로마로 가서 살았던 대단한 여자였습니다.

20대 초반이고 미모를 소유하고 있으며, 권력과 호사스러운 생활에 철저하게 길들여진 이 여인의 귀에는 한낱 죄수에 지나지 않는 바울의 말이 들릴 리 없었습니다. 생각이 온통 다른 데 가 있는데 바울이 전하는 선지자나 예수나 십자가라는 말들이 귀에 들어올 리 있겠습니까? 그저 앉아 있을 뿐입니다. 그러다가 심심해지면 한번씩 바울을 내려다보면서 이런 생각을 했을 것입니다. '어쩌다 저 꼴이 됐을까? 정말 한심한 인간이구나.'

깨가 쏟아지게 재미있게 살고 있는 사람들, 젊고 아름답고 모든 것에 대해 자신만만한 사람들의 귀에는 "예수 믿고 천국 가자"는 말이 들리기 어렵습니다. 듣는 것 같지만 실제로 그들의 머릿속은 딴 생각들로 가득 차 있습니다. 그 마음은 텅 비어 있습니다. 전도하는 사람들을 보면서 속으로 '불쌍하다. 어쩌다가 저 모양이 됐을까? 허우대는 멀쩡한데 왜 저런 짓을 하는 걸까?'라고 생각하는지도 모르겠습니다. 이런 사람들이 바로 버니게 같은 유형의 사람들입니다.

복음에 대하여 적대적인 사람들보다 이런 사람들을 전도하기가 더 어렵습니다. 왜냐하면 복음에 대해 전혀 반응이 없기 때문입니다. 아예 관심조차 없기 때문입니다. 즐길 것이 많아질수록, 경제적으로 여유가 생기면 생길수록 이런 사람들이 더 많아집니다. 그래서 그런지 이 유형의 사람들도 우리가 주위에서 흔히 만날 수 있는 것 같습니다.

누구에게나 복음을

재판석에 앉아 있는 인물들을 통하여 우리가 전도할 때 만나게 되는 세 가지 유형의 사람들을 살펴보았습니다. 오해와 편견 때문에 도전적으로 나오는 자가 있는가 하면, 일말의 관심은 가지고 있으면서도 나중에는 믿기를 거부하는 사람, 아니면 아예 반응조차 보이지 않는 사람들이 우리 주변에 있습니다. 모든 유형의 사람들에게 우리는 바울처럼 예수님을 전해야 합니다.

전도할 때에 사람을 차별하면 안 됩니다. 자기가 좋아하는 유형의 사람에게만 전도하겠다는 생각은 좋지 않습니다. 버니게형에게만 전도하겠다거나, 아그립바형은 좋은데 베스도형은 싫다는 식의 구별은 옳지 않습니다. 우리는 누구든지 만나서 복음을 전해야 합니다. 왜냐하면 어떤 유형의 사람이든지 그들이 처한 형편은 똑같기 때문입니다. 그들이 처한 형편이란 어떤 것입니까? 바울은 18절 말씀을 통하여 예수님을 믿지 않는 사람들이 어떠한 형편에 놓여 있는지 증거하고 있습니다.

> 그 눈을 뜨게 하여 어둠에서 빛으로, 사탄의 권세에서 하나님께로 돌아오게 하고 죄 사함과 나를 믿어 거룩하게 된 무리 가운데서 기업을 얻게 하리라 하더이다

세상 사람들은 어떤 처지에 있습니까? 그들은 영적으로 눈이 어두워 아무것도 보지 못하는 맹인과 같습니다. 하나님도 못 보고 예수님도 보지 못합니다. 그들의 앞에 어떤 일이 기다리고 있는지 아는 사람들은 아무도 없습니다. 이 말씀은 예수님이 다메섹 도상에서 사도 바

울에게 처음 나타나시어 그를 복음 전하는 사도로 세상에 파송하시는 목적으로 가르쳐 주신 말씀입니다. 세상은 모두가 영적으로 맹인이 되어 죽음을 향하여 달려가고 있는데, 아무도 그들의 운명을 모르고 있기 때문에 주님은 복음을 전하여 그들의 눈을 뜨게 하도록 하기 위해 바울을 사도로 파송하신 것입니다. 복음을 들어야만 영적인 맹인이 눈을 뜰 수 있기 때문입니다.

우리는 이 세대에게 복음을 전하도록 부름 받은 예수의 제자들입니다. 그러므로 우리는 우리가 만나는 사람들이 어떤 유형의 사람이든지 상관하지 말고 예수를 전해야 합니다. 어두워서 앞을 보지 못하는 세상 모든 사람들에게 예수님의 복음을 전해야 합니다. 그들의 어두운 눈을 열어 주어야 합니다. 우리가 복음을 전해야 그들은 눈을 뜨고 자기가 죄인인 것을 알고, 하나님이 살아 계신 것도 알고, 자기를 위하여 십자가에서 주님이 돌아가신 것도 알 수 있습니다. 우리가 전하지 않으면 어느 누구도 스스로 눈을 뜰 수 없습니다. 전도는 어두운 눈을 뜨게 할 수 있는 유일한 수단입니다. 어두운 눈을 떠서 하나님을 볼 수 있는 방법입니다.

○ ○ ○ ○ ○ ○ ○ ○ ○
가장 큰 축복 중의 축복

전도를 통해 또 어떤 일이 일어납니까? 사탄의 권세에서 하나님께로 돌아옵니다(18절 참조). 세상 모든 사람들은 사탄의 지배 아래에 놓여 있는 노예들입니다. 한 사람도 자유인이 없습니다. 모두가 악령의 권세에 끌려 다니는 사람들입니다. 영적으로 그들은 사탄의 쇠사슬에 꽁꽁 매여 살고 있는 사람들입니다. 그러나 우리가 찾아가서 복음을 전하여 그들이 예수님을 믿게 되면 그들은 그 사탄의 권세에서 자유롭게 됩니다. 죄로부터 자유롭게 됩니다. 악령의 권세에서 해방됩니다. 전도가 이것을 가능하게 합니다.

우리는 전도의 강력한 능력을 분명히 확신하고 있어야 합니다. 전도를 통해 역사하시는 하나님의 놀라운 구원의 능력을 확실하게 믿고 증거해야 합니다. 그럴 때 우리의 작은 입을 통하여 증거된 그 복음이 이루어 내는 위대한 하나님의 구원을 경험할 수 있습니다.

우리가 전도하여 그들이 예수를 믿으면 어떤 일들이 일어납니까? "죄 사함과 나를 믿어 거룩하게 된 무리 가운데서 기업을 얻게 하리라"(18절)고 하신 말씀처럼, 소망이 없는 세상 사람들이 예수의 이름으로 모든 죄를 용서받는 놀라운 축복을 얻게 됩니다. 영생을 소유하게 됩니다. 하나님과 더불어 영원토록 하나님 나라에서 영광을 누리는 거룩한 하나님의 자녀, 그리스도의 상속자가 됩니다. 전도는 이와 같은 세상 사람들에게 엄청난 축복을 주는 놀라운 일입니다. 그러므로 전도는 가장 큰 축복 중의 축복입니다.

우리는 상대방이 어떤 사람인지 신경 쓸 필요가 없습니다. 그들은 모두 영적으로 맹인입니다. 영적으로 죄 사함 받아야 될 사람입니다. 모두가 사탄의 쇠사슬에 매여 있는 죄의 노예들입니다. 모두가 하나님 나라의 기업을 얻지 못한 사람들이기 때문에 우리는 복음을 들고 모든 사람에게 나가서 전해야 합니다.

○ ○ ○ ○ ○ ○ ○ ○
복음 증거자의 무장

초점을 옮겨 재판석 아래에 홀로 서 있는 사도 바울에게 맞춰 보겠습니다. 2년 동안 감옥생활을 한 그의 옷은 남루하고 얼굴은 초췌하며 머리는 손질도 제대로 못한 채 헝클어져 있습니다. 손에 쇠사슬을 차고 힘겹게 서 있습니다. 그러나 그의 눈은 빛나고 투명합니다. 비록 그의 얼굴은 거칠었지만 평안합니다. 그의 가슴에는 피가 끓고 있습니다.

이 작은 죄수를 통하여 우리는 무엇을 배워야 합니까? 상대가 왕이든 총독이든 굴하지 않고 담대하게 예수 그리스도의 복음을 전하는 그에게서 우리는 무엇이 그를 그토록 당당하고 담대할 수 있게 하는지 그 비밀을 배워야 합니다. 그의 마음을 채우고 있는 정신을 배워야 합니다. 어떤 상황에서도 복음을 부끄러워하지 않도록 만드는 예수 그리스도의 심정을 배워야 합니다. 철저하게 무장한 복음 증거자로서의 마음 자세를 배워야 합니다.

그의 마음은 무엇으로 무장되어 있습니까? 29절 말씀에 보면 사도 바울은 적어도 세 가지 무기로 그의 마음을 무장하고 있습니다. 이것이 바로 왕과 총독과 권세자들 앞에서 "내가 쇠사슬에 결박당한 것 외에는 당신들 모두가 다 나와 같이 되기를 원합니다"라고 담대하게 말할 수 있었던 비결이었습니다. 이 마음의 무장으로 인하여 그는 당당하게 외칠 수 있었고, 담대할 수 있었고, 평안할 수 있었습니다.

첫 번째 무장 - 구원의 감격과 확신

바울이 "당신들 모두가 다 나와 같이 되기를 원합니다"라고 말할 수 있었던 이유는 구원의 감격으로 무장하고 있었기 때문입니다. 그의 마음은 언제나 구원의 감격이 흘러넘치고 있었습니다. 이렇게 악한 죄인을 예수 그리스도께서 살리시려고 십자가에 생명을 바치셨다는 것을 생각할 때마다 솟구쳐 오르는 구원의 감격 때문에 그의 가슴은 언제나 활화산처럼 불타고 있었습니다.

바울이 쓴 서신들을 보면 그가 항상 이 감격을 가지고 흐느끼는 사람이라는 인상을 받습니다. 예수님의 십자가만 생각하면 그의 사랑이 너무나 고마워 울고 있는 바울의 모습을 발견할 수 있습니다. 그는 자주 "비방자요 박해자요 폭행자"(딤전 1:13)라고 자신을 소개합니다. 그가 왜 이런 식으로 자신을 자주 소개했냐면 자신은 구원받을 자격이 전혀 없는 사람이라는 것입니다. 또 자신을 이렇게 소개하기도 했습니다.

> 미쁘다 모든 사람이 받을 만한 이 말이여 그리스도 예수께서 죄인을 구원하시려고 세상에 임하셨다 하였도다 죄인 중에 내가 괴수니라
> _딤전 1:15

이 고백에 담긴 그의 진심은 무엇입니까? "세상에 많은 죄인들이 있지만 그 죄인 가운데 내가 가장 악질적인 죄인이다. 다른 죄인들이 구원받을 수 있다고 해도 나는 절대 구원받을 수 없는 사람이었다. 그럼에도 나의 예수님이 나를 위해 십자가에 죽으시고 구원해 주셨으니 얼마나 감사한 일인가?" 이 구원의 감격은 그의 진심입니다. 이 구원의 감격이 사도 바울의 심정을 뜨겁게 만들고 복음을 부끄러워하지 않게 만드는 힘이었습니다.

전도하는 사람에게는 이런 구원의 감격이 매우 중요합니다. '나 같은 것이 예수님 때문에 구원받고 하나님의 자녀가 되었구나.' 이것을 생각만 하여도 가슴이 뜨거워져 주체하지 못하는 구원의 감격이 있어야 합니다. '어떻게 이 세상의 많은 사람들 가운데서 하나님이 나만을 사랑하시는지 정말 신기하구나. 어떻게 해서 내가 하나님의 사랑을 이렇게 받게 되었을까?' 그것만 생각하면 나도 모르게 가슴이 뜨거워지는 감격이 있어야 합니다. 그래야만 비록 가난할지라도, 세상에 내

놓을 만한 것이 아무것도 없는 천한 사람이라 해도 바울처럼 두 손을 번쩍 들고 "당신들이 나와 같이 되기를 원합니다"라고 당당하게 선포할 수 있습니다.

어떤 사람은 구원의 감격을 매일 느끼는 반면, 어떤 사람은 전혀 느끼지 못합니다. 예수님을 영접한 후 얼마 동안은 가슴이 뜨겁고 너무나 감사해서 자신도 모르게 입가에서 찬송이 흘러나왔습니다. 그런데 언제부터인지 가슴이 싸늘하게 식어 버려 요즘에는 십자가 이야기를 들어도 고개만 끄덕거릴 뿐 냉랭해졌습니다. 이런 현상은 절대로 바람직하지 않습니다.

왜 자꾸만 구원의 감격이 식어 갑니까? 여러 이유가 있겠지만 결정적으로는 바울처럼 자기 자신을 죄인의 괴수로 보는 시각이 없기 때문입니다. 즉, '나는 그래도 좀 낫다'는 우월의식이 마음 밑바닥에 깔려 있기 때문입니다. 이런 우월의식이나 자기의(自己義)는 구원의 감격에 치명적인 손상을 줍니다. '수가성 여자는 남편을 다섯 명이나 갈아치우는 형편없는 인생을 살았으니 창녀요 진짜 죄인이다. 그러나 나는 그렇게 더러운 과거가 없다. 나는 적어도 그 여자보다는 낫다.' 자기도 모르게 하나님 앞에서 조금은 괜찮은 일면이 있다고 생각하게 되면 그것은 뜨겁게 타오르던 구원의 감격에 찬물을 끼얹는 격의 결과를 가져옵니다. 구원의 감격은 자신이 철저하게 죄인이고 무가치한 존재이며, 비천한 존재라는 것을 하나님 앞에서 시인하고 애통하는 자리에서만 피어나는 꽃입니다. 구원의 감격은 내가 그와 같은 존재임에도 나를 불러서 하늘의 영광을 안겨 주신 은혜에 대하여 깊이 깨달을 때 솟아나기 시작합니다.

하나님 앞에서는 수가성의 여인이나 강단에서 거룩한 말씀을 전하는 목사나 똑같습니다. 모두가 다 같은 죄인일 뿐입니다. 죄인이면 다 죄인이지 100% 죄인이 있고 10% 죄인이 있는 것은 아닙니다. 사람들 눈에는 조금씩 차이가 있어 보이지만 하나님이 보시기에는 모두가 다 똑같은 죄인일 뿐입니다. 태어나서 일생을 손발 꼼짝하지 못하고 살다가 죽는다고 해도 그 사람 역시 죄인이라는 말을 자주 합니다. 인간의 실존 자체가 죄인이라는 뜻입니다.

하나님은 우리가 나쁜 짓을 얼마나 많이 했는가를 놓고 우리를 죄인이라고 부르지 않으셨습니다. 모든 인간은 죄인으로 태어나 죄인으로 살 수밖에 없기에 죄인입니다. 그러므로 우리는 바울처럼 항상 '나는 죄인 중에서도 가장 밑바닥 죄인이다'라는 의식을 가져야 합니다. 가장 밑바닥 죄인임에도 하나님께서 그의 주권적인 은혜로 구원해 주셨음을 믿고 인식할 때 그의 마음에 구원의 감격이 밀려오기 시작합니다.

다른 사람에게 전도하면서 "당신도 나와 같이 되기를 원합니다"라는 당당함을 가지고 전도하기 원한다면 바울이 누렸던 구원의 감격을 반드시 소유해야 합니다. 터져 나오는 구원의 감격이 복음을 전하는 우리의 말에서 묻어나야 합니다. 복음을 전하는 우리의 표정에서 상대방이 우리가 받은 구원의 기쁨을 볼 수 있어야 합니다. 그럴 때 우리가 전하는 복음을 듣는 사람의 마음이 감동으로 뜨거워질 것입니다.

두 번째 무장 - 자부심

재판석에 앉아 있는 왕이나 총독, 왕비 같은 여자와 죄수로 서 있는 바울을 비교해 볼 때 바울의 모습은 상대적으로 매우 초라합니다. 현실적으로 그들과 비교하여 자랑이나 긍지를 가질 아무런 근거도 없습니다. 그럼에도 바울은 그들 앞에서 조금도 위축되어 있지 않습니다. 그들을 부러워하는 기색도 전혀 없습니다. 도리어 그의 가슴에는 당당한 긍지가 있습니다.

> 말이 적으나 많으나 당신뿐만 아니라 오늘 내 말을 듣는 모든 사람
> 도 다 이렇게 결박된 것 외에는 나와 같이 되기를 하나님께 원하나
> 이다_행 26:29

이 말에는 '나를 본받으라'는 자신감이 진하게 배어 있습니다. '나는 비록 초라한 모습으로 서 있지만 하늘과 땅의 권세를 가진 예수 그리스도가 내게 생명을 살리는 복음을 맡기셨습니다. 나는 복음을 맡은 사도입니다. 조금 후에는 예수님과 하늘에 있는 모든 영광을 함께 누릴 수 있는 영광스러운 하나님 백성으로 선택된 사람입니다.' 이런 긍지와 자부심이 사도 바울에게 있습니다.

그러므로 왕의 영화가 눈에 들어오지 않습니다. 총독의 권세가 눈에 들어오지 않습니다. 별것 아닌 인간적인 허세를 가지고 위풍당당하게 앉아 있는 사람들이 그에게 어떤 영향도 주지 못합니다. 도리어 바울은 그들을 불쌍히 여기고 있습니다. 이런 긍지와 자존감이 있기에 그 사람들 앞에서 당당하게 복음을 선포하는 것입니다.

우리 믿음의 선배들도 바울과 같은 긍지와 자신감이 있었습니다. 가난하게 살면서도 당당했습니다. 가진 것이 전혀 없지만 하나님의 자녀라는 자존감만으로도 당당하게 살았습니다. 그러나 현대 교인들을 보면 이런 긍지가 많이 사라진 것 같습니다. 전도는 해야 될 것 같아 사람을 만나기도 하고 찾아가기도 합니다. 그러나 정작 찾아가서는 집 구경하느라 정신이 없습니다. 이 방 저 방 다니면서 입을 다물 줄 모릅니다. 장롱을 어디서 샀는지, 옷을 어디서 샀는지 끊임없이 물어보면서 부러워 어쩔 줄 몰라 합니다. 이런 마음으로는 전도가 불가

능합니다. 이런 자세로는 "당신이 나와 같이 되기를 원합니다"라고 절대로 할 수가 없습니다. 도리어 "나는 당신처럼 되기 원합니다"라는 말이 더 맞습니다.

젊은 나이에 아주 아름다운 양옥집에서 세상에 부러울 것 없이 살던 30대 부부가 있었습니다. 그 집에서 식모로 일하던 아주머니가 한 분 계셨는데 50대의 그 아주머니는 늘 얼굴이 평안해 보이고, 부엌에서 일을 할 때에는 자주 찬송을 불렀습니다. 이렇게 항상 기뻐하며 사는 모습을 지켜보던 안주인이 물었습니다. 자기가 볼 때 아주머니는 아무것도 가진 것이 없고 세상적으로 재미있게 사는 것도 아닌 것 같은데 그렇게 날마다 찬송하고 기뻐하는 이유가 무어냐고 물었습니다. 그때 이 아주머니가 대답했습니다.

"네, 맞습니다. 저는 가진 재산도, 건강도, 아무것도 없습니다. 그러나 예수님이 나와 함께 계십니다. 그게 저는 기쁘답니다. 예수님만으로도 저는 기쁩니다. 주인 아주머니는 세상적으로 모든 것을 다 가진 것 같지만 제가 볼 때는 그렇지 않습니다. 내가 가지고 있는 그것을 주인 아주머니는 가지고 있지 못하니까요."

비록 가정부로 그 집에 얹혀 살고 있지만 얼마나 당당합니까? 얼마나 긍지가 넘칩니까? 이런 자부심으로 속사람을 무장해야 복음을 전할 수 있습니다. 우리의 굴하지 않는 그 자부심을 보고 상대방이 감동을 받습니다.

세 번째 무장 - 연민의 마음

바울은 불쌍히 여기는 연민의 정으로 마음을 무장했습니다. 그들을 불쌍히 여기는 마음 없이는 "말이 적으나 많으나 당신뿐만 아니라 오늘 이 자리에서 내 말을 듣는 모든 사람도 다 이렇게 결박된 것 외에는 나와 같이 되기를 하나님께 원합니다"라고 간절하게 호소할 수 없습니다(29절 참조). 겉으로 보기에는 바울이 훨씬 더 불쌍해 보이고 위로받아야 할 사람처럼 보입니다. 그러나 그런 바울이 아무 부족함 없이 재판석에 앉아 있는 사람들에게 도리어 "당신도 나와 같이 되기를 원합니다"라고 호소하는 것을 보면 그의 마음에는 그들을 향한 간절한 마음, 애타는 연민의 마음이 있다는 것을 알 수 있습니다.

바울은 왜 그들에게 연민의 정을 느끼고 있습니까? 바울이 그들을 보면서 그렇게 간절하게 예수 믿기를 호소하는 이유는 그들의 영혼 앞에 놓여 있는 하나님의 임박한 심판을 보고 있기 때문입니다.

> 한번 죽는 것은 사람에게 정해진 것이요 그 후에는 심판이 있으리니 _히 9:27

바울은 이 말씀을 생각하면서 그들이 당할 영원한 하나님의 진노를 보고 있는 것입니다. 그 심판을 생각하면 그들의 영혼을 향한 안타까운 연민을 느끼게 됩니다. 우리는 그 심판이 무엇인지 잘 알지만 세상 사람은 영적으로 눈이 어두워져 있기 때문에 심판이 있다는 것도 모릅니다. 심판이 있다는 것을 듣고 한번쯤 생각해 보겠지만 결국에는 애써 부정합니다. 죽으면 끝이라고 하는 편한 생각을 가지고 세상을 살고 있습니다. 그러나 이 세상을 만드시고 인간을 만드신 하나님은 분명히 경고하고 계십니다. "한번 죽는 것은 사람에게 정해진 것이요 그 후에는 심판이 있으리니"라고 말입니다. 그것이 얼마나 무서운 것인지 하나님은 아십니다. 그래서 하나님도 사람들이 이 심판에서 벗어나기를 간절히 원하십니다.

주 여호와의 말씀이니라 내가 어찌 악인이 죽는 것을 조금인들 기뻐
하랴 그가 돌이켜 그 길에서 떠나 사는 것을 어찌 기뻐하지 아니하
겠느냐_겔 18:23

하나님은 악인이 죽는 것, 즉 심판받는 것을 조금도 기뻐하지 않는
다고 말씀하십니다. 하나님이 진심으로 원하시는 것은 아무리 흉악한
악인이라도 예수 믿고 구원받아 하나님 나라에서 영생하며 사는 것이
라고 말씀하십니다. 이것이 죄인을 향한 하나님의 애타는 마음입니다.

바울은 아그립바 왕, 베스도 총독, 버니게 왕비를 쳐다보면서 그들
이 나중에 당할 하나님의 심판을 내다보고 있습니다. 하나님이 그들
을 향하여 느끼는 연민의 정을 동일하게 느끼고 있습니다. 아무것도
모른 채 제 잘난 맛에 살아가는 그들을 보니 너무나 불쌍해서 찢어지
도록 가슴이 저미어 왔습니다. 그래서 그는 소리칩니다. "당신들도 다
나와 같이 되기를 원합니다." 우리에게도 이 마음이 있어야 합니다.
이 마음이 있어야만 세상을 향해 담대하게 외칠 수 있습니다.

○ ○ ○ ○ ○ ○ ○ ○ ○ ○ ○ ○ ○ ○
깡패의 협박은 무서워하면서도

최근에 어떤 분이 제가 사는 아파트로 이사를 왔는데, 소문에 따르면
이사 오기 전에 백 평이 훨씬 넘는 크고 호화로운 맨션에서 살았다고
합니다. 그런데 그가 집 크기를 반 이상 줄여서 이 아파트로 이사 오게
된 이유는 협박을 받아서라고 합니다. 간혹 문틈에 돈 얼마를 미리 준
비하고 기다리지 않으면 가만 두지 않겠다는 협박 내용이 적힌 쪽지
가 끼워져 있곤 했다고 합니다. 처음에는 장난이려니 했는데 그런 일
을 자꾸 당하자 불안해진 것입니다. 그래서 큰 집에 살다가는 식구들

이 어떤 봉변을 당할지 모른다는 공포감에 하는 수 없이 그다지 신경 쓰지 않아도 되는 아파트로 이사를 왔다는 것입니다. 그 사연을 들었을 때 저는 이런 생각이 들었습니다. '협박꾼의 공갈이 겁나서 좋은 집도 버리고 이사할 정도인데, 하나님이 준비한 심판 소식을 듣게 된다면 예수님을 믿지 않을 수 있을까?'라고 말입니다.

오늘날 많은 사람들은 이 사람 같습니다. 깡패들의 협박은 무서워해도 하나님의 심판에 대해서는 잘 모릅니다. 마치 자신과 상관없는 것처럼 여기고 살아갑니다. 하나님의 심판의 말씀을 깡패의 협박보다 못하게 생각합니다. 하나님의 심판을 알지 못하고 실감하지도 못하므로 예수 믿을 생각을 전혀 하지 않는 것입니다. 그들이 당할 심판을 생각하면 우리 가슴이 찢어지는, 그런 연민의 마음이 들어야 한다고 생각합니다. 이 마음이 죄인을 향한 하나님의 마음이며, 바울이 가지고 있던 예수 그리스도의 사랑의 심정입니다.

저는 제가 사는 아파트의 같은 동에 살고 있는 30가정의 가장 이름을 전부 적어서 성경책에 끼워 놓고 다닙니다. 그 가운데서 예수 믿는 가정은 불과 다섯 가정 정도 밖에 되지 않습니다. 아침이나 저녁에 아내와 함께 그 쪽지를 펴놓고 한 가정 한 가정씩 사람들의 이름을 불러가면서 기도합니다. 그들이 당할 마지막 심판을 생각하면 그들의 영혼이 너무 불쌍하기 때문입니다. 우리 모두가 이런 연민의 마음을 가지고 예수님의 복음을 전해야겠습니다.

사랑하는 가족 중에 아직도 믿지 않는 사람, 직장의 동료나 오래 사귄 친구들 중에 아직도 예수님을 모르는 사람, 잘 알지 못하는 이웃 등 우리가 다가갈 수 있는 모든 사람들에게 관심을 갖고 기도하면서 찾아가기 바랍니다. 그들에게 예수 그리스도를 증거하기 바랍니다. 그들에게 복음을 전하기 위해 바울처럼 무장합시다. 구원의 감격을 가지고 무장합시다. 바울처럼 자존심을 가지고 무장합시다. 바울처럼 연민의 정을 가지고 무장합시다. 그러면 아그립바 같은 사람을 만나더라도, 버니게와 같은 사람을 만나도, 베스도와 같은 사람을 만나도 조금도 두려워하지 않고 담대하게 복음을 전할 수 있습니다. 바울처럼 "당신들 모두가 나와 같이 되기를 원합니다"라고 증거할 수 있습니다.

우리가 진실하게 복음을 전하면 성령 하나님은 우리를 통해서 하나님의 위대한 구원의 역사를 이루실 것입니다. 복음의 능력이 나타날 것입니다. 하나님의 나라가 물이 바다를 덮음같이 온 땅에 충만해지는 날이 반드시 올 줄 믿습니다.

2

전도자의
완전군장

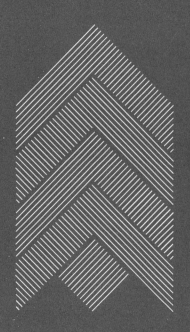

사람들을 사로잡고 있는 악한 영을 굴복시키기 위해서
우리는 성령의 능력으로 무장해야 합니다.
그래야만 우리가 전하는 복음 앞에 영혼들이 무릎을 꿇게 되는 것입니다.
하나님께서 이 능력을 우리에게 주시기 바랍니다.
이 능력으로 우리를 무장시켜 주시기를 바랍니다.

에스겔 3:1-11

1 또 그가 내게 이르시되 인자야 너는 발견한 것을 먹으라 너는 이 두루마리를 먹고 가서 이스라엘 족속에게 말하라 하시기로 2 내가 입을 벌리니 그가 그 두루마리를 내게 먹이시며 3 내게 이르시되 인자야 내가 네게 주는 이 두루마리를 네 배에 넣으며 네 창자에 채우라 하시기에 내가 먹으니 그것이 내 입에서 달기가 꿀 같더라 4 그가 또 내게 이르시되 인자야 이스라엘 족속에게 가서 내 말로 그들에게 고하라 5 너를 언어가 다르거나 말이 어려운 백성에게 보내는 것이 아니요 이스라엘 족속에게 보내는 것이라 6 너를 언어가 다르거나 말이 어려워 네가 그들의 말을 알아듣지 못할 나라들에게 보내는 것이 아니라 내가 너를 그들에게 보냈다면 그들은 정녕 네 말을 들었으리라 7 그러나 이스라엘 족속은 이마가 굳고 마음이 굳어 네 말을 듣고자 아니하리니 이는 내 말을 듣고자 아니함이니라 8 보라 내가 그들의 얼굴을 마주보도록 네 얼굴을 굳게 하였고 그들의 이마를 마주보도록 네 이마를 굳게 하였으되 9 네 이마를 화석보다 굳은 금강석 같이 하였으니 그들이 비록 반역하는 족속이라도 두려워하지 말며 그들의 얼굴을 무서워하지 말라 하시니라 10 또 내게 이르시되 인자야 내가 네게 이를 모든 말을 너는 마음으로 받으며 귀로 듣고 11 사로잡힌 네 민족에게로 가서 그들이 듣든지 아니 듣든지 그들에게 고하여 이르기를 주 여호와의 말씀이 이러하시다 하라

전도자의
완전군장

성경에 등장하는 인물들의 특징을 가만히 살펴보면, 하나님이 어떤 일을 맡기려고 부르실 때 선뜻 응하는 자가 드물다는 사실을 발견하게 됩니다. 하나님이 부르실 때 주저하거나 버티거나 겁이 나서 못 가겠다고 거절하는 예를 자주 볼 수 있습니다. 본문의 주인공인 에스겔도 그런 사람 가운데 하나였던 것 같습니다.

젊은 청년인 그는 바벨론으로 잡혀 와 포로생활을 하고 있었습니다. 어느 날 갑자기 하나님이 그를 환상 중에 부르셨습니다. 그리고 하나님이 주시는 말씀을 전하라고 명령하셨습니다. 그때 그가 못하겠다고 버티는 내용은 성경에 기록되어 있지 않습니다. 그러나 하나님이 그를 다루시는 과정을 주의 깊게 살펴보면 에스겔이 얼마나 주저하고 두려워했는지 쉽게 짐작할 수 있습니다.

우리는 모두 세상으로 보냄을 받은 그리스도의 증인입니다. 우리는 모두 하나님께로부터 복음을 전해야 할 사명을 받았습니다. 우리 중에 아무도 전도를 놀러 가는 것 정도로 가볍게 생각하지는 않습니다. 그러나 전도하는 것을 두려워합니다. 마음 한구석에는 할 수만 있으면 피하고 싶다는 생각이 간절합니다. 부끄러움 때문에, 체면 때문에 입을 열기가 어렵다고 말하는 사람들도 있습니다. 구약 시대에 하나님이 직접 내리시는 명령을 듣고도 안 가겠다고 버티던 사람들이나 오늘날 하나님께서 전도하라고 말씀하시는데도 쉽게 발길이 떨어지지 않는 우리나 비슷한 것 같습니다.

이와 같이 에스겔이 두려워하고 주저하는 것을 잘 아시는 하나님께서는 사전에 그로 하여금 무엇을 가지고 누구에게 가서 어떻게 전해야 할 것인가에 대해 철저하게 준비시키셨습니다. 하나님께서 우리 모두를 이와 같이 준비시켜 주셔야만 우리도 전도할 수 있습니다. 그러므로 에스겔은 준비된 전도인으로서 좋은 모델을 제시하고 있는 것입니다. 그렇다면 하나님께서 구체적으로 무엇을 준비시키셨는지 살펴봅시다. .

○ ○ ○ ○ ○ ○ ○ ○ ○ ○
내가 먼저 먹어야 할 말씀

첫 번째로, 에스겔에게 말씀을 먹도록 하셨습니다. 환상 중에 하나님이 그에게 나타나시어 두루마리를 내주시면서 먹으라고 명령하셨습니다. 유대 나라나 바벨론에서는 두루마리를 짐승의 가죽으로 만들었습니다. 그 당시엔 종이로 된 책이 없었기 때문에 짐승 가죽에다 글을 써서 들고 다녔습니다. 네모 반듯하게 가죽을 잘라서 바늘로 기워 만든, 크게는 길이가 9m나 되는 것을 둘둘 말아서 들고 다녔던 것입니다. 참 불편했을 것입니다. 대부분 그 두루마리는 한쪽 면에만 글을 쓰게 되어 있지만, 경우에 따라서는 양면에 다 쓰기도 했다고 합니다. 경제적인 이유 때문일 수도 있었겠으나 사실은 글을 읽는 사람이 마음대로 가필을 하지 못하도록 하기 위해서 양쪽에 다 빽빽하게 써 놓았던 것 같습니다. 에스겔 2장 10절을 보면, 하나님이 에스겔에게 먹으라고 주신 두루마리는 앞뒤 가득하게 글이 써 있는 것임을 알 수 있습니다.

에스겔 3장 1절에 이런 말씀이 있습니다.

> 또 그가 내게 이르시되 인자야 너는 발견한 것을 먹으라 너는 이 두루마리를 먹고 가서 이스라엘 족속에게 말하라

'인자'는 하나님이 에스겔을 부르시는 호칭입니다. 에스겔은 이 명령에 따라 입을 벌려 그 두루마리를 먹었습니다. 이것은 환상입니다. 실제로는 아무도 그 두루마리를 먹을 수 없습니다. 환상 중에 하나님이 주신 두루마리를 먹었더니 그것이 다 뱃속으로 들어갔습니다. 3절에 "내게 이르시되 인자야 내가 네게 주는 이 두루마리를 네 배에 넣으며 네 창자에 채우라 하시기에 내가 먹으니 그것이 내 입에서 달기가 꿀 같더라"는 말씀이 나옵니다. 두루마리를 먹었더니 배가 든든해졌고 입은 꿀송이처럼 달았습니다.

하나님이 에스겔에게 두루마리를 먹으라고 하신 이유는 남에게 전하기 위해서는 자신이 먼저 그 말씀을 소화해야 하기 때문입니다. 이 사실을 깨닫는 것이 중요합니다. 식탁 위에 있는 음식을 먹어야 내 살과 피가 되듯이 하나님의 말씀을 먹어야 내 것이 되어 나의 생각과 감정과 의지가 그 말씀에 사로잡히게 되는 것입니다. 이것은 '자기 내면화 작업'이라고 할 수 있습니다. 쉽게 말하면 내가 먼저 말씀을 통해서 은혜받는 것을 의미합니다. 한번 생각해 보십시오. 내가 먼저 하나님의 말씀을 먹어 내 안에 가득히 채우지 않고서, 내가 먼저 그 말씀을

내 입에 꿀송이처럼 단 것으로 받아들이지 않고서 어떻게 남에게 확신을 가지고 전할 수 있겠습니까? 어떻게 남의 마음을 움직일 수 있겠습니까? 어떻게 감동을 줄 수 있겠습니까? 그럴 수 없는 것입니다. 그렇기 때문에 에스겔에게 "먼저 먹으라"고 말씀하신 것입니다.

꿀송이 같은 심판의 말씀

사실 하나님이 에스겔에게 전하라고 주신 말씀은 듣기에 좋은 이야기는 아니었습니다. 에스겔 2장 10절에 보면 그 두루마리 앞뒤에 애가와 애곡과 재앙의 말이 기록되어 있었다고 나옵니다. 온통 슬픈 이야기만 가득합니다. 하나님의 심판에 관한 이야기만 잔뜩 기록되어 있습니다. 그러므로 그 말씀은 입에 꿀송이처럼 달기는 고사하고 오히려 쑥과 같이 쓴 말씀이어야 했습니다. 그럼에도 에스겔이 먹어 보니 달았습니다. 그 이유가 무엇이겠습니까?

하나님은 공의로 심판하시는 분이지만, 그 앞에 무릎을 꿇고 심판을 달게 받으면서 하나님의 인자와 긍휼을 간절히 사모하면 심판의 말씀, 저주의 말씀도 꿀송이처럼 단 은혜의 말씀이 될 수 있습니다. 하나님은 자비하신 분입니다. 그러므로 회개하고 하나님 앞에 나아와 엎드리는 자에게는 심판을 선언했다가도 나중에는 무궁무진한 긍휼과 자비로 위로하시고 은총을 베풀어 주십니다. 그러므로 겉으로 보기에는 쓴 말씀 같지만 그 말씀을 먹고 은혜를 받으면 단 말씀이 되는 것입니다. 이 세상에 나가서 복음을 전하기 위해서는 우리도 먼저 에스겔처럼 복음의 말씀을 먹어야 합니다.

우리 손에는 성경이 들려져 있습니다. 이 성경의 대주제는 예수 그리스도입니다. 창세기부터 요한계시록까지 모든 내용을 꿰뚫는 하나의 주제가 있다면, 그것은 예수 그리스도입니다. 예수님이 이 세상에 오셔서 나를 구원하시려고 십자가를 지신 이야기가 써 있습니다. 죄와 사망의 권세를 이기고 부활하신, 영광스러운 그 아침의 이야기가 성경에 기록되어 있습니다. 누구든지 예수를 믿으면 죄 사함을 받고, 죄 사함을 받은 자는 한 사람도 빠짐없이 하나님 나라의 영생을 축복으로 얻게 된다는 이 엄청난 약속이 우리 손에 들려 있는 성경에 기록되어 있는 것입니다. 그러므로 이 말씀을 먼저 내 것으로 먹기만 하면 그 말씀이 내 입에 꿀송이처럼 달 수밖에 없습니다.

에스겔에게 주신 하나님의 말씀이 심판과 저주를 가득히 담고 있어도 에스겔의 입에 꿀송이처럼 달았다면, 나 같은 죄인을 구원하시기 위하여 하나님의 아들이 오셔서 십자가에 죽으시고 내 모든 죄를 다 씻어 주시고 나를 무조건 하나님의 자녀로 삼아 주시겠다는 화려한 약속이 담겨 있는 그 말씀은 우리 입에 얼마나 더 단 말씀이 되겠습니까? 그러나 먹어 보지 않았기 때문에 단지도 모르는 것입니다.

우리는 하나님의 이 영광스러운 복음의 말씀을 먹어야 합니다. 그래서 그 말씀이 우리 안에 풍성히 거하게 해야 합니다. 왜 밤낮없이 하나님의 말씀을 읽어야 합니까? 그 말씀을 먹기 위해서입니다. 왜 설교를 자주 들어야 합니까? 왜 차를 타고 가면서까지도 설교를 계속 들어야 합니까? 왜 성경 말씀을 공부해야 합니까? 하나님의 말씀을 먹기 위해서입니다. 먹어야 내 것이 됩니다. 먹어야 그것이 정말로 기쁜 소식이라는 것을 알게 됩니다.

○ ○ ○ ○ ○ ○ ○
갈증을 품은 사람

우리 자신을 한번 돌아봅시다. 하나님의 사랑을 묵상할 때마다 나는 행복합니까? 나를 사랑하사 나를 위하여 자기 몸을 버리신 예수님의 십자가만 생각하면 가슴이 뜨거워집니까? 내가 죄를 용서받았다는 사실을 확인할 때마다 알 수 없는 어떤 힘이 안에서 솟아오르는 것을 느낍니까? 이 복음이 너무 좋아서 다른 사람에게 말하지 않으면 견딜 수 없을 정도로 흥분됩니까? 만약 그렇다면 나는 하나님의 말씀을 먹은 사람입니다. 그 말씀의 단맛을 아는 사람입니다.

미국에 부흥의 불길이 한창 번지고 있던 1860년대에 A. C. 행키(A. C. Hankey, 1834~1911)라는 젊은 여성이 사람들이 많이 모인 집회에서 눈물을 흘리며 낭송한 유명한 시가 있습니다. 바로 찬송가 205장의 가사입니다.

주 예수 크신 사랑 늘 말해 주시오
나 항상 듣던 말씀 또 들려주시오
저 뵈지 않는 천국 주 예수 계신 곳
나 밝히 알아듣게 또 들려주시오
아침의 이슬 방울 쉬 사라짐 같이
내 기억 부족하여 늘 잊기 쉬우니
잘 알아듣기 쉽게 늘 말해 주시오
날 구속하신 사랑 또 들려주시오
주 예수 나를 위해 이 세상 오셔서
날 구속하신 은혜 말하여 주시오
나 같은 사람 위해 주 보혈 흘렸네
이 복스러운 말씀 또 들려주시오
나 항상 듣던 말씀 나 항상 듣던 말씀
주 예수 크신 사랑 또 들려주시오

전도자

●

행키의 가슴처럼 주님의 사랑, 주님의 복음을 더 듣기를 사모하는 갈증이 있습니까? 그렇다면 말씀을 먹은 사람입니다. 그 단맛을 아는 사람입니다. 이렇게 되어야 비로소 다른 사람에게 "예수 믿으세요"라고 말할 수 있습니다.

날마다 말씀을 읽으며 십자가 앞으로 나가기를 바랍니다. 거기에서 하나님의 사랑을 맛보기 바랍니다. 날마다 기도하는 무릎으로 부활의 영광을 바라보기 바랍니다. 날마다 값없이 받은 죄 사함의 은혜를 찬송하기 바랍니다.

이와 같이 복음의 말씀을 내가 먼저 먹을 때, 나를 통해서 보이지 않는 놀라운 힘이 다른 사람을 향해서 뻗어 나갑니다. 그리고 하나님을 거부하던 완악한 사람이 내가 전하는 예수 그리스도의 복음을 듣고 변화됩니다. 이를 위해서 내가 먼저 말씀을 먹어야 합니다.

ㅇ ㅇ ㅇ ㅇ ㅇ ㅇ ㅇ ㅇ ㅇ
말이 통하는 동족에게로

두 번째로, 하나님께서는 에스겔을 자기 동족에게 보내셨습니다.

> 너를 언어가 다르거나 말이 어려운 백성에게 보내는 것이 아니요 이스라엘 족속에게 보내는 것이라_겔 3:5

이 사람들은 수년 전에 바벨론에 인질로 잡혀 와서 상당히 어두운 나날을 보내고 있었습니다. 그들은 당시 세계통용어인 아람어에도 능통했지만, 한편 이스라엘 말인 히브리어를 사용하고 있었습니다. 무슨 말을 해도 다 알아듣는 사람들입니다. 그러므로 그들에게 하나님의 말씀을 전하라고 해서 에스겔이 어렵게 생각할 필요가 전혀 없는 것입니다.

우리는 모든 민족에게 예수 그리스도의 복음을 전하라는 명령을 받고 있지만, 일차적으로는 우리의 예루살렘인 이웃과 동족에게 복음을 전하도록 명령을 받았습니다. 그들은 다 말이 통하는 사람들입니다. 그들을 위해 선교사들처럼 따로 말을 배울 필요가 없습니다. 우리가 전하는 말을 못 알아들을 사람이 하나도 없습니다.

우리나라에 처음 복음을 전하던 선교사들은 대부분 미국이나 영국에서 온 영어권 선교사들이었습니다. 영어권에서 온 사람들이 한국말을 배우는 것은 우리가 영어를 배우는 것보다 몇 배나 더 어렵다고 합니다. 그러니 초창기에 우리나라에 온 선교사들이 얼마나 고생을 많이 했겠습니까? 그래서 웃지 못할 재미있는 에피소드도 여러 가지 전해지고 있습니다. 그 가운데 알렌(Horace Allen, 1858-1932) 선교사 이야기 한 토막을 소개해 드립니다.

알렌은 고종 황제의 주치의였고, 한국 현대 의학의 문을 열어 놓은 위대한 의사이자 선교사였습니다. 그가 한국에 처음 와서 열심히 한국말을 배웠습니다. 시간이 지남에 따라 어느 정도 말이 통하고 예수 그리스도의 십자가나 부활에 대해서 가르칠 만하다는 자신감이 생겼습니다. 드디어 성경공부 모임을 열었습니다. 어느 날 좀 큼직한 방에 사람들이 가득하게 모여들고 그는 문 앞에 서서 들어오는 사람들을 안내하고 있었습니다. 당시에는 남자와 여자가 따로따로 앉았는데, 알렌 선교사가 앞에 서서 사람들을 이렇게 안내했다고 합니다.

"숫컷들은 이쪽에 앉고 암컷들은 저쪽에 앉으십시오."

영어로 male(숫컷, 남성)이나 female(암컷, 여성)이라는 단어는 짐승뿐만 아니라 사람에게도 쓰이는 말입니다. 그러나 한국말은 그 성격상 '숫컷' '암컷'이라는 단어를 사람에게 사용하면 큰 모욕입니다. 선교사가 그것을 알 턱이 있겠습니까? 그저 암컷이면 여자고, 수컷이면 남자라고 생각하고 자연스럽게 말을 한 것인데 나중에 그 자세한 내용을 알고 나서 얼마나 민망했겠습니까? 말을 배운다는 것이 이렇게 어려운 것입니다.

목사 뺨치는 사람, 뺨을 친 사람

일본 동경에서 6백 명 정도 되는 목사님들과 평신도 지도자들을 대상으로 제자훈련에 대한 강의를 하고 있을 때의 일입니다. 그 자리에는 한국의 유력 기업 부책임자로 일본에 주재하고 있는 사랑의교회 장로님 한 분이 동석했습니다. 그 장로님이 얼마나 일본 사람들에게 전도를 열심히 하는지, 전도 스케줄이 빽빽하게 짜여 있을 정도입니다. 참 놀라운 열정입니다. 그래서 제가 강의를 하다가 그분을 좀 자랑할 요량으로 이런 이야기를 꺼냈습니다.

"제자훈련을 하면 아름다운 평신도 지도자들이 많이 생깁니다. 제가 시무하는 교회에는 목사의 기를 죽이는 평신도들도 참 많습니다." 그리고는 그 장로님을 가리키면서 "그분들 중에 한 분이 여기에 와 계시는데, 이 장로님이야말로 목사 뺨치는 사람입니다"라고 말했습니다.

통역을 맡은 분은 한국어를 유창하게 하는 일본인 시미즈 목사님이신데, 통역을 아주 잘하시기 때문에 알아서 잘해 주실 것이라고 안심하고 한 말이었습니다. 저는 일본어를 잘 모르기 때문에 일본어가 갖고 있는 뉘앙스나 어감이나 속어 등을 알지 못합니다. 그래서 그런 것들은 전혀 고려하지 않고 마음대로 말한 것인데, '목사 뺨친다'는 말의 뉘앙스를 그대로 전달할 만한 마땅한 일본말이 없었나 봅니다. 어쩔 수 없이 문자 그대로 "이 장로는 옥 목사 뺨을 친 사람입니다"라고 통역을 한 것입니다. 그러자 갑자기 일본 목사님들의 눈이 휘둥그레지는 것이었습니다. 저는 그분들의 눈이 왜 갑자기 그렇게 둥그렇게 되었는지 전혀 몰랐습니다.

나중에 강의를 다 마치고 나서 여러 일본 목사님들이 통역하신 목사님에게 찾아와서 "그 장로님이 왜 옥 목사님 뺨을 때렸어요?"라고 물었다고 합니다. 그 장로님도 저에게 와서 "목사님 때문에 제가 일본 목사님들 앞에 얼굴을 못 들게 되었어요"라면서 원망 섞인 말을 하는 것입니다. 이 사건은 남의 나라 말을 배우고 그 말을 가지고 복음을 전한다는 것이 얼마나 어려운 일인지를 실감케 한 에피소드라 할 수 있습니다.

하나님은 우리에게 그렇게 바다를 건너 말이 안 통하는 사람에게 가서 전도하라고 하지 않으셨습니다. 언제든지 말을 걸면 통하는 사람에게 전도하라고 말씀하셨습니다. 그럼에도 우리가 왜 주저해야 합니까? 왜 두려워해야 합니까? 스스로 다시 한번 물어보아야 합니다.

○ ○ ○ ○ ○ ○ ○ ○ ○ ○
얼굴에 깔아 주시는 철판

세 번째로, 하나님께서는 에스겔에게 담대한 마음을 갖도록 해 주셨습니다.

> 그러나 이스라엘 족속은 이마가 굳고 마음이 굳어 네 말을 듣고자
> 아니하리니 이는 내 말을 듣고자 아니함이니라_겔 3:7

이스라엘 백성들은 아주 독한 백성들입니다. 구약성경을 보면 원래 본성이 독한 민족이기 때문에 말을 잘 안 듣는다는 것을 알 수 있습

니다. 그럼에도 11절에서는 하나님께서 이렇게 명령하십니다. "사로 잡힌 네 민족에게로 가서 그들이 듣든지 아니 듣든지 그들에게 고하여 이르기를 주 여호와의 말씀이 이러하시다 하라." 바벨론의 포로가 되어 있는 이스라엘 백성에게 가서 듣든지 아니 듣든지 가서 전하라는 것입니다.

안 들을 줄 뻔히 알면서도 전하라는 이야기인데, 그것이 얼마나 어려운 일입니까? 듣기 싫어하는 사람들에게 자꾸 전하면 어떤 일이 발생합니까? 입을 열지 못하도록 협박할 것이고, 다수의 힘으로 눌러서 더 이상 에스겔이 견디지 못하도록 따돌릴 것입니다. 그럼에도 하나님은 전하라고 하십니다. 그러나 하나님은 아무런 준비도 시키지 않고 막무가내로 보내시는 분이 아닙니다. 이 일을 위해 마음씨 좋고 성격이 부드럽고 소심하기까지 한 에스겔을 비상한 방법으로 준비시켜 주십니다.

> 내가 그들의 얼굴을 마주보도록 네 얼굴을 굳게 하였고 그들의 이마를 마주보도록 네 이마를 굳게 하였으되 네 이마를 화석보다 굳은 금강석같이 하였으니 그들이 비록 반역하는 족속이라도 두려워하지 말며 그들의 얼굴을 무서워하지 말라 하시니라_겔 3:8-9

하나님이 에스겔의 얼굴을 금강석처럼 굳게 만드셨다고 했습니다. 조금 재미있게 표현하자면 얼굴에 철판을 깔아 주셨다는 이야기입니다. 강심장을 갖도록 해 주셨습니다. 얼굴에 철판을 깔고 강심장을 가진 전도인, 좀 더 점잖게 말하면 '담대한 전도인'으로 만들어 놓으셨다는 말씀입니다.

귀에 안 들어오는 말씀

이스라엘 백성들에게는 에스겔이 전하는 말씀을 잘 안 들을 만한 충분한 이유들이 있었습니다. 원래 강퍅하기도 했지만, 그 메시지 내용이 도무지 그들의 비위에 맞지도 않고 흥미를 끌 수도 없는 것이었습니다. 예를 들면, 포로로 잡혀 온 이스라엘 백성들은 자기들이 1, 2년 안에 다시 예루살렘으로 돌아간다고 믿고 있었습니다. 그때까지만 해도 아직 예루살렘이 함락되지 않았고 유대 나라가 건재하고 있었기 때문에, 그들은 얼마 후에 돌아간다고 생각했습니다. 거짓 선지자들은 그들의 비위를 맞추려고 1년 후에는 반드시 돌아갈 것이라며 거짓 예언까지 하고 다녔습니다. 그런데 하나님께서 에스겔에게 전하라고 하신 말씀은 "예루살렘은 내가 심판해서 곧 함락된다. 예루살렘은 반드시 함락된다. 너희들은 1년 안에 절대 못 돌아간다"는 메시지였습니다. 상황이 이와 같은데 그들이 에스겔의 말을 잘 들으려고 하겠습니까?

그 정도에서 끝나는 것이 아닙니다. 포로로 잡혀 온 이스라엘 백성들은 우상숭배에 찌든 사람들이었습니다. 그들은 회개해야 될 사람들이었습니다. 그런데 포로로 잡혀 와서도 여전히 회개를 하지 않고 있었습니다. 마음이 아주 굳어 있었던 것입니다. 하나님이 보실 때, 그들은 징계를 받아서 마음을 정결하게 해야 될 시간적인 여유가 필요했기 때문에 에스겔에게 이렇게 전하라고 했습니다. "너희들은 앞으로 70년 동안 바벨론에서 살아야 한다. 그러므로 예루살렘에 돌아간다는 헛된 꿈을 꾸지 말고 여기서 결혼하여 자녀를 낳고 삶의 터전을 잘 닦아 정착해라. 70년 후가 되면 그때는 내가 너희를 고국으로 돌려보내겠다. 그때가 되면 너희들의 마음이 깨끗해질 것이다. 그때가 되면 내가 유대 나라도 다시 재건시켜 주겠다."

이런 말씀이 그 사람들의 귀에 들어오겠습니까? "하나님, 지금 무엇이라고 말씀하셨습니까? 70년이 지나야 된다고 하셨습니까? 그때가 되면 내 나이는 140세입니다. 도대체 그때까지 내가 살아 있을 수나 있습니까?" 아마 이런 식이었을 것입니다. 그러므로 그 말이 그들에게는 전혀 기쁜 소식이 될 수 없는 것이었습니다.

오직 성령이 임하시면

그럼에도 하나님께서는 에스겔에게 전하라고 하셨습니다. 그러니 에스겔이 얼마나 어려운 사명을 받았는지 이해가 되지 않습니까? 에스겔의 평소 성격으로는 도저히 백성들을 상대할 수가 없었습니다. 그러므로 하나님께서 그의 얼굴에 철판을 깔게 하고 담대한 마음을 갖게 하심으로써 천 명이든 만 명이든 눈 하나 깜짝하지 않을 정도로 사람을 두려워하지 않게 만드신 후에 하나님의 말씀을 전하도록 하셨던 것입니다. 천대를 받아도 상관하지 않고, 사람들에게 핍박을 받아도 개의치 않고, 생명의 위협을 받아도 마음에 동요가 되지 않는 철인 같은 사람으로 무장시켜 주셨습니다.

우리는 복음을 전해야 합니다. 그러나 "세상 사람들이 복음을 듣기 좋아하는가?"라는 질문에는 모두가 "아니요"라고 대답합니다. 예수 믿으라는 말을 듣기 좋아하는 사람은 아무도 없습니다. 죄인이라는 단어 자체가 벌써 비위에 거슬립니다. 죄 사함을 받고 구원을 얻는다는 말도 자기와 아무 관계없는 말로 생각합니다. 천당과 지옥이 있다는 사실 그 자체를 기분 나쁘게 여기는 것입니다. "있기는 뭐가 있어? 네가 가 봤어?"라며 화를 냅니다. 그리고 오직 예수님만 구원의 유일한 길이라는 말을 들으면 독선이라고 욕을 퍼붓습니다.

아무도 우리의 말을 즐겨 들을 사람이 없습니다. 예수 믿는 우리에게는 예수님의 십자가와 부활이 기쁜 소식이지만, 세상 사람에게는 기쁜 소식이 아니라 기분 나쁜 소식입니다. 그래서 잘 들으려고 하지 않습니다. 그러므로 우리에게 필요한 것은 에스겔과 같이 담대한 사람으로 무장하여 복음을 전할 때는 얼굴에 철판을 깐 사람처럼 되는 것입니다.

우리 힘으로 못하는 일이기에 이 일을 위하여 하나님께서 성령을 보내 주셨습니다. 사람을 대할 때 조금만 창피하다는 생각이 들어도 얼굴이 벌겋게 변하는 아주 소심한 우리로 하여금 세상을 향하여 예수의 복음을 전하게 하시려고 우리에게 성령을 주셨습니다. 사도행전 1장 8절을 보십시오.

오직 성령이 너희에게 임하시면 너희가 권능을 받고

성령의 권능은 담대함과 직결되는 아주 중요한 것입니다. 그러므로 권능을 받으면 에스겔처럼 담대해집니다. 용기가 생깁니다. 생명을 내놓고 복음을 전할 수 있습니다. 그러나 권능을 받지 못하면 소심해집니다. 비겁한 자가 됩니다. 생명의 위협을 당하는 곳에서는 감히 입도 벙긋하지 못합니다.

사도행전 4장에는 예루살렘에 핍박이 일어나는 장면이 나옵니다. 어떤 신자들은 감옥에 끌려 들어가기도 하고, 재산을 몰수당하기도 하고, 가족들이 뿔뿔이 흩어지기도 하는 등 아수라장이 되었습니다. 이런 극심한 핍박 속에서 몇십 명의 성도들이 다락방에 모여 밤중에 하나님 앞에 이렇게 기도합니다.

주여 이제도 그들의 위협함을 굽어보시옵고 또 종들로 하여금 담대
히 하나님의 말씀을 전하게 하여 주시오며_행 4:29

참으로 기가 막힌 기도입니다. "하나님이여, 이 핍박이 빨리 물러
가게 하옵소서. 우리 집을 다시 원상복구시켜 주옵소서. 내 생명을 보
호해 주옵소서"라고 기도하지 않고 "하나님이여, 지금 핍박이 폭풍처
럼 몰려옵니다. 그러나 이런 와중에서도 담대하게 복음을 전할 수 있
게 해 주시옵소서"라고 기도한 것입니다.

얼마나 놀라운 사람들입니까? 사도행전 4장 31절에 보면, 그들이
기도를 다 끝내자마자 모인 곳이 진동하더니 무리가 다 성령이 충만
해졌다고 나와 있습니다. 성령이 충만해지자 어떤 일이 일어났습니
까? 담대히 하나님의 말씀을 전하게 됐습니다. 이것이 성령의 능력입
니다. 성령은 우리를 담대하게 만듭니다.

산헤드린 법정에 당당하게 서 있는 베드로를 보십시오. 당장 돌멩
이가 날아올 것 같은 살벌한 분위기 속에서도 천사와 같이 환한 얼굴
로 복음을 전하는 스데반을 보십시오. 총독과 왕 앞에서 초라한 죄수
의 모습으로 재판을 받고 있었지만, "당신들도 나와 같이 되기를 원한
다"라며 큰소리를 치는 사도 바울을 보십시오. 모두가 성령 충만한 사
람들이었기에 담대했습니다. 사람을 두려워하지 않았고 사람의 눈치
를 보지 않았습니다. 우리에게 이 성령의 능력으로 무장하는 담대함
이 필요합니다.

○ ○ ○ ○ ○ ○ ○ ○
예수 전사들의 수칙

얼마 전 저는 감동적인 소식 한 가지를 들었습니다. 잘 알다시피 최근

에 북한에서 굶주림에 지쳐 중국으로 넘어온 사람들이 급증하고 있습니다. 그런데 그들은 국경을 넘기만 하면 복음을 듣게 됩니다. 이것을 위해 준비하고 있는 사람들이 있기 때문입니다. 반세기가 넘도록 거짓말에 속아온 데다가, 이제는 배까지 고프니 얼마나 그 영혼이 갈급해 있겠습니까? 그들은 "하나님이 당신을 사랑하십니다. 당신을 위하여 예수님이 십자가에 돌아가셨습니다"라는 말을 듣는 순간 뜨거운 눈물을 쏟으며 회심한다고 합니다. 이렇게 해서 값없이 죄 사함을 받고 영생을 얻는 축복을 가슴 가득히 담고는 그 흥분과 행복을 도무지 억누를 길이 없어서 자기들끼리 조직을 결성했는데, 그 단체의 목적이 북한으로 다시 돌아가서 복음을 전하자는 것입니다.

그들은 '예수 전사들의 수칙'이라는 것을 만들었는데, 첫 번째가 이런 것입니다. "예수 믿는 사람은 천대받게 되어 있다. 천대받는 그것이 긍지요, 기쁨이다. 우리는 고난을 당하게 되어 있다. 그러므로 우리는 각오한다." 북한으로 다시 들어간다는 것은 죽는 것을 의미합니다. 어디에서 그런 용기가 나오겠습니까? 어디에 그런 담대함이 있겠습니까? 예수님을 알기 전에는 평범한 사람들이요, 비겁한 사람들이요, 배가 고파 못 견뎌서 사선을 넘어온 사람들이요, 빵만 주면 다 해결될 것 같은 사람들이었는데, 어떻게 예수 모르는 자기 동족 때문에 생명을 걸고 다시 사지로 들어가겠다고 하는 이상한 사람으로 바뀐단 말입니까? 성령이 그들을 사로잡은 것입니다.

세속화된 사회는 개인의 자율성과 자유를 당연한 기본권으로 인정합니다. 이 자율성과 자유는 하나님도 간섭할 수 없다고 믿고 있습니다. 사람들이 부를 축적하고 인생을 마음껏 즐기는 것을 최고의 덕으로 생각하면 할수록 더욱 하나님의 간섭을 싫어합니다. 자기의 악함을 인정하려 들지 않습니다. 회개도 필요 없습니다. 이 세상이 살기

전도자
●

좋아지면 좋아질수록 복음의 원수들은 점점 더 많아지게 됩니다. 그러므로 하나님이 성령을 우리에게 주시어 이런 사람들을 상대해서 복음을 전하도록 무장시키는 것입니다.

그러나 많은 성도들은 사람들과 대결하는 것을 피하려고 합니다. 논쟁을 싫어합니다. 독선이라는 말 듣기를 싫어합니다. 양심을 가진 신사로서 대접받기를 원합니다. 그러므로 불행하게도 복음을 담대하게 전하지 못합니다.

'바나(Barna) 리서치 그룹'이라고 하는 미국의 유명한 교계 여론조사 기관이 지난 10년 동안 미국에서 진지한 그리스도인이 얼마나 증가했는지를 조사한 적이 있습니다. 10년 전에는 12%의 진지한 그리스도인이 있었는데, 10년이 지난 지금에는 그 숫자가 6%밖에 되지 않았습니다. 반으로 줄어든 것입니다.

여기서 말하는 진지한 그리스도인이란 오직 예수만이 구원을 주시는 유일한 길이요, 진리요, 생명이라는 것을 철저하게 믿고 그것을 담대하게 전하는 사람입니다. 미국 교회가 갈수록 세속화되어 가면서 호황을 누리고 잘살게 되자 많은 그리스도인들이 다시 세상으로 돌아간 것입니다. 이제는 진지한 그리스도인의 숫자가 점점 줄어들어서 6%밖에 되지 않아도, 1년에 3,500개의 교회가 문을 닫아도 그것은 이상한 일이 아닙니다.

물론 전도는 논쟁이나 대결을 해서 이기는 것을 목적으로 삼지 않습니다. 논쟁은 좋은 방법이 아닙니다. 그러나 우리는 경우에 따라서는 험한 싸움에 말려들 것도 각오해야 합니다. 워낙 사람들이 악하기 때문에 그렇습니다. 그렇게 하기 위해서는 성령의 능력으로 담대해져야 합니다. 사람들을 사로잡고 있는 악한 영을 굴복시키기 위해서 우리는 성령의 능력으로 무장해야 합니다. 그래야만 우리가 전하는 복음 앞에 영혼들이 무릎을 꿇게 되는 것입니다. 하나님께서 이 능력을 우리에게 주시기 바랍니다. 이 능력으로 우리를 무장시켜 주시기를 바랍니다.

잠잠한 교회는 망한다

소돔 성이 하나님의 심판을 받아 멸망을 앞두고 있을 때까지, 심지어 유황불이 떨어져 성이 망하는 그날 아침까지 성문에 서서 날마다 하나님의 말씀을 외친 어떤 노인이 있었다는 이야기가 있습니다. 우화인지 야사인지는 모르지만 그 이야기 속에는 우리가 귀담아들어야 할 중요한 의미가 담겨 있습니다.

어느 날 하나님의 말씀을 외치고 있는 그 노인에게 누군가 찾아가서 물었습니다.

"할아버지, 아무리 할아버지가 외쳐도 사람들은 변화되지 않는데 왜 쓸데없이 날마다 외치고 있습니까?"

그 말을 들은 노인이 이렇게 대답했다고 합니다.

"나는 그들이 나를 변화시키지 못하도록 계속 외치고 있소."

소돔과 고모라는 굉장히 악한 도성입니다. 아무리 의로운 롯과 같은 사람이라도 자기도 모르는 사이에 점점 소돔 사람을 닮아 가고 있었습니다. 이 노인은 자기도 가만히 있다가는 나중에 소돔 사람처럼 되어 버릴 것이고, 하나님의 심판을 면할 수 없다는 위기감을 느낀 것입니다. 그래서 그는 하나님의 말씀을 외치는 자가 되었습니다.

"내가 외치고 있는 이상, 나는 소돔 사람이 되지 않는다. 내가 외치고 있는 이상, 소돔 사람은 변화를 받지 않을지 모르지만 적어도 나는 절대로 소돔 사람을 닮아 가지는 않을 것이다. 외치고 있는 이상 나는

전도자

건재하다."

오늘날 우리도 이런 상황에 놓여 있지 않습니까? 전도하라고 해도 입을 열지 않고 있지는 않습니까? 예수님을 믿지 않고 세상을 즐기다가 내일 당장 죽게 될 생사의 기로에 놓인 사람을 보아도 그 영혼을 불쌍히 여기는 마음이 없이 태연하게 입을 다물고 있지는 않습니까? 그렇다면 분명한 사실이 하나 있습니다. 나는 자신도 모르게 세상 사람을 닮아 가고 있다는 것입니다. 내가 입을 다물고 있기 때문에 세상 사람 쪽으로 끌려가는 것입니다.

그러나 성령의 담대함을 가지고 하나님의 복음을 듣든지 아니 듣든지 상관하지 않고 외치면, 세상도 구원하고 나도 구원합니다. 내가 만약 담대하게 외치기를 거부하면 세상도 구원하지 못하고 나도 구원하지 못합니다. 다시 말하면 세상도 망하고 나도 망합니다. 잠잠한 교회는 결국 세상을 닮아 가게 되어 있고, 세상을 닮아 가는 교회는 반드시 망하게 되어 있습니다. 서구 교회가 그것을 가장 잘 보여 주고 있지 않습니까?

성령의 담대함을 가지고 전도해야 하는 것이 사람들을 구원하기 위함이긴 하지만, 그 사람들이 결국 듣지 않고 한 사람도 돌아오는 자가 없다 할지라도 나는 손해를 보지 않습니다. 전함으로써 내가 살기 때문입니다. 전함으로써 교회가 건강해질 수 있기 때문입니다. 그러나 하나님께서는 그런 극단적인 상황에 우리를 몰아넣고 있지는 않습니다. 지금이라도 전하면 많은 사람들이 구원을 받습니다. 전도의 문이 열려 있습니다. 은혜의 문이 열려 있습니다.

그러므로 우리는 하나님의 말씀을 먼저 먹어야 합니다. 복음의 말씀을 내가 먹고 흥분해야 합니다. 그 말씀 속에서 행복을 찾아야 합니다. 그런 다음에는 내 동족이 옆에 있다는 것을 항상 인식해야 합니다. 나는 그들에게 보냄 받았다는 것을 늘 기억하고 살아야 합니다. 성령의 담대함을 하나님께 구해야 합니다. 그 담대함을 가지고 나가서 전도하면 엄청난 복음의 열매들이 오늘도 내일도 줄줄이 달린다는 것을 확신해야 합니다.

하나님께서 아직 복음의 문을 닫지 않으셨습니다. 한국 교회를 버리지 않으셨습니다. 하나님께서는 아직도 은혜의 문을 활짝 열어 놓고 계십니다. 아무리 예수 믿는 사람이 좋지 않은 냄새를 피워도 아직도 하나님께서는 이 땅에 긍휼과 자비를 베풀고 계십니다. 그러므로 우리가 담대하게 전하기만 하면 하나님의 놀라운 역사가 일어납니다. 이런 담대한 성령의 은혜가 당신에게 있기를 바랍니다.

3

희생 없이
전도 없다

한 사람이 전도를 받아 예수님을 믿고 거듭나기까지는
반드시 누군가의 희생이 있어야 합니다.
즉, 희생 없는 전도는 없습니다.
전도는 죽은 자를 살리는 일이기 때문입니다.

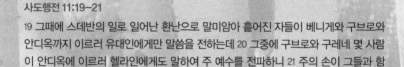

사도행전 11:19-21

19 그때에 스데반의 일로 일어난 환난으로 말미암아 흩어진 자들이 베니게와 구브로와 안디옥까지 이르러 유대인에게만 말씀을 전하는데 20 그중에 구브로와 구레네 몇 사람이 안디옥에 이르러 헬라인에게도 말하여 주 예수를 전파하니 21 주의 손이 그들과 함께하시매 수많은 사람들이 믿고 주께 돌아오더라

희생 없이
전도 없다

한 사람이 전도를 받아 예수님을 믿고 거듭나기까지는 반드시 누군가의 희생이 있어야 합니다. 즉, 희생 없는 전도는 없습니다. 전도는 죽은 자를 살리는 일이기 때문입니다. 희생 없이 생명을 구하는 일은 상상하기 힘듭니다. 가족을 구하려다 목숨을 잃은 사람에 대한 기사가 언론에 보도될 때가 종종 있습니다. 예를 들면, 가족이 함께 차를 타고 가다가 차가 강물에 빠지자 아버지가 자기 아이들을 건지려고 필사의 노력을 한 끝에 아이들은 살리고 자기는 그만 힘이 다 빠져 물에서 나오지 못하고 죽었다는 것입니다. 이처럼 생명을 살린다는 것은 그만한 대가를 지불할 때에야 가능한 일입니다.

성경은 예수를 믿지 않는 이 세상 모든 사람을 산 자가 아니라 죽은 자로 규정합니다.

한 사람의 범죄를 인하여 많은 사람이 죽었은즉_롬 5:15

아담 한 사람이 범죄함으로 인해 전 인류가 죽음의 노예가 되었다는 것입니다. 하나님께서는 이 세상에서 7, 80년 사는 것을 두고 '생명'이라고 하시지 않습니다. 시공간의 한계 속에 있는 우리에게는 그것이 대단한 것이지만, 영원히 사시는 하나님께는 너무나도 짧은 시간과 같습니다. 하나님이 말씀하시는 생명은 영원한 것입니다. 그 영원한 생명을 갖고 있지 못하면 하나님 보시기에 죽은 자입니다. 이런 죽은 자를 살리는 것이 바로 전도입니다. 그러므로 복음을 전하면 사람이 살아납니다.

내가 복음을 부끄러워하지 아니하노니 이 복음은 모든 믿는 자에게 구원을 주시는 하나님의 능력이 됨이라_롬 1:16

복음은 죽은 자를 살리는 능력이 된다는 말씀입니다. 그렇기 때문에 그는 복음 전하는 것을 부끄러워하지 않는다고 한 것입니다. 한편 고린도전서 1장 21절에는 이런 말씀이 나옵니다.

하나님의 지혜에 있어서는 이 세상이 자기 지혜로 하나님을 알지 못하므로

아무리 머리가 좋고 학식이 뛰어나서 다른 이들보다 출중하다 하는 사람일지라도 자기가 영적으로 죽었다는 것을 알 수 있습니까? 하나님이 살아 계신다는 것을 제대로 알고 있습니까? '어떻게 하면 구원받을 수 있을까?' 하는 문제로 고민하는 일이 있습니까? 세상 지혜를 가지고는 도저히 불가능한 일입니다. 그러므로 고린도전서 1장 21절은 이렇게 이어지고 있습니다.

하나님께서 전도의 미련한 것으로 믿는 자들을 구원하시기를 기뻐
하셨도다

전도는 사람들 눈에 굉장히 미련하게 보입니다. 길거리를 지나가
다가 "예수 믿으십니까? 예수 믿으시죠"라는 말을 들으면 '뭐, 이런 별
난 놈이 다 있어? 재수 없게…' 하는 식으로 생각합니다. 세상 사람들
이 보기에는 너무나 미련한 짓입니다. 그럼에도 하나님께서는 미련하
게 보이는 이 전도를 통하여 사람들이 예수 믿고 구원받게 하시고 죽
었던 그들을 살리십니다. 하나님이 이 일을 기뻐하셨다고 합니다.

성삼위 하나님의 희생

이 세상에서 전도만큼 귀한 일이 없습니다. 선교만큼 보람 있는 일도
없습니다. 어떤 희생이라도 치를 만한 가치가 있는 일이 있다면 그것
은 바로 전도입니다. 이런 이유로 성삼위 하나님께서 제일 먼저 희생
을 치르셨습니다. 성부 하나님은 어떤 희생을 치르셨습니까? 자기의
사랑하는 외아들을 포기하셨습니다. 그리고 세상에 보내셨습니다. 성
자 하나님은 어떻게 희생하셨습니까? 자기 생명을 십자가에 내어 놓
으셨습니다. 전 인류를 구원하기 위해서 자기 생명을 대신 바친 것입
니다. 이것만큼 큰 희생은 없습니다. 성령 하나님은 어떤 희생을 치르
셨습니까? 그분은 이 세상에 오셔서 세상 끝 날까지 교회를 떠나지 않
고 교회 안에 함께 계십니다. 이렇게 성부, 성자, 성령 하나님이 우리
를 구원하기 위해서 먼저 희생하셨습니다. 다음 구절에서 예수님은
참 좋은 예를 드셨습니다.

한 알의 밀이 땅에 떨어져 죽지 아니하면 한 알 그대로 있고 죽으면
많은 열매를 맺느니라_요 12:24

이 말은 누구를 두고 하는 이야기 같습니까? 바로 성부 하나님, 성
자 하나님이신 자기 자신, 성령 하나님을 두고 하신 말씀입니다. 성
부, 성자, 성령 하나님이 우리를 죽음에서 건지기 위하여 친히 썩는
밀알이 되신 것입니다. 하나님이 죽으심으로, 하나님이 희생하심으로
우리가 살아나는 것입니다. 희생 없이 생명을 건지는 일은 없습니다.

희생에 대해서는 우리가 한 가지 더 생각해야 할 것이 있습니다.
'내가 어떻게 해서 예수를 믿고 영생을 얻게 되었을까?' 하는 것입니
다. 가만히 생각해 보십시오. 누군가 희생을 해 주었기 때문에 내가
예수님을 알게 된 것이 아닙니까? 누군가가 나도 모르는 사이에 눈
물로 기도해 주었기에 내 심령이 열려서 예수님을 주와 구주로 영접
한 것이 아닙니까? 누군가 나를 위해 희생해 준 사람이 분명히 있습니
다. 시간을 바치고 심지어 돈을 써 가면서 나를 위해 수고한 사람이 있
었기에 내가 오늘 예수를 믿은 것입니다.

저의 경우를 봐도 그렇습니다. 예수의 '예'자도 모르는 시골 마을에
파란 눈의 선교사님이 찾아오셨습니다. 산 넘고 물 건너 저 벽촌까지
찾아와 보리밥을 먹어 가면서, 모기를 쫓아 가면서 주민들과 함께 며
칠을 보내며 익힌 서툰 한국말을 가지고 전도를 했습니다. 그때 저의
증조할아버지가 먼저 예수를 믿었습니다. 그러자마자 무지막지한 핍
박을 받았습니다. 그러나 그때의 선교사님과 증조할아버지의 희생의
대가로 제가 예수 그리스도의 복음을 전하는 사람이 될 수 있었습니
다. 이와 같이 누군가 나를 위해 베푼 희생 없이 내가 이 자리에 서 있
을 수는 없는 것입니다.

전도자

•

빚진 자 의식을 안고

한국 교회를 한번 생각해 보십시오. 전 인구의 4분의 1이 그리스도인 이라는 통계를 내놓을 정도로 부흥하여 세계적으로 소문이 난 교회입 니다. 그러나 이와 같은 축복을 누리게 된 배후에는 상상할 수 없는 피 와 눈물과 땀이 있었다는 사실을 알고 있습니까? 27세에 선교의 비전 을 품고 영국에서 중국으로 건너온 토마스 선교사는 중국에 오자마자 꽃다운 나이의 아내를 잃었습니다.

아내를 잃은 상처가 채 아물기도 전에 그는 한 가지 소식을 접했습 니다. 저 중국 한 모퉁이에 붙어 있는 한반도에 조선이라는 나라가 있 는데, 그 백성들이 아직도 예수를 믿지 않고 있으며 복음을 들은 일 이 없다는 것이었습니다. 아내를 잃은 슬픔이 아직 남아 있음에도 그 는 중국말로 된 성경책을 배에다 싣고는 대동강 쪽으로 달려왔습니 다. 그때는 대원군이 한창 쇄국정책을 펴고 있던 때로, 가톨릭 신자들 을 잡아 죽이던 살벌한 상황이었기 때문에 누구든지 '예수'(야소) 소리 만 내어도 세상 구경을 다시는 하지 못하던 때였습니다. 그러나 그러 한 상황에는 아랑곳하지 않고 그는 대동강을 거슬러 올라가서 성경을 전해 주려고 노력했습니다. 그러자 우리 관군들이 그 배에 불을 질렀 고 드디어 그는 강변으로 끌려 내려와서 칼에 맞아 순교했습니다. 순 교를 당하는 그 순간에도 자기 목을 치는 사람에게 성경을 주면서 그 것을 읽어 보라고 말했습니다. 그 성경을 받아든 그 사람이 나중에 예 수를 믿게 되었습니다.

토마스라는 젊은이의 피가 그 강변에 뿌려졌기에 그 핏값으로 오늘 우리가 존재하는 것입니다. 오늘 한국 교회가 존재하는 것입니다. 우 리가 이것을 어떻게 잊어버릴 수 있습니까?

양화진에 가면 비석이 많이 서 있습니다. 이 땅에 복음을 전하기 위해서 1세기 전에 발을 들여놓았다가 풍토병에 걸려서 죽었거나 잘 적응하지 못해서 죽은 어린아이들의 무덤, 선교사 부인의 무덤, 제 명대로 살지 못하고 일찍 세상을 떠난 젊은 선교사들의 무덤들입니다. 그 사람들은 무명의 선교사들입니다. 그러나 그들의 희생이 있었기에 오늘의 한국 교회가 있고 우리가 있는 것입니다.

이 빚진 자 의식을 잊어버리면 안 됩니다. 희생 없이 생명이 살아날 수 있습니까? 희생 없이 지옥으로 가던 영혼이 천국을 향해 돌이킬 수 있습니까? 하나님도 희생하셨는데, 어떻게 우리의 희생 없이 전도가 되겠습니까?

전도는 생명을 구하는 일이기 때문에 엄청난 값을 요구할 때가 많습니다. 본문을 보면, 안디옥에 가서 복음을 전한 사람들이 나옵니다. 19절에 나오는 "그때에 스데반의 일로 일어난 환난으로 말미암아 흩어진 자들"이라는 말에 주목하기 바랍니다. 예루살렘 다락방에 성령이 임하셨습니다. 120여 명의 사람들이 성령의 충만함을 받고 나자 드디어 입이 열렸습니다. "예수가 부활하셨다. 너희들이 죽인 예수가 살아나셨다. 너희들이 못 박아 죽인 예수가 살아나셨다." 그들은 겁도 없이 외치기 시작했습니다. 그 말을 들은 예루살렘 사람들이 가슴을 치면서 하루에 3천 명, 5천 명씩 회개하고 돌아왔습니다. 갑자기 하루 아침에 예루살렘이 교회로 바뀐 것 같은 착각을 일으킬 정도로 온 도성에 있는 사람들이 부활하신 예수님을 찬양하는 백성들이 되었습니다. 구원을 얻은 것입니다.

이와 같은 전무후무한 사건이 일어나는 것을 보고 악한 사탄과 그 영들이 드디어 교회를 공격하기 시작했습니다. "예수 그리스도는 우리의 구원자요, 우리를 위해 십자가에 죽으시고 사흘 만에 부활하셨습니다. 그분을 믿으십시오. 그분을 믿으면 당신의 모든 죄가 용서받습니다. 영원한 하나님 나라를 하나님이 선물로 주십니다"라고 외치던 평신도 전도자 스데반을 끌어다가 돌로 쳐 죽였습니다. 피에 맛을 들인 무리들은 사나운 야수가 먹이를 덮치듯이 믿는 자들을 남녀노소 가리지 않고 감옥에 집어넣었습니다. 그들의 재산을 몰수했습니다. 그리고 사람들 앞에 그들을 끌어내어 "예수를 욕하라. 예수를 모욕하라. 그러면 석방시켜 주겠다"고 회유했습니다. 그것을 거부한 사람들은 고문을 당하기도 하고 죽임을 당하기도 했습니다.

이러한 무서운 핍박이 예루살렘을 하루아침에 뒤집어 놓았습니다. 그 핍박을 피하여 많은 성도들이 먹을 것도 제대로 챙겨 나오지 못하고 빈 몸으로 예루살렘 성을 빠져나왔습니다. 가까이는 사마리아 지방으로 간 사람들도 있고, 유대 나라 멀리 북쪽까지 피난을 간 사람들도 있었으며, 어떤 이들은 예루살렘에서 450km도 더 떨어진 안디옥이라는 도시까지 흘러 들어가기도 했습니다. 이런 와중에 뿔뿔이 흩어진 가족도 부지기수였을 것입니다.

○ ○ ○ ○ ○ ○ ○ ○ ○
안디옥에서 일어난 기적

안디옥은 당시 로마 제국에서 세 번째로 큰 도시였습니다. 그 당시 인구가 50만 명이 넘었다는 기록은 안디옥이 얼마나 큰 도시였는지를 대변해 주고 있습니다. 중앙 대로의 길이가 무려 6km나 되었다는데, 이것은 서울에 있는 어떤 대로보다 훨씬 더 큰 규모입니다. 길바닥은 대리석으로 아름답게 깔아 놓았고 양쪽에는 대리석 기둥이 가로수처럼 죽 늘어서 있었으며, 세계에서 유일하게 그 기둥에는 밤에 가로등을 켜 놓고 있었습니다. 대단히 화려하고 요란한 도시였습니다.

사방 각처에서 많은 부족, 다양한 민족들이 모여들어 함께 살았기 때문에 온갖 종교가 뒤섞여서 혼탁할 수밖에 없었습니다. 또한 성적으로도 타락한 도시였습니다. 경제적으로 번영한 항구 도시였기 때문에 많은 사람들이 쾌락에 젖어 하루하루 살아가는 곳이었습니다. 마치 오늘날 뉴욕시가 지니고 있는 것과 비슷한 이미지를 갖고 있었습니다.

로마에서 귀족으로 살던 사람이 은퇴하면 안디옥에 와서 별장을 짓고 온천욕을 하면서 잡담을 나누거나 경마장에 가서 돈을 걸고 노름하는 것을 유일한 낙으로 알고 여생을 보내는 곳으로 소문난 형편없는 도시였습니다. 하나님이 보실 때 죽은 시체들만 가득한 공동묘지였던 것입니다.

이곳에 핍박을 피해 도망 온 사람들이 복음을 들고 들어온 것입니다. 대부분은 유대 사람을 상대로 전도를 했지만 그 가운데 구레네와 구브로 두 지방 출신의 성도들은 헬라 사람들을 상대로 복음을 전하기 시작했습니다. 그러자 다음과 같은 일이 일어났습니다.

주 예수를 전파하니 주의 손이 그들과 함께하시매 수많은 사람들이 믿고 주께 돌아오더라_행 11:20-21

참으로 놀라운 말씀입니다. 그들이 복음을 전하자 주님의 손이 그들과 함께하셨다는 것입니다. 성령이 그들과 함께하시며 하나님의 능력과 영광이 그들 위에 임하셔서 전혀 안 믿을 것 같은 사람들이 회개하고 돌아오는 것입니다. 도무지 들을 것 같지 않던 사람들이 귀를 기울여 예수 그리스도의 복음을 듣고는 돌아오는 것입니다.

"하나님의 아들이 우리 죄를 위해 죽으시고 부활하셨으니 그 예수를 믿으라. 그리하면 당신은 영생을 얻는다."

이 말 한마디에 그들의 마음이 열리고 감동을 받아 예수를 믿겠다면서 두 손을 들고 돌아오는 것입니다. 놀라운 일이 일어난 것입니다.

○ ○ ○ ○ ○ ○
능력 있는 전도

이렇게 해서 그 도시에 교회가 생겼습니다. 이 교회가 바로 성경에서 가장 유명한 안디옥교회입니다. 안디옥교회는 세계 선교의 발상지입니다. 바울이 거기에서 탄생했고 바나바가 파송을 받았습니다. 안디옥 전도를 통해서 바울의 일생 동안의 충성된 주치의였던 의사 누가가 구원을 받았다는 전설이 있습니다.

어떻게 이런 경이로운 부흥이 그토록 짧은 시간 동안 안디옥에서 일어날 수 있었겠습니까? 그 대답은 간단하지만 중요합니다. 그 이유는 그곳에서 복음을 전한 자들이 큰 희생을 치렀기 때문입니다. 가장 값비싼 희생의 대가를 지불한 사람들이 복음을 전했기 때문에 역사가 일어난 것입니다.

핍박을 피해서 예루살렘 성을 빠져나오는 사람들은 돈을 다 털리고 나온 것이나 다름없는 처지였습니다. 어떤 사람들은 가족도 제대로 데리고 나오지 못했을 것입니다. 구사일생으로 빠져나오기는 했지만 갈 곳 없고 기댈 곳도 없는 사람들이었습니다. 얼마나 외로웠으며 얼마나 그 마음이 허전했겠습니까? 게다가 계속해서 생명의 위협을 느껴야 하는 사람들입니다. 쉽게 말해 예수 때문에 신세 망친 사람들입니다.

우리 생각 같아서는 그 정도로 신세 망쳤으면 절대 예수 믿으라는 말은 하지 않을 것 같은데, 그럼에도 그들은 가는 곳마다 길에서나 성에서나 사람을 만나면 "예수님이 부활하셨습니다. 예수님이 우리의 메시아, 그리스도입니다. 믿으십시오"라며 복음을 전했습니다. 그 사람들만큼 큰 값을 치른 사람들이 없습니다. 그들에게 이제 남은 것이 있다면 생명 밖에 없습니다. 그런데 그들은 마지막 남은 그 생명 하나 바쳐서라도 예수님을 위해서 살겠다는 사람들입니다. 그들의 생명을 주님의 제단에 올려놓은 것입니다. 이런 사람들이 예수를 전하기에 그 전도가 능력이 있는 것입니다. 듣는 사람들의 가슴을 움직이는 것입니다.

'예수가 무엇이길래 저 사람들은 예수 때문에 가진 것 다 빼앗기고 남은 것이 하나도 없으면서도 저렇게 얼굴에 기쁨이 충만하여 나에게 예수 믿으라고 하는가? 예수라는 것이 그렇게 중요한 것인가? 영생을 얻는 것이 그렇게 소중한 것인가?'

사람들 마음속에 이런 생각이 자연스레 들 수밖에 없었습니다. 상대방이 그만큼 진지하게 나오기 때문에 감동을 받는 것입니다. 희생하기를 꺼리는 사람은 능력 있는 전도를 못합니다. 성령이 강하게 역사하는 전도의 현장에 가 보십시오. 그곳에는 반드시 생명을 거는 희생자들이 있습니다.

○ ○ ○ ○ ○ ○ ○ ○ ○ ○ ○
가슴 뭉클한 헌신의 사례들

우리는 진지하게 자문자답을 해 보아야 하겠습니다. '나는 한 영혼을 구원하기 위해 얼마나 값진 대가를 치를 각오를 하고 있는가?' 우리 한 사람이 구원받았다고 해서 주님은 절대 만족하시지 않습니다. 하나님은 여전히 문밖에서 기다리고 계십니다. 우리를 먼저 구원하신 것은 우리가 빨리 가서 하나님이 기다리시는 잃은 양들을 찾아오라는 의미가 있습니다. 그런데 우리는 혹시 손가락 하나 까딱하지 않으면서 이웃 사람이 구원받기를 원하지는 않습니까? 내 가족이 구원받기를 원합니까? 이 부패한 한국 사회가 치료받기를 원합니까? 희생 없이 말입니다.

친하지도 않은 사람을 위해서 각별한 관심과 애정을 가지고 그들이 구원받기를 기도하는 것은 보통 큰 희생이 아닙니다. 제가 몇 사람을 놓고 시간을 내어 기도를 해 보니 보통 일이 아니라는 것을 알 수 있었습니다. 바쁜 일과를 끝내고 피곤에 지쳐 쉬고 싶은 생각이 간절한 시간에 몇 사람을 생각하면서 계속 엎드려 기도한다는 것은 틀림없이 어려운 일입니다.

그러나 한번 생각해 보십시오. 그만한 대가도 치르지 않고 어떻게 죽은 영혼이 살아나겠습니까? 어떤 경우에는 인격적으로 멸시를 받을 수도 있습니다. 돈을 써야 될 때도 있습니다. 그렇다고 그 사람도 미안한 마음이 들어 돈을 쓸 것이라고 기대하기는 힘듭니다. 바쁜 세상에 중요한 약속이나 스케줄을 뒤로 미루고 일부러 시간을 내어 만나 주는 것도 쉬운 일이 아닙니다. 그러나 그렇다고 해서 상대방이 나의 형편을 이해해 주기를 기대하기는 어렵습니다. 이런 조그마한 수고 하나하나가 희생의 제물이 되어 활활 타오르며 향기를 내뿜을 때, 죽은 생명이 살아나는 기적이 일어나는 것입니다. 과거에 우리가 그런 희생을 통하여 예수를 믿었습니다. 그러므로 다른 사람도 우리 자신의 그와 같은 희생을 통해서 예수를 믿어야 합니다.

사랑의교회 신문인 〈우리〉에서 한 감동적인 기사를 보았습니다. 신동아아파트 순장님들은 지난 5월부터 그 지역에 있는 사람들을 전도하기 위해서 여리고 성 기도를 시작했다고 합니다. 그 아파트 단지 안에 있는 모든 죽은 영혼들이 구원받게 하기 위해서 여호수아와 그의 군대가 여리고 성을 매일 한 바퀴씩 돌듯이 아파트 주위를 빙빙 돌면서 기도하는 것입니다. 얼마나 감동적인 이야기입니까?

보통 희생을 각오하고는 할 수 없는 일입니다. 잠실우성다락방의 어느 순장님은 3월부터 월요일마다 순원들과 함께 두 시간씩 그 지역에 있는 영혼들을 구원하기 위해 기도하고 있다고 합니다. 가슴이 뭉클해지는 이야기입니다. 남이 싫어하는 반장일도 전도의 접촉점으로 사용하려고 자진해서 맡았다고 합니다. 서초동 지역을 맡고 있는 11개 다락방 순장님들은 6월부터 화요일마다 모여서 200명 가까운 태신자를 놓고 기도하고 있다고 합니다. 값으로 따질 수 없는 귀한 희생을 치르고 있는 것입니다.

사랑의전도단에 소속되어 있는 어느 집사님은 김포에 개척된 사랑의교회로 한 사람이라도 더 인도해 주고 싶어서 일부러 거기까지 가서 주변에 있는 아파트들을 누비며 전도를 했다고 합니다. 하루 종일 100가정의 초인종을 눌렀지만 문을 열어 준 가정은 딱 한 가정이었습니다. 그런데 그 가정은 예수를 믿는 가정이었습니다. 그래서 그 주일부터 김포 사랑의교회로 출석을 했다고 합니다. 그 정도의 수고를 해야, 그 정도의 땀을 흘려야 저주받은 영혼이 하나님의 자녀로 다시 태어나는 기적이 일어납니다.

카터(Jimmy Carter) 대통령이 쓴 글을 본 적이 있습니다. 제목은 'Why not the best?'로 '왜 최선을 다하지 않았는가?'라는 뜻입니다. 그 제목을 보고서 제가 도전을 받았습니다. 그는 수십 년 전, 자신이 출석하는 교회에서 해마다 갖는 전도집회에 10년 동안 참가했다고 합니다. 매년 전도집회 때 14가정씩 책임지고 찾아가서 복음을 전했습니다. 이렇게 10년 동안 그 전도집회에 참석했으니 모두 합해 140가정을 전도한 것입니다. 대단한 일입니다.

그는 "나는 10년 동안 140가정을 찾아가서 복음을 전한 일이 있다. 그리고 그 가운데는 예수를 믿은 사람도 있다"라는 말로 은근한 자부심을 나타냈습니다. 그런 그가 1966년에 주지사 선거에 출마하여 선거운동을 했습니다. 3개월 동안 30만 명이 넘는 사람들과 악수를 했고 그렇게 당선됐습니다. 그러나 그때 마음의 가책이 생겼다고 했습니다. '나를 위해서는 3개월에 30만 명을 만나고 다니면서 하나님을 위하여는 10년 동안 겨우 140가정에 복음을 전하였다니, 이것 참 보통 부끄러운 일이 아니다'라는 생각이 들더라는 것입니다.

우리도 이 정도의 가책은 받을 필요가 있지 않겠습니까? 자신의 세상적인 목표를 달성하기 위해서는 모든 정성을 다 쏟아 시간도 내고 돈도 쓰고 관심도 기울이면서, 하나님이 찾고 계시는 잃은 양을 위해서는 시간도 안 드리고 돈도 안 쓰려 하고 관심도 별로 기울이지 않는다면 어떻게 사랑을 전할 수 있겠습니까?

지난 여름에 사랑의교회 장애인 선교를 담당하고 있는 김해용 목사님이 로스앤젤레스에 다녀왔습니다. 그곳에 있는 몇 개의 큰 교회가 연합하여 장애인 사역을 위한 세미나를 열고 김해용 목사님을 주강사로 초청했습니다. 그 세미나에서 그는 한국을 떠난 지 30여 년이 되어 그곳에서 기반을 잘 닦아 정착한 한 남자 집사님을 만났다고 합니다. 그분이 사랑의교회가 10월에 대각성 전도집회를 연다는 이야기를 듣고서 이렇게 말했다고 합니다.

"한국에 아직도 예수 안 믿는 제 친구들이 있는데, 아무래도 제가 그들을 전도해야 되겠습니다. 그들을 저의 태신자로 정하고 기도를 시작하겠습니다. 그리고 대각성 전도집회 기간 동안에 그들을 그 집회로 인도하기 위해 한국으로 가겠습니다. 한국으로 나갈 때, 미국에도 아직 믿지 않는 친구가 하나 있는데 그 친구를 데리고 가겠습니다."

이런 일은 아무나 할 수 있는 일이 아닙니다. 아무리 돈이 많은 사람이라도 그렇게 할 수 없습니다. 그만한 정성, 그만한 마음, 그만한 노력과 수고와 지출이 따를 때 죽었던 영혼이 살아나는 것입니다.

희생 없이 전도 없다

희생이 아닌 특권으로

지금까지 전도를 하기 위해서는 희생을 해야 한다는 말씀을 드렸습니다. 여기서 잊지 말아야 할 또 하나의 중요한 사실은 아무리 많은 수고를 하고 값을 치른다고 해도 그것을 무슨 대단한 희생이나 한 것처럼 생각하면 안 된다는 것입니다. 그 이유가 무엇입니까? 하나님이시면서 나를 위하여 십자가에 죽으신 예수님이 치르신 그 희생을 생각하면, 아무리 많은 값이라도 그것을 희생이라고 말하기는 어렵기 때문입니다. 그뿐이 아닙니다. 나 하나 구원받을 때 많은 사람들에게 빚졌던 것을 생각한다면, 현재 내가 조금 수고하는 것은 희생이라 하기 어렵습니다. 또 하나 있습니다. 영원히 망할 수밖에 없는 한 영혼을 전도해서 하나님의 자녀로 삼을 수만 있다면, 그 생명 하나 살리는 일은 너무나도 가치가 있는 일이기에 그것을 위해서 수고한 것을 가지고 희생했다고 말하면 안 됩니다. 마지막으로 하나 더 있습니다. 우리 주님께서는 복음 전하는 데 충성한 사람들에게 엄청난 상급을 약속하고 계십니다. 앞으로 그 나라에 가서 주님 앞에 섰을 때 "착하고 충성된 종아, 잘했다 잘했다" 하시면서 나에게 주실 상급을 생각하면, 이 세상에서 전도하기 위해 투자한 것, 수고한 것은 새 발의 피라는 말입니다. 그러므로 그것을 가지고 희생했다고 떠벌리면 안 됩니다.

WEC국제선교회를 창설한 위대한 선교사인 C. T. 스터드(C. T. Studd, 1860–1931)는 항상 이런 말을 했다고 합니다. "예수 그리스도가 나의 하나님이시며 나를 위해 죽으셨다면 그분을 위한 나의 어떤 희생도 결코 크다고 할 수 없다." 우리 모두 이 말을 깊이 인식해야 합니다.

아프리카에서 평생을 선교사로 일하다가 생을 마친 아프리카 선교의 선구자이자 대영제국이 자랑하는 위대한 '아프리카의 개척자'인 리빙스

턴(David Livingstone, 1813-1873)은 16년간 밀림에서 선교하다가 잠시 영국에 귀국했습니다. 27번째 말라리아에 걸려 사경을 헤매다가 아직 회복이 제대로 되지 않은 연약한 몸이었습니다. 사자에게 물린 한쪽 어깨와 팔은 제대로 힘을 쓰지도 못하고 마치 몸통에 힘없이 매달려 있는 것같이 보일 정도로 나약한 모습을 한 채 케임브리지 대학에서 설교를 한 적이 있었습니다. 그의 설교 중에 이런 내용이 있었습니다.

"나는 하나님께서 아프리카에 들어가 그곳에 있는 영혼들에게 복음을 전하게 하신 일, 그 일을 위해서 나를 불러 주셨다는 것 때문에 즐겁지 않은 날이 하루도 없었습니다. 사람들은 내가 그곳에서 많은 희생을 한 것으로 생각하고 말들을 하지만 도무지 갚을 수 없는 큰 빚에서 지극히 작은 부분을 갚았을 뿐인데 이것을 희생이라고 할 수 있습니까? 장차 영광스러운 소망과 복된 상급을 약속 받고 있는 일을 하고 있는데, 그것이 어찌 희생이 되겠습니까? 그런 말과 생각을 버리십시오. 그것은 절대로 희생이 아닙니다. 오히려 특권이라고 말하십시오. 모든 것은 우리 안에, 그리고 우리를 위해 나타날 영광과 비교할 때 아무것도 아닙니다. 나는 결코 희생하지 않았습니다."

놀라운 말입니다. 이런 심정을 가지고 전도하고, 선교해야 합니다.

감동 받으면 장기도 내놓는데

한번은 사랑의교회 성도들이 장기기증을 하겠다고 약속을 한 일이 있었습니다. 한꺼번에 5,268명이 장기기증을 하겠다고 하자 매스컴이 크게 보도를 했습니다. 이것은 모두 자발적으로 한 일이었습니다. 뇌사시 장기기증을 하겠다는 사람이 2,668명이나 나왔습니다. 근래에 사랑의교회 어느 집사님의 남편 되는 분이 3년 동안 식물인간으로 고

생하다가 세상을 떠났습니다. 그분의 시신은 장기기증을 위해 병원에 보내졌습니다. 교회 안에 이런 분들이 많다는 것은 놀라운 일입니다. 골수기증을 약속한 사람이 160명이었고, 신장기증을 약속한 사람이 140명, 그리고 1,580명은 죽으면 시신을 병원에 기증하겠다고 서약했습니다.

이 기록을 보고받고 가만히 생각해 보았습니다. '어디서 이런 힘이 폭발하는 것일까? 아무 대가도 없이 자기의 장기를, 자기의 시신을, 자기 몸의 한 부분을 내놓겠다고 결심하는 이 힘은 어디에서 나오는 것일까?' 저의 생각은 두 가지 결론으로 귀착되었습니다.

하나는, '내가 조금만 희생해서 누군가가 평생의 고통으로부터 벗어나 자유롭게 살 수 있다면 그것은 가치 있는 일이다. 그리고 사람의 생명을 살릴 수 있는 일이라면 중요한 일이다'라고 판단했기 때문입니다. 또 하나는, 그때 설교하신 목사님의 말씀에 감동했기 때문이라는 것입니다. 그날 제가 없었기 때문에 다른 분이 설교를 했는데, 그는 평생 동안 정기적으로 일 년에 몇 차례씩 헌혈을 하는 분이었습니다. 헌혈운동에 너무 집착한 나머지 자녀의 이름을 '박뽑기'라고 지을 정도였습니다. 자기 신장 하나는 벌써 몇 년 전에 떼어서 다른 사람에게 주어 꺼져 가는 생명 하나를 살렸다고 합니다. 그분의 삶의 모습에 너무나도 큰 감동을 받아서 생명을 살리는 것이 귀한 일임을 알고 서약을 한 것입니다.

육신의 생명을 살리는 일에 비하여 영혼을 살리는 일은 얼마나 더 중요합니까? 전도는 영원히 사는 생명을 누군가에게 선물하는 것입니다. 그렇다면 이 일을 위하여 내가 희생하지 않고서 되겠습니까? 어떤 목사의 헌신적인 삶에 감동을 받는다면 나를 위하여 십자가에 죽으신 예수님, 그분 때문에 받은 그 감동은 얼마나 큰 것이겠습니

전도자

●

466

까? 그분에게 감동을 받은 사람이라면 어떻게 전도를 하지 않을 수 있겠습니까?

사람에게 감동을 받고 장기도 내놓는데, 예수 그리스도의 십자가 사랑에 감동한 사람이 한 영혼을 구원하기 위해서 어떻게 희생을 하지 않겠습니까? 희생할 수밖에 없습니다. 십자가에서 자기 생명을 희생하신 주님의 사랑에 감동 받은 우리가 무슨 일인들 못하겠습니까?

전도는 희생 없이 할 수 없습니다. 생명을 살리는 일이기 때문입니다. 그러나 어떤 희생을 해도 주님의 은혜에 감동한 사람은 그것을 희생이라고 생각하지 않습니다. 이런 자세를 가지고 전도를 하면 성령의 역사가 우리와 함께할 것입니다. 놀라운 일이 일어날 것입니다. 우리 동네가 변화되고 한국이 변화될 것입니다. 온 세계, 지구 끝까지 우리가 가는 곳마다 하나님의 나라가 임할 것입니다.

○ ○ ○ ○ ○ ○ ○ ○ ○ ○
쓰임 받은 소수의 제자들

슈테른베르크(Sternberg)가 그린 유명한 예수님의 그림이 있습니다. 그 그림 속에서 예수님은 머리에 가시관을 쓰고 빌라도와 유대인들 앞에서 조롱을 받으며 서 계십니다. 그림의 제목은 '이 사람을 보라'(Ecce Homo, 에케 호모)입니다. 그리고 그 밑에는 이런 글이 적혀 있습니다.

"나는 너를 위해 이 일을 하건만, 너는 나를 위해 무엇을 하였느냐?"

이 그림 앞에서 감동을 받은 하버갈(F. R. Havergal, 1836-1879)이 쓴 찬송가가 311장입니다.

　　내 너를 위하여 몸 버려 피 흘려
　　네 죄를 속하여 살길을 주었다

널 위해 몸을 주건만 너 무엇 주느냐?

널 위해 몸을 주건만 너 무엇 주느냐?

주님의 은혜에 감동된 사람은 다른 사람들도 나처럼 구원받도록 하기 위해 조그마한 수고로부터 큰 희생에 이르기까지 무엇이든지 값을 치르려고 합니다. 바울도 그와 같은 사람이었습니다.

> 오직 성령이 각 성에서 내게 증언하여 결박과 환난이 나를 기다린다
> 하시나 내가 달려갈 길과 주 예수께 받은 사명 곧 하나님의 은혜의
> 복음을 증언하는 일을 마치려 함에는 나의 생명조차 조금도 귀한 것
> 으로 여기지 아니하노라_ 행 20:23-24

이처럼 자기 자신 전부를 불태울 수 있는 열정을 가지고 사람들을 만날 때 그들이 예수 그리스도의 영광을 보게 됩니다. 어둠에서 깨어날 수 있습니다. 그들의 영혼에 하나님의 음성이 들릴 수 있습니다. 그들의 눈이 예수 그리스도를 볼 수 있습니다. 부활의 영광 앞에 환희하는 새 생명으로 태어날 수 있습니다. 그러므로 우리 모두가 복음을 전하기 위해 즐겁게 희생할 수 있는 사람이 되어야 합니다.

이런 자세를 가지고 복음을 전한다면 하나님의 나라는 멀리 있지 않고 금방 우리 앞에 다가올 것입니다. 사람들에게 손가락질 받는 이 한국 교회가 새롭게 거듭나는 놀라운 부흥이 다시 일어날 수 있을 것입니다. 안디옥의 복음화를 위해 기꺼이 희생을 감수했던 소수의 사람들을 사용하신 하나님께서 오늘 우리 이웃을 위하여, 우리 한국을 위하여, 세계 복음화를 위하여 우리를 사용해 주시기를 바랍니다.

4

성경이 되고,
성경을 전하라

사람이 떡으로만 살 수 없습니다.
하나님의 말씀을 통해서 그 영혼이 하나님을 닮아 가는
거룩한 백성이 되어야 이 세상도 안심하고 살 수 있는 곳으로 바뀌고,
사람들도 삶의 의미를 발견할 수 있는 것입니다.
진정한 의미는 영혼에 있는 것이지 육신에 있지 않습니다.
그러므로 하나님의 말씀을 통해서 우리는 엄청난 은혜를 받고 있는 것입니다.

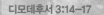
디모데후서 3:14-17

14 그러나 너는 배우고 확신한 일에 거하라 너는 네가 누구에게서 배운 것을 알며 15 또 어려서부터 성경을 알았나니 성경은 능히 너로 하여금 그리스도 예수 안에 있는 믿음으로 말미암아 구원에 이르는 지혜가 있게 하느니라 16 모든 성경은 하나님의 감동으로 된 것으로 교훈과 책망과 바르게 함과 의로 교육하기에 유익하니 17 이는 하나님의 사람으로 온전하게 하며 모든 선한 일을 행할 능력을 갖추게 하려 함이라

성경이 되고,
성경을 전하라

약 20년 전만 해도 중국에 사는 조선족 동포들은 성경을 소유하지 못한 채 신앙생활을 해야만 했습니다. 가지고 있던 성경은 이미 모두 다 빼앗겼고, 혹시라도 가지고 있다가 발각되는 날에는 가족 전체가 엄청난 재난을 당하기 때문에 아예 성경을 소유할 꿈도 꾸지 못했습니다. 따라서 갓 예수를 믿은 사람이 성경을 구경하지 못하는 것은 당연한 일이었습니다. 그들에게 유일한 희망은 한밤중에 이불을 뒤집어쓰고 우리나라에서 송출하는 아세아방송을 듣는 것이었습니다. 그 방송을 들으면서 종이에 성경 구절 하나하나를 받아썼습니다. 그리고 그 몇 구절 받아쓴 것을 가지고 외우기도 하고 묵상하기도 하면서 은혜를 받으며 하루하루 살았습니다. 그것이 오늘날 중국에 대단한 영적 부흥이 일어나게 한 요인 중에 하나였던 것입니다. 지금도 북한에서는 성경을 가지고 다닐 수도 없고 보관할 수도 없습니다. 최근에도 어떤 동네에서는 성경을 숨기고 있다가 수백 명이 처형되는 끔찍한 일이 일어났습니다. 성경을 가지고 있으려면 생명과 바꾸는 모험을 해야 됩니다.

중국에 있는 교민들이나 북한에 있는 동포들, 세계 도처에 있는 많은 성도들이 왜 그렇게 성경을 사랑하고 아끼는 것입니까? 어거스틴 (Augustine, 354-430)은 "성경은 하늘로부터 온 한 통의 편지"라고 말했습니다. 누가 보낸 편지입니까? 하나님께서 보내신 것입니다. 성경은 책으로 된 하나의 인쇄물 같아 보이지만 그 말씀은 바로 하나님의 음성이요, 하나님 자신을 보여 주시는 생명의 계시입니다. 손으로 만질 수 있고 눈으로 볼 수 있는 하나님의 선물 가운데 최고의 것을 꼽으라고 한다면 저는 주저하지 않고 성경을 꼽을 것입니다. 예수를 믿고 영생을 선물로 받았지만, 영생이란 손에 잡히지 않고 눈에 보이지 않는 것이기 때문에 사실 우리 입장에서 볼 때는 추상적이라고 할 수 있습니다. 그러나 하나님의 말씀은 언제든지 눈앞에 두고 경험적으로 확인할 수 있습니다. 그러므로 성경이 얼마나 놀라운 하나님의 선물입니까?

예수를 믿고 하나님의 은혜를 경험한 사람들이 성경 말씀을 이렇게 소중하게 여기는 이유는 두 가지입니다. 본문에서 그 이유를 찾아볼 수 있는데, 하나는 15절에 나옵니다.

> 또 어려서부터 성경을 알았나니 성경은 능히 너로 하여금 그리스도 예수 안에 있는 믿음으로 말미암아 구원에 이르는 지혜가 있게 하느니라

쉽게 말하자면 성경은 우리에게 구원을 주시는 하나님의 진리라는 것입니다. 만약 우리에게 성경이 없다고 가정해 보십시오. 우리가 하나님을 어떻게 알 수 있습니까? 하나님이 우리를 사랑하신 것을 누구에게 들어서 알 수 있습니까? 만약에 성경이 없다면 나를 사랑하사 나를 위해 십자가에 죽으신 예수 그리스도를 어떻게 발견할 수 있습니까? 그분을 어떻게 만납니까? 그분을 어떻게 영접합니까? 그분의 은

혜를 어떻게 소유할 수 있습니까? 절대로 할 수 없습니다.

성경이 있기에 하나님이 나 같은 죄인을 사랑하신 것을 알게 된 것입니다. 성경이 있기에 예수 그리스도가 이 세상에 오셔서 나 같은 죄인을 위하여 십자가에 죽으신 것을 알게 된 것입니다. 성경이 있기에 그런 진리의 말씀들을 깨닫고 감격하여 눈물을 흘리는 것입니다.

○ ○ ○ ○ ○ ○ ○ ○ ○

하늘에서 온 사랑의 편지

이전에는 내가 누군지 몰랐습니다. 아무도 나의 정체성을 가르쳐 주지 않았습니다. 학교에서 기껏 가르쳐 준다는 것이 내가 원숭이의 후손이라는 것입니다. 나 자신이 누군지에 대해서 세상의 지혜나 지식이 말해 준 것은 하나도 없습니다. 하나님의 말씀을 접하고 나서야 내가 누구인지 알게 되었습니다. 내가 하나님의 아들이라는 것을 발견했습니다. 죄인이기 때문에 용서받아야 하고 구원이 필요한 존재라는 것을 알았습니다. 그 말씀이 내 마음에 와 부딪혀서 회개하고 예수님을 나의 구주로 영접한 것입니다. 성경이 없었다면 우리가 어떻게 그와 같은 놀라운 진리를 알고 반응할 수 있었겠습니까? 성경이 있었기에 가능한 일이었습니다. 이와 같이 하나님의 말씀은 우리에게 구원을 주시는 길이요, 진리요, 생명입니다.

성경을 소중하게 여기는 또 하나의 이유는 17절에 나옵니다.

> 이는 하나님의 사람으로 온전하게 하며 모든 선한 일을 행할 능력을
> 갖추게 하려 함이라

예수 믿고 나서 하나님의 자녀가 되었다면 그다음에는 '어떻게 사

는 것이 하나님을 기쁘시게 하고 하나님이 원하시는 삶일까?' 하는 것을 배워야 합니다. 자녀가 태어나면 커 가면서 어떻게 사는 것이 인간다운 것인지 그 부모로부터 교육받습니다. 마찬가지로 오늘 우리가 예수를 믿고 거듭난 다음에는 어떻게 하면 하나님의 마음에 합한 그분의 거룩한 자녀가 될 것인가를 배워야 합니다. 그렇다면 그것을 어디서 배워야 합니까? 성경 말씀 외에는 없습니다. 이 말씀을 읽고 묵상하다 보면 점점 하나님의 뜻을 헤아리게 되고, 나도 모르는 사이에 하나님을 닮아 가는 것입니다.

○ ○ ○ ○ ○ ○ ○ ○
떡만으로 살 수 없네

예수 안 믿는 사람에게는 예수님을 믿고 구원받을 수 있는 길을 제시하는 것이 성경입니다. 예수 믿고 난 사람에게는 하나님께서 원하시는 삶을 살도록 인도해 주는 것이 성경입니다. 이 두 가지 이유 때문에 성경은 우리의 생명과 직결되어 있습니다. 주님께서 말씀하셨습니다.

> 사람이 떡으로만 살 것이 아니요 하나님의 입으로부터 나오는 모든
> 말씀으로 살 것이라_마 4:4

하나님의 입에서 나오는 모든 말씀이 성경에 다 기록되어 있습니다. 그러므로 이것은 우리 영혼을 위한 일용할 양식입니다. 육신의 건강을 유지하기 위해서는 매일 하루 세 끼를 꼬박꼬박 먹어야 합니다. 이렇게 육신의 일용할 양식이 있듯이 영혼의 일용할 양식도 있습니다. 그것은 하나님의 말씀입니다. 영혼이 살기 위해서는 이 말씀을 하루라도 그냥 놓치고 넘어갈 수 없습니다.

전도자
●

사람이 떡으로만 살 수 없다는 말씀이 얼마나 분명한 진리인가를 우리 주변에서 자주 볼 수 있습니다. 먹을 것에 대해 걱정하지 않고 경제적으로 풍요롭기만 하면 인간다운 것입니까? 그런 사람들이 사는 곳에 진정한 삶의 의미가 있습니까? 먹고 즐기는 것만 탐하는 인간들이 사는 세상에서 마음 놓고 살 수 있습니까? 그런 자들만 사는 세상에 자녀들을 내보내고 안심할 수 있습니까? 그렇지 않다는 것을 우리는 이미 잘 알고 있지 않습니까? 사람이 떡으로만 살 수 없습니다. 하나님의 말씀을 통해서 그 영혼이 하나님을 닮아 가는 거룩한 백성이 되어야 이 세상도 안심하고 살 수 있는 곳으로 바뀌고, 사람들도 삶의 의미를 발견할 수 있는 것입니다. 진정한 의미는 영혼에 있는 것이지 육신에 있지 않습니다. 그러므로 하나님의 말씀을 통해서 우리는 엄청난 은혜를 받고 있는 것입니다.

성경으로 깨어난 한민족의 역사

참 이상하게도 다른 나라와 달리 우리나라는 선교사가 들어오기도 전에 성경이 먼저 번역되었습니다. 대개의 경우 선교사가 먼저 들어가서 성경을 번역한 후에 그것으로 가르치는 데 비해 우리나라는 선교사가 들어오기 전에 벌써 나라 밖에서 성경이 번역되고 있었던 것입니다. 1882년 만주에서는 스코틀랜드 출신의 로스(John Ross, 1842-1915)와 매킨타이어(John MacIntyre, 1837-1905)라는 두 선교사가 그곳에 사는 조선족 사람들의 도움을 받아서 누가복음과 요한복음을 처음으로 번역하여 출판했습니다. 그로부터 24년이 지난 후에 신약성경이 완역되었고, 다시 30년이 지난 후 구약이 번역되었습니다.

그리하여 명실공히 하나님의 말씀 신구약성경이 합본되어 우리 손에 들려진 해가 1938년입니다. 첫 우리말 번역 성경이 나온 이래로 50여 년의 세월이 지난 뒤였습니다. 그 후로 하나님의 말씀이 우리에게 얼마나 놀라운 은혜를 주었는지 모릅니다. 한국이 복을 받은 것이 있다면 성경 말씀을 통해 하나님께서 주신 은혜입니다.

솔직히 이야기해서 한국에 지금까지 기독교가 안 들어왔다면 오늘날 한국의 문화나 정치·경제 수준이 어느 정도였겠습니까? 기껏해야 태국이나 미얀마 정도였을 것입니다. 하나님의 말씀이 이 땅에 들어와 백성들에게 한글의 중요성을 깨우치고, 캄캄한 영혼들을 깨우쳤기에 이 민족이 숱한 고난의 길을 걸어오면서도 오늘날 그래도 이만큼 우뚝 설 수 있었던 것입니다. 우리는 이 사실을 명심해야 합니다. 우상숭배나 하고, 하는 일 없이 날마다 담뱃대나 두들기던 사람들이 하나님의 말씀에 눈을 뜨면서 하나님을 알고 그 인생이 얼마나 달라졌습니까?

○ ○ ○ ○ ○   ○ ○ ○ ○
순종할 책임, 증인될 책임

성경을 번역해 준 선교사들도 세상을 떠났고 성경을 전해 준 많은 주의 종들도 세상을 떠났습니다. 하나님의 말씀만이 우리 손에 남아 있습니다. 너무나 소중한 하나님의 선물인 성경 말씀을 우리 손에 들고 있기 때문에 두 가지 책임이 따릅니다.

하나는, 이 말씀을 읽고 묵상하고 순종해야 하는 책임입니다. 성경은 멋지게 보이려고 들고 다니는 액세서리가 아닙니다. 서재에 꽂아 두는 장식용 서적이 아닙니다. 이것은 하나님께로부터 우리 각 개인에게 온 편지입니다. 아주 중요한 사람에게서 온 정성스런 편지를 받고서도 읽어 보지 않는 사람이 있습니까? 요사이 저에게는 너무나 많은 편지와 인쇄물이 날아들기 때문에 어떤 것은 아예 뜯어 보지도 않고 버릴 때도 있지만 정성껏 써서 보낸 편지라면 역시 안 뜯어 보고는 견딜 수 없습니다. 성경은 하나님께서 나에게 친필로 써 보내신 편지입니다. 그러므로 매일 펼쳐서 읽고, 묵상하고, 그 말씀대로 순종할 책임이 있습니다.

전도자 무디(D. L. Moody, 1837–1899)가 말했습니다.

"백 사람이 있는데 그 가운데 한 사람이 성경을 읽고 있으면 나머지 아흔아홉 사람은 그리스도인을 읽는다."

백 명 가운데 예수 믿는 사람이 한 사람 있어서 매일 성경 말씀을 읽는다면 나머지 아흔아홉 명은 성경을 읽는 그를 통해서 작은 예수를 본다는 의미입니다. 성경을 읽는 것 자체가 간접적인 전도가 되는 것입니다. 가정에서도 아침에 일어나 다들 신문 보기에 바쁘지만 그중에 한 사람이 조용히 말씀을 펴놓고 읽으면서 기도하는 모습을 보여 주면 다른 안 믿는 식구들은 벌써 그 사람에게서 예수님을 보고 있는 것입니다. 자녀가 하나님의 말씀을 읽고 묵상하는 모습을 보면서 그 부모가 감동을 받는 것입니다. 그러므로 이것이 얼마나 중요합니까?

두 번째 책임은, 이 말씀을 다른 사람들에게 전하는 것입니다. 이렇게 소중한 하나님의 진리요, 사람을 구원하는 하나님의 지혜라고 한다면 그 말씀을 전해야 하지 않겠습니까? 성경 말씀은 나 혼자 잘 가지고 있으라고 주신 것이 아닙니다. 내가 먼저 영혼의 양식으로 먹은 후에 다른 사람에게 전하라고 주신 것입니다.

어디를 가든지 외출할 때는 시계를 꼭 차고 다니는 버릇이 있지 않습니까? 마찬가지로 하나님의 자녀는 다니는 곳마다 하나님의 말씀을 꼭 몸에 지니고 있어야 합니다. 왜냐하면 예상치 못한 곳에서 하나님의 말씀을 전해야만 할 상황이 생길 수 있기 때문입니다. 차를 타고 가다가, 비행기를 타고 가다가, 혹은 어쩌다가 만난 자리에서 영혼이 갈급하여 무엇인가 간절히 구하고 있는 사람을 볼 때 예수님 외에 누구를 소개할 수 있겠습니까? 그럴 때 성경이 필요합니다.

성경을 가지고 다니는 방법에는 여러 가지가 있을 수 있습니다. 큰 성경을 그대로 들고 다닐 수도 있지만 크기나 무게 때문에 약간은 부담스럽습니다. 사영리 전도책자를 항상 주머니에 넣고 다니는 방법도 있습니다. 그렇지 않으면 주머니에 들어갈 만한 작은 성경을 다른 사람들 눈에 잘 띄지 않게 가지고 다닐 수도 있습니다. 특히 비상시에 펼치면 필요한 구절들을 바로 찾을 수 있도록 읽으면서 표시를 많이 해두는 것이 좋습니다. 이런 식으로 성경을 항상 가지고 다니면서 말씀을 모르는 사람에게 전해야 됩니다. 이 책임이 우리에게 있습니다.

성경 번역에 평생을 바치는 이들

지구상에는 아직도 자기 나라말로 된 성경을 가지지 못해서 예수님의 이야기를 알고 싶어도 알 수 없는 사람들만 2억 명이 넘는다고 합니다. 그들이 하나님의 말씀을 읽고 묵상할 수 있도록 그들 손에 성경을 쥐어 주기 위해 봉사하는 선교사들이 있습니다. 그들은 모두 언어학자로서 대단히 뛰어난 고급 인력들입니다.

이런 사람들은 소수 부족으로 들어가 그들과 함께 살면서 그들의 말을 배운 후에 문자를 만들어 성경을 번역하는 일을 하고 있습니다. 이 사역을 하는 선교사들이 지구상에 약 2천 명 정도 흩어져 있다고 합니다. 그리고 이름도 없이 빛도 없이 그들을 뒤에서 돕고 지원하는 사람들이 약 4천 명 가량 된다고 합니다.

사랑의교회에서 자랐고 사랑의교회에서 교역자로 섬겼으며, 사랑의교회에서 선교사로 파송을 받아 간 정제순 선교사는, 한국에서 파송된 선교사로서는 최초로 소수 부족어로 성경을 번역했습니다. 그는 이 사역을 통해 파푸아뉴기니의 메께오 부족에게 메께오 부족어 성경을 안겨 준 귀한 형제입니다. 그가 얼마나 아름다운 사역을 했는지 모릅니다. 하나님의 말씀을 전혀 읽을 수 없는 사람들에게 성경을 번역해 주는 것은 단기간에 끝나는 사역이 아닙니다. 정 선교사는 11년 만에 겨우 신약성경을 번역했습니다. 하지만 그것도 대단히 빠르게 된 것이라고 합니다. 구약성경을 번역하려면 앞으로도 15년 가까이 더 희생을 해야 한다고 합니다. 이렇게 적게는 오백 명, 많게는 만 명 정도 밖에 되지 않는 부족들을 위해서 한 가정 또는 한 사람이 그 삶을 바치는 이유는 무엇입니까? 하나님 말씀 외에는 인간에게 진정한 진리가 없고 생명이 없기 때문에 그렇습니다.

우리는 그들로부터 도전을 받아야 합니다. 하나님께서는 우리에게 성경 번역 사역과 같은 어마어마한 일은 시키지 않으셨습니다. 바다를 건너가서 복음을 전하라고 말씀하지도 않으셨습니다. 성경을 손에 들고 있는 우리가 하나님의 말씀을 전하지 않는다면, 그것은 마치 먹기만 하면 당장 나을 수 있는 약이 있다는 것을 알면서도 병에 걸려 죽어 가는 환자를 보면서 그에게 이야기해 주지 않고 그 약을 혼자만 가지고 있는 것과 같습니다. 한 영혼이 영원한 멸망으로부터 구원함을 받아 하나님이 주시는 영생을 소유할 수 있는 유일한 길을 제시해 주는 하나님의 말씀을 내 손에 쥐고 있으면서도 언제 이 세상을 떠나게 될지 모를 영혼들에게 전하지 않고 있다면 큰 문제가 있는 것입니다. 그러므로 이 일에 생명을 걸고 젊음을 바치는 형제와 자매들에게 부끄럽지 않도록, 생명의 말씀을 전하는 데 우리 모두 헌신하는 은혜가 있기를 바랍니다.

Part

04

황홀한 기쁨을 가진 전도자

I

이해할 수 없는
하나님의 기쁨

우리가 이러한 마음가짐을 갖고 있기 때문에
무한한 자비를 가지고 세상을 보시는 하나님을 이해할 수 없는 것입니다.
탕자와 같은 죄인들이 회개하고 돌아오는 것을 보고
기뻐하시는 하나님을 이해할 수 없는 것입니다.

누가복음 15:11-32

11 또 이르시되 어떤 사람에게 두 아들이 있는데 12 그 둘째가 아버지에게 말하되 아버지여 재산 중에서 내게 돌아올 분깃을 내게 주소서 하는지라 아버지가 그 살림을 각각 나눠 주었더니 13 그 후 며칠이 안 되어 둘째 아들이 재물을 다 모아 가지고 먼 나라에 가 거기서 허랑방탕하여 그 재산을 낭비하더니 14 다 없앤 후 그 나라에 크게 흉년이 들어 그가 비로소 궁핍한지라 15 가서 그 나라 백성 중 한 사람에게 붙여 사니 그가 그를 들로 보내어 돼지를 치게 하였는데 16 그가 돼지 먹는 쥐엄 열매로 배를 채우고자 하되 주는 자가 없는지라 17 이에 스스로 돌이켜 이르되 내 아버지에게는 양식이 풍족한 품꾼이 얼마나 많은가 나는 여기서 주려 죽는구나 18 내가 일어나 아버지께 가서 이르기를 아버지 내가 하늘과 아버지께 죄를 지었사오니 19 지금부터는 아버지의 아들이라 일컬음을 감당하지 못하겠나이다 나를 품꾼의 하나로 보소서 하리라 하고 20 이에 일어나서 아버지께로 돌아가니라 아직도 거리가 먼데 아버지가 그를 보고 측은히 여겨 달려가 목을 안고 입을 맞추니 21 아들이 이르되 아버지 내가 하늘과 아버지께 죄를 지었사오니 지금부터는 아버지의 아들이라 일컬음을 감당하지 못하겠나이다 하나 22 아버지는 종들에게 이르되 제일 좋은 옷을 내어다가 입히고 손에 가락지를 끼우고 발에 신을 신기라 23 그리고 살진 송아지를 끌어다가 잡으라 우리가 먹고 즐기자 24 이 내 아들은 죽었다가 다시 살아났으며 내가 잃었다가 다시 얻었노라 하니 그들이 즐거워하더라 25 맏아들은 밭에 있다가 돌아와 집에 가까이 왔을 때에 풍악과 춤추는 소리를 듣고 26 한 종을 불러 이 무슨 일인가 물은대 27 대답하되 당신의 동생이 돌아왔으매 당신의 아버지가 건강한 그를 다시 맞아들이게 됨으로 인하여 살진 송아지를 잡았나이다 하니 28 그가 노하여 들어가고자 하지 아니하거늘 아버지가 나와서 권한대 29 아버지께 대답하여 이르되 내가 여러 해 아버지를 섬겨 명을 어김이 없거늘 내게는 염소 새끼라도 주어 나와 내 벗으로 즐기게 하신 일이 없더니 30 아버지의 살림을 창녀들과 함께 삼켜 버린 이 아들이 돌아오매 이를 위하여 살진 송아지를 잡으셨나이다 31 아버지가 이르되 얘 너는 항상 나와 함께 있으니 내 것이 다 네 것이로되 32 이 네 동생은 죽었다가 살아났으며 내가 잃었다가 얻었기로 우리가 즐거워하고 기뻐하는 것이 마땅하다 하니라

이해할 수 없는
하나님의 기쁨

본문은 '탕자의 비유'라는 제목으로 우리에게 잘 알려진 말씀입니다. 이 말씀을 가지고 여러 번 설교를 해보았지만, 이제 겨우 서론의 뚜껑을 열고 있다는 느낌입니다. 그만큼 이 비유는 무한한 진리와 하나님의 광대한 사랑을 담고 있는 심오한 말씀입니다.

이 비유를 제대로 이해하기 위해서는 먼저 이 말씀이 어떤 상황과 배경에서 나온 것인지를 이해하는 것이 매우 중요합니다. 누가복음 15장 1-2절을 보면, 많은 세리와 죄인들이 예수님 앞에 나아오는 것을 볼 수 있습니다. 이것을 본 바리새인들과 서기관들은 예수님을 원망하였습니다. 예수님이 왜 죄인들을 영접하고 함께 음식을 먹는지 그들로서는 도저히 이해가 되지 않았던 것입니다. 이 원망은 당시로서는 타당한 이유가 있었습니다. 당시 유대의 모든 사람들이 멸시하고 천대하는 세 부류의 사람들이 있었는데 바로 세리, 창녀, 죄인이었습니다. 이들은 구원받지 못할 사람으로 낙인이 찍힌 존재들이었기 때문에 아무도 이들과 상종조차 하지 않으려 했습니다.

그런데 예수님은 그들에게도 천국복음을 전하시고 말씀을 들으러 가까이 나아오는 그들을 기쁘게 영접하셨으며, 심지어 함께 식사를 하기도 하셨습니다. 도무지 용납될 수 없는 일들이 일어났던 것입니다. 이러한 이유로 바리새인들과 서기관들은 예수님을 못마땅하게 생각하고 원망했습니다.

예수님은 이들의 원망을 들으시고 세 가지 비유를 말씀해 주셨습니다. 이 세 가지 비유는 초점과 표현은 달라도 주제는 동일한 말씀들입니다. 그중에서 이 '탕자의 비유'가 가장 잘 알려져 있고, 많은 사람에게 큰 감동을 주고 있습니다.

주님께서 이 비유를 말씀하신 이유가 무엇입니까? 하나님께서는 세상에서 멸시받고 냉대받는 사람들, 즉 창녀나 세리와 같은 죄인들을 향하여 매우 특별한 마음을 가지고 계시다는 것을 주님은 보여 주기 원하셨습니다. 하나님은 그들이 회개하고 돌아오는 것을 바리새인들이 회개하고 돌아오는 것보다 훨씬 더 기뻐하신다는 사실을 가르쳐 주고자 이 비유를 드신 것입니다.

이러한 하나님의 기쁨은 당시 바리새인들이나 일반인들이 이해할 수 없는 신비한 기쁨입니다. 다음 구절에 하나님의 신비한 기쁨이 반복해서 표현되고 있습니다.

이 내 아들은 죽었다가 다시 살아났으며 내가 잃었다가 다시 얻었노라 하니 그들이 즐거워하더라_눅 15:24

이 네 동생은 죽었다가 살아났으며 내가 잃었다가 얻었기로 우리가 즐거워하고 기뻐하는 것이 마땅하다 하니라_눅 15:32

이렇게 기뻐하시는 하나님의 심정은 참으로 신비스럽고 이해하기 어려운 기쁨입니다. 어떻게 창녀와 같은 사람을 품에 안고 그렇게 좋아하실 수 있습니까? 어떻게 인간 답지도 못한 자들이 회개하고 돌아온다고 해서 그들을 위해 잔치를 벌이고 춤을 추며 기뻐하실 수 있습니까? 우리는 하나님이 기뻐하시는 이 심정을 이해하기 어렵습니다. 오직 신비롭다는 말밖에 할 수 없습니다.

이 세상 모두가 멸시하는 자들을 하나님은 전혀 다르게 보십니다. 그들을 무한한 사랑으로 대하십니다. 그들이 회개하고 돌아오면 의인이 회개하고 돌아오는 것보다 훨씬 더 기뻐하십니다. 주님은 하나님의 이 신비로운 기쁨을 가르치기 위하여 이 비유를 말씀하신 것입니다.

○ ○ ○ ○ ○ ○
돌아온 불효자

어떤 부자에게 두 아들이 있었습니다. 그들은 잘 성장하여 아버지의 눈에 대견해 보이는 성인이 되었습니다. 어느 날 둘째 아들이 찾아와서 이상한 소리를 했습니다. 자기 몫의 유산을 미리 달라는 것입니다 (12절 참조). 막무가내로 떼를 쓰는 아들을 보면서 아버지의 마음은 많이 아팠습니다. 그러나 거절할 수 없었습니다. 결국 불안한 마음을 감추지 못하면서 그 아들에게 재산을 떼어 주었습니다. 유대 나라의 법에 따르면, 아마 아버지의 전 재산 중 3분의 1 이상을 상속받았을 것으로 추정됩니다. 며칠 동안 둘째 아들은 분주하게 움직이더니 드디어 모든 재산을 현금으로 바꾸어 먼 나라로 떠났습니다. 즉, 이민을 간 것입니다.

쉽게 번 돈은 쉽게 쓰기 마련입니다. 자기가 땀 흘리고 고생하면서 번 돈이 아니었기 때문에 그의 씀씀이는 너무나도 헤펐습니다. 큰 집과 분에 넘치는 물건들을 구입하고, 밤마다 여자들과 즐기면서 한참 신나게 살았습니다. 그의 이러한 생활을 성경은 한마디로 "허랑방탕 했다"라는 말로 묘사하고 있습니다(13절 참조). 그러나 아무리 돈을 많이 쌓아 놓았어도 이렇게 밑도 끝도 없이 쓰다 보면 빈털터리가 되는 것은 시간 문제입니다. 얼마 안 가서 돈이 다 떨어졌습니다. 설상가상으로 그 땅에 기근까지 들었습니다. 우리나라에 IMF 경제난이 몰아닥쳐서 경제 사정이 최악으로 치달은 것과 비슷한 상황이 벌어진 것입니다.

거지로 전락한 그에게 온정을 베푸는 사람은 아무도 없었습니다. 그가 알거지가 된 것을 알자 영원한 우정을 맹세했던 사람들도 하나둘씩 다 그를 등졌습니다. 세상의 비정함을 그는 처절하게 맛보았습니다. 배가 너무 고팠기 때문에 견디다 못해 중동 사람들이 가장 천하게 여기는 돼지치기를 시작했습니다. 하지만 허기진 배를 채울 수가 없었습니다. 심지어 돼지가 먹는 것으로 허기를 달래 보고자 했지만 극심한 기근으로 인하여 그것마저 주는 사람이 없었습니다.

어느 날 별이 쏟아질 것같이 반짝이는 밤하늘을 보고 있는데, 문득 아버지 생각이 났습니다. 아버지와 함께 지냈던 행복한 시절이 주마등처럼 눈앞을 스쳐 지나갔습니다. '내가 왜 이런 신세가 되었을까?' 불현듯 집에 돌아가고 싶은 마음이 생겼습니다. 그래서 날이 새자마자 모든 것을 버리고 길을 떠났습니다. 냄새나는 누더기를 걸친 보잘것없는 모습이지만 그래도 아버지는 자기를 받아 주실 것이라는 실낱같은 기대를 가지고 고향으로 향했습니다. '어떻게 하면 나를 받아 주실까? 아버지에게 어떻게 말씀을 드리는 것이 좋을까?' 고민하면서 생각해 낸 말들을 되뇌며 길을 갔습니다.

이윽고 눈에 익은 마을이 시야에 들어왔습니다. 길을 따라 집을 향해 올라가는데, 앞에서 누군가 달려오는 소리가 들렸습니다. 고개를 들어 보니 아버지가 눈물을 흘리면서 두 팔을 벌리고 뛰어오시는 것이었습니다. 아버지는 아들을 덥석 끌어안고 울먹이며 말하였습니다.

"애야, 네가 맞지? 왜 이제야 왔니? 얼마나 고생이 많았니?"

아들의 등을 두드리고 볼을 비비며 기뻐서 어쩔 줄 몰라 합니다. 이때 아들이 속으로 외우고 또 외웠던 말을 합니다.

"아버지, 저는 하늘과 아버지에게 죄를 범한 불효자입니다. 이제 아들이라 하지 마시고…."

여기까지 듣던 아버지는 아들의 입을 막습니다.

"애야, 그런 말은 안 해도 된다. 어서 집으로 가자."

집에 도착하자마자 종들을 불러서 이것저것을 시킵니다.

"목욕 시키고 새 옷으로 갈아입혀라. 신발도 신기고 가락지도 끼워라. 그리고 살진 송아지를 잡고 이웃에 사는 사람들을 초청해서 잔치를 벌이자."

집안이 갑자기 분주해지고 잔치 분위기가 가득합니다. 아버지는 너무너무 기뻐서 가만히 있지를 못하고 "내 아들이 죽은 줄 알았더니 살았구나. 잃어버린 줄 알았더니 이제 얻었구나" 하면서 덩실덩실 춤을 춥니다.

○ ○ ○ ○ ○ ○
큰아들의 분노

큰아들이 들녘에서 돌아왔습니다. 명절도 아닌데 집안 분위기가 심상치 않았습니다. 알고 보니 동생이 돌아왔다고 온 집안이 떠들썩하게 성대한 잔치가 벌어진 것이었습니다. 아버지는 너무 기쁜 나머지 정신이 없어서 큰 실수를 했던 것입니다. 동네 사람은 다 초청하면서 큰

아들한테는 연락을 안 한 것입니다. 큰아들은 화가 나서 집에 들어가지도 않았습니다. 이 소식을 듣고 아버지가 달려나왔습니다.

"애 큰애야, 왜 안 들어오니? 내가 너에게 큰 실수를 한 것 같구나. 그러나 죽은 줄로만 알았던 네 동생이 이렇게 건강하게 살아서 돌아왔잖니? 우리가 같이 기뻐해야지."

큰아들을 달래 보았지만, 큰아들의 분은 쉽사리 풀리지 않았습니다. 도리어 아버지의 이러한 처사에 대하여 불만과 불평을 험악하게 늘어놓았습니다.

며칠 전 집에서 아내와 함께 이 본문을 읽고 나서 아내에게 이렇게 물어보았습니다. "당신 같으면 이런 아들이 돌아올 때 받아 주겠소? 잔치를 벌이고 좋아하겠소?"

어느 날 밤늦게 초인종이 울려서 나갔더니 "엄마, 나예요" 하며 오랫동안 듣지 못했던 낯익은 목소리가 건너편에서 들립니다. 화들짝 놀라서 문을 열어 보니 거기에는 3년 전에 꽤 많은 돈을 뜯어가지고 가출했던 아들이 서 있는 것이 아닙니까? 머리는 노랗게 물을 들여 꽁지 모양을 하고 있고, 마약 기운이 아직 덜 깨었는지 눈동자는 풀려 있으며, 옷에서는 고약한 냄새가 코를 찔렀습니다. 아들은 "엄마, 미안해요" 하면서 고개를 푹 숙였습니다. 그럴 때 그 아들이 왔다고 너무 좋아서 애를 껴안고, 목욕을 시키고, 부엌에 들어가서 냉장고에 있는 것을 다 끄집어내어 밤새도록 음식을 만들 만큼 좋아할 수 있을 것 같은지 아내에게 물었습니다. 아내는 한참 생각하다가 집 안에 들여놓는 것까지는 할 수 있어도 그렇게 잔치할 정도로 좋아하지는 못할 것 같다고 대답했습니다. 저도 아내와 마찬가지일 것입니다.

세리나 창녀들, 흔히 말하는 죄인들이 회개하고 돌아왔다고 하늘에서 천군 천사들과 함께 잔치하면서 춤을 추시는 하나님의 모습을 한번 상상해 보십시오. 쉽게 이해하기 힘든 광경입니다. 우리에게는 차라리 밖에서 화를 내며 집에 안 들어오고 버티고 서 있는 큰아들이 훨씬 더 자연스러워 보입니다. 아무리 동생이지만 얼마나 못됐습니까? 아직도 시퍼렇게 살아 계시는 아버지에게 유산을 내놓으라고 어떻게 감히 말할 수 있습니까?

지금도 레바논의 시골에 가면 예수님 당시와 비슷한 문화 환경을 가지고 사는 사람들이 있다고 합니다. 레바논에서 사역하는 한 선교사님이 이 비유를 한 번도 들어 본 적이 없는 그들에게 이야기해 주고, 어떤 반응을 보이는지 살펴보았다고 합니다. 그들은 한결같이 어떻게 감히 아직도 살아 계시는 아버지한테 유산을 내놓으라고 할 수 있느냐며 굉장히 화를 내면서 도저히 용서할 수 없는 짓이라는 반응을 보였습니다. 그 사람들에게는 아직 살아 계신 아버지에게 유산을 달라고 하는 것은 아버지더러 빨리 죽으라는 말과 같은 소리로 들리기 때문입니다. 그와 같은 일은 전혀 상상할 수 없는 일이고, 이와 같은 모욕적인 아들의 행동을 보고도 재산을 떼어 준 아버지의 행동도 도무지 이해할 수 없다는 반응이었습니다.

그러므로 형이 생각할 때 동생은 인간으로서는 차마 할 수 없는 몹쓸 짓을 하고 나간 자인 것입니다. 그렇다고 성공하여 금의환향을 한 것도 아니었습니다. 만약 성공했다면 돌아올 인간도 아니었을 것입니다. 방탕하게 재산을 다 탕진하고 나서 오갈 데 없어지니까 어쩔 수 없이 돌아온 것입니다. 얼마나 뻔뻔합니까? 그런 동생을 어떻게 사랑할 수 있겠으며, 용납할 수 있겠습니까? 게다가 큰아들을 더욱더 화나게 하는 것은 그런 동생이 돌아왔다고 기뻐서 어쩔 줄 몰라 하고 잔치까지 벌이는 아버지의 모습이었습니다. 도저히 이해할 수 없었습니다. 우리는 이런 형의 심정을 충분히 이해할 수 있습니다.

흉악범이 예수 믿는 경우

우리는 큰아들의 모습을 통하여 중요한 교훈을 놓치지 말아야 합니다. 큰아들이 바로 우리 자신의 모습이기 때문입니다. 우리들 대부분은 자신보다 더 악하다고 생각되는 사람들을 향해 숨겨진 분노를 가슴에 품고 있습니다. 바리새인들처럼 차가운 눈으로 서슬 퍼런 율법의 잣대를 그들에게 들이대고 있습니다. 교제나 전도를 해도 골라서 하지, 창녀나 세리 같은 사람들은 찾아가려고 하지 않습니다. 그리고 그런 자들이 예수님을 믿고 구원받았다는 이야기를 들으면 어쩐지 마음이 편치 않습니다. 내 마음은 편치 않은데, 하나님은 그들을 보시고 도리어 기뻐서 어쩔 줄 몰라 하시니 마음이 더 불편한 것입니다. 이런 하나님의 모습을 가슴으로 이해하기가 너무나 힘든 것입니다. 이것이 바로 우리의 모습입니다.

약 5년 전에 제프리 다머(Jeffrey Dahmer)라는 사람의 이야기가 미국의 텔레비전에서 방송되어 수많은 사람들의 관심을 끌었던 적이 있습니다. 그는 열일곱 명의 여자를 욕보이고 살해한 뒤 시체를 토막 내어 냉장고에 넣어 두고 먹기까지 한 아주 흉악한 인간이었습니다. 그가 사형언도를 받고 사형수로 복역을 하고 있었습니다. 하루는 복역 중인 동료들과 싸움이 붙었다가 동료 죄수가 휘두른 빗자루에 맞아 죽었습니다. 워낙 흉악한 사람이 그렇게 어이없이 죽었기 때문에 뉴스거리가 되기에 충분했습니다. 그가 죽었다는 보도를 접하고 다양한 반응들이 나왔는데, 대다수의 사람들이 "너무 빨리 죽었다. 너무 편안하게 죽었다. 좀 더 고생했어야 되는데…"라고 말했다고 합니다.

그런데 기가 막힌 사실이 밝혀졌습니다. 이 다머라는 흉악범이 감옥에서 예수를 믿고 세례를 받았다는 것입니다. 세례를 받은 후로 그는 날마다 성경과 신앙서적을 읽었다는 것입니다. 그를 개종시킨 목사는 텔레비전 인터뷰에서 다머가 진심으로 회개하고 하나님의 자녀가 되었다고 증언해 주었습니다. 이 뉴스가 나가자 세상 사람들은 말할 것도 없고, 예수 믿는 사람들의 반응도 크게 갈렸습니다. 회개하고 돌아오면 하나님이 받아 주실 수 있을지도 모른다는 동정적인 입장을 취하는 사람도 있었지만 그 수는 아주 적었고, 대부분의 사람들은 "어떻게 저런 흉악한 자가 구원받을 수 있단 말인가? 죽을 때가 되니까 위선을 떠는 것이다" 하는 반응을 보였습니다.

논쟁이 끝난 뒤 뉴스를 진행하던 아나운서가 마지막으로 한 코멘트는 대다수 사람들의 마음을 정확하게 대변하는 것이었습니다. "오늘 저녁 편안한 마음으로 텔레비전 앞을 떠나는 사람은 아무도 없을 것입니다." 이 말이 무슨 뜻입니까? 흉악한 범죄자가 회개하였는데 왜 사람들의 마음이 불편합니까? 죽어 마땅한 그가 예수를 믿고 구원받았다는 사실이 오히려 불쾌하다는 것입니다. 절대로 구원받아서는 안 되는 자인데, 구원받았다는 사실이 기분을 나쁘게 만드는 것입니다. 기분 나쁜 정도가 아니라 화가 나는 것입니다.

이것이 바로 큰아들이 보인 반응이며, 우리 모두의 반응입니다. 우리가 이러한 마음가짐을 갖고 있기 때문에 무한한 자비를 가지고 세상을 보시는 하나님을 이해할 수 없는 것입니다. 탕자와 같은 죄인들이 회개하고 돌아오는 것을 보고 기뻐하시는 하나님을 이해할 수 없는 것입니다.

세상에 비친 교회의 이미지

오늘날 한국 교회가 세상에 주는 이미지는 과연 어떤 것입니까? 창녀를 구원하기 위해서 수만 리 길을 걸어가시는 예수님의 이미지입니까? 아닐 것입니다. 돌아온 탕자를 끌어안고 기뻐하며 춤을 추는 아버지의 이미지입니까? 그렇지 않을 것입니다. 도리어 우리의 모습은 큰아들의 이미지, 바리새인들의 이미지 쪽에 가깝습니다.

필립 얀시(Philip Yancey)의 《놀라운 하나님의 은혜》라는 책을 읽으면서 가슴 깊이 아려 오는 아픔을 느낀 적이 있습니다. 하루는 시카고에 사는 어느 창녀가 필립 얀시를 찾아왔습니다. 그녀는 집도 없었고, 몸은 병들어 제대로 돈을 벌 수도 없었습니다. 찢어지게 가난했기 때문에 두 살 먹은 딸아이 하나 먹여 살리지 못하는 처지였습니다. 그녀가 울먹이면서 하는 이야기는 정말 기가 막힐 정도로 비참한 것이었습니다. 두 살 먹은 자기 딸을 변태 성욕자들에게 돈을 받고 판다는 것입니다. 한 시간 동안만 팔아도 자기가 하룻밤 버는 것보다 수입이 좋다고 합니다. 그렇게 해서 번 돈으로 마약을 사서 먹는다는 것입니다. 필립 얀시가 이 기막힌 이야기를 듣고 그녀에게 물었답니다.

"교회에 가서 도움을 받아 볼 생각은 없습니까?"

그러자 그 여자의 표정이 갑자기 바뀌더니 이렇게 소리쳤습니다.

"교회요? 거기에 뭣하러 가요? 그렇지 않아도 비참해 죽겠는데. 거기 가면 그 사람들 때문에 나는 더 비참해져요. 그런데 거길 왜 가요?"

이 한마디가 비수가 되어 저의 가슴을 찔렀습니다. 왜 이런 이야기가 나옵니까? 오늘날 교회가 사회에 주는 이미지가 바로 그렇다는 것입니다. 나보다 선하게 보이는 사람들은 다 받아들이지만, 나보다 조금 악하다고 생각되는 사람은 좀처럼 받아들이지 않는 것이 오늘날 교회의 모습인 것입니다.

사랑의교회도 예외일 수 없다고 생각합니다. 사랑의교회 주변에는 좋은 주거지들이 많지만 나쁜 환경도 있습니다. 유흥가 복음화를 위하여 애쓴 '우물가선교회'를 통해 지난 십여 년 동안 유흥가에서 일하던 여러 사람들이 예수님을 믿고 사랑의교회로 들어왔습니다. 심지어 카페나 술집 같은 좋지 못한 영업을 하던 사람들이 예수님을 믿은 후 회개하고 자진하여 가게를 닫기도 했습니다. 어떤 사람은 다락방에 들어가서 함께 성경공부를 하기도 하고 또 어떤 사람은 제자훈련반에도 들어갔습니다. 그러나 한 사람도 정착하지 못했습니다. 대부분이 왕따를 당하다가 교회를 떠난 것입니다. 교인들이 마음을 열고 받아 주지 않았기 때문입니다. 같이 있을 때는 웃지만, 없으면 금방 수군대고 손가락질하는 것을 견딜 수 없었던 것입니다. 그래서 한두 명씩 눈물을 흘리고 다 떠났습니다. 저에게 비참한 내용의 편지를 써 보내고 떠난 사람도 있습니다.

이러한 사랑의교회의 모습은 탕자가 돌아왔다고 춤을 추는 아버지의 모습이 결코 아닙니다. 분노하는 큰아들의 모습입니다. 우리는 탕자와 같은 사람들이 교회에 오면 속으로 분노를 품습니다. 그들이 은혜받고 좋아서 두 손을 들고 찬송하면 오히려 비웃습니다. 이런 우리의 모습은 죄인을 기뻐하는 아버지의 모습이 아니며, 하나님이 원하시는 교회의 모습도 아닙니다.

○ ○ ○ ○ ○ ○ ○ ○
기독교 복음의 본질

이러한 우리의 모습은 하나님을 너무나도 모르는 무지에서 비롯되었다고 생각합니다. 그것은 기독교 복음을 변질시키고 있는 모습입니다. 기독교 복음을 가장 잘 설명하는 것 중에 하나가 마태복음 1장에 나오는 예수님의 족보입니다. 거기에는 선뜻 이해가 되지 않는 세 명의 여자가 끼여 있습니다. 그들이 다른 많은 여자들을 제치고 예수님의 족보에 오를 수 있었던 이유를 살피다 보면 참으로 놀라운 사실을 발견하게 됩니다. 그들이 탁월한 업적을 남겼거나, 성녀로 추앙받을 만한 인물이었기 때문에 족보에 이름이 오른 것이 아니었습니다. 그들의 인생은 예수님의 족보와는 전혀 어울리지 않는 삶이었습니다.

먼저 '다말'이라는 여자는 야곱의 아들인 유다의 며느리였습니다. 그녀는 아들을 낳고 싶었지만 남편들이 다 죽어 정상적인 방법으로는 아들을 낳을 수 없게 되자 창녀로 변장해서 시아버지를 유혹하여 아들을 낳았습니다. 이렇게 해서 낳은 아들이 예수님의 조상이 되었습니다. '라합'이라는 여자는 여리고 성의 이름난 기생이었습니다. 그런데 그가 나중에 결혼해서 낳은 아들이 예수님의 조상이 되었습니다. 그러므로 예수님은 기생의 혈통을 타고 내려오는 가정에서 태어난 셈입니다. 마지막으로 '밧세바'는 다윗 왕이 절정의 권력을 휘두르던 때에 그의 성적 욕구를 채워 주는 노리개로 왕가에 발을 들여놓은 여자였습니다. 그녀에게서 태어난 솔로몬이 예수님의 조상이 되었습니다. 이처럼 예수님은 부끄러운 조상들을 가진 혈통에서 태어나셨습니다.

우리 생각에는 스캔들 때문에 비웃음을 살 정도로 부끄러운 족보라면 차라리 공개하지 않거나, 굳이 공개한다면 적당히 미화해서 내놓는 것이 어느 면으로 보나 유리할 것 같지 않습니까? 예수님을 핍박했던 헤롯 왕도 천민 출신이라는 것을 숨기기 위해 후에 자신의 형편없는 족보를 다 불태워 버렸습니다. 그런데 무엇 때문에 거룩하신 하나님의 아들 예수님이 이 세상에 오시는 혈통 속에 차마 입에 담기도 부끄러운 이야기가 고스란히 다 담겨 있는 것입니까?

그 해답에는 기독교의 놀라운 본질이 들어 있습니다. 예수님의 족보는 하나님께서 덜 악한 자와 더 악한 자를 차별하지 않고 구원하신다는 것을 웅변해 주고 있습니다. 이 세상에 다른 사람보다 더 악하다는 이유로 구원에서 제외되는 사람은 아무도 없다는 메시지를 선포하고 있습니다. 이것이 기독교 복음의 본질입니다. 하나님은 덜 악한 자와 더 악한 자를 차별하지 않고 구원하십니다. 오히려 더 악한 자일수록 회개하고 돌아오면 더 크게 기뻐하십니다. 우리는 이 본질을 변질시키고 있습니다. 그렇기 때문에 많은 사람들이 앞의 시카고 창녀처럼 말하는 것입니다. "교회는 왜 가요? 그렇지 않아도 비참한데 내가 거기 가면 그들 때문에 나는 더 비참해져요."

히틀러(Hitler, 1889-1945)는 그 이름을 입에 담는 것조차도 꺼리는 인물입니다. 악마의 화신이라고 말할 수밖에 없는 악한 존재였습니다. 6백만 명에 가까운 유대인들을 가스실에서 죽였고, 그가 일으킨 전쟁으로 아까운 젊은이들이 수없이 죽어 갔습니다. 자식을 잃고 부모들이 흘린 피눈물은 그 양을 다 헤아릴 수 없을 정도입니다. 히틀러에게 핍박 당하여 망명을 다니던 많은 사람들 중에 칼 바르트(Karl Barth, 1886-1968)라고 하는 유명한 신학자가 있었습니다. 그가 망명생활을 하고 있는 중에 어느 신학생이 찾아와서 지금이라도 히틀러를 만난다면 무슨 말씀을 하고 싶은지에 대해 물었습니다. 질문을 받은 칼 바르트는 엄숙하고 진지하게 말했습니다.

"히틀러 총통, 예수님은 당신을 위해 십자가에서 죽으셨습니다."

바르트가 말하고자 하는 핵심이 무엇입니까? 그것은 비록 히틀러일지라도 그의 죄가 너무 악해서 구원을 못 받는 일은 없다는 것입니다. 이것이 기독교의 본질입니다.

전도 대상, 차별하지 말자

그러므로 우리는 나보다 더 악한 사람을 향하여 숨겨진 분노를 회개해야 합니다. 차가운 도덕의 눈으로 사람을 차별하는 무자비함을 회개해야 합니다. 은혜로 치유된 눈을 가져야 합니다. 은혜로 치유된 마음을 가져야 합니다. 그런 다음 주변을 돌아보면 예수께서 찾는 사람이 얼마나 많은지 볼 수 있을 것입니다.

거기에는 바리새인들처럼 도덕적으로 상당히 수준 높은 사람들이 있는가 하면, 창녀나 세리와 같이 밑바닥 인생도 있습니다. 우리는 전도 대상자들을 차별하여 전도해서는 안 됩니다. '저런 것이 구원을 받아?' 할 정도로 미워하는 마음이 있어서 한 번도 전도하지 않고 제쳐놓은 사람이 있습니까? 하나님이 슬퍼하고 계십니다. 우리 속에 있는 이 분노를 회개하고 대신 하나님의 사랑을 담아야 합니다.

전도가 무엇입니까? 하나님 아버지가 사랑하는 사람을 내가 사랑하는 것입니다. 하나님이 찾고 있는 자들을 찾아 그들을 하나님 앞으로 인도하는 것입니다. 그렇게 함으로써 아버지 되신 하나님을 한없이 기쁘시게 해 드리는 것입니다. 그러므로 전도할 때 내 기분대로 하면 안 됩니다. 설혹 마음이 내키지 않고 상대하고 싶지 않더라도 하나님이 이 사람을 얼마나 좋아하실지, 예수를 믿고 돌아오기만 하면 하나님께서 얼마나 기뻐하실지 생각하고 찾아가서 복음을 전해야 합니다.

명절 선물로 굴비가 많이 나갔다는 뉴스를 본 적이 있습니다. 조그마한 굴비 한 상자에 50만 원이나 되었습니다. 과연 얼마나 팔릴까 걱정했는데, 나중에는 물건이 없어서 못 팔 정도로 불티나게 팔렸다고 합니다. 아무리 형편이 좋아도 굴비 몇 마리를 50만 원이나 주고 사먹을 수 있는 사람은 그리 많지 않을 것입니다. 그러나 1년에 한 번 찾아뵙는 연로하신 아버지를 생각하는 아들이 있다고 가정해 봅시다. 아버지가 제일 좋아하시는 음식이 굴비입니다. 너무나 좋아 보여 사려고 값을 물었더니 50만 원이라고 합니다. 들었다 놓기를 여러 번 하다가 결국에는 1년에 한 번 사 드리는 것인데 비싸도 제일 좋은 것으로 사 드리자는 마음으로 눈 딱 감고 샀습니다. 그리고 아버지께 구워 드렸더니 이제까지 먹어 본 음식 중에서 가장 맛있다며 잘 드시는 것입니다. 이런 아버지의 모습을 보면서 그 아들의 마음이 얼마나 흐뭇하겠습니까? 얼마나 기쁘겠습니까? 50만 원이 결코 아깝지 않을 것입니다. 전도는 이런 심정으로 하는 것입니다.

하나님은 우리를 좋아하십니다. 그러나 우리보다 더 좋아하는 사람들이 있습니다. 세상이 멸시하고 거들떠보지 않는 사람들이 예수님을 믿고 눈물을 흘리면서 회개하고 돌아오면 하나님은 너무나 기뻐하십니다. 이것을 안다면 하나님이 기뻐하시는 전도의 모습이 어떤 것인지 깨닫게 될 것입니다.

우리 자신을 점검해 봅시다. 우리는 우리보다 더 악한 자들을 향해 은근히 분노하고 있지는 않습니까? 창녀나 흉악범들이 구원받는 것을 불편해 하거나 달갑지 않게 여기지는 않습니까? 하나님처럼 불쌍히 여기는 마음보다 바리새인들처럼 싸늘한 도덕적 눈으로 판단하고 있지는 않습니까? 죄인과 세리와 창녀들이 회개하고 돌아오는 것을 보고 춤추듯 기뻐하시는 하나님을 불편한 심기로 쳐다보고 있지 않습니까? 만약 우리에게 이와 같은 문제가 있다면 성령께서 우리 마음을 여시고 하나님의 자비하심으로 우리의 심령을 치유해 주시기 바랍니다. 하나님의 눈을 갖는 새사람으로 바꾸어 주시기를 바랍니다.

자신은 다른 사람에 비해서 덜 악하다고 생각할지 모르지만, 하나님이 보시기에는 그보다 더 악한 사람은 세상에 아무도 없습니다. 그러므로 우리 주변에 있는 모든 사람을 차별하거나 가리지 말고 복음을 전합시다. 그들을 하나님 앞으로 인도합시다. 그러면 하나님은 기쁨을 이기지 못하고 춤을 추실 것입니다. 하나님의 마음을 품고 사람들에게 다가간다면 위대한 축복들이 우리의 삶에 넘치게 될 것입니다.

2

복음과 성령의
능력으로 하는
전도

성령이 역사하시는 복음의 능력을 압니까?
이 능력을 안다면 나 혼자 움켜쥐고 있으면 안 됩니다.
마음에 떠오르는 이웃을 찾으십시오. 엄청난 일이 그들에게 일어날 수 있습니다.
한 사람의 영혼을 영원한 죽음에서 영원한 생명으로
옮겨 놓는 기적이 일어날 수 있습니다.

고린도전서 2:1-5

1 형제들아 내가 너희에게 나아가 하나님의 증거를 전할 때에 말과 지혜의 아름다운 것으로 아니하였나니 2 내가 너희 중에서 예수 그리스도와 그가 십자가에 못 박히신 것 외에는 아무것도 알지 아니하기로 작정하였음이라 3 내가 너희 가운데 거할 때에 약하고 두려워하고 심히 떨었노라 4 내 말과 내 전도함이 설득력 있는 지혜의 말로 하지 아니하고 다만 성령의 나타나심과 능력으로 하여 5 너희 믿음이 사람의 지혜에 있지 아니하고 다만 하나님의 능력에 있게 하려 하였노라

복음과 성령의
능력으로 하는
전도

국내에는 동남아를 비롯하여 중국, 중동에서 돈을 벌기 위해 들어온 외국인 노동자들이 많이 있습니다. 그들의 숫자가 36만 명 정도 된다고 합니다. 이들 가운데는 소위 '3D 업종'에 종사하면서 인간적인 대우도 받지 못한 채 엄청난 고통을 겪고 있는 사람들이 많이 있습니다. 너무나 처절한 형편에서 돈도 제대로 벌지 못하고 산업 재해로 인해 불구가 되거나 사망하는 경우까지 있습니다.

돈을 벌기 위해 인도네시아에서 왔다가 고국으로 돌아가는 주원도(Juwondo)라는 젊은이가 있었습니다. 그는 공항으로 전송을 나온 어느 집사님과 작별을 하면서 이런 말을 했습니다.

"집사님, 저는 돈을 벌러 한국에 왔다가 예수 그리스도를 만났습니다. 이제 모슬렘인 부모, 형제, 동족들을 전도하기 위해 돌아갑니다. 복음을 전하다가 생명을 바쳐야 하는 자리에 서게 될지도 모릅니다. 그때 제가 주님을 배반하지 않도록 집사님께서 꼭 기도해 주십시오."

둘이서 포옹을 하고 그는 떠났습니다. 한 두 달 후에 전화로 그의 안부를 물었더니 그동안 전도를 열심히 해서 주변에 있는 많은 사람들이 예수를 믿게 되었다고 합니다. 그 후 한번은 이슬람교를 믿던 자기 가족 6명이 한꺼번에 예수 믿고 돌아오는 큰 기쁨을 맛보았다며 전화를 통해 몹시 흥분에 들뜬 목소리로 소식을 전해 왔다고 합니다.

이렇게 몇 마디의 말로 전도를 받고서 예수를 믿는 일만큼 이 세상에 신기한 것이 또 있겠습니까? 정말 신기한 일입니다. 강의나 연설을 듣고 가슴이 뛸 정도로 흥분하거나 감동을 받을 수 있습니다. 그러나 그러한 감정은 대부분 잠깐 동안이고 그것으로 그냥 끝나기 때문에 매우 흔한 일이고 그리 대단한 것이 아닙니다.

이와는 달리 몇 마디 전하는 말로 전도를 받고서 예수 그리스도를 마음에 모시게 되면 사람의 삶이 완전히 변하게 됩니다. 돈을 빌려 왔던 사람이 다 정리하고 전도하겠다며 자기 고국으로 돌아가는 일이 생깁니다. 돌아가서 생명을 걸고 전도합니다. 이것이 얼마나 드문 일입니까? 주변에서 이런 경우를 자주 접하는 우리에게는 어쩌면 당연한 것으로 보일지 모르지만 사실 이것만큼 희한한 일이 없습니다.

말과 지혜의 아름다움은 무용지물

사도 바울은 본문 말씀을 통해서 전도는 참으로 희한한 일이고, 우리가 상상하기 힘든 초자연적 요소를 갖고 있다는 사실을 증명해 줍니다. 그는 먼저 전도하는 데 있어 무용지물이 두 가지 있다는 사실을 가르쳐 주고 있습니다.

첫째로, 말과 지혜의 아름다움은 전도하는 데 있어서 무용지물이라고 합니다.

형제들아 내가 너희에게 나아가 하나님의 증거를 전할 때에 말과 지
혜의 아름다운 것으로 아니하였나니_고전 2:1

바울이 고린도 사람들에게 복음을 전하기 위해 갔을 때 말과 지혜
의 아름다움을 사용하려고 하지 않았다는 뜻입니다. 그것이 소용없는
일인 줄 알았기 때문입니다. 그가 말하려고 하는 취지는 말도 필요 없
고 지혜도 소용없다는 것이 아닙니다. 중요한 것은 아름다움이라는
단어입니다. 이 아름다움이 필요가 없다는 것입니다. 말의 아름다움,
지혜의 아름다움이 아무 쓸모가 없다는 의미입니다.

'아름다움'에 해당하는 헬라어의 뜻은 '탁월하다, 우수하다, 뛰어나
다'는 의미를 갖고 있습니다. 예로부터 뛰어난 정치나 철학자들은
달변으로 사람들을 설득하여 휘어잡았습니다. 웅변으로 사람들의 마
음을 녹였습니다. 그들은 높은 수준의 철학적인 지식을 습득하고 수
사학과 웅변을 익힘으로써 말을 잘하는 연습을 많이 했습니다. 이렇
게 무장하여 사람들의 마음을 사로잡은 것입니다. 이것이 고대 사람
들이 군중을 이끌어 가는 하나의 방법이었습니다.

그런데 바울은 그와 같은 짓이 전도에는 필요 없다는 것을 알았습
니다. 달변이나 철학적인 지식으로는 한 사람도 구원하지 못한다는
것을 경험을 통해서 깨닫게 된 것입니다. 아마 아테네에서 전도에 별
성과를 보지 못한 것이 큰 교훈이 되지 않았나 생각합니다. 고린도에
오기 전에 그는 아테네에서 전도를 했는데, 아테네 사람들은 종교성
이 대단히 강한 사람들이었습니다. 따라서 바울은 그들을 설득시켜
볼 요량으로 철학적인 논리를 사용하여 접근을 시도했던 것입니다.

그런데 그의 이야기를 듣고서 나중에 예수를 믿은 사람이 불과 다
섯 손가락 안에도 꼽히지 않았다는 사실은 그의 그러한 시도가 실패

했다는 것을 말해 주고 있습니다. 참담한 심정으로 고린도에 들어오면서 그는 마음속으로 다시는 철학적인 이야기나 사람들에게 유식하게 보이는 말은 하지 않겠노라고 결심한 것 같습니다. 4절에는 그의 이런 결심이 다시 한번 나타나고 있습니다.

> 내 말과 내 전도함이 설득력 있는 지혜의 말로 하지 아니하고

그러므로 우리도 말과 지혜의 탁월함을 가지고 전도해야겠다는 생각을 아예 하지 말아야 합니다. 그것은 무용지물입니다.

○ ○ ○ ○ ○ ○ ○
자신감도 방해물

바울이 무용지물이라고 말하는 것이 또 하나 있습니다. 자신감입니다. 전도에서는 자신감도 쓸데없다고 말합니다. 바울이 고린도에서 보여 준 모습은 어떤 것이었습니까?

> 내가 너희 가운데 거할 때에 약하고 두려워하고 심히 떨었노라
> _고전 2:3

이 구절의 내용을 종합하면 바울의 모습이 어떠했는지 대충 짐작이 가지 않습니까? 한마디로 자신감이라는 것은 찾을래야 찾아볼 수가 없는 지경입니다. 그러나 이 말을 오해하면 안 됩니다. 이 말은 바울이 사람들이 무서워 문밖에도 못 나가고 떨고 있었다는 말도 아니고, 까딱 잘못하다가는 생명을 잃을지도 모른다는 공포심에 사로잡혀 있었다는 말도 아닙니다. 바울은 그렇게 비겁한 사람이 아닙니다. 그렇

다면 심히 떨고 두려워했다는 말의 의미는 무엇입니까?

고린도는 로마 제국에서 아주 악명 높은 도시였습니다. 항구 도시였고 배를 타는 사람들이 많이 드나들어 무역이 활발하게 이루어졌으며, 돈이 많은 곳이었습니다. 그런 도시들은 독특한 특징을 가지고 있습니다. 먼저, 도덕적으로 아주 질이 낮습니다. 사람들의 윤리의식이 희박합니다. 그러므로 온갖 범죄의 온상이 되는 곳입니다. 뿐만 아니라 종교가 많아서 수많은 종류의 잡신을 섬기는 사람들이 살고 있었습니다. 영적으로 캄캄한 암흑이었습니다.

바울은 혼자서 도덕적으로도 매우 질이 낮고 영적으로도 캄캄한 이 도성에 살면서 아직도 예수 그리스도의 이름을 한 번도 들어 보지 못한 사람들에게 예수를 증거하였습니다. 그러므로 무슨 힘으로 그들을 상대할 수 있겠습니까? 아무리 자신감이 넘쳐서 "나는 할 수 있다"고 외쳐 봐도 역시 현실의 벽은 높을 뿐입니다. 이 크고 악한 도성을 향하여 어떻게 복음을 전해야 할지를 생각할 때마다 자신은 부적합한 존재이며 무능한 존재라는 것을 철저하게 느꼈습니다. 하나님께 죄송한 생각이 들었습니다. '하나님, 이 도성에 사는 많은 사람들을 구원해야 되는데 이 부족한 종은 너무나 이 일에 적합하지 못합니다.'

여기에까지 생각이 미치자 자신감이 하나도 남지 않고 다 없어졌습니다. 그래서 떨고 있었던 것입니다. 그러다가 결국 결심을 했습니다. 기를 쓴다고 되는 것도 아니고 자신감을 가지고서 덤빈다고 되는 것도 아닐 바에는 차라리 자신을 철저히 죽이자는 것이었습니다. 벌벌 떨다가 나중에 쓰러지는 한이 있더라도 먼저 자기 자신을 완전히 포기하자는 것이었습니다. 그러고 나면 하나님께서 무엇인가 시작하실 것이라 기대하는 심정이었습니다. 자신감은 복음을 전하는 데 아무 소용이 없습니다.

복음 자체가 능력

한편 사도 바울은 본문에서 전도를 할 때 꼭 필요한 것 두 가지를 이야기합니다. 무용지물 두 가지가 있는가 하면 꼭 필요한 것 두 가지가 있다는 것입니다. 첫째는 복음입니다. 2절을 다시 한번 보십시오.

내가 너희 중에서 예수 그리스도와 그가 십자가에 못 박히신 것 외에는 아무것도 알지 아니하기로 작정하였음이라

이 말을 쉽게 바꾸면 다음과 같습니다.

"나는 고린도에 와서 오직 예수, 오직 예수의 십자가, 오직 예수의 부활, 오직 예수 그리스도를 통한 죄 사함의 은총만 전하리라. 그 외에는 전혀 관심을 두지 않으리라."

바울은 왜 이렇게 작정했습니까? 인간의 달변이나 논리적인 설득으로는 아무 소용이 없었는데, 단순히 예수의 이름을 전하자 사람이 바뀌는 놀라운 광경을 그가 목격한 것입니다.

"예수께서 십자가에 못 박혀 돌아가셨습니다! 믿습니까?"

설명도 별로 하지 않고 단순히 이렇게만 말했는데, 사람들이 "예, 믿겠습니다"라고 대답하는 것입니다. 그리고 나서 그 마음속에 엄청난 지각변동이 일어나더니 죄를 회개하고 돌아오는 일들이 자꾸 일어나는 것입니다. 바울은 이를 통해 전도할 때는 복음 밖에 없다는 것을, 예수 그리스도의 이름과 그분의 십자가와 부활 밖에는 중요한 것이 없다는 것을 확신하게 된 것입니다.

베드로가 지식이 많은 사람입니까? 세상적으로 명망이 있는 사람입니까? 갈릴리 어부입니다. 고기 잡는 것 외에는 아는 것이 거의 없

는 무식한 사람입니다. 그러나 그가 예루살렘에서 이렇게 외치지 않았습니까?

> 그런즉 이스라엘 온 집은 확실히 알지니 너희가 십자가에 못 박은
> 이 예수를 하나님이 주와 그리스도가 되게 하셨느니라_행 2:36

그러자 그 폭도와도 같은 사람들이 가슴을 치며 회개하고 돌아와 하루에 3천 명의 남자들이 주님 앞에 무릎을 꿇는 놀라운 기적을 보지 않았습니까? 복음이 능력이 있는 것입니다. 사도 바울도 이것을 경험 했습니다. 빌립보에서 매를 맞고 감옥에 갇혔는데 간수에게 전도할 기회가 생겼습니다. 그때 그가 무엇이라고 말했습니까?

> 주 예수를 믿으라 그리하면 너와 네 집이 구원을 받으리라_행 16:31

이 한마디에 그 간수의 온 집안이 다 예수 믿고 돌아왔는가 하면, 빌립보에 하나님의 교회가 세워지는 새로운 전환기를 맞이하게 되었 습니다. 복음이 능력이 있습니다. 그러므로 바울이 이렇게 말한 것입 니다. "내가 예수 그리스도와 그의 십자가에 못 박히신 것 외에는 다 른 아무것에도 관심을 두지 아니하려고 한다. 나는 그 이상의 다른 말 은 하고 싶지도 않다."

이런 면에서 요즘 한국 교회 강단을 바라보며 걱정스러워 하는 시 각들이 많이 있습니다. 기독교의 알맹이라 할 수 있는 '복음'이 빠진 설교가 많다는 것입니다. 복음의 지식이 올바르게 전달되는 설교라기 보다는 그저 설교자가 감정적인 호소를 함으로써 사람들의 마음을 움 직이는 설교가 너무 많습니다.

물론 이것도 필요합니다. 슬픈 이야기를 들을 때는 청중이 울어야 하고, 우스운 이야기를 들을 때는 청중들이 배꼽을 쥐고 웃어야 합니다. 감정적인 호소에 따라서 청중이 반응하는 것은 중요한 것입니다. 그러나 거기에 복음이 빠져 있으면 그것은 다 쓸데없는 것입니다. 어떤 때는 설교 시간에 기분 좋게 실컷 웃다가 교회문을 나서기도 하고 어떤 때는 기분 좋게 울고 나가기도 합니다.

하지만 예수 그리스도의 십자가가 없는 설교를 듣고서 이와 같은 반응을 보이는 것은 한증탕에 잠깐 들어갔다 나오는 것과 다르지 않다는 것을 알아야 합니다. 오히려 얼굴만 벌겋게 달아올라 사람들에게 이상한 모습으로 비칠 뿐입니다. 중요한 것은 예수의 복음을 듣는 것입니다. 오늘날 한국 교회 강단은 이 복음을 회복해야 합니다. 복음만이 사람을 바꾸기 때문입니다.

조나단 에드워즈(Jonathan Edwards, 1703-1758)는 미국 교회가 자랑하는 신학자요 철학자였으며, 프린스턴 대학의 초대 총장이었습니다. 특별히 그는 1700년대의 위대한 설교자였습니다. 그런 그가 주일 강단에서 설교할 때마다 항상 설교를 종이에다 적어와 호롱불 옆에서 읽었습니다. 그가 설교문을 읽는 모습을 쳐다보는 청중들을 한번 상상해 보십시오. 그들이 얼마나 답답하게 느꼈겠습니까? 설교자가 원고를 펴놓고서 한 번도 청중과 눈을 맞추지 않고 계속 고개를 숙인 채로 읽는다면 답답함을 느끼지 않을 사람은 아무도 없을 것입니다. 이렇게 원고를 읽는 방식의 설교에 대해서 사람들이 이러쿵저러쿵 말을 많이 했지만, 그럼에도 그는 평생 이 방식을 고집했습니다. 그 이유가 무엇인지 아십니까? 가장 설득력 있는 이유는 이렇습니다.

"내가 원고 없이 설교하다가 행여 성령이 전하라고 하시는 그 말씀은 옆으로 제쳐 놓고 나도 모르게 내 소리를 할지 모른다. 그러므로 철저하게 설교 원고에 적힌 말씀만 전하리라. 복음만 전하리라."

이런 신조가 그에게 있었다는 것입니다. 매우 일리가 있는 말이라고 생각합니다.

그가 한 설교 중에 '진노하는 하나님의 손에 붙들린 죄인들'이라는 유명한 설교가 있습니다. 제가 그 설교 원문을 읽어 보았는데, 꼭 신학교에서 강의를 듣는 것같이 딱딱하다는 느낌을 받았습니다. 그렇게 어렵고 딱딱한 설교를 읽기만 했는데도 그 자리에 있던 사람들 모두가 그동안 외식하던 모든 죄와 숨겨 놓았던 죄들을 내어 놓고, 가슴을 치고 데굴데굴 구르면서 회개하고 통회하는 놀라운 역사가 벌어진 것입니다. 이것이 미국의 그 유명한 대각성운동의 불씨가 되었습니다.

왜 그와 같은 능력이 나타났습니까? 에드워즈가 달변가였기 때문입니까? 아닙니다. 그가 아주 고차원적인 지식을 전했기 때문입니까? 아닙니다. 설교자로서의 탁월한 테크닉을 동원했기 때문입니까? 아닙니다. 복음이 그 속에 있었기 때문입니다. 바울은 바로 이것을 이야기하는 것입니다. 복음이 중요한 것입니다.

○ ○ ○ ○ ○ ○ ○ ○ ○ ○
성령의 나타남과 능력

두 번째로 전도에서 꼭 필요한 것은 성령의 나타남과 능력이라고 말씀하고 있습니다.

> 내 말과 내 전도함이 설득력 있는 지혜의 말로 하지 아니하고 다만
> 성령의 나타나심과 능력으로 하여_고전 2:4

오직 성령의 나타나심과 능력으로만 전도했다는 말씀입니다. '성령

의 나타나심'이라는 것은 복음을 전하거나 설교를 할 때 볼 수 있는 현상입니다. 전혀 들을 것 같지 않던 사람이 귀를 쫑긋 세우고 듣는 모습을 본 적이 있습니까? 이것은 성령께서 그 사람에게 역사하고 계심을 드러내는 일종의 증거라고 할 수 있습니다.

어떤 사람이 지금까지 여러 사람의 전도를 받아왔지만 그때마다 마음에 별 감동이 없었는데, 오늘따라 어느 집사님이 전하시는 복음을 듣고 이상하게 마음이 뜨거워지고 깨달음이 오고 고개가 끄덕여지더니 결국에는 자신도 믿어야겠다는 생각이 드는 체험을 했습니다. 이것이 성령의 나타나심입니다. 참으로 희한한 일입니다. 이런 일은 사람이 조작하는 것이 아닙니다. 누군가에게 보여 주기 위해서 일부러 그렇게 행동하는 것이 아닙니다. 진실로 예수를 영접한 사람은 누구나 경험하는 것입니다. 그것은 성령의 능력으로 가능한 일입니다. 복음을 전할 때 사람들이 믿는 것은 어떤 이유 때문입니까? '저분이 하시는 말씀이 사람의 말 같지 않다. 저기에 무엇인가 있는 것 같다. 하나님의 말씀인가 보다. 정말 사실인가 보다.' 이렇게 느껴지기 때문에 귀를 기울이는 것입니다.

누가 그 사람으로 하여금 그처럼 진지하게 귀 기울이도록 설득할 수 있습니까? 예수님이 하나님의 아들이라는 사실을 무슨 말로 설득시키겠습니까? 예수님이 십자가에 죽으셨음은 바로 그를 위한 것이라는 사실을 납득시키기 위해 도대체 책을 몇 권이나 들고 가서 설명해야 하겠습니까? 게다가 그분이 사흘 만에 죄와 사망을 이기고 부활하셨다는, 수천 년 전에 일어난 그 사건을 무슨 수로 증명하겠습니까?

세속 역사에서처럼 예수님을 정치범으로 몰려서 십자가에 처형 당한 초라한 유대 청년으로 생각할 수도 있습니다. 그런데 도대체 어떻게 그를 하나님이 보내신 하나님의 아들이요, 전 인류의 구원자가 되신 분으로 믿게 하여 그 앞에 무릎 꿇고 경배하도록 만들 수 있겠습니까? 어떤 능력으로 그렇게 할 수 있습니까? 누가 그렇게 할 수 있습니까? 당신은 자신 있습니까?

이것은 사람이 하는 일이 아닙니다. 사람이 하는 일이 아니었기에 우리도 예수 믿게 된 것 아닙니까? 누가 자신을 설득시켰기 때문에 예수 믿게 되었다고 생각하는 사람은 아무도 없을 것입니다. 그것은 불가능한 일입니다. 바로 성령의 역사입니다. 성령은 복음의 말씀을 듣는 자의 마음속에 믿음을 싹트게 하는 능력을 가지고 있습니다.

그러므로 진짜 믿음은 다음과 같은 믿음입니다.

> 너희 믿음이 사람의 지혜에 있지 아니하고 다만 하나님의 능력에 있
> 게 하려 하였노라_고전 2:5

지적·철학적 설득이나 설명 때문에 생긴 믿음이 아니라 성령의 능력 때문에 갖게 된 믿음이 진짜 믿음이라는 것입니다. 그러므로 이것은 사람의 일이 아닌 것입니다.

위대한 설교자 스펄전(Charles Haddon Spurgeon, 1834–1892)은 이렇게 말했습니다.

"복음의 능력은 전도자의 웅변에 달려 있지 않다. 만일 웅변에 있다면 전도는 사람이 믿게 하는 일이 될 것이다. 복음의 능력은 설교자의 학식에 달려 있지 않다. 만일 그렇다면 전도는 인간의 지혜로 하는 것이 될 것이다. 우리의 혀가 녹이 슬 때까지 전하고 허파가 다 소모되어 죽을 때까지 증거한다 할지라도 성령의 능력이 하나님의 말씀을 통해서 역사하여 영혼을 변화시키지 않는다면 아무도 구원을 받을 수 없다."

○ ○ ○ ○ ○ ○
미련함의 역설

그러므로 전도할 때 필수적인 두 가지는 복음과 성령의 능력입니다. 그런데 이상한 것은 이 두 가지를 세상 사람들은 제일 우습게 생각한 다는 것입니다. 고린도전서 1장 18절 말씀을 보십시오. "십자가의 도가 멸망하는 자들에게는 미련한 것"이라고 합니다. 십자가에 대한 이야기를 들으면 피식 웃습니다. 제일 미련해 보이는 것이 전도하는 데 가장 중요한 것이라는 사실이 얼마나 아이러니컬합니까?

우리가 그렇게 중요하게 생각하는 성령의 역사에 대해서 세상 사람들은 모릅니다. 고린도전서 2장 14절에 "육에 속한 사람은 하나님의 성령의 일들을 받지 아니하나니 이는 그것들이 그에게는 어리석게 보임이요, 또 그는 그것들을 알 수도 없나니"라는 말씀이 나옵니다. 어리석기 때문에 성령의 능력에 대해서 이야기하면 그들은 무슨 소리인지 알아듣지도 못합니다. 전도라는 방법 자체도 얼마나 미련해 보입니까?

> 하나님께서 전도의 미련한 것으로 믿는 자들을 구원하시기를 기뻐
> 하셨도다_고전 1:21

전도라는 것이 하나님이 보시기에도 미련하기 짝이 없는 방법입니다. 세상 물정은 전혀 모를 것 같아 보이는 할머니가 전도지를 들고 예수 믿으라고 외치면서 하루 종일 돌아다녀 본들 몇 사람이나 전도하게 될지 의문이 생기지 않습니까? 한 사람도 예수 믿을 것 같지 않습니다. 얼마나 미련하게 보입니까? 지하철에서 전도지를 나누어 주는 것을 보면 우리 마음에 이런 생각이 들기도 합니다. '요즘은 저렇게 전

도하는 시대가 아닌데 왜 저렇게 할까? 참 신사답지 못하다.' 그래서 언젠가 제가 한 번 물어보았습니다.

"도대체 하루에 몇 사람이나 복음을 듣고서 예수 믿겠다고 약속합니까?"

그랬더니 이렇게 대답하는 것입니다.

"목사님, 말씀 마십시오. 안 믿을 것 같아 보이죠? 어떤 때는 10명도 옵니다."

놀라운 일입니다. 세상 사람들이 우습게 보는 십자가, 우습게 보는 전도, 우습게 보는 성령, 이것이 전도하는 데 필수요건이라는 것입니다. 우리가 이것을 믿어야 됩니다.

○ ○ ○ ○ ○ ○ ○ ○ ○ ○ ○ ○ ○ ○
커뮤니케이션과 컨프런테이션

복음을 전하기 위해서는 무엇보다 성령의 능력으로 무장해야 합니다. 그러기 위해서 먼저 성령을 바로 알고 믿어야 됩니다. 성령은 누구십니까? 그분은 예수님을 능력 있게 하신 하나님의 영이십니다. 하나님이 나사렛 예수에게 성령과 능력을 기름 붓듯 하셨다고 했습니다(행 10:38 참조). 그러므로 예수님을 아무도 이기지 못했습니다. 마귀도 이기지 못했고 바리새인들도 이기지 못했습니다. 돌멩이를 들고 달려드는 사람들도 예수님을 이기지 못했습니다. 그 말을 감히 상대할 사람이 없었습니다.

왜 아무도 예수님을 이기지 못했습니까? 성령을 그분에게 기름 붓듯 부어 주셨기 때문입니다. 성령이 누구십니까? 예수님을 죽은 자 가운데서 살리신 하나님의 영입니다. 하나님께서는 성령의 능력을 그리스도 안에 역사하셔서 죽은 자들 가운데서 그리스도를 다시 살렸다고 말씀합니다(엡 1:20 참조).

성령은 누구십니까? 복음을 들고 나가는 증인 된 우리들에게 권세를 주시는 하나님의 영이십니다. "오직 성령이 너희에게 임하시면 너희가 권능을 받고 예루살렘과 온 유대와 사마리아와 땅 끝까지 이르러 내 증인이 되리라"(행 1:8)고 말씀하신 것처럼 성령은 우리를 능력 있게 하십니다. 성령이 누구십니까? 성령은 우리를 통해서 복음을 듣는 사람들로 하여금 예수님을 주님이라고 고백하게 만드는 하나님의 영이십니다. 성령이 말씀을 듣는 그들에게 역사하셔서 그들의 마음을 열고 예수님을 그리스도로 고백하게 만드는 것입니다. 이 성령의 은혜를 사모해야 되겠습니다.

성령의 은혜를 사모하는 방법 중에 하나는 기도하는 것입니다. 성경에 보면 성령의 능력을 사모하는 자 중에 기도하지 않은 사람이 없습니다. 바울은 로마 감옥의 차가운 바닥에 무릎을 꿇고 에베소에 있는 성도들이 성령의 능력으로 충만해지기를 기도했습니다.

"오, 하나님 아버지여! 계시의 영을 주시옵소서. 에베소 교인들의 마음의 눈을 밝혀 주시옵소서. 우리에게 베푸신 능력의 지극히 크심을 알게 하옵소서. 하나님께서 성령을 통하여 우리에게 주신 능력이 얼마나 큰가를 에베소 교인들이 알도록 하옵소서"(엡 1:17-19 참조).

성령이 임하시기를 기다리는 120명의 제자들은 성령이 오셔서 그들을 충만하게 채우시고 능력을 덧입혀 주실 때까지 다락방에 모여 마음을 같이하여 전혀 기도에 힘썼습니다. 기도하는 자만이 성령의 능력을 받습니다. 그러므로 우리도 기도해야 합니다. 다른 대안이 없습니다. 자신감도 소용이 없고 달변도 소용없으며, 인간적인 지혜도 소용이 없다면 믿을 수 있는 것은 오직 복음의 말씀을 능력 있게 하시는 성령밖에 없습니다. 전도는 커뮤니케이션(communication, 의사소통)

이 아닙니다. 전도는 컨프런테이션(confrontation, 대결)입니다.

전도는 영적 전쟁이다

전도는 영적 전쟁입니다. 어떤 이유에서 전도는 영적 전쟁이라고 할 수 있습니까?

> 만일 우리의 복음이 가리었으면 망하는 자들에게 가리어진 것이라 그중에 이 세상의 신이 믿지 아니하는 자들의 마음을 혼미하게 하여 그리스도의 영광의 복음의 광채가 비치지 못하게 함이니 그리스도는 하나님의 형상이니라_고후 4:3-4

'이 세상의 신'이란 사탄, 마귀, 더러운 영, 귀신 등을 이야기합니다. '혼미하게 한다'는 말은 도무지 보지 못하도록 눈을 가려 놓는다는 뜻입니다. 쉽게 말하면 복음을 들어도 무슨 소리인지 알아듣지 못하도록 아예 눈을 가려 놓는다는 말입니다. 이 세상의 악한 영들이 우리 주변에 있는 모든 사람들의 눈을 가려 놓고 십자가도 보지 못하게 만드는 것입니다. 예수 그리스도의 부활의 영광의 빛을 보지 못하게 만듭니다.

기도가 무엇입니까?

"오, 하나님이시여, 우리 주변에 있는 이웃들의 눈을 가려 놓고 마음을 혼미하게 하는 악령의 역사를 쫓아 주시옵소서. 그들의 눈을 열어 주시옵소서."

이것이 기도입니다. 성령과 악령 중에 누가 강합니까? 성령이 강합니다. 우리가 기도하면 성령께서 예수님을 모르는 사람들의 마음에 임하셔서 그 마음을 얽어매고 있는 어둠의 권세를 쫓아 주시는 것입니다. 복음이 그들의 귀에 들어가는 것입니다. 기도가 얼마나 중요한지 모릅니다. 열심히 기도해야 합니다.

> 우리의 씨름은 혈과 육을 상대하는 것이 아니요 통치자들과 권세들과 이 어둠의 세상 주관자들과 하늘에 있는 악의 영들을 상대함이라_엡 6:12

우리는 눈에 보이는 적과 싸우는 것이 아닙니다. 눈에 보이지 않는 악령들과 싸우는 것입니다. 이것이 전도입니다. 그러므로 이 전도에서 우리는 우리 자신의 힘으로 이길 수 없습니다. 복음을 들고 나갈 때 성령의 능력이 함께해야 합니다. 그러기 위해서 기도해야 됩니다. 바울은 에베소서 6장 18절에서 이렇게 말씀합니다.

> 모든 기도와 간구를 하되 항상 성령 안에서 기도하고 이를 위하여 깨어 구하기를 항상 힘쓰며

그가 기도를 얼마나 중요하게 생각했는지 모릅니다. 우리 모두 기도해야 합니다. 기도하면 하나님의 놀라운 역사가 일어납니다. 사탄의 힘을 무력화시킵니다. 기도는 어둠을 물리칩니다. 기도는 악령의 권세를 묶어 버립니다. 기도는 혼미한 심령에 진리의 빛을 비춥니다. 이것이 기도입니다. 기도할 때 성령이 역사하십니다.

이렇게 해서 복음이 증거되면 엄청난 일들이 일어납니다. 우리는

아무것도 아니지만 이 복음을 들고 나가서 기도하고 전하면 성령께서 듣는 자들의 마음속에 얼마나 놀라운 역사를 일으키시는지 모릅니다. 이에 대한 구체적인 사례를 이야기하려면 끝이 없습니다.

중범죄 교도소 안에 서 계시던 예수

제가 최근에 읽어 본 책에서 알게 된 실감나는 이야기를 하나 소개해 드리겠습니다. 평생 교도소 선교에 몸을 바쳐온 론 박사와 찰스 콜슨 (Charles Colson, 1931-2012)박사가 전한 이야기입니다.

세계에서 가장 악명 높은 교도소는 아프리카 잠비아에 있는 중범죄 교도소라고 합니다. 최고 악질들만 수감되어 있는 특수 감옥인데, 교도소 안에 또 하나의 교도소를 만든 것입니다. 사방이 온통 굵은 철망으로 뒤덮여 있어서 커다란 야생 동물을 가두어 놓은 우리처럼 생긴 고약한 곳입니다. 사방 5m 정도 되는 작은 운동장 옆에 감방들이 쭉 늘어서 있는데 그 좁은 방에서 무려 23시간이나 꼼짝 못하고 앉아 있는 것입니다. 좁은 방에 너무나 많은 죄수들이 갇혀 있기 때문에 눕기에도 불편할 정도입니다. 그곳에 23시간 동안 갇혀 있다가 겨우 1시간 동안만 마당에 나와서 몸을 푸는 것입니다. 변기조차 없습니다. 식기에다 배설물을 받아내야 합니다. 아프리카의 그 작열하는 뜨거운 태양에 철판으로 된 감옥이 후끈후끈 달아오르면 역겹고 구역질 나는 냄새 때문에 숨을 제대로 쉴 수조차 없는 곳입니다. 한마디로 인간 지옥입니다. 참으로 상상하기 힘든 곳입니다.

그런데 거기에 있는 죄수들에게 어느 무명의 전도자가 가서 복음을 전했다고 합니다. 그곳에 수용된 사람이 120명 정도 되는데, 80여 명이 예수를 믿었다는 것입니다. 그들 중 35명은 이미 사형 집행일을 기다리고 있는 사형수들입니다. 서로에게 화를 내고 싸우고 살인극이 벌어져도 속이 시원치 않을 지옥 같은 그 속에서 복음을 들은 것입니다. 얼마나 놀라운 일입니까!

그 소문을 듣고 론 박사와 찰스 콜슨 박사가 특별면회를 요청하여 그곳에 갔습니다. 문이 열리고 손님들이 들어서자 갑자기 120명 가운데 80여 명이 우르르 일어서더랍니다. 그리고 벽에 줄을 서서 정렬을 하더니 신호가 떨어지자 찬양을 하기 시작했습니다. 그것도 4부 합창으로 말입니다. 그 지옥 같은 끔찍한 환경 속에서 찬양하는 그들의 표정이 그렇게 평화롭고 차분해 보일 수가 없었습니다.

그들의 모습을 본 론과 콜슨 박사는 그 광경이 꿈인지 현실인지 혼동할 정도였습니다. 평강이 넘치는 그들의 얼굴을 바라보고 있는데, 그들 뒤로 벽에 그려져 있는 한 그림이 눈에 들어왔습니다. 자세히 보니 숯검정으로 아주 정교하게 그린 십자가에 달리신 예수님의 모습이었습니다. 그 십자가의 예수님 앞에서 80여 명의 죄수들이 4부 합창으로 찬양하는 광경은 이들을 방문한 사람들로 하여금 그 죄수들과 함께 계시는 그리스도를 만나고 있는 듯한 느낌을 갖게 했습니다. 그들 가운데 예수님이 서 계시는 것을 그들이 본 것입니다. 온몸에 전율을 일으킬 정도의 흥분이 두 사람을 사로잡았습니다.

십자가에서 죽으시고 부활하신 주님이 그들과 함께 서서 찬양하시는 모습을 보면서 그들과 함께 거하시고, 그들의 고통과 슬픔과 절망을 함께 나누실 뿐만 아니라 그 지옥 같은 환경에서도 하나님을 찬송할 수 있는 기쁨과 능력을 제공하고 계시다는 것을 깨달았습니다. 이러한 체험을 하고 나서야 비로소 그들은 확실히 알았다고 합니다. 왜 바울이 예수 그리스도와 그분의 십자가에 못 박히신 것 외에는 아무것도 알지 아니하기로 작정했는지를 말입니다. 십자가의 주님 외에는 그들을 저렇게 변화시킬 수 있는 그 어떤 것도 상상할 수 없었기 때문입니다.

오직 성령께 의존하면서

성령이 역사하시는 복음의 능력을 압니까? 이 능력을 안다면 나 혼자 움켜쥐고 있으면 안 됩니다. 마음에 떠오르는 이웃을 찾으십시오. 엄청난 일이 그들에게 일어날 수 있습니다. 한 사람의 영혼을 영원한 죽음에서 영원한 생명으로 옮겨 놓는 기적이 일어날 수 있습니다. 가정의 행복을 회복시켜 줄 수 있습니다. 병든 사회를 치유할 수 있습니다. 세상을 구원합니다. 하나님의 나라를 이 땅에 완성시킬 수 있습니다.

이 영광스러운 복음을 하나님께서 우리에게 맡겨 주셨습니다. 성령을 우리에게 부어 주셨습니다. 그리고 우리에게 전하라고 하십니다. 달변도 필요 없고 지식도 필요 없습니다. 자신감도 필요 없습니다. 오직 예수 그리스도의 복음을 들고 성령께 의존하면서 나가기만 하면 큰 이적이 일어납니다. 이 일에 우리 모두가 함께 동참하는 은혜가 있기를 바랍니다. 복음의 증인이 됩시다. 우리 이웃들 중에 예수가 없기 때문에 비참한 사람이 얼마나 많은가를 꼭 보기 바랍니다.

얼마 전에 사창가에 들어가서 전도를 한 형제가 저에게 팩스로 간증문을 보내왔습니다. 그것을 보면서 많이 놀랐습니다. 사람이 악해서 문제가 되는 것이 아닙니다. 사람이 악해서 세상이 비참해지는 것이 아닙니다. 사람은 처음부터 지금까지 항상 악했습니다. 앞으로도 계속 그럴 것입니다. 그것이 문제가 아니고 그것이 이유가 아닌 것입니다. 문제는 그들이 예수님을 모른다는 데 있는 것입니다.

복음의 능력이 살아 있는데, 성령의 역사가 오늘도 있는데 순종하지 않으면 안 됩니다. 우리 모두 바울처럼 기도하면서 이 복음을 들고 우리 이웃에게 하늘의 영광과 하늘의 행복을 안겨 주는 주님의 자녀들이 될 수 있기를 바랍니다.

3

세상이
알지 못하는
행복 체험

눈을 감으면 사랑하는 주님이 내 마음에 오셔서
조용히 내 마음을 만져 주시는 행복을 아십니까?
이 세상에는 누구 하나 믿을 사람이 없다는 생각이 들 때마다
말씀을 펴놓고 마음에 묵상하면서
"아버지 하나님, 하나님만이 제가 영원히 믿을 수 있는 분입니다"라고 고백하면
우리 하나님은 조용히 다가오셔서 내 영혼을 쓰다듬어 주시고
우리 안에 새 힘을 주십니다.

요한일서 2:15-17

15 이 세상이나 세상에 있는 것들을 사랑하지 말라 누구든지 세상을 사랑하면 아버지의 사랑이 그 안에 있지 아니하니 16 이는 세상에 있는 모든 것이 육신의 정욕과 안목의 정욕과 이생의 자랑이니 다 아버지께로부터 온 것이 아니요 세상으로부터 온 것이라 17 이 세상도, 그 정욕도 지나가되 오직 하나님의 뜻을 행하는 자는 영원히 거하느니라

세상이
알지 못하는
행복 체험

　　　　　　예수를 잘 믿는 분들이 가끔 독백처럼 하는 이런 말을 들을 때가 있습니다. "예수 믿는 재미없이 무슨 맛으로 세상을 삽니까?" 이 말을 곰곰이 생각해 보면 그 말 속에서 예수 믿는 신앙생활이 정말 행복하다는 정서가 묻어 나옴을 알 수 있습니다. 그리스도인이라면 이런 고백을 하는 것이 정상이라고 생각합니다.

　　예수 믿는 것이 행복이어야 됩니다. 신앙생활 하는 사람은 정말 행복해서 그것 하나만으로도 이 세상의 모든 것을 소유한 사람처럼 살 수 있어야 합니다. 왜 그래야만 하는지를 알고 싶다면 갈라디아서 2장 20절 말씀을 보면 됩니다. '예수를 믿는다, 신앙생활 한다'는 것은 갈라디아서 2장 20절 말씀을 그대로 우리 삶에서 실천하고 체험하는 것을 의미합니다.

> 내가 그리스도와 함께 십자가에 못 박혔나니 그런즉 이제는 내가 사는 것이 아니요 오직 내 안에 그리스도께서 사시는 것이라 이제 내가 육체 가운데 사는 것은 나를 사랑하사 나를 위하여 자기 자신을

신앙생활이라는 것이 무엇입니까? 나를 사랑하사 나를 위하여 자기 몸을 버리신, 즉 죽도록 나를 사랑하신 예수님을 의지하고 그분과 함께 사는 것입니다.

이 세상에서 사랑하는 사람과 함께 사는 것만큼 행복한 것이 또 있습니까? 사랑에 눈이 먼 연인들에게는 둘이 함께 지낼 수만 있다면 살 집이 좀 작아도 문제가 되지 않습니다. 가난해도 괜찮습니다. 고생을 해도, 욕을 먹어도 견딜 수 있습니다. 그저 두 사람이 함께 있는 것만으로도 행복한 것입니다. 신앙생활도 같은 원리입니다. 자신의 생명을 아낌없이 내어주시기까지 나를 사랑하신 예수님과 함께 사는 것이 신앙생활이기 때문에 세상에 이것만큼 행복한 것이 없습니다. 예수를 믿는 사람이라면 누구에게나 그 행복이 마음속에 담겨 있어야 합니다. 그래야 정상입니다.

○ ○ ○ ○ ○
행복의 바위

제가 살던 시골 마을 바닷가에는 조그마한 바위가 하나 있습니다. 만조가 되어서 물이 가득하게 해변을 채우면 그 바위는 보이지 않습니다. 멀리서 보면 바위가 없는 것처럼 보입니다. 그러나 가까이 가서 보면 유리알처럼 맑은 물속에 그 바위는 여전히 앉아 있습니다. 아름다운 물고기들이 넘나들고 청초한 미역들이 춤을 추는 모습을 간직한 채 말입니다. 때로는 파도가 치고 바람이 붑니다. 그럴 때 물 밖에서 보면 바위가 없어진 것처럼 보입니다. 하지만 바위는 여전히 그 자리에서 파도와 싸워 이기고 50년 전이나 지금이나 변함없이 있습니다.

예수 믿는 사람들의 마음속에 있는 행복도 이 바위와 같다고 생각합니다. 평소에 늘 기뻐하며 사는 형제나 자매의 모습을 보면서 세상 사는 재미로 그렇게 행복해 하는 것인지, 예수 믿는 재미로 행복해 하는 것인지 분간하기 어려울 때가 있습니다. 그러나 가까이 가서 자세히 들여다보면 예수 믿는 재미 때문에 행복해 하는 것임을 발견하게 됩니다. 마음에 행복이 있기 때문에 그렇습니다.

가끔은 눈물과 한숨과 잠 못 이루는 고통을 안고 씨름할 때도 있습니다. 그러면 '저 사람의 마음에 그 행복이 있을까?' 하는 의심이 들 수도 있습니다. 그러나 가까이 가서 들여다보면, 파도가 넘실거리는 물속에 바위가 여전히 앉아 있듯이 그 사람의 마음속에 행복의 바위가 있는 것을 발견하게 됩니다.

○ ○ ○ ○ ○
실종된 행복

그러나 안타깝게도 교회를 다니는 사람들 가운데 이 행복을 모르는 분들이 많습니다. 그중에는 예수 믿는 것이 따분하고 지루하고 너무나 힘겨워서 '어떻게 하면 이 짐을 벗어 버릴 수 있을까?' 하고 생각하는 사람까지 있습니다. 어떤 사람은 '젊은 나이에 어쩌다가 교회로 끌려와서 휴일에도 어디 가지도 못하고 지루하게 한 시간씩 꼬박 앉아 있을까'라고 생각합니다. 그것도 재미있는 이야기나 들으면 모르겠는데 어떤 때는 기분 나쁜 말도 듣고, 어떤 때는 심지어 욕을 먹을 때도 있습니다. 그러니 '내가 무슨 팔자가 사나워서 이 꼴이 됐나?'라며 팔자타령을 하지 않겠습니까?

예수를 믿는다면 최소한 60은 넘어서 믿어야 할 일도 별로 없고 시간도 많기 때문에 비로소 재미있게 신앙생활을 할 수 있을 것이라고 생각할지도 모릅니다. 이런 사람들에게서 볼 수 있는 공통된 현상이 있습니다. 예배 시간이 지루합니다. 기도할 때 눈을 감는 것조차 답답해서 빨리 눈을 뜨고 싶습니다. 성경 말씀을 읽는 것도 부담스럽습니다.

그런데 이것은 비정상입니다. 신앙생활은 그렇게 재미없는 것이 아닙니다. 얼마나 행복하고 재미있는지 모릅니다. 물론 믿음이 작거나 혹은 믿음에 병이 들었으면 이렇게 신앙생활에 행복을 못 느낄 때도 있습니다. 그러나 믿음에는 전혀 하자가 없는 것처럼 보이는데 신앙생활의 행복은 모르는 사람들이 많이 있습니다. 성경 말씀으로 믿음을 가지고 있는지 그 여부를 확인해 보면 틀림없이 구원받은 사람입니다.

그러므로 이런 사실에서 신앙생활의 행복이 꼭 믿음과 연계되는 것만은 아니라는 것을 알 수 있습니다. 믿음은 좋습니다. 그러나 행복하지 않을 수 있습니다. 나는 어느 편에 속해 있습니까? 정말 행복합니까? "예수 믿는 재미없이 무슨 맛으로 세상을 삽니까?"라고 말하는 사람입니까, 아니면 예수 믿는 것 그 자체가 무거운 짐이 되어 버린 사람은 아닙니까?

자신을 한번 돌아보기를 바랍니다. 예수 믿는 삶이 행복하지 않다면 그것은 비정상입니다. 본문이 그 이유에 대해 정확한 대답을 하고 있습니다.

이 세상이나 세상에 있는 것들을 사랑하지 말라_요일 2:15

이것이 답입니다. '왜 나는 예수 믿는 재미가 없을까? 왜 행복하지 못할까?'라는 의문이 생깁니까? 그 이유는 하나님만을 사랑해야 될 사람이 세상도 동시에 사랑하고 있기 때문입니다. 마음이 갈라져 있기 때문입니다. "이 세상이나 세상에 있는 것들을 사랑하지 말라"는 말씀은 하나님만 사랑하라는 뜻입니다. 달리 표현하자면 세상의 것에 마음을 빼앗기면 절대로 신앙생활은 행복하지 못하다는 이야기입니다. 그러므로 진정 신앙생활의 행복을 원합니까? 진실로 신앙생활의 기쁨과 능력을 체험하고 싶습니까? 그렇다면 마음을 나누지 말고 전심을 오직 하나님께만 드려야 합니다.

두 여자를 한꺼번에 사랑하는 남자치고 행복한 사람은 없습니다. 인간의 마음이라는 것은 아무리 두 사람을 사랑하고 싶어도 한꺼번에 둘 다 사랑할 수 없게 되어 있습니다. 진실한 사랑은 한 쪽에게만 줄 수 있기 때문입니다. 그럼에도 두 쪽을 다 가슴에 품고 마음이 왔다 갔다 한다면 갈등 밖에 더 있겠습니까? 고통 밖에 더 있겠습니까? 거기에 무슨 행복이 있겠습니까? 하나님과 세상을 앞에 두고 있는 우리의 마음도 마찬가지입니다.

하나님을 향한 사랑으로 내 마음을 채울 때는 항상 행복합니다. 그러나 세상에 마음을 주기 시작하면 갈등과 고통 밖에 남는 것이 없습니다. 아무리 기도해도 하나님의 은혜가 임하지 않습니다. 아무리 성경 말씀을 보아도 그 마음에는 평안이 없습니다. 마음이 나뉘었기 때문입니다.

○ ○ ○ ○ ○   ○ ○ ○ ○
최고의 사랑, 최고의 요구

하나님은 우리에게 최고의 사랑을 주셨습니다. 이 세상 그 무엇과도 비교할 수 없는 완전하고 무궁한 사랑을 우리에게 주셨습니다. 우리를 위해 자기 아들을 희생하셨고 그 대가로 우리를 하나님의 자녀로 삼으셨습니다. 요한일서 3장 1절을 읽어 보십시오. 거기에는 하나님의 사랑이 진지하게 표현되어 있습니다. 하나님의 그 크신 은혜가 흘러넘치고 있습니다.

> 보라 아버지께서 어떠한 사랑을 우리에게 베푸사 하나님의 자녀라
> 일컬음을 받게 하셨는가 우리가 그러하도다

우리 자신은 얼마나 크고 놀라운 사랑을 받은 존재들인지 모릅니다. 그러므로 하나님께서는 우리에게도 최고의 사랑을 요구하십니다. "내가 너를 사랑한 것처럼 너도 나를 사랑하라. 한마음으로 나를 사랑하라."

마태복음 22장 37절을 보면 예수님은 구약을 인용하셔서 우리를 잔뜩 긴장시키는 말씀을 하십니다.

> 예수께서 이르시되 네 마음을 다하고 목숨을 다하고 뜻을 다하여 주
> 너의 하나님을 사랑하라

참으로 부담이 되는 말씀이 아닙니까? 우리가 무슨 재주로 마음을 다하고 목숨을 다하고 뜻을 다해서 보이지 않는 하나님, 예수님을 사랑한다는 말입니까? 그럼에도 하나님은 우리에게 최고의 사랑을 요구하십니다. 마태복음 10장 37절에는 더 부담이 되는 말씀이 나옵니다.

> 아버지나 어머니를 나보다 더 사랑하는 자는 내게 합당하지 아니하
> 고 아들이나 딸을 나보다 더 사랑하는 자도 내게 합당하지 아니하며

자기 아버지나 어머니를 예수님보다 더 사랑하면 그 사람은 예수님과 아무 관계가 없다는 말씀입니다. 그래도 그것은 가능할지도 모르겠습니다. 요사이 세상이 하도 사나워져서 부모에 대한 사랑이 이미 다 식어 버린 마당에 아버지, 어머니를 그렇게 사랑하는 사람은 그리 많지 않은 것 같기 때문입니다. 그러나 그다음에 나오는 "아들이나 딸을 나보다 더 사랑하면 나를 사랑할 수 없다"는 말씀은 우리의 마음을 대단히 무겁게 만듭니다. 자녀라면 사족을 못 쓰는 우리가 과연 자녀를 사랑하는 그 사랑을 뛰어넘어 하나님을 사랑할 수 있겠습니까? 어떻게 하면 그렇게 할 수 있습니까?

마리아처럼 값진 향유를 예수님의 발에 붓고 머리털로 그 발을 씻기면서 주님 앞에 자신을 드려야만 하나님을 그렇게 사랑할 수 있는 것입니까? 베드로처럼 배도, 잡은 고기도, 집도 내버리고 예수님을 평생 따라다니면서 복음을 전해야 하나님을 사랑한다고 할 수 있는 것입니까? 바울처럼 결혼도 하지 않은 채 평생 동안 매 맞고, 옥에 갇혀 고생하고, 이리저리 쫓겨 다니면서 주님의 나라를 이 땅 위에 확장하기 위하여 생명을 바치는 수고를 해야 주님을 사랑한다고 할 수 있는 것입니까? 어떻게 해야만 주님을 사랑한다고 말할 수 있습니까? 어떻게 하면 아들딸보다 주님을 더 사랑할 수 있습니까? 어떻게 하면 마음을 다하고 뜻을 다하고 목숨을 다해 주님을 사랑한다고 할 수 있습니까?

아이작 왓츠(Isaac Watts, 1674-1784)가 "늘 울어도 눈물로써 못 갚을 줄 알아 몸 밖에 드릴 것 없어 이 몸 바칩니다"라고 쓴 찬송가 가사대로 해야만 하나님을 사랑한다고 할 수 있는 것입니까? 어떻게 해야만 하나님이 요구하시는 사랑을 할 수 있는 것인지 잘 모르겠습니다. 하나님은 우리에게 너무나 순수한 사랑을 요구하시기 때문입니다.

그러므로 온 마음을 다해서 하나님을 사랑한다고 해도 하나님이 요구하시는 그 사랑을 하나님께 드릴 수 있을지 없을지 모를 일입니다. 그런데 그 마음을 세상으로 슬그머니 돌려서 거기에 마음도 주고, 사랑도 주고, 정도 준다면 어찌 하나님을 사랑하는 것이 가능하겠습니까? 어찌 그 마음이 행복할 수 있겠습니까? 우리의 마음이 하나님과 세상, 이 두 곳으로 나뉠 때 어떤 일이 일어나는지 요한일서 2장 15절을 통해 살펴봅시다.

> 이 세상이나 세상에 있는 것들을 사랑하지 말라 누구든지 세상을 사랑하면 아버지의 사랑이 그 안에 있지 아니하니

마음이 나뉘면 아버지의 사랑, 하나님의 사랑이 그 마음에서 떠난다고 이야기합니다. 여기서 아버지의 사랑은 헬라어 원문상 두 가지로 볼 수 있습니다. 하나는 하나님께로부터 오는 사랑이고, 또 하나는 나로부터 하나님께로 가는 사랑입니다. 그러므로 하나님이 우리를 사랑하시는 것, 또 내가 하나님을 사랑하는 것 이 두 가지를 다 포함하는 것이 '아버지의 사랑'입니다.

세상에 마음을 주고 사랑을 주기 시작하면 우리 생각에 하나님에 대한 사랑이 그래도 여전히 우리 안에 남아 있을 것 같지만 실상은 그 사랑이 떠나 버린다는 것입니다. 하나님께서는 그렇게 불순한 마음에는 거하시지 않기 때문입니다. 두려운 말씀입니다. 이 사실을 가슴에 담고 꼭 기억해야 됩니다. 우리는 세상과 하나님 둘 다 사랑할 수 있다고 생각합니다. '하나님, 저는 하나님을 사랑합니다. 그렇기 때문에 세상에 마음을 좀 준다 해도 그리 큰 문제가 될 건 없지 않습니까?' 그렇게 대수롭지 않게 생각합니다. 그러나 하나님은 진지하십니다. "네

가 세상에 마음을 주면 내 사랑이 네 마음에 거할 공간은 없어진다. 세상과 나 둘 중에 하나를 택하라. 둘 다 네 마음에 담을 수는 없다."

세 가지 미끼

잘 알다시피 세상은 대단히 매력적인 대상입니다. 눈으로 보면서 즐기고, 귀로 들으면서 즐기고, 몸으로 느끼면서 즐기는 그 모든 것들이 다 세상으로부터 옵니다. 부귀와 영화와 권세와 그 모든 쾌락은 세상이 주는 것들입니다. 그러므로 이 세상이 얼마나 매력적입니까? 우리 자신의 능력으로는 그 매력을 뿌리칠 수 없을 정도입니다. 하나님의 특별한 은혜가 아니고서는 그것에 너무나 쉽게 마음을 빼앗길 수밖에 없습니다. 이것은 사실입니다. 16절은 세상에 있는 모든 것을 세 가지로 요약하고 있습니다.

첫 번째 미끼 - 육신의 정욕

육신의 정욕은 소유욕을 의미합니다. 소유욕이란 무엇이든지 갖고 싶어 하는 욕망입니다. 그러나 이 소유욕은 원하는 것을 갖게 되었다고 해서 충분히 만족되지 않습니다. 소유욕은 가지면 가질수록 점점 더 갖고 싶어 하는 무서운 욕망입니다. 이것이 육신의 정욕입니다. 이 매력이 얼마나 대단한지 모릅니다. 이 세상에서 솔로몬만큼 금은보화를 많이 가지고 살았던 사람이 없습니다. 그는 원하는 것은 무엇이든지 다 손에 넣은 사람입니다. 그것을 쌓아 놓고 살았던 사람입니다. 그러나 그가 원하는 대로 모든 것을 다 해 보고 나서 무엇이라고 말했는지 아십니까?

은을 사랑하는 자는 은으로 만족하지 못하고 풍요를 사랑하는 자는
소득으로 만족하지 아니하나니 이것도 헛되도다_전 5:10

끝이 없는 것입니다. 그러므로 소유욕에 한번 빠져들었다 하면 끝까지 끌려가는 것입니다. 결국에는 아무것도 얻지 못하고 파산하도록 만드는 것이 이 소유욕입니다.

두 번째 미끼 - 안목의 정욕

안목의 정욕은 무엇입니까? 눈으로 보고 즐기는 것입니다. 일종의 쾌락욕입니다. 오감을 통해 즐기기를 원하고, 만족하기를 원하는 이 쾌락욕도 얼마나 무서운 것인지 모릅니다. 한번 즐겼다고 만족합니까? 물론 그렇지 않습니다. 즐기면 즐길수록 더 큰 것을 원합니다. 한번 작은 쾌락을 맛보았으면 다음 번에는 좀 더 큰 쾌락을 찾기 마련입니다. 마약 복용자처럼 끝없이 끌려 들어가는 것입니다. 이 점이 무서운 것입니다. 이것이 안목의 정욕입니다. 그래서 전도서 1장 8절은 "눈은 보아도 족함이 없고 귀는 들어도 가득 차지 아니하도다"라고 말하고 있습니다.

솔로몬이 자기 주변에 아름다운 미녀를 몇 명이나 두었는지 우리는 익히 알고 있습니다. 천 명입니다. 그것도 공식적으로만 그렇습니다. 그렇다면 비공식적으로는 도대체 얼마나 되는지 모릅니다. 보기에 아름답고 마음에 들면 언제든지 자기 옆에 데려다 놓을 수 있는 권한을 가지고 즐긴 사람입니다. 즐겨 보지 않은 것이 하나도 없습니다. 온갖 부귀영화를 다 누려 보았지만 끝이 없었습니다. 그래서 "눈은 아무리 보아도 만족이 없더라. 귀는 아무리 들어도 가득 차지 않더라"고 말한 것입니다.

세 번째 미끼 - 이생의 자랑

이생의 자랑이 무엇입니까? 이생의 자랑은 과시욕입니다. 자기가 얻은 명성, 쌓은 부, 잘난 것, 똑똑한 것 등을 가지고 무대 기질을 발휘하여 사람들 앞에 자랑함으로써 다른 사람의 기를 꺾어 놓은 것이 과시욕입니다.

인간에게는 누구에게나 과시욕, 즉 무대 기질이 있습니다. 어린아이들이 대여섯 살만 되면 앞에 나서서 노래하는 것을 얼마나 좋아하는지 보십시오. 이것이 무대 기질이라는 것입니다. 자랑하고 싶어 합니다. 사람들의 눈을 끌어 자기를 한번 과시해 보려는, 허파에 바람든 여인들의 행태를 보십시오. 호피 무늬 반코트가 뭐가 그리 대단한 것이라고 동이 납니까? 이것도 끝이 없습니다. 그래서 야고보서 4장 16절에 이런 말씀이 있습니다.

이제도 너희가 허탄한 자랑을 하니 그러한 자랑은 다 악한 것이라

모두가 악한 것임에도 자랑하고 있는 것입니다.

○ ○ ○ ○ ○ ○
세속화의 위험

이렇게 소유욕이나 과시욕, 쾌락욕과 같은 것들은 굉장히 아름다운 매력을 가지고 있기 때문에 정신을 차리지 않으면 금방 그쪽으로 마음이 쏠리게 됩니다. 세상에 마음을 빼앗기는 것은 하루아침에 우연히 발생하는 일이 아닙니다. 하루아침에 갑자기 일어나는 사고가 아니라는 것입니다. 나도 모르게 조금씩 조금씩 마음을 쓰다가 언젠가는 완전히 기울어지는 것입니다. 겉으로는 하나님만 사랑하는 것이

틀림없는 것 같은데 나도 모르게 마음이 조금씩 조금씩 세상 쪽으로 가는 것입니다. 세상을 사랑하는 것은 행동으로 먼저 나타나지 않습니다. 오히려 마음이 먼저 가고 그다음에 행동이 따라옵니다. 그러므로 행동은 교회로 오지만 마음은 세상으로 가 있을 수 있습니다. 얼마나 무서운 사실입니까?

이민을 간 사람들이 처음에는 한국인으로서의 고유한 전통이나 언어, 여러 가지 습관 등을 지키려고 애를 씁니다. 그러나 5년, 10년, 20년이 지나다 보면 자기도 모르는 사이에 점점 본토 사람들의 언행을 닮아 가지 않습니까? 이것을 '세속화'라고 말합니다. 마찬가지입니다. 예수 믿는 사람들이 하나님만 사랑하며 살겠노라고 결심하고서 성경 말씀을 읽고 기도하며, 신앙생활에 열심을 내지만 조금만 마음을 놓고 긴장을 풀면 자신도 모르는 사이에 자꾸 세상을 닮아 가고 세상에 동화되어 버리는 것입니다.

세상 살기가 너무 어려워서 만정이 다 떨어지면 차라리 괜찮습니다. 전쟁이 일어나 날마다 피를 보고 거리에 나뒹구는 시체들을 목격해야 하는 비참한 상황이라면 사람들은 이 세상에 대해 그만 정이 떨어져 아무리 세상을 사랑하라고 해도 사랑하지 않게 됩니다. 자기도 모르게 무릎을 꿇고 하나님을 향해 손을 들어 기도합니다. "주님, 주님 밖에 없습니다. 예수님만이 우리의 소망입니다."

기근이 심하게 들어 너무나 살기가 어려워져서 저녁에 잠자리에 들면서 다음 날 아침이 오지 않았으면 좋겠다는 생각이 들 정도가 되면 사람들은 마음을 세상에 주지 않습니다. 자연히 하나님 앞에 마음을 줍니다. 그러나 전쟁도 없이 평안하고, 먹을 것이 남아 돌고, 즐길 것이 널려 있는 시절이 오랫동안 계속되면 너나 할 것 없이 자기도 모르게 세상 쪽으로 마음이 끌리게 되어 있습니다.

전도자

•

536

하나님의 불안

하나님께서 이스라엘 백성을 애굽에서 끌어내어 저 가나안 땅으로 들여보내시면서 그곳은 젖과 꿀이 흐르는 정말 환상적인 곳이라고 일러주십니다. 먹을 것이 모자람이 없는 땅이요, 아무 부족함이 없는 땅입니다. 오히려 그렇기 때문에 하나님께서 긴장을 하시는 것입니다. 이스라엘 백성은 그 땅에 아직 도착하지도 않았고 지금 가고 있는 중입니다. 그럼에도 하나님께서 몹시 불안해하시는 것을 볼 수 있습니다. 신명기 8장 12-14절에서 이렇게 말씀하십니다.

> 네가 먹어서 배부르고 아름다운 집을 짓고 거주하게 되며 또 네 소
> 와 양이 번성하며 네 은금이 증식되며 네 소유가 다 풍부하게 될 때
> 에 네 마음이 교만하여 네 하나님 여호와를 '잊어버릴까' 염려하노라

'잊어버린다'는 말은 무신론자가 된다는 의미가 아닙니다. 이스라엘 백성이 무신론자가 된 적은 한 번도 없습니다. 그 마음을 세상에 빼앗긴다는 뜻입니다. 하나님께서는 마음이 세상으로 향해 있는 이스라엘을 음행한 여인에 비유하십니다. 하나님에게서 마음이 떠나는 것입니다. 성경을 보십시오. 너무나 평안하고, 너무나 잘살고, 모든 것이 만족스러울 때 세상으로 끌려 들어간 신자들이 얼마나 많습니까? 롯을 보십시오. 롯의 아내를 보십시오. 삼손을 보십시오. 솔로몬을 보십시오. 가룟 유다를 보십시오. 데마와 후메내오와 알렉산더와 니골라를 보십시오. 모두가 예수 믿는 사람들이었지만 마음을 세상에 주다가 파멸의 구렁텅이로 다 끌려 들어갔습니다. 스스로 불행한 종말을 초래하였습니다.

역사를 통해서도 동일한 교훈을 얻을 수 있습니다. 유럽을 한번 보십시오. 기독교의 메카라고 하는 네덜란드와 벨기에를 보십시오. 얼마나 믿음이 좋은 선조들을 가지고 있는 사람들입니까? 그러나 요즈음 벨기에 같은 곳은 열 명 중 한 명만 성경을 가지고 있다고 합니다. 모두가 다 세상으로 가 버렸습니다. 프랑스는 천 명 가운데 겨우 한 사람이 예수 믿는 사람입니다. 다 세상으로 가 버렸습니다. 세상에 마음을 주는 것이 우리를 얼마나 불행하게 만드는가를 다시 한번 기억해야 됩니다.

교회 안에 세상에 마음을 주는 사람들이 증가하면 그 교회는 회색지대가 되어 버립니다. 세상인지 교회인지, 교회인지 세상인지 분간할 수 없는 이상한 장소가 되는 것입니다. 그런 곳에서는 영적 의미가 애매모호한 이중적인 언어가 난무합니다. 언뜻 들으면 옳은 말 같은데 자세히 살펴보면 잘못된 말들을 함부로 쏟아 놓고 있는 것입니다.

어느 목사님이 이렇게 설교합니다.

"이 세상의 재물은 하나님이 주신 선물입니다. 마음껏 쌓고 즐기는 것은 우리의 축복입니다. 할렐루야!"

그러자 설교를 듣고 있던 성도들이 "아멘!" 하고 힘차게 대답합니다. 과연 그 말이 옳습니까? 성경적으로 보면 그것은 잘못된 이야기입니다. 어떤 분은 또 이렇게 말합니다.

"세상적인 축복은 반드시 받아야 합니다. 그것이 돈이든, 장수이든, 자식이든, 그 무엇이든지 하나님이 주시는 세상적인 축복은 받아야 합니다. 왜냐하면 하나님이 허락하신 것이기 때문입니다. 만일 여러분이 이 축복을 받지 못하면 그것은 여러분의 믿음에 문제가 있기 때문입니다. 그러므로 믿음을 가지십시오. 반드시 하나님은 이 모든 축복을 주실 것입니다. 할렐루야!"

이것도 올바른 말씀이 아닙니다. 언뜻 들으면 옳은 말 같은데 그 안에 심각한 문제가 있는 것입니다. 이런 설교를 하는 분들은 벌써 마음이 세상으로 간 것입니다. 그 설교를 듣고 "아멘!" 하는 성도들도 그 마음이 세상으로 간 것입니다.

○ ○ ○ ○ ○ ○ ○
안 믿어도 잘산다?

한국 교회의 교단 중에서 6, 70년대와 80년대 중반까지 불꽃이 튀듯 성장했던 교단들이 있습니다. 많은 분들이 그 교단 소속 교회에 가서 은혜를 받고 너무나 행복한 신앙생활을 하고 있는 것이 사실입니다. 그런데 최근에는 그 교단 소속 교회의 부흥이 그렇게 신통치 않은가 봅니다. 어떤 교회는 자꾸 점점 줄어들기까지 합니다. 그래서 제가 그 교단의 지도자 되시는 목사님 한 분에게 여쭤 보았습니다. "목사님, 왜 그렇습니까? 왜 목사님 소속 교단이 부흥이 잘 안됩니까?" 그러자 이분이 농담 섞인 투로 다음과 같이 대답하셨는데, 언중유골(言中有骨)이라는 생각이 들었습니다.

"우리나라 사람들이 가난해서 못살 때에는 예수를 잘 믿으면 부자가 되고 건강하게 살 수 있다는 메시지가 굉장히 큰 호소력을 가졌기 때문에 구름 떼와 같이 예수를 믿으려고 모였습니다. 그러나 목사님, 요즘엔 다 잘살지 않습니까? 잘사는데 굳이 그렇게 열심히 교회에 나갈 필요가 있겠습니까? 그래서 교회가 부흥이 안되는 것입니다." 상당히 의미 있는 진단이라고 생각합니다.

세상을 사랑하고 세상에 마음을 주면 우리의 행복을 잃어버립니다. 예수 믿는 자만이 알고 있는 행복을 빼앗기고 맙니다. 그러므로 우리는 다음 구절과 같이 기도해야 합니다.

세상이 알지 못하는 행복 체험

●

> 내 마음을 주의 증거들에게 향하게 하시고 탐욕으로 향하지 말게 하
> 소서_시 119:36

바꾸어 말하면, "내 마음을 하나님께만 향하게 하시고 탐욕으로 향
하지 말게 하소서"라는 의미입니다.

> 내 눈을 돌이켜 허탄한 것을 보지 말게 하시고 주의 길에서 나를 살
> 아나게 하소서_시 119:37

우리는 이런 기도를 드려야 합니다. 또 우리는 잠언 기자가 드린 기
도와 같은 기도를 드려야 합니다.

> 나를 가난하게도 마옵시고 부하게도 마옵시고 오직 필요한 양식으
> 로 나를 먹이시옵소서 혹 내가 배불러서 하나님을 모른다 여호와가
> 누구냐 할까 하오며 혹 내가 가난하여 도둑질하고 내 하나님의 이름
> 을 욕되게 할까 두려워함이니이다_잠 30:8-9

○ ○ ○ ○ ○ ○
변화되었는가?

우리가 바로 알아야 할 중요한 진리가 하나 있습니다. 기독교가 말하
는 '변화'는 소유욕, 쾌락욕, 과시욕으로부터의 자유를 의미한다는 것
입니다. 성경 말씀을 읽으면서 변화를 받았습니까? 제자훈련을 받으
면서 변화를 경험했습니까? 구역 모임에서 은혜를 받았습니까? 설교
를 듣다가 은혜를 받았습니까? 은혜를 받고 변화되었다는 것의 의미

는 다름이 아니라 물질욕에서 자유롭게 되는 것입니다.

예수께서 부자 청년에게 그 소유를 팔아 가난한 자들에게 주고 그분을 따르라고 권면하셨을 때 그 청년이 보였던 반응을 기억합니까? 자신이 하나님의 말씀에 잘 순종해 왔다고 생각했지만 결정적으로 물질욕에서 자유롭지 못했던 것입니다. 그는 아직 은혜를 모르고 변화되지도 않은 사람입니다. 재물을 많이 소유한 부자가 예수를 믿고 진실로 변화되었다고 한다면 삭개오처럼 하나님 나라와 영광을 위해, 선한 사람과 가난한 사람을 돕는 데 물질을 쓸 줄 알아야 하는 것입니다.

변화는 받았다고 말하고 은혜는 받았다고 말하는데 돈에 관한 이야기만 나오면 얼굴색이 달라지는 사람들이 있습니다. 정말 불행한 사람들입니다. 돈을 향한 그 마음에서 자유롭지 못하고 있는 것입니다. 그 사람을 두고 어느 누가 "그는 하나님을 진정으로 사랑한다"고 말할 수 있겠습니까? 기독교의 변화를 체험한 사람은 자기를 자랑하려고 하지 않습니다. 기독교의 변화를 체험한 사람은 본능만을 좇아 사는 동물 같은 인간이 되지 않습니다.

예수를 믿고 하나님께서 재물을 많이 주셨습니까? 예수를 믿었는데 사업이 복을 받고 경제적으로 풍성해졌습니까? 그렇다면 그 축복이 전적으로 하나님께로부터 은혜로 온 것인 줄로 알고 하나님이 기뻐하시는 일에 재물을 흩어 줄 줄 알아야 진정으로 변화를 체험한 사람입니다. 그렇게 함으로써 물질에 마음을 주지 않는 것입니다.

아무리 좋은 집을 짓고 있어도 그 집에 마음을 주지 않는 것입니다. 아무리 지위가 올라가고 명예가 높아져도 거기에 마음을 주지 않는 것입니다. 오직 모든 것을 가지신 하나님, 나를 사랑하신 하나님께만 내 마음을 고스란히 바치는 것입니다. 흩어 주는 자만이 그렇게 할 수 있습니다. 그러나 물질에 마음이 매이기 시작하면 하나님께 마음을 드릴 수가 없습니다.

　서양 속담에 이런 말이 있습니다. "돈은 분노와 퇴비와 같아서 그것을 쌓아 두면 악취가 나지만 흩어 버리면 땅을 비옥하게 만든다." 분노라는 것이 그렇습니다. 계속 쌓아 두기만 하면 냄새만 날 뿐입니다. 그러나 다 끌어 모아다가 썩힌 후 논에 뿌리면 땅이 비옥해져서 풍성한 추수를 할 수 있게 됩니다. 돈도 마찬가지입니다. 쌓아 놓으면 냄새가 납니다. 그러나 흩어 버리면 엄청난 축복을 받게 됩니다. 누가 그렇게 할 수 있습니까? 돈에 마음을 안 주는 사람이 할 수 있습니다. 그런 사람의 마음속에 하나님의 자녀로서의 행복이 깃들 수 있는 것입니다. 그런 사람의 마음속에 하나님만이 주시는 감미로운 교제가 끊임없이 이어질 수 있는 것입니다. 우리는 어떤 사람입니까? 정말 변화 받은 사람입니까? 하나님만 사랑하는 사람입니까? 그래서 행복합니까? 성령께서 우리의 마음을 열어 주셔서 자기 자신을 냉정하게 진단해 볼 수 있기를 바랍니다. 추호라도 우리의 마음이 한쪽으로 기울었다면 하나님 앞에 회개할 수 있기를 바랍니다.

　　이 세상도, 그 정욕도 지나가되 오직 하나님의 뜻을 행하는 자는 영
　　원히 거하느니라_요일 2:17

　이 말씀을 마음에 담고 음미하십시오. 무엇이 잠깐 있다가 없어지는 것이며, 무엇이 영원한가를 똑바로 구별할 줄 알아야 합니다. 이 세상에 소유욕이든 과시욕이든 쾌락욕이든 그 모든 것들은 다 잠깐 있다가 지나가는 안개와 같다고 말씀합니다. 이렇게 잠깐 있다가 없어지는 것에 생명을 걸 까닭이 어디에 있습니까? 그런 것에 내 마음을 줄 이유가 무엇입니까? 금방 있다가 없어지는 것에 마음을 빼앗기고

한평생을 바치려고 한다면 그 사람만큼 바보 같은 사람이 없을 것입니다. 하나님께서 그 모든 것이 다 지나가는 것이며 없어지는 것이라고 말씀하셨습니다.

○ ○ ○ ○ ○
진정한 스타

20세기에 화려하게 등장했던 많은 스타들이 아직도 우리의 기억 속에 남아 있습니다. 그러나 돌이켜 보십시오. 케네디가 어디 있습니까? 마릴린 먼로가 어디 있습니까? 20세기 초반에 세계적인 기업이 약 100여 개가 있었다고 합니다. 그런데 70년도 채 지나지 않은 지금 그 중에서 고작 10개 정도만 남았습니다. 그 많은 부자들이 다 어디로 갔습니까? 그들이 지은 고대광실(高臺廣室) 같은 집들이 다 어디에 있습니까? 모든 것이 다 지나갑니다. 지나가서 없어지는 것들에 마음을 팔면 자기도 불행해지고 하나님 앞에도 영광이 되지 못합니다.

하나님께서는 하나님의 뜻을 행하는 자만이 영원히 남는다고 말씀하십니다. 누가 하나님의 뜻을 행할 수 있습니까? 하나님만 사랑하는 자가 하나님의 뜻을 행할 수 있습니다. 하나님만 사랑하려고 하는 사람은 재물이 생길 때 하나님의 뜻을 위해서 쓰기를 원하고, 명예가 높아질 때 이를 통해 하나님의 영광을 드러내려는 마음을 갖습니다.

얼마 전에 지방에서 고위직 검사로 근무하고 있는 한 집사님을 만났습니다. 그런데 요즘 그 지방은 그 집사님 때문에 떠들썩하다고 합니다. 왜냐면 이분이 교회마다 방문하여 목사님들과 대화를 나누고, 교인들이 찾아오면 친절하게 상담을 해 주고, 제자훈련을 받고 그리스도의 제자가 되어야 한다며 그 지방 구석구석을 누비고 다닌 모양입니다. 그래서 이 소문으로 떠들썩하다고 합니다. 공식적 통계에 의

하면 검사 사회에는 9명 중에 1명 조금 안되는 꼴로 크리스천이 있다고 합니다. 사실은 크리스천이 더 있는데 대부분 예수 믿는 것을 드러내려고 하지 않는 음성적인 크리스천이라고 합니다. 아홉 중에 하나라면 얼마나 외롭겠습니까? 그럼에도 이분은 자신의 지위와 입지를 이용하여 하나님의 뜻을 행하고 있는 것입니다. 그렇기 때문에 영향력을 끼치는 것이 아닙니까? 그런 사람이 영원히 남는 것입니다. 하늘의 별처럼 영원히 남는다고 하나님께서 말씀하십니다.

○ ○ ○ ○ ○ ○ ○ ○ ○ ○

이런 행복을 체험하십니까?

이제 우리는 세상을 사랑하지 맙시다. 돈을 열심히 버십시오. 힘껏 버십시오. 그러나 돈을 사랑하지는 마십시오. 경쟁사회에서 남에게 뒤떨어지지 않기 위하여 밤낮없이 씨름하고 노력하십시오. 게으르면 안 됩니다. 하나님의 자녀는 최선을 다해야 합니다. 경제계에 들어가든지 정치계에 들어가든지 연예계에 들어가든지 최선을 다하십시오. 그리고 지도자가 되십시오. 그러나 거기에 마음을 빼앗기지는 마십시오. 하나님이 주시는 모든 것은 하나님의 뜻을 행하기 위해서 써야 될 대상이지 거기에 마음을 주어야 될 대상은 아닙니다. 조금이라도 마음을 주면 우리 가슴속의 행복은 깨져 버립니다.

　눈을 감으면 사랑하는 주님이 내 마음에 오셔서 조용히 내 마음을 만져 주시는 행복을 아십니까? 이 세상에는 누구 하나 믿을 사람이 없다는 생각이 들 때마다 말씀을 펴놓고 마음에 묵상하면서 "아버지 하나님, 하나님만이 제가 영원히 믿을 수 있는 분입니다"라고 고백하면 우리 하나님은 조용히 다가오셔서 내 영혼을 쓰다듬어 주시고 우리 안에 새 힘을 주십니다.

전도자

●

이 감미로운 행복을 아십니까? 어찌해야 좋을지 도무지 몰라서 눈앞이 캄캄할 때 엎드려 기도하고 일어서는 순간 하나님께서 분명히 인도해 주시고 해결해 주실 것이라는 확신이 가슴속에서 일어나는 행복을 아십니까? 이런 행복을 가지고 사는 자가 신앙생활을 바로 하는 정상적인 크리스천입니다. 이 행복이 마음에 별로 없다면 다시 한번 진단해 보아야 합니다. 마음이 한쪽으로 치우치지는 않았는지, 세상에 마음을 주고 있지는 않은지 스스로 점검해 보고 다시 제자리로 돌아와야 합니다.

이 세상이나 세상에 있는 것들을 사랑하지 말라 누구든지 세상을 사랑하면 아버지의 사랑이 그 안에 있지 아니하니 이는 세상에 있는 모든 것이 육신의 정욕과 안목의 정욕과 이생의 자랑이니 다 아버지께로부터 온 것이 아니요 세상으로부터 온 것이라 이 세상도, 그 정욕도 지나가되 오직 하나님의 뜻을 행하는 자는 영원히 거하느니라_요일 2:15-17

4

신랑을 위한
신부 수업

우리 중에 아직도 사랑받는 신부라는 확신이 없는 분이 있습니까?
예수를 믿으시기 바랍니다. 교회 생활을 열심히 하시기 바랍니다.
그러면 우리의 삶은 예수 그리스도의 사랑받는 신부답게
아름다운 모습으로 드러날 것입니다.

에베소서 5:25-30

25 남편들아 아내 사랑하기를 그리스도께서 교회를 사랑하시고 그 교회를 위하여 자신을 주심 같이 하라 26 이는 곧 물로 씻어 말씀으로 깨끗하게 하사 거룩하게 하시고 27 자기 앞에 영광스러운 교회로 세우사 티나 주름 잡힌 것이나 이런 것들이 없이 거룩하고 흠이 없게 하려 하심이라 28 이와 같이 남편들도 자기 아내 사랑하기를 자기 자신과 같이 할지니 자기 아내를 사랑하는 자는 자기를 사랑하는 것이라 29 누구든지 언제나 자기 육체를 미워하지 않고 오직 양육하여 보호하기를 그리스도께서 교회에게 함과 같이 하나니 30 우리는 그 몸의 지체임이라

신랑을 위한
신부 수업

얼마 전에 한 장로님을 만나 같이 식사를 하면서 이야기를 나누었습니다. 그분은 이미 은퇴하신 노령의 장로님이지만 항상 젊은이 못지 않은 발랄함과 건강을 유지하시는 분입니다. 그분이 몇 달 전에 꿈을 꾸었는데, 그 꿈 내용에 너무 흥분한 나머지 어느 방송국 직원들을 대상으로 하는 강의에서 꿈 이야기를 하셨나 봅니다. 그런데 공교롭게도 그 강의가 전파를 타게 되었고, 방송을 통해 강의를 들은 사람들의 계속되는 항의와 협박 전화 때문에 두 달 동안이나 혼이 났다고 합니다.

도대체 무슨 꿈이었기에 그러는지 궁금해서 물었더니 그분이 대답하기를, 꿈에 불국사에 갔더니 그곳에 십자가가 세워져 있었다는 것입니다. 놀라서 통도사도 가 보았는데 거기도 십자가가 서 있는 것입니다. 우리나라가 기독교로 완전히 통일되는 줄 알고 너무나 신이 났다고 합니다. 이번에는 지리산에 가 보았더니 화엄사라는 절에도 십자가가 세워져 있었습니다. 거기에 있는 한 노승이 성경을 읽고 있어 가만히 다가가 보았더니 전도서를 펴놓고 "헛되고 헛되며 헛되고 헛되니 모든 것이 헛되도다"(전 1:2)라는 구절을 읽고 있더라는 것입니다. 그 꿈을 꾸고 나서 21세기 한국의 소망은 교회 밖에 없다는 것을 하나님께서 가르쳐 주신 것 같다는 생각이 들자 신이 나서 이야기를 했는데, 그것이 전파를 타게 되어 안 들어도 될 사람들의 귀에 들어갔던 것입니다.

유명한 성경 주석가 윌리엄 바클레이(William Barclay, 1907-1978)가 40년 동안 교회에서 봉사를 한 후에 남긴 이 한마디에 저는 기꺼이 동의합니다.

"나는 교회를 믿는다."

이 세상에서 믿을 것은 교회 밖에 없습니다. 교회가 아무리 부패하고 또 사람들 눈에 허물투성이처럼 보이는 때가 있다 해도, 그래도 믿을 것은 교회 밖에 없다는 것을 저는 인정합니다. 한때 좌절에 빠졌던 미국인들에게 소망을 불어넣어줘 '백만 인의 애인'이라고 불렸던 노먼 빈센트 필(Norman V. Peale) 목사가 한 말도 전적으로 수긍합니다.

"교회는 우리의 모든 희망이 실현되는 곳이다."

우리의 가슴속에 있는 꿈, 우리 각자가 지니고 있지만 남에게는 숨기고 있는 소원들이 이루어질 수 있는 유일한 곳이 교회라는 말입니다. 교회에 하나님이 계시기 때문에 그렇습니다. 21세기에는 교회에 희망을 걸어야 된다고 생각하는 사람들이 더욱 많아져서 그들이 교회를 믿고, 교회에서 건강한 신앙생활을 할 때 우리나라의 미래가 밝아질 것이라고 확신합니다.

○ ○ ○ ○ ○ ○ ○ ○ ○ ○
예수 그리스도의 유일한 사랑

본문에서 사도 바울은 예수 그리스도와 교회의 관계를 신랑과 신부,

남편과 아내의 관계에 재미있게 비유하고 있습니다. 원래 이 부분은 예수 믿는 하나님의 자녀가 어떻게 부부 생활을 행복하게 할 수 있는가를 교훈하는 내용입니다. 이 내용을 가르치면서 바울은 부부의 관계를 예수님과 교회의 관계에 빗대어서 설명을 한 것입니다. 그러나 저는 여기서 부부의 관계보다는 교회와 예수님, 예수님과 교회의 관계에 초점을 맞추어 생각하려고 합니다.

예수님은 교회를 자기의 신부로 여기십니다. 결혼을 약속한 신랑에게 신부는 이 세상에서 가장 아름답고 완전한 존재입니다. 신부는 신랑의 모든 것이라고 해도 과언이 아닙니다. 예수님도 교회를 보실 때 그와 똑같은 눈으로 보신다는 것입니다. 이런 의미에서 교회는 예수 그리스도의 유일한 사랑입니다. 25절에 보면 이런 말씀이 있습니다.

> 그리스도께서 교회를 사랑하시고 그 교회를 위하여 자신을 주심 같
> 이 하라

예수님은 교회를 위해서라면 자신의 모든 것을 내어줄 만큼 교회를 사랑하신다는 의미입니다. 신랑, 신부의 사이를 설명하는 결정적인 단어 하나를 선택하라고 한다면 그것은 '사랑'입니다. 사랑의 끈이 없으면 둘 사이는 하나로 묶일 수가 없습니다. 마찬가지로 예수님과 교회 사이에도 사랑이라는 말 외에는 둘의 관계를 묶어 줄 수 있는 것이 아무것도 없습니다. 예수님은 교회만을 사랑합니다. 하나님은 세상을 사랑한다고 말씀하셨지만 성경을 통해 엄밀히 살펴보면 하나님은 교회만 사랑하십니다.

그러하기에 우리 예수님은 낮은 데로 내려오는 사랑을 가지고 교회를 사랑하셨습니다. 그분은 하나님이십니다. 영광의 보좌에 앉아 계

시는 영원하신 하나님이십니다. 그럼에도 교회를 사랑하여 그 영광의 옷을 보좌에 훌훌 벗어 놓으시고 세상으로 내려오셨습니다. 우리와 같은 모습, 아니 우리보다 훨씬 더 천한 종의 모습을 입고 세상에 오셨습니다. 예수님의 사랑은 '내려오시는 사랑'이었습니다.

뿐만 아니라 예수 그리스도는 '깊은 데로 내려가는 사랑'을 가지고 교회를 사랑하셨습니다. 그분은 십자가에서 우리 죄를 위하여 죽으셨습니다. 그 죽음을 짊어지고 저 음부, 지옥의 밑바닥까지 내려가셨습니다. 깊은 데로 내려간 사랑, 그것이 교회를 향하신 예수 그리스도의 사랑입니다. 그 결과 예수님은 자기의 신부인 교회를 죄와 사망으로부터 구원해서 영광스러운 하나님의 자녀로 삼아 주셨습니다. 모든 더럽고 냄새나는 죄의 누더기를 다 벗기시고 자기의 의로운 옷으로 입혀 주시어 아름다운 신부로 치장하게 하셨습니다. 이 사실을 26절에서는 이렇게 표현하고 있습니다.

이는 곧 물로 씻어 말씀으로 깨끗하게 하사 거룩하게 하시고

물로 씻었다고 하는 것은 세례를 받았다는 의미도 되고 성령으로 중생을 받았다는 의미도 됩니다. 하나님의 말씀은 그것을 듣고 배우는 자들을 깨끗하게 해 줍니다. 하나님처럼 거룩한 사람으로 만들어 줍니다. 즉, 예수님은 우리를 사랑하셨기에 이 세상에서 우리를 불러 내어 성령으로 깨끗하게, 하나님의 말씀으로 거룩하게 만들어 놓으신 것입니다.

교회는 예수 그리스도의 유일한 꿈입니다. 신부를 사랑하는 신랑은 그 마음속에 꿈이 있습니다. '내가 저 여자와 결혼하면 이 세상 그 누구보다도 행복하게 해 주어야지.' 남자라면 다 이런 소박한 꿈을 가

지고 결혼합니다. 아름다운 꿈입니다. 예수님도 자기의 신부인 교회를 향하여 꿈을 갖고 계십니다. 27절에 그 꿈이 나옵니다. 자기의 사랑하는 신부인 교회를 자기 앞에 영광스러운 교회로 세우기를 원하십니다. 그 영광스러운 교회는 얼마나 완전하고 아름다운지 티도 없고 주름잡힌 것도 없습니다. 주님은 교회를 깨끗하고 거룩하게 만들어 흠이 없는 신부로 하늘나라에서 영원토록 살 수 있게 하는 꿈을 갖고 계십니다. 이것은 우리 모두를 완전한 자로 만드시겠다는 뜻입니다. 우리 모두를 예수님과 똑같이 닮은 사람으로 만든다는 것입니다.

주님이 재림하시는 어느 날 저 하늘나라에서는 지금까지 듣지도 보지도 못했던 초호화판 잔치가 벌어질 것입니다. 그 잔치에는 신랑 되신 예수님이 가장 높은 상좌에 앉아 계시고 팡파르가 울리면서 완전한 아름다움을 지닌 거룩한 신부가 주님 앞으로 걸어나올 것입니다. 그 신부가 누군지 아십니까? 바로 교회입니다. 주님이 그날을 기다리시면서 오늘도 하나님 우편에서 기도하고 계십니다.

○ ○ ○ ○
신부 수업

그렇다면 주님의 유일한 사랑이자 유일한 꿈인 교회는 누구입니까? 예수 그리스도를 고백하고 교회를 이룬 우리 모두입니다. 우리가 예수님의 신부입니다. 우리 모두가 예수님의 꿈입니다. 예수님의 사랑 덕분에 우리는 세상으로부터 부름 받은 하나님의 백성의 신분을 지닌 주님의 신부가 되었습니다. 예수님 덕분에 우리는 세상으로 보냄을 받은 그리스도의 제자의 소명을 가진 예수 그리스도의 신부가 되었습니다. 그래서 우리는 이 생각만 하면 기쁩니다. 긍지를 느낍니다. 하늘과 땅의 모든 권세를 가지신 주님, 이 세상에서 가장 존귀한 이름을 가지신 예수 그리스도, 그분의 사랑받는 신부가 되었다는 것을 생각하면 가슴이 뜁니다. 주님의 신부인 교회를 생각할 때마다 사랑하고 싶은 마음이 생깁니다. 교회를 이루고 있는 성도 하나하나를 세상적으로 보면 초라하게 보일지 모르지만, 그들을 예수 그리스도의 사랑받는 신부로 볼 때에는 너무나 사랑스럽게 보입니다. 그래서 누구든지 믿음이 바로 서면 교회를 사랑하게 되어 있습니다.

위대한 학자이면서 성자로 불리는 헨리 나우웬(Henry Nowen, 1832-1996)의 말입니다.

"교회를 사랑하는 것은 우리의 신성한 의무이다. 교회를 위한 진정한 사랑 없이는 우리는 교회 안에서 기쁘고 평화롭게 살 수가 없다. 교회를 위한 진정한 사랑 없이는 사람들을 교회로 불러올 수가 없다."

옳은 말입니다. 우리는 교회를 사랑합니다. 주님의 사랑받는 신부요, 그분의 꿈이기 때문입니다. 그러므로 우리는 아름다운 신부로, 거룩한 신부로, 흠이 없는 신부로 장차 예수님 앞에 서게 될 그날, 그분과 만나서 잔치할 그날을 기다리고 있습니다. 이것이 지상 교회입니다.

그러므로 우리는 그날을 앞두고 뒷짐 지고 무심히 있어서는 안 됩니다. 적어도 신부가 되려면, 또 신부로서 신랑을 기쁘게 하려면 준비를 해야 합니다. 이 세상에 있을 때 아무 준비도 하지 않고 가만히 있거나 혹은 제 맘대로 살면서 준비에 게으르다면 그와 같은 아름다운 신부로, 흠이 없는 신부로 단장될 수 없는 것입니다. 우리는 날마다 신부 수업을 받아야 합니다.

구약에 에스더라는 성경이 있습니다. 한 30분이면 다 읽을 수 있는 작은 분량으로 되어 있으면서 동화책 같아 아주 재미있습니다. 거기에는 강력한 전제군주가 왕비를 어떻게 간택했는지 엿볼 수 있는 장면들이 나옵니다. 페르시아의 황제인 아하수에로 왕이 왕비를 간택하기 위해 전국에 있는 아름다운 미녀들을 궁전으로 다 불러모았습니다. 그곳에 모인 많은 처녀들 중에서 몇 명을 최종 선발한 후에 그들을 일 년 동안 준비를 시키는데, 그 과정이 참 재미있습니다. 후보로 뽑힌 처녀 한 사람마다 궁녀 일곱 사람이 매달려서 처음 여섯 달 동안은 몰약이라고 하는 값비싼 기름으로 몸을 가꾸고 나머지 여섯 달 동안은 온갖 향수와 화장품으로 몸을 다듬습니다. 그렇게 일 년을 보낸 후 왕이 부르는 날 그 앞에 서는 것입니다. 그리고 그중에서 왕의 낙점을 받은 여인이 왕비가 되는 것입니다. 그러고 보면 임금이라는 자들은 참 몹쓸 사람들이었던 것 같습니다. 자기 한 사람의 쾌락을 위해서 이처럼 여자들을 못살게 굴다니 말입니다.

그러나 우리 예수님은 선하신 왕입니다. 우리 예수님은 자기 생명을 신부를 위해서 아낌없이 바치는 사랑의 신랑입니다. 세상 나라의 왕의 신부가 되기 위해서도 그렇게 다듬고 가꾸면서 준비하는데 하물며 선한 왕이요, 사랑의 신랑이신 예수님의 신부가 될 우리가 신부 수업을 안 해서야 되겠습니까? 우리의 신부 수업에는 다섯 가지가 필요합니다. 세상에 있을 동안 이 다섯 가지를 충실히 하면 주님이 기뻐하시는 아름답고 흠이 없는 신부가 될 수 있습니다.

첫 번째 - 예배

예수님의 신부가 되기 위해서 예배하는 생활을 해야 합니다. 하나님은 우리를 예배자로 부르셨습니다. 하나님은 자기에게 신령과 진정으로 예배하는 자를 오늘도 찾고 계신다고 말씀하십니다. 한번 생각해 보십시오. 인간으로서 하나님을 찬양하고 경배하는 예배만큼 영광스러운 일이 이 세상에 어디 있습니까? 이것만큼 큰 특권이 어디 있습니까? 하나님은 영이십니다. 하나님은 온 우주 만물의 창조자이십니다. 하나님은 거룩하십니다. 하나님은 광대하십니다. 누가 감히 그분 앞에 나가서 하나님을 아버지라 부르면서 예배할 수 있습니까? 아무도 그렇게 할 수가 없습니다. 오직 하나님이 예배할 수 있도록 허락하신 자들만이 할 수 있습니다. 그들이 누구입니까? 우리 모두입니다. 우리만이 그분을 예배할 수 있도록 하나님이 허락하셨습니다.

우리는 한 주일의 계획을 세우고 우선순위도 정하면서 살고 있습니다. 예수님의 신부 된 사람은 한 주 계획 가운데서 주일 예배를 가장 최우선에 두고 생각해야 합니다. 이것이 그가 하나님 중심으로 삶을 사는 자라는 증거가 됩니다. 이것이 하나님을 하나님답게 예우하는 생활인 것입니다. 우리는 예배에 참석해서 구원을 주신 하나님께 감사를 드립니다. 경배를 드립니다.

그러나 그것이 예배의 전부는 아닙니다. 하나님은 자기 앞에 나아온 자기 자녀들을 빈손으로 돌려보내지 않으시고 하늘에 쌓아 놓은 신령하고 좋은 각양 은사들을 예배 시간을 통해서 우리에게 부어 주시는 것입니다. 말씀의 은혜로 우리 영혼이 소생하게 하십니다. 성령의 어루만지심이 우리 심령에 임하여 상한 마음이 치유함을 받게 하십니다. 예배 시간을 통하여 우리의 침체된 마음이 다시금 활기를 되찾도록 해 주십니다. 세상을 이길 수 있는 능력을 주십니다. 이와 같이 예배를 통해 우리는 하나님께로부터 엄청난 은혜를 받는 것입니다. 그러므로 예배가 중요합니다.

예배가 살아 있는 교회의 성도들과 예배가 죽어 있는 교회의 성도들을 비교해 보면 뚜렷이 구별되는 것을 볼 수 있습니다. 예배가 살아 있는 교회의 성도들은 그 얼굴이 환합니다. 생활이 비록 어렵고 십자가의 짐이 무겁지만 힘을 갖고 하루하루를 살아갑니다. 다음 주일 교회에 나와서 예배드릴 날을 손꼽아 기다리고 있습니다. 그러나 예배가 죽어 있는 교회의 성도들은 표정이 어둡습니다. 피곤합니다. 삶의 의욕이 없어 보입니다. 이것만 보더라도 예배가 얼마나 중요한지 알 수 있습니다.

예배의 중요성은 제가 목사이기 때문에 주장하는 것이 아닙니다. 예수를 안 믿는 학자들 가운데서도 예배의 중요성을 주장하는 사람이 많습니다. 데이비드 핀크(David Pink) 박사는 정신위생학 분야에서 세계적인 권위자입니다. 그의 글 중에 《안정을 위한 4박자 균형》이라는 글이 있는데, 현대인에게 중요한 것은 심리적인 안정이라는 것이 그 주요 내용입니다. 잠시만 생각해 봐도 그것이 사실이라는 것을 쉽게 알 수 있지 않습니까?

정서적으로, 심리적으로 안정되지 못한 사람이 정치를 하면 나라가 어디로 갈지 모릅니다. 정서적으로 안정을 찾지 못한 사람이 경제를 주름잡으면 나라의 경제가 곤두박질치게 되어 있습니다. 정서적으로 안정되지 못한 사람이 학교 선생이 되면 그 사회의 미래는 어두울 수밖에 없습니다. 그러므로 사람이 그 내면에 정서적인 평안을 갖고 있어야 됩니다.

그 책에서 저자는 이 평안을 균형 있게 유지하기 위해서 네 가지가 필요하다고 주장합니다. 먼저, 일을 해야 한다고 합니다. 사람이 일을 해야 안정될 수 있다는 것은 누구나 다 아는 이야기입니다. 그리고 일한 후에는 쉬어야 합니다. 적절한 쉼이 없이는 안정을 유지할 수가 없습니다. 또 하나는 사랑해야 된다고 합니다. 사랑하는 사람들이 있고, 그 사랑의 울타리 안에서 살아야 마음에 안정을 얻을 수 있다는 것입니다. 그리고 마지막으로 예배를 드려야 된다고 합니다. 특히 이 예배는 다른 세 가지를 위한 기본이 되는, 아주 중요한 것이라고 주장합니다. 그가 이렇게 주장하는 이유는 무엇일까요? 예배라는 것은 초월자 되신 하나님에게 자기를 기대는 것입니다. "자신 있다, 젊다, 실력 있다"고 아무리 큰소리를 쳐도 매일 삶의 현장에서 자신이 얼마나 왜소한 존재인가를 자주 느낍니다. 겉으로는 태연한 척하지만 속으로는 두려움에 떨고 있는 자신을 자주 발견하게 됩니다. 그러므로 우리에게는 절대자가 필요합니다. 자주 그분 앞에 나와서 어린아이가 엄마 품에 기대듯이 조용히 그분에게 기댈 때에 마음에 안정이 찾아옵니다. 평안이 그 마음을 지배하게 됩니다. 예배가 이런 요소를 갖고 있습니다.

19세기 대표적인 신학자 중에 한 사람인 슐라이에르마허(Friedrich Daniel Ernst Schleiermacher, 1768-1834)가 "신앙이 무엇인가?"라는 질문을 받자 이런 대답을 했습니다.

"신앙은 전적인 의지의 감정이다."

예배드리는 자가 전적으로 하나님에게 의지할 때 느끼는 감정이 '신앙'이라는 것입니다.

우리에게 예배가 얼마나 중요한가를 꼭 기억해야 합니다. 당신은 지금까지 주일예배를 얼마나 정성을 다해 드렸습니까? 사랑의교회 교우 중에는 2시간이나 운전하고 와서 사모하는 마음으로 예배에 참석하는 분들도 있습니다. 몸이 아픈데도 이 시간을 빠뜨리고 싶지 않아서 불편한 몸을 이끌고 나오는 분들도 있습니다. 참으로 예수님의 신부다운 행동입니다. 우리 모두 지난 예배 생활을 돌이켜 봅시다. 하나님 앞에 드리는 이 예배를 과연 내 삶의 우선순위에 두고 살았습니까?

두 번째 - 교제

신부 수업을 하기 위해서는 성도들과 교제를 하는 생활을 해야 합니다. 교회는 예수님의 몸이고 우리 모두는 그 몸의 지체라고 했습니다. 우리는 혼자 존재하지 못합니다. 더욱이 신앙은 절대로 혼자 유지할 수 없습니다. 교회를 떠나면 우리의 신앙은 살아남지 못합니다. 이런 의미에서 교회를 일컬어 '성도의 공동체'라고 합니다. 믿음의 공동체라는 뜻의 '코에투스 피델리움'(coetus fidelium)이라고 하는 말은 성경에 없습니다. 그러나 교회는 예수를 믿는 모든 사람들이 모여서 예수님의 몸을 이루는 것이기 때문에 공동체라고 불리는 것입니다. 그러므로 교회 안에서는 서로가 거룩한 교제를 나누며 살아야 합니다.

암세포는 혼자 노는 세포로 알려져 있습니다. 우리 몸에는 엄청나게 많은 세포가 있는데, 이 세포들은 모두가 몸을 위해서 자기를 희생합니다. 모두가 몸을 위해서 함께 힘을 합하여 건강을 유지하게 하고 생명을 유지하게 합니다. 그런데 암세포가 몸에 생기면 자기 혼자 논다고 합니다. 그렇게 혼자 놀면서 세력을 확장하다가 나중에는 악성 종양을 만드는 것입니다. 그리고는 몸에 자양분을 공급하는 것이 아니라 도리어 몸속의 자양분을 빼앗아서 자기가 먹습니다. 몸을 망치게 만들고 생명을 앗아갑니다. 혼자 노는 세포가 결국은 몸을 파괴하는 것입니다.

교회 안에서 성도들과의 교제를 힘쓰지 않고 자기 혼자 노는 사람은 이와 같이 될 수 있다는 사실을 우리는 알아야 합니다. 그러므로 우리는 주위에 있는 형제자매들을 다 귀하고 소중하게 여기고 그들과 교제해야 합니다. 우리 몸에는 쾌감을 전달하는 신경이 없습니다. 아픔을 느끼는 신경이나 추위를 느끼는 신경은 있어도 쾌감이나 즐거움을 전달하는 신경은 없다고 합니다. 그렇다면 어떻게 즐거움을 느낄 수 있습니까? 우리 몸에 있는 모든 세포가 하나가 되어 협력할 때 즐거움이라는 희열을 체험할 수 있게 된다는 것입니다. 예수님의 몸인 교회도 이와 똑같습니다. 성도들이 서로 아름답게 교제하면서 모두가 예수님의 몸 된 교회, 예수님의 신부 된 교회를 위해서 협력할 때 진정한 기쁨이 찾아오는 것입니다.

세 번째 - 전도

전도는 이 세상을 구원하기 위해서 꼭 해야 되는 일이지만, 예수님과 우리가 장차 하나님 나라에서 결혼할 그날을 앞당기기 위해서라도 더욱 열심히 해야 할 일입니다. 마태복음 24장 14절을 보면 "이 천국 복음이 모든 민족에게 증언되기 위하여 온 세상에 전파되리니 그제야 끝이 오리라"는 말씀이 나옵니다. 끝이 무엇입니까? 예수님이 우리를 하나님 나라로 불러서 그분과 더불어 잔치하는 날입니다. 따라서 그날을 앞당기기 위해서도 전도를 열심히 해야 됩니다.

요즘 사랑의교회 전도폭발 프로그램을 맡은 교역자들이 즐거운 비명을 지르고 있습니다. 감당을 못할 정도로 너무나 많은 성도들이 지원하기 때문입니다. 전도폭발 프로그램에 들어가면 4개월 동안 훈련을 받으면서 전도해야 합니다. 매우 힘든 일인데도 전도를 열심히 해보겠다고 많은 사람들이 몰려들고 있습니다.

사랑의교회에서는 구도자를 위해 만든 '사랑의 나들목'이 목요일 저녁마다 열리고 있습니다. 거기에도 점점 사람들의 열기가 뜨거워지고 있습니다. 예수님에 대해서 별로 관심이 없는 이웃과 친구들을 데리고 오는 사람들이 점점 많아지고 있습니다. 얼마 전에 사랑의 나들목에 참석하고 나오는 어떤 분과 만나서 대화를 나누었습니다. 그분은 세 번 참석했다고 합니다. 참석해 본 소감을 물었더니 "참 좋던데요. 교회에 그런 프로그램이 있는 줄 몰랐어요. 기분 좋아요"라고 대답하는 것입니다. "뭐가 특별히 마음에 들었습니까?"라고 다시 묻자 마지막 끝날 때쯤 되어서 목사님이 "여러분, 제가 여러분을 위해서 기도를 해 드리고 싶은데 동의하십니까?"라고 말하는 것을 들어서 기분이 좋았다고 합니다. 교회에 가면 앞에서 일방적으로 "기도합시다"라고 말하고 기도하는 것을 몇 번 보아왔는데, 그와는 달리 부드럽게 나오기 때문에 아주 매력이 있더라는 것입니다. 그래서 제가 이렇게 말했습니다.

"바로 선생님과 같은 분들을 위해서 만든 것이 사랑의 나들목입니다. 앞으로 열심히 나오세요. 친구들도 데리고 오세요."

전도해야 됩니다. 어떤 형식으로든지 전도해야 됩니다.

네 번째 - 봉사

우리는 모두 예수님의 신부 된 교회를 이루는 공동체입니다. 자기 눈높이로 남을 내려다보고 교회 생활을 해서는 안 됩니다. 모두가 다른 사람의 눈높이에서 보는 자세가 필요합니다. 혹은 더 낮은 자리에서 올려다보는 자세로 다른 형제나 자매들을 생각하며 섬기는 자가 되어야 합니다.

얼마 전에 가족과 함께 젊은이들에게 인기가 있다는 집 근처의 어느 식당에 갔습니다. 그런데 거기서 희한한 광경을 목격했습니다. 젊은 웨이터들이 마룻바닥에 꿇어앉아서 식탁에 목을 걸치다시피 하고는 손님들을 올려다보면서 "무엇을 드시겠습니까?"라고 말하는 것입니다. 몹시 의아해하고 있는 저를 보더니 우리 집 아이가 그곳은 이런 식으로 웨이터들이 손님들에게 주문을 받는다고 귀띔을 해 주었습니다. 손님과 눈높이를 같이하면서 주문을 받는다는 것은 봉사하는 자세로 고객을 우대하겠다는 의미일 것입니다.

생각해 보니 기분이 좋았습니다. 뻣뻣하게 서서 무뚝뚝하게 "뭐 드실래요?" 하며 툭 던지듯이 말하는 것보다 훨씬 나았습니다. 그것이

유행이 되어서 그 근처 식당들이 다 그런 식으로 한다고 합니다. 돈을 벌기 위해서도 저렇게 무릎을 꿇어가면서 친절하게 보이려고 극성을 떠는데, 예수님의 신부로서 아름답게 주님 앞에 설 날을 기다리면서 신부 수업을 받는 우리가 뻣뻣해서야 되겠습니까? 눈높이 봉사를 해야 됩니다. 장로, 권사, 집사라는 직분은 계급이 아닙니다. 교회에서 왜 직분을 줍니까? 직분을 받은 사람은 교회 앞에서 예수님의 모습으로 섬기고, 교회를 위해 예수님의 모습으로 충성하는 모범을 보이라고 주는 것입니다. 교회는 서로 섬기는 곳입니다.

다섯 번째 - 배움

예수님의 신부로서 우리는 하나님의 말씀을 배우려고 노력해야 합니다. 왜냐하면 그리스도를 닮는 완전한 자로 성숙하기 위해서입니다. 배우기를 싫어하는 자는 만년 갓난아이로 남을 수밖에 없습니다. 무식한 신부를 좋아하는 신랑이 어디 있습니까? 날마다 철없는 짓만 하는 신부를 좋아하는 신랑이 어디 있습니까? 예수님도 마찬가지입니다. 그래서 주님은 우리에게 말씀을 열심히 배우고 주야로 묵상하라고 하십니다.

교회 안에서 제일 골치 아픈 사람이 만년 갓난아이입니다. 한시도 눈을 떼지 못하고 날마다 신경을 써 주어야 하기 때문입니다. 기저귀가 젖었는지 안 젖었는지 늘 봐 줘야 됩니다. 기저귀를 갈 때마다 아기 분도 발라 주어야 됩니다. 우유가 뜨겁지 않도록 적당한 온도를 잘 유지하면서 젖을 먹여 줘야 됩니다. 교회 안에 이런 사람들만 가득하다면 어떻게 되겠습니까? 교회가 신생아만 가득한 산부인과 신생아실처럼 되면 어떻게 되겠습니까?

교회에서는 자라야 됩니다. 예수님의 모습을 향해서 주님처럼 닮아 가기 위하여, 성숙한 그리스도인이 되기 위하여 말씀을 배워야 합니다. 디모데후서 3장 14절은 "너는 배우고 확신한 일에 거하라"고 말씀합니다. 지난 일 년 동안 예수님의 아름다운 신부가 되기 위해서 배우는 데 얼마나 열심을 다했습니까?

일 년 동안 사역훈련을 받고 수료를 눈앞에 둔 자매들이 얼마 전에 합반으로 모여 저의 특강을 들었습니다. 특강을 마치고 어느 자매가 나와서 아주 은혜로운 간증을 해 주었습니다.

"목사님, 제자훈련과 사역훈련을 받으면서 말씀 읽기와 큐티, 기도하는 것이 이제는 체질화되었고 또한 교재 내용을 가지고 말씀을 하나하나 짚어 가며 공부하면서 예수님의 제자로서의 자아상이 그려졌습니다. 나도 무엇인가 주님을 위해 꼭 할 일이 있다는 소명감을 갖게 되었습니다. 목사님의 전천후 모험 덕분에 저 같은 돌팔이 신자도 이렇게 작은 목사의 흉내라도 내게 되었습니다. 제멋대로 번쩍이던 도끼 날이 주님의 손에 들린 귀한 도구로 쓰임 받게 된 것입니다. 솟아오르는 일출의 눈부심은 아니지만 그보다 더 황홀하게 타오르는 노을이 되어 남은 생애 주님을 위해 완전히 산화되기를 원합니다."

정말 놀랍지 않습니까? 한 몇 년 열심히 가르치고 배우고 했더니 이렇게 대단한 사람이 되었습니다. 우리도 이렇게 기쁜데 주님이 보실 때 얼마나 감격하시겠습니까?

○ ○ ○ ○ ○ ○ ○
더 중요한 오른손

이상에서 우리는 다섯 가지 신부 수업을 해야 된다고 말씀드렸습니다. 이런 이야기를 들으면 혼란을 느끼는 분들도 있을지 모릅니다. '날마다 교회에 와서 살아야 되겠네'라고 생각하는 분들도 있을 것입니다. 혹은 '무슨 재주로 그 다섯 가지를 다 잘하면서 사회생활을 할 수 있다는 말인가?'라고 의문을 제기하는 분도 있을 것입니다. 우리에게는 손이 두 개가 있습니다. 하나는 오른손이고 하나는 왼손입니다. 각 손마다 손가락이 다섯 개씩 있습니다. 오른손만 가지고 사는 사람은 장애자입니다. 왼손만 가지고 사는 사람도 장애자입니다. 둘을 다 써야 장애자가 아닙니다. 그러면 오른손이 무엇입니까? 앞서 말씀드린 예수님의 신부가 되기 위한 다섯 가지입니다. 예배하는 것입니다. 전도하는 것입니다. 섬기는 것입니다. 교제하는 것입니다. 배우는 것입니다. 이 다섯 손가락이 있는 오른손이 바로 그런 삶을 사는 것을 상징합니다.

왼손은 무엇입니까? 우리는 오른손의 다섯 손가락만 가지고 살지 못합니다. 만약 그것만 가지고 산다고 하면 그 사람은 가정도, 사회생활도 다 포기해야 될 것입니다. 날마다 교회에만 가서 살아야 될 것입니다. 오른손의 다섯 가지를 하면서 동시에 왼손이 하는 다섯 가지가 필요합니다. 먹고 마셔야 합니다. 일해야 합니다. 자야 합니다. 사람들을 만나고 교제해야 합니다. 즐겨야 합니다. 쉬기도 하고 즐길 수 있는 자기 나름대로의 그 무엇이 있어야 됩니다. 이 다섯 가지를 해야 건전한 사회생활을 할 수 있습니다. 한마디로 둘 다 잘해야 합니다.

그러나 더 중요한 문제가 있습니다. 보통 두 손 중에 어느 손을 자주 씁니까? 오른손을 더 자주 씁니다. 오른손이 제대로 그 몫을 잘 감당할 때 왼손도 따라가면서 제 몫을 다 합니다. 교회에도 마찬가지의 원리가 적용됩니다. 예수님의 신부인 성도는 오른손에 해당하는 것을 우선에 두어야 합니다. 오른손에 있는 것을 강조해야 합니다. 그리고 이 오른손에 더 신경을 쓰면서 정성을 다해야 합니다. 그러면 왼손은 따라옵니다.

오른손은 우리의 속사람을 강건하게 하는 것이고, 왼손은 우리의 겉사람을 강건하게 하는 것입니다. 오른손은 우리의 속사람을 예수님의 신부처럼 아름답게 갖추게 하는 것이고, 왼손은 우리의 겉모양을 완전하게 갖추게 하는 요소들입니다. 둘 다 중요합니다. 그러나 오른손이 항상 우선되어야 합니다. 예수 믿는다고 하면서 오른손은 전혀 무시해 버리고 왼손만 계속 신경을 쓴다면 그 사람은 불신자와 똑같습니다.

어떤 삶을 살기를 원합니까? 교회인 우리에게는 그리스도의 사랑받는 신부가 되는 것이 유일한 꿈입니다. 우리는 하나님의 아들의 사랑을 독차지하고 있는 아름다운 신부입니다. 얼마나 감격스럽고 기쁜 사실인지 모릅니다. 바울이 외친 그 아름다운 외침을 저도 외치고 싶습니다.

> 누가 우리를 그리스도의 사랑에서 끊으리요 환난이나 곤고나 박해나 기근이나 적신이나 위험이나 칼이랴…그러나 이 모든 일에 우리를 사랑하시는 이로 말미암아 우리가 넉넉히 이기느니라_롬 8:35, 37

예수님의 사랑받는 신부로서 이와 같은 승리의 삶을 살기를 바랍니다. 우리 중에 아직도 사랑받는 신부라는 확신이 없는 분이 있습니까? 예수를 믿으시기 바랍니다. 교회 생활을 열심히 하기 바랍니다. 그러면 우리의 삶은 예수 그리스도의 사랑받는 신부답게 아름다운 모습으로 드러날 것입니다.

국제제자훈련원은 건강한 교회를 꿈꾸는 목회의 동반자로서 제자 삼는 사역을 중심으로
성경적 목회 모델을 제시함으로 세계 교회를 섬기는 전문 사역 기관입니다.

옥한흠 전집 주제 **03**

소명자는 낙심하지 않는다 | 전도자

초 판 1쇄 인쇄 2021년 9월 10일
초 판 1쇄 발행 2021년 9월 20일

지은이 옥한흠
디자인 참디자인 (02.3216.1085)

펴낸이 오정현
펴낸곳 국제제자훈련원
등 록 제2013-000170호 (2013년 9월 25일)
주 소 서울시 서초구 효령로68길 98 (서초동)
전 화 02.3489.4300
팩 스 02.3489.4329
이메일 dmipress@sarang.org

저작권자 ⓒ 옥한흠, 2003(소명자는 낙심하지 않는다), 2000(전도자), *Printed in Korea.*
이 책은 신저작권법에 의해 보호를 받는 저작물이므로 저자와 출판사의 허락 없이
내용의 일부를 인용하거나 발췌하는 것을 금합니다.

ISBN 978-89-5731-838-6 04230
978-89-5731-835-5 04230(세트)

* 책값은 뒷 표지에 있습니다. 잘못된 책은 구입하신 곳에서 교환해드립니다.